一百多年来吴语句法类型演变研究

——基于西儒吴方言文献的考察

教育部人文社会科学研究青年基金项目（编号：11YJC740060）

2010年度上海市『浦江人才』项目

林素娥 ◎ 著

中国社会科学出版社

图书在版编目（CIP）数据

一百多年来吴语句法类型演变研究：基于西儒吴方言文献的考察／
林素娥著 . —北京：中国社会科学出版社，2015.6
ISBN 978 - 7 - 5161 - 6255 - 2

Ⅰ.①—…　Ⅱ.①林…　Ⅲ.①吴语 - 句法 - 方言研究　Ⅳ.①H173

中国版本图书馆 CIP 数据核字（2015）第 123620 号

出 版 人	赵剑英
责任编辑	任　明
责任校对	郝阳洋
责任印制	何　艳

出　　版	中国社会科学出版社
社　　址	北京鼓楼西大街甲 158 号
邮　　编	100720
网　　址	http：//www.csspw.cn
发 行 部	010 - 84083685
门 市 部	010 - 84029450
经　　销	新华书店及其他书店

印刷装订	北京市兴怀印刷厂
版　　次	2015 年 6 月第 1 版
印　　次	2015 年 6 月第 1 次印刷

开　　本	710×1000　1/16
印　　张	25.75
插　　页	2
字　　数	436 千字
定　　价	78.00 元

序　言

素娥索序，初以为她欲出版以自己的博士学位论文为基础的书稿，但翻阅过后，却发现内容之丰富，令人目不暇接，研究之深入，已远非当年博士论文可比拟，令人刮目相看。记得素娥是复旦百年校庆那一年毕业的，近十年来她孜孜不倦追求学问，尤其是极力搜求并研究传教士方言文献，能有今天的成绩也是理所当然。

素娥的书稿研究一百多年来吴语句法类型的历史演变，是吴语历史句法学和吴语句法类型学的佳作。此作的重要特点是以近代西儒吴语文献为语料。

西洋传教士的方言学著作对研究汉语方言的重要性，早就有人注意，例如罗常培 1932 年就曾发表论文《西洋人研究中国方音的成绩及其缺点》（《世界日报》国语周刊 72 期）。但是似乎向来评价不高，为学界所忽视。一直到 20 世纪 80 年代，方言学界才重拾遗珠，至今渐渐形成研究高潮。不过研究者和旁观者都有一个普遍的疑问，即这些文献记录方言是否准确？是否有许多书面语成分？关于这个问题可以专题讨论。这里仅就在书稿所引罗马字本《温州土白马太福音》中的三个例子略加分析。

例 1，"眙着丈母娘热病躺是搭。"案：此例中的"躺"温州口语不用，与之相对应的口语词是"翻"。

例 2，"伉差人相伴坐搭，要眙箇起事干个结果。"案："希望得到"义的"要"，温州口语读音是 [i⁵]，本字是"爱"。写做"要"，是写书面语。"要"是训读字。例 1 中的"躺"也是训读字。

用汉字记录方言词，有时不用这个词的本字或原字，而借用一个同义字或近义字来记录，这个被借用的字即是训读字，这个字的读音仍按本字或原字的读音读，称为训读音。温州话借用"要"字记录"爱"这个词。"爱"即是本字，"要"即是训读字。其读音仍按原字读作 i⁵（e⁵ 的音变），不按"要"的本音读作 iɛ⁵。记录方言词用训读字是常见的现象。从这个角度来看，以上两例不能算错误。

例3，"其大家变爻面色。"案：这句话通常的说法应该是"其大家（人）面色变爻"。因为温州话是话题优先方言，"面色"通常前置于动词。译者采用动宾语序，应该是照搬原文的语序，即是"死译"（翻译学上的所谓异化译法）结果。对此类语料或可回避采用。

总之，利用传教士文献研究方言语法，应无大碍。

所谓传教士方言文献，大致包括三大类：方言学著作、方言《圣经》和方言杂书。大家采用比较多的是第一类文献。第二类"方言圣经"用作方言句法比较研究有一个极大的好处是，语料有高度一致性和可比性。就是说各种方言的不同说法，都可以追溯到圣经里的同一个句子。这本书稿研究吴语句法类型学，就大量采用方言圣经语料，这是很有见地的。方言《圣经》又分罗马字本和汉字本两小类，其中罗马字本因为须转写成汉字，采用时又要多下一番工夫，故采用者较少。本书稿却大量采用罗马字本的语料，足见作者的勤奋是在一般之上。不过国内语言学者对方言《圣经》并未充分重视和利用，不无遗憾。至于第三类"方言杂书"，例如用上海话写的《三个小姐》《造洋饭法》《油拉八国》（讲欧洲地理），则至今几无人采用，就连这些文献本身，也十分罕见，而这类文献，对历史句法和词汇研究却是大有价值的，令人扼腕。

游汝杰

序于上海景明花园

2015 年 1 月

目　录

第一章

绪　论

第一节　当代语言类型学与汉语句法类型研究

　　格林伯格（Joseph H. Greenberg，1963/1966）提出语序共性理论，开创了当代语言类型学。当代语言类型学建立语种库（language sample），考察库中语言要素之间的蕴涵共性，在跨语言结构规律或模式的观察中探讨人类语言共性、差异及变异所受的普遍限制，并尝试从功能、认知处理、形式和历时演变等不同角度对人类语言共性和差异进行合理解释。

　　语言结构要素之间的蕴涵共性是当代类型学最重要的概念，所以它研究的"类型"是"一批相关语法特点的集合"（沈家煊，2006），找到这些语法结构之间的蕴涵共性和变异模式。以词序为例。

　　GU25：如果代词性宾语后置于动词，那么名词性宾语也同样后置（Greenberg，1963）。

　　这条蕴涵共性可用四分表表达为：

(1) VPro, VN	(2) ProV, VN
(3) *VPro, NV	(4) ProV, NV

　　该蕴涵共性及其四分表为我们展示了人类语言的共性及其变异的限度。在人类语言中（1）、（2）、（4）都是允许存在的，而（3）则十分罕见甚至不可能存在，体现了人类语言变异的限度。为何人类语言中代词性宾语和名词性宾语在词序上会表现出这样的共性和限制？通过四分表可以发现，代词性宾语前置的词序，既可与名词性宾语后置的词序共存，也可与名词性宾语前置的词序共存，而代词性宾语后置则只与名词性宾语后置共存，可见，代词性宾语前置相对于代词性宾语后置的词序是有优势的，

即为优势语序，名词性宾语后置的词序相对于前置的词序是优势语序，而代词性宾语后置和名词性宾语前置皆为劣势语序，正是这样，两种劣势语序共存的语言是极少甚至不可能存在的。

正是重视对词序的相关性和优势语序的研究，语序类型学发展为当代语言类型学的重要内容。此后，雷曼（Winfred P. Lehmann，1973，1978）、维尼曼（Theo Vennemann，1973，1974）、霍金斯（John A. Hawkins，1983）等坚持以核心项（heads）和依存项（dependents）的位置（即 HDT）来考察语序，德赖尔（Matthew S. Dryer，1992）则通过语种分组分层考察基本参项 VO、OV 与其他参项的相关性，并用分支理论（the Branching Direction Theory）来解释其相关性。

20 世纪七八十年代当代语言类型学对汉语句法类型的研究产生了重要影响，研究成果颇多。戴浩一（1973）、邓守信（1975）、屈承熹（1984）、孙朝奋和吉翁（Sun & Givón，1985）、桥本万太郎（1985）等。例如，戴浩一（1973）根据格林伯格（1963）的语序相关性的表现，列举了汉语基本词序与 SOV 相关的句法结构，并概括为一条句法原则，即"SOV 语言趋向于把限制性成分放在被限制成分的前面"，它包括：

（1）关系从句在名词前面；（2）形容词在名词前面；（3）领属语在所领属名词前面；（4）状语成分在主要动词前面；（5）副词在形容词前面；（6）专有名词在普通名词前面；（7）疑问句和陈述句词序相同；（8）"是—非"问句有句末助词；（9）后置词；（10）在比较结构中比较标志词在形容词前面。

邓守信（1975：12）则肯定汉语具有 SOV 倾向的同时指出它具有 SVO 的趋向。如，

（1）宾语在动词的后面；（2）体动词在主要动词前面（在吃饭）；（3）否定词在主要动词前面；（4）动词在补语前面；（5）情态动词在主要动词前面（能吃饭）；（6）动作动词在结果动词前面。

可见，根据词序基本参项（S）VO 及其相关参项的句法表现，汉语（普通话）为 SVO 语言虽然得到学界普遍的认同（Sun&Givón，1985），但汉语句法结构中相关参项与基本词序类型确实存在不和谐性。若以 V、O 词序为基本参项，参照德赖尔（Dryer，1992）的关联项。如，

关联的语序参项	OV 语言	VO 语言
(1) 附置词位置	后置词	前置词
(2) 属格结构式	领属语—名词	名词—领属语
(3) 方式副词与动词	方式副词—动词	动词—方式副词
(4) 比较标记与基准	基准—比较标记	比较标记—基准
(5) 基准与形容词	基准—形容词	形容词—基准
(6) 状语小句连词的位置	连词位于小句之后	连词位于小句之前
(7) 附置词短语与动词	附置词短语—动词	动词—附置词短语
(8) 助动词与完全动词	完全动词—助动词	助动词—完全动词
(9) 系词与表语	表语—系词	系词—表语
(10) 疑问小词的位置	疑问小词位于句尾	疑问小词位于句首
(11) 标补词与补足语小句	标补词位于小句尾	标补词位于小句首
(12) 冠词与名词	名词—冠词	冠词—名词
(13) 从属小句与主要小句	从属小句—主要小句	主要小句—从属小句
(14) 关系小句与核心名词	关系小句—核心名词	核心名词—关系小句
(15) 复数词与名词	名词—复数词	复数词—名词

　　显然，以 VO 为基本词序的汉语，在参项（1）、（2）、（3）、（5）、（7）、（13）、（14）等上，都表现出不和谐性。汉语在句法结构上的不和谐性也正体现了汉语句法类型的特征，这也说明在 VO 这个基本参项之外，汉语需要一个既能与其相关句法特点的集合具有和谐性的基本参项，同时这个参项也应具有类型学普遍价值。李讷和汤普森（Li & Thompson，1976）提出"话题—主语"二分的语言类型观。该语言类型观突出了话题在汉语句法中的基本地位和语言类型学价值，汉语官话属于话题优先的语言，尽管对话题的性质归属，学界仍有不同看法（Tsao，1977，1987；Huang，1982；Xu and Langendoen，1985；Xu，1993；Shi，2000；石毓智，2001；徐杰，2003），但汉语作为话题优先语言在国际语言学界得到普遍认同。徐烈炯、刘丹青（2007［1998］）以汉语官话及吴语上海话为语料，充分论证了话题在汉语小句中的基本成分性质，袁毓林（2002）则利用北京话历时和共时语料说明了话题结构的丰富性和从话语结构逐步语法化为句法结构的过程。刘丹青（2001，2003）进一步指出，吴语上海等方言是话题优先更典型的汉语方言，而宁波、绍兴等方言则出现了SOV语序的萌芽，吴语属于话题优先典型而 VO 语序较弱的汉语方言，这

些研究使话题发展为观察汉语方言句法类型的重要参项，同时也说明了汉语方言在句法类型上与共同语的差异，"开了用当代语言类型学的成果来研究汉语方言句法类型的先河"（袁毓林，2003）。

因此，基于语言类型学的汉语方言句法类型研究尊重方言句法的系统性和自主性，特别是重视南方方言的句法类型学研究，不仅丰富了汉语句法类型学的研究，也可挖掘汉语方言句法类型的普通语言学价值，开展这项研究十分必要，也具有重要意义。

桥本万太郎（1985：40—41）指出：亚洲大陆语言，北部的通古斯语、蒙古语等一律是逆行结构；相反，南部的大多数语言……都以顺行结构为基础……最令人感兴趣的是，处于两者之间的汉语绝不是等质的。越往北就越可以看出阿尔泰语式的逆行结构，越往南就越可看出南亚语式的顺行结构。

桥本先生利用汉语从北到南的方言差异，创立了语言地理类型学理论。他提出了汉语方言在句法参项上的系列差异。如，副词修饰动词的词序、差比句类型、时体助词与动词的词序等（桥本万太郎，1985：40—71），这些差异足以表明在当代语言类型学视野下，方言句法类型学研究的必要性和重要意义。

第二节　吴方言句法类型学研究现状

桥本万太郎（1985）、刘丹青（2001，2003）、钱乃荣（2011，2014）等皆在当代类型学框架下考察了吴语句法特征，但对其类型的认识分歧较大。桥本万太郎（1985）认为，吴语"顺行结构"有后置状语（温州话"走先"）、名词倒置型（温州话"猪牯"）、倒置双宾结构（拨本书依）等，这些句法特征表明吴语是一种较北方话"顺行结构"更突出的方言。刘丹青（2003：191—193）则指出，后置状语、名词倒置型虽与粤语类似现象来源相同，但具有固化性，不具有类推性或灵活性，与吴语受事话题化属于两个不同层次，吴语"顺行结构"是它源、夕阳现象，而受事话题化则属于自源、朝阳现象。因此吴语"顺行结构"的存在并不影响吴语共时语序类型，吴语是一种话题优先典型且浙东地区吴语具有 OV 词序倾向；钱乃荣（2011，2014）则进一步指出上海等吴方言中前置的受事论元并不仅仅是话题，可视为宾语，且这种 SOV 语序在是非问句、反复问、特指问、否定句、能愿句、祈使句、地点宾语句、结果句、带状语句等共十七大类各句式中皆有分布，还用上海话语料逐一验证了格林伯格（Greenberg，1963）所提出的 16 条句法普遍性规则，证明上海方言是一种具有 SOV 语序类型特征的语言。

可见，由于对共时句法结构性质以及它们对吴语语序类型的影响存在不同认识，造成了对吴语句法类型的认识分歧。这种共时研究的分歧表明，吴语句法类型的共时研究仍有待深入，不过，这种分歧也是共时类型学研究必然会碰到的一道难题。因为共时类型学常通过频率统计、分布自由、语用中性等标准来判断一种语言的基本词序，把握基本结构更便于进行跨语言共性观察。如德赖尔（Dryer，1989，1995，2005）指出，在一种语言中若某种词序是其他任何词序出现频率的 2 倍，那么这种词序即为该语言的基本词序。比如在同时使用前置词和后置词的 taba 语中，有五个前置词，而只有一个后置词，所以 taba 语是一种以前置词为基本词序的语言。德赖尔（Dryer，1997）探讨语序灵活性语言词序时，尝试将 S、V、O 基本词序成分调整为 VS&VO、SV&VO 和 VS&OV 等基本类型。但不管怎样，类型概括上可能忽略非基本类型或语言内部仍未发展为基本类型的变异，且在语言实际状态中，变异是语言的真实面貌，是常态。如吴语句法类型中仍存在的"顺行结构"，从实际分布来看，显然不宜被看作一种基本结构，不能用它来概括基本语序类型，但也不能忽略其存在，毕竟这些结构从语言共性来看，直接与语序类型相关，观察其演变历程，可得到与语序类型演变相关的有用信息。因此就吴语句法类型的研究来看，既要把握住各句法结构的基本形式，同时也应该注意非基本的类型，并从发展的角度来认识这种基本和非基本的关系以及它们对于句法类型演变的作用，这是吴语句法类型研究应该深入的地方，不仅可以为吴语句法类型的共时研究解疑释惑，也可以促进吴语句法类型演变研究的发展。

第三节　语言类型学中的历时演变研究
与历时类型学研究

当代语言类型学注重句法，尤其是语序特征的蕴涵关系，也关注语言演变的方式，并试图用语言演变来解释语言共性。如维尼曼（Venne-mann, 1973, 1974）试图通过历时演变来解释语序中的不和谐现象。吉翁（Givón, 1971, 1975, 1984）先后从历时演变角度阐释语序的和谐性和不和谐性。他指出，附置词类型与动—宾词序的相关性，是因为附置词的历时来源之一是动词，所以 OV 语言使用后置词，而 VO 语言使用前置词；附置词也与领属语—核心名词具有相关性，是因为附置词的另一来源是领属结构中的核心名词，所以在前置词语言中使用名词—领属语词序，而在后置词语言中使用领属语—名词的词序。诚如海涅（Bernd Heine, 1997：7）所言："我们所使用的语言并不是由现在的使用者创造的，而是经由成千上万年的演化逐渐形成的。语法应该被视为早先较少限制的语言使用模式规约化的产物；因此，依照其共时结构来解释语言只能对'语言为什么以这种方式结构化'这个问题做出一小部分的说明，而语言及语言使用的很多特征只能参照历时演化才能做出令人满意的解释。"（转引自吴福祥，2005）可见，历时演变研究是解释共时语言的共性和个性的有效方法，使共时类型研究更具有说服力。

不过，它仍只是服务于共时类型学研究，并没有立足于语言系统的历时状态，未对该历时过程中的语言结构变异本身进行类型学的考察。而就语言历时演变过程本身进行类型学研究，是更符合语言的真实状态及演变研究的需要。克罗夫（William Croft, 2003, 2009：3）指出："历时研究要求我们对类型学原理从根本上重新思考。"这就是历时类型学的研究。

在历时类型学视野中语言类型是语言所经历的阶段，共时语言状态只是语言演变或历时过程的某个阶段，研究的重点应放在语言状态演变及演变中语言结构模式的关联性、稳定性（Greenberg, 1978）或易变性（Hawkins, 1983：92—94）、频率等方面，从而揭示语言演变过程的制约因素。

历时类型学研究认同当代语言中类型共性对语言的普遍限制，尽管语言类型可以改变。也就是说，某语言从一种状态可直接或间接地转变为另一种状态，但都只限于在蕴涵共性所涵盖的类型中。如当代语言类型中形容词—名词词序⊃数词—名词词序（"⊃"表示蕴涵关系），可以得出以下几种语序模式。

（1）形容词—名词和数词—名词（85 种）
（2）名词—形容词和数词—名词（51 种）

（3）名词—形容词和名词—数词（122 种）

（4）＊形容词—名词和名词—数词（13 种）（Dryer，2001）

受蕴涵共性的制约，语言演变只能在（1）—（3）之间进行，可以是（1）演变为（2），或通过（2）演变为（3）。这是因为，形容词类修饰成分在语序中不太稳定，霍金斯（Hawkins，1983）指出，指示词、形容词、数词比属格和关系从句更容易变化，因此在语序结构模式中，这样的成分就具有易变性，它们往往导致语序从和谐的结构类型向不和谐的类型转变。以语言状态演变为研究焦点的历时类型学，自然会更多关注这些易变性成分及其对语言演变的影响；同时，易变性也有层级差异（Hawkins，1983），形容词较数词具有更高的易变性。如形容词—名词⊃数词—名词的语序模式中，类型（4）由两种劣势语序构成的语言，理论上不存在，但现实中仍有少量分布，是因为形容词是高易变性成分，类型（3）中名词—数词仍未发生词序转变时，形容词已从一种优势词序演变为劣势词序即形容词—名词词序，这样，就形成了类型（4）的少量分布，不过，这种语言仍具有短暂过渡性（transitory）（Croft，2009：238—239）。

受蕴涵共性制约的演变过程也只能是渐进的。如形容词—名词⊃数词—名词的语序模式，若一种语言以（1）为语序类型，而要演变为类型（3），它必须通过类型（2）这种优势语序来实现，反之也成立，但不能直接从类型（1）演变为类型（3），因为语言演变的渐进性在起限制作用。类型（1）、（3）是和谐语序类型，而类型（2）是优势语序类型，根据格林伯格（Greenberg，1963）提出的支配语序和谐的竞争性原则，优势语序可以存在于任何语言中，但劣势语序只有当与某些别的优势语序和谐的时候才可能出现，若包括的皆为劣势语序，那么理论上也不能成立。这样，名词—形容词和数词—名词两种词序皆为优势语序，所以类型（2）为优势语序，而类型（1）演变为类型（3），或类型（3）演变为类型（1）皆经过优势语序阶段，使它们在演变中不会因碰到非优势词序而经历不能成立的阶段，以保证演变的顺利完成；若类型（1）或类型（3）要演变为类型（4），则数词—名词优势语序要演变为名词—数词的劣势语序，或者名词—形容词的优势语序演变为形容词—名词的劣势语序，这样，两种劣势语序而无一个优势语序，所以类型（4）几乎是不可能的。

语言类型演变的渐进性也常表现在某个语序参项的不同词序并存共用

上。如"形容词—名词"、"名词—形容词"可能在某个阶段并存于同一语言体系中，成为可供选择或互补分布的两种构式。这种内部变异或共时变异，成为历时类型学发现历时演变共性的绝好素材。如格林伯格（Greenberg，1980）考察了数种埃塞俄比亚闪族语言的主要词序、形容词—名词语序、名词—属格、代名词属格、附置词等语序特征，根据它们在各语言中的语序特征表现，特别是同一语序参项上的共时变异，得出"形容词—名词语序＞所有格—名词语序＞附置词语序"的演变序列。该演变序列的意思是：形容词语序的变化导致属格语序的变化，属格语序的变化又导致了附置词语序的变化。这种演变序列在伊朗语的历时演变中得到验证。相反的演变序列，则未出现过，这表现了语序历时演变的单向性特征和语言演变的限制。"演变存在着蕴涵序列，即一种演变如果发生，则会引发另一个演变；不同演变的发生具有次序。"（Lightfoot，李明导读，2010：13）

不仅要考察语言状态演变所受限制、导致演变的成分及其演变过程本身的渐进性和单向性等问题，历时类型学也关注语言状态或类型发生演变的频率或可能性。如 SOV 型语言或 SVO 型语序广泛分布且非常稳定，属于高频发生且稳定存在的语言类型，而 VSO 语序，则属于较稳定存在却低频使用的语言类型，它在世界语言中稀少但在其亲属语言中却普遍可见，这种语序趋向于往 SVO 语序转移。而在语序类型演变的缓慢过程中往往还存在各种"异常"的中间类型，这些类型的概率则是考察语言类型转变可能性的重要线索。

可见，历时类型学研究强调对语言过程本身及各种影响因素进行探讨，这种研究不仅可以验证当代语言类型共性，而且可从历时角度更深层次地阐释语言共性对语言演变的限制，可以更好地观察到那些平时被视为离散的演变中的结构类型之间的关联，语言类型的共时共性中的"例外"现象也可以得到解释，如虽违背共性但因易变性或渐变性等短暂存在。"对语序变异的类型模式的研究是一个相当新的领域，将在类型学语序研究中产生日益重要的作用。"（Croft，2003，2009：94）

不仅句法结构类型变异是语言状态中的常态，要研究其演变模式、渐变性、演变方向等，而在句法结构演变的过程中，也常伴随着词汇项或结构式的语法化（grammaticalization），它与句法类型的演变往往有着相辅相成的密切关系。以克罗夫（Croft，1990，2009）所举的埃塞俄比亚语的

词序演变为例。如，

NA&NG&Prep

AN&NG&Prep

AN&GN&Prep

AN&GN&PostP（Croft，1990：28；2009：251，又见沈家煊，2006）

在埃塞俄比亚语中名词和形容词的词序、名词和领属语词序、附置词类型等发生了渐变性、单向性的演变，其中前两者词序发生了演变，而后者则用后置词取代了前置词，这是因为名词—领属语演变成了领属语—名词，而 GN 结构中的 N 经语法化演变为了后置词，所以后置词取代了前置词，可见，句法结构类型的演变不仅仅是词序位置的变化，它还关系到词汇项或结构式的语法化。因此，语法化研究也是历时类型学的重要内容。

语法化研究，是指对语法范畴和语法成分的产生、形成过程开展研究。一般来说，典型的语法化现象是一个词汇项或结构式在特定的语言环境里获得某种语法功能，或者一个语法化了的成分继续产生出新的语法功能。它已被广泛用于汉语语法的研究中，这方面的成果也十分丰富。不仅利用语法化理论研究"普—方—古"中单个词汇项或结构式的形成过程，且开始利用丰富的"普—方—古"汉语语料和民族语言语料探讨具有类型学特征的语法化模式，丰富了语法化研究的成果。如沈家煊（1994）、储泽祥和谢晓明（2002）、吴福祥（2003，2004，2005）等在介绍语法化理论的同时，提出了汉语语法化研究中的问题。江蓝生（1999）通过"古—方"对比揭示了"着"由实到虚到零的语法化历程，刘丹青（2001）讨论了汉语方言和古今共同语语法化中的更新、强化与叠加现象，江蓝生（2002）探讨了时间词"时"和"後"的语法化历程，邢福义（2003）探讨了"普—方—古"中"起去"及其语法化，石毓智、李讷（2004）利用"时间跨度达三千年"（蒋绍愚，2001）的汉语文献从语法化和类型学角度探讨了汉语形态句法发展的动因和机制，江蓝生（2005）从"VP 的好"句式谈结构的语法化，吴福祥（2009）讨论"得"义动词到补语标记在东南亚语言中的语法化历程及与语言接触的关系，刘丹青（2009）从动态性、可变性等角度探讨了汉语方言中语法单位、语法范畴和语法手段等的语法化问题。从方言语法研究的角度来看，尽管对方言虚词或结构式的语法化研究大都离不开共同语历时文献的参与，但仍可以看到语法化理论为方言语法研究带来了全新的活力。正如刘丹青（2009）指出："语法化的重要贡献之一就是搭建了语法的历时和共时之间的桥梁。语法化理论包括其重要观念——重新分析的引进，为汉语方言语法研究提供了广阔视角和新的思路，弥补了原有背景中共时和历时缺少沟通关联的局限。"而方言语法中丰富的语料也为汉语语法化的发展做出了重要的贡献。如，吴福祥（2010）考察汉语方言中趋向动词归纳其演变类型，江蓝生（2012）考察了汉语中连—介词的来源及其语法化的路径和类型，吴福祥（2003）探讨了汉语伴随介词语法化模式与语序类型的关系等。正是因为大量的汉语方言为汉语语法化提供了丰富的语言资源，所以可以展开对语法化模式或类型学的研究。尤其是语义地图理论的发展，更显出了汉语方言语法的语言资源价值。张敏（2010）介绍了语义地图在汉语及其方言多功能语法形式研究中的重要作用，在语义地图研究中，可以从单个方言的内部比较开始，逐步将比较的范围扩展到一片、一区的方言乃至全部汉语方言，甚至整个汉藏语系语言及世界语言。这种"自下而上"的研究模式以及通过跨方言和语言的比较找到蕴涵规律的研究方法，更加充分地发挥了方言语法系统的自主性及其价值。可见，语法化理论下的方言语法研究不仅是实现汉语方言语法演变研究的重要内容，也是挖掘方言语法的语言学价值的重要途径。

第四节　方言语法史研究现状

方言语法史研究受材料和研究视角的限制，至今仍是汉语语法史研究中的薄弱环节，这种局面不利于汉语语法史的健康发展。一方面，用方言记录或书写的历史文献缺乏，再加上以往挖掘不够，使方言语法历时研究的基础十分薄弱；另一方面，方言语法研究相对方言音韵、词汇来说，其系统性和本体性一直未得到足够的重视。从共时来看，由于认为方言语法与共同语文法特别是句法结构具有较强的一致性，"在文法方面，中国各地方言最有统一性，除去一些小的分歧：……中国话其实只有一个文法。因此把北平话的文法称为中国语的文法"（赵元任，1980：8）。所以方言语法研究大多只是被当作为共同语语法共时或历时研究作注，其语言学研究价值一直未得到充分重视。

自20世纪90年代始方言语法研究才逐渐突破"统一性"看法的影

响，在研究方法上也得到长足进展，特别是语言类型学理论用于研究汉语方言语法，大大加速了方言语法研究的普通语言学步伐，但相对而言，仍远远滞后于共同语语法的历史研究，特别是与官话语法系统有着明显差异的汉语南方方言语法史研究的滞后发展，不仅影响我们将方言作为具有独立地位的本体性研究对象的更全面认识，同时，它们也是"汉语语法史的一个重要组成部分"（吴福祥，2005），所以无疑也影响我们对汉语语法演变史的全面认识。

　　至于南方方言语法史研究，近二十年来借助于方言小说、戏剧、地方志、俗话作品、方言课本、语法著作等文献，有了较大的发展。特别是近代西儒文献为方言语法历时研究提供了很好的语料。游汝杰（2002）指出："传教士编写和翻译的文献提供的自然口语的准确度是同时代其他文献资料不可比拟的，是研究19世纪后半期至20世纪初期的汉语方言自然口语的最有价值的资料"。而吴语、闽语、粤语、客家话等方言传教士文献都较为丰富，因此近年来得益于这些珍贵的方言文献，方言语法史研究得到发展。余霭芹（1995）提出当前粤语研究的迫切任务之一就是搜集整理粤方言传教士资料进行历史语法的研究。进入21世纪，南方方言语法史研究的成果也逐渐多起来。张双庆、庄初升（2001）利用巴色会出版物研究一百多年前香港新界客家话否定词和否定句的特征，施其生（2009）用《汕头话读本》探讨了一百多年前潮州话中性疑问句，除了单篇论文之外，开展系统研究的有：钱乃荣（2003）用丰富而翔实的传教士文献对一百多年来上海话的语法演变做了较全面的介绍（第四章）；杨敬宇（2006）用清末粤方言学话课本及传教士文献考察了清末粤方言语法特点及其演变；陈泽平（2010）用传教士福州土白文献探讨了19世纪以来的福州话语法特点（第四章、第五章）；庄初升（2014）对19世纪香港新界的客家方言语法进行了详细的描写（第四章、第五章）；钱乃荣（2014）则用1847—1950年传教士文献介绍了19世纪上海话的句法特征，如上海话语序、话题句、前后置词、双及物结构、比较句、被动句和处置句等，并在语言类型学视野下考察了早期上海话的语序特征。这些研究表明借助各类历史文献来观察早期南方方言语法特征的可行性，同时促进了汉语方言历史语法研究的发展。不过，从目前来看，大多以词类为纲，借助早期文献描写各词类特征，同时也兼顾句式及演变研究。这种系统地描写和分析是研究方言历史语法的基础，可以很详细地反映早期南方方言语法系统的历史面貌，但从演变角度来看，我们只能看到各语法项的演变，而看不到各语法项演变之间的内在或自然关联性，也正因此，方言语法演变所具有的普遍规律和价值仍有待更好的挖掘，以便更充分体现它对汉语语法演变史的贡献。

而在历时类型学视野下探讨汉语南方方言的语法演变，考察方言语法尤其是句法发展的模式、方向和规律等，既可以充分尊重方言语法演变的内在关联性和系统性，也可以丰富汉语语法演变史。尽管南方方言历史文献的时间跨度不会太长，有些只有一百多年，但也可以在方言语法演变规律上做出有益的尝试。

第五节　本书所用文献简介及引用说明

要开展一百多年来的吴语句法演变史研究，自然得益于吴方言历史文献的丰富性和文本的多样性。19 世纪中叶至 20 世纪中叶有大量内容丰富、类型多样、年代确切的吴方言文献。自 19 世纪中叶以来一批具有极高语言学素养的新教传教士为在中国传教，深入普通百姓，学习各地方言，编写语音、语法著作、词典及课本，并将《圣经》译成方言。其中吴方言文献多达 260 种〔其中《圣经》方言土白译本有 160 多种，方言学著作，如语音作品、双语词典、语法著作、课本等有 72 种，日本人上海话课本也多达 20 多种，以上各类文献覆盖上海、宁波、杭州、温州、苏州、台州、金华等各方言点（游汝杰 2002）〕。游汝杰（2002：5，34，19）指出："这些文献记录、描写并研究了当时各地汉语方言口语，在广度、深度和科学性方面远远超过清儒的方言学著作，也是同时代的其他文献，如地方志和方言文学作品所望尘莫及的。""所撰方言学著作，是研究 19 世纪后半期至 20 世纪初期的汉语方言的宝贵资料，也是研究方言历史演变的宝贵资料，切不可等闲视之。""《圣经》的方言译本不仅对于研究方言历史是极宝贵的文献资料，而且也便于各地方言的比较研究。因为各种方言译本的内容相同，翻译事工非常谨慎严肃，因此可以逐词比较词汇，逐句比较句法。就此而言，没有别的文献材料的价值会超过《圣经》的方言译本。"正是如此珍贵的文献为我们开展自 19 世纪以来吴语句法演变研究提供了坚实的基础。当然，自赵元任（1928）《现代吴语的研究》以来，吴方言学者对当代吴语的调查和研究也为考察其发展演变提供了丰富的吴语语法资料和可借鉴的研究成果。如许宝华、汤珍珠《上海市区方言志》(1988)、钱乃荣《当代吴语研究》(1992)、钱乃荣《上海话语法》(1997)、李小凡《苏州方言语法研究》(1997)、戴昭铭《天台方言研究》(2006)、郑张尚芳《温州方言志》(2008)、阮桂君《宁波方言语法研究》(2009)、张惠英《崇明方言研究》(2010)、王洪钟《海门方言语法专题研究》(2011)、《海门方言研究》(2011)、阮咏梅《温岭方言研究》(2014)等。因此,正是丰富的西儒吴方言文献和现当代吴语语法研究成果,为我们考察自 19 世纪以来的吴语句法类型演变研究提供了充分的条件。

本书主要文献为两类:

一是课本和语法著作,为本书所用基础性文献。下面对主要文献及引用方式进行简单介绍。

(1) *Lessons in the Shanghai Dialect*(《上海话功课》,Benjamin Jenkins,1850),全书 1—6 册 30 课共 604 页。课文内容据 Ollendorff 系统,采取一问一答形式组织。如,

> 第一日功课
> 侬 有 否?   有 个
> Noong yu va   yu kuk
> 一 顶 帽 子
> Hi ting mau_ ts
> 帽 子 侬 有 否? 有 个。
> mau_ ts noong yu va   yu kuh

每句用汉字、罗马字(据 Keith 系统)和另一种拼音符号(据 Crawford 系统)书写。游汝杰(2002:158)介绍了该书的编写和收藏情况,并指出该书"为海内外孤本,极为珍贵"。书中译作《上海话功课》,简称《功课》。本书只引用汉字,略去罗马字和拼音符号。

(2) *A Grammar of Colloquial Chinese, as Exhibited in the Shanghai Dialect*(《上海方言口语语法》,Joseph Edkins,1853/1868)。该书是 Edkins 所写的第一部汉语语法著作,是面向上海话习得的教学语法用书,真实地记录了当时上海话的面貌。钱乃荣、田佳佳(2011)已翻译该著作并已

加以全面评述。书中用例由汉字、罗马字和英文构成，如，那里个人 á lí kú' niun, which man？（1868：104）本书所用版本为 1868 年版，共 225 页。为节省篇幅，本书只引用汉字。

（3）*Shanghai Dialect Exercises in Romanized and Character with Key to Pronunciation and English Index*（D. H. Davis, D. D. 上海徐家汇土山湾印书馆印，1910）。按照作者编写意图，该课本为供职于上海政府部门的公职人员学习上海话的用书。全书共 155 课，前有该书所用罗马字的英文介绍，后有英文索引，共 278 页，用罗马字和汉字编写。课文记录内容为当时的日常生活琐事，长短不一。课文基本上采取叙述故事的方式编写，也有少量对话。书中译作《上海话练习》，简称为《练习》。如，

　　　Exercise No. 2. 论勿可以多勃相 LUNG 'VEH KHAU-I TOO BEH-SIANG

　　　我对朋友话下个礼拜我要到乡下去勃相五六日。侬若然欢喜末，也可以搭我一淘去。Ngoo te bang-yeu wo. 'au-kuh li-pa, ngoo iau tau hyang 'au chi beh-siang ng lok nyih. Noong zak-zen hwen-hyi meh, 'a khau-i tah ngoo ih-dau chi.

本书只引用汉字，略去罗马字，为便于理解，方言用字通过加下标方式补出普通话对应字词，不做全句翻译。

　　　（4）《土话指南》（佚名，1910），为"松属传教士"（见序）为学习上海话（即松江一带的方言）根据《官话指南》（吴启太、郑永邦，1881）对译而成，内容和体例基本上与《官话指南》对应，只是少了官话问答部分。共 136 页。书中例句用汉字、罗马字和法文编写。如，应对须知，Yng-tei su tse, Première partie。本书只引用汉字，略去罗马字和法文。为便于理解和对比，句后用下标方式列出《官话指南》中对应的表达。

　　　（5）*A Vocabulary of the Ningbo Dialect*（《宁波方言字语汇解》，W. T. Morrison, 1876）。该词典是为初到宁波的外国人初步了解宁波话，并掌握重要而常用的宁波话词汇而编写的。前有宁波方言音节表，后有地名表，共 558 页。词典以英语词为词条，再以罗马字和汉字列出宁波话对应的字、词、句。如，A, usually unexpressed; expressed by a numeral followed by its classifier, thus, a man, ih-go nying' 一个人；—pen, ih-ts pih'一支笔；—book, ih-peng shü'一本书。For classifers see the Nyingpo primer 宁波土话初学。本书只引用汉字，以下标方式列出难懂的方言字词的普通话对应表达。

（6）*The Ningpo Handbook*（《宁波方言便览》，Möllendorff, Paul Georg, American Presbyterian Mission Press, 1910）。该书以课本形式介绍宁波口语词汇、句式。在其绪论部分，作者对浙江省的地理位置、官职、方言分区、吴语特征以及宁波方言的音节做了说明。该书由 colloquial phrases、graduated lessons、idiomatic phrase、new testament selections、familiar Hymns、three kingdom novel、Chinese proverbs、customs terms、religious terms、terms used in deliberative bodies、on etiquette 等部分构成，书中例句用中文、英文和罗马字编写。如，葛是忒贵。That is too dear。Keh z t'eh kyü（1910：22）。共 282 页。本书引用汉字。

（7）*Nying-po T'u-wô Ts'u-'ôh*（《宁波土话初学》，Rankin, Henry van Vleck, ZÔNG-HÆ. ME-WÔ SHÜ-KWUN. 1857/1868）全书分为音节表、单字土话、量名组合、口语常用句子、中国历朝事件、圣经摘要等，共 68 页，全书使用罗马字。如，I-Zông hao c'ün（1868：22）。本书引用原文罗马字，并转写为方言汉字。

（8）*Introduction to the Wenchow Dialect*（《温州话入门》，Montgomery, P. H. S. 1893, Shanghai：Kelly&Walsh）。全书包括序言、注释（对声调的说明）、一字多音、单元音和双元音、声调符号、四十课课文、生字索引、量词、易习句（即短语）、房分亲眷称谓、词汇总表，共十三部分。调类用数码表示。共 294 页。游汝杰（2002：167—172）对该书进行了详细介绍。书中例句用英文、罗马字和汉字编写，写不出的汉字用"｜"表示。如，be so good as to tell me。ts'ing^1 nyi^1 k'a^2 ng^1 koa^1 请你｜我讲（1893：46）。本书只引用汉字，原书中用"｜"表示的，尽可能根据其注音和《温州方言词典》（游汝杰、杨乾明，1998）中的用字将其补出。如此句补充为"请你句我讲"。

二是《圣经》土白译本，下面对其中几种主要文献及本书的引用方式加以简介。

（1）《约翰传福音书》（Walter H. Medhurst, 1847），江苏省松江府上海县墨海书馆藏版。它是最早的上海方言《圣经》译本，也是第一本方言《圣经》汉字译本。共 90 页。译者 Walter H. Medhurst（麦都思）为英国伦敦会来华传教士，主持伦敦会在上海的事务，用汉语撰写基督教小册子，并翻译圣经。全书使用方言汉字翻译《圣经》。如，起头道已经有拉个，第个道忒上帝两一淘个（约翰1：1，1847）。本书引用方言汉字，为便于理解和对比，句后用下标方式将官话和合本《圣经》对应章节的表达列出。如此句官话译文为：太初有道，道与神同在，道就是神。

（2）*The Gospel of Saint John in the Chinese Language according to the Dialect of* Shanghai（James Summers，1853），最早出版的上海土白罗马字本《圣经》单篇。作者 James Summers，为 19 世纪英国语言学家、汉学家、教育家。该书绪论部分介绍了上海话语音、语法和词汇的基本特征。如介绍标音系统、声调、构词法、各词类等。该书曾用做伦敦大学国王学院的中文教材。全书共 101 页。使用罗马字，如，K＇Āⁿ-chì-sż yǎ‐la kú wö‐da，tí-ka wö-da t＇Ǐ Zâng liǎng-ka yǏ-dó kú‐lǒ，wö-da mě sż Zâng tsě-na。本书引用罗马字原文，并转写为方言汉字，用下标方式列出官话表达。如此句转写为：刚起始有拉箇话搭，第个话搭替神两个一道个咾，话搭末是神哉哪。_{太初有道，道与神同在，道就是神。}

（3）*Ah-lah Kyiu-cü Yiœ-su-go Sing-yi-tsiao Shü*：*Iah-'en Djün Foh-ing Shü* Nying-Po（《约翰传福音书》，William Armstrong Russell，Henry van Yleck Rankin and others，1853）。全书用罗马字，如，Væn-veh tu-z Gyi zao-c＇ih-læ-go；z zao-c＇ih-læ-go tong-si，yia m-teh ih-yiang feh-z Gyi zao-go（1：3，1853）。引用方式同（2），转写的方言用字参照汤珍珠等《宁波方言词典》（1997）。如，万物都是其造出来个，是造出来个东西，也呒得一样弗是其造个。句后用下标方式列出官话表达：万物是藉着他造的，凡被造的，没有一样不是藉着他造的。书中简称《约翰》。

（4）*Mo^-t'a Djün Foh-ing Shü. T'e-tsiu t'u-wa*（《马太传福音书》，W. D. Rudland，1880）。T'e-tsiu fu：Nen-di we ing-shü-vông ing-keh。共 96 页，用罗马字。如，Ô-PAH-LÆH-HÖN＇Eo-de，Da-bih-keh N Yia-su Kyi-toh-keh kô-pu.（马太福音1：1，1880），引用方式同（2）、（3）。书中简称《马太》。

（5）《新约全书略注》（第一卷，马太福音），苏州土白，戴维思译，1879，上海美华书馆印。共 71 页。前有新约全书略注序，全文用方言汉字翻译，书中偶见对经文的注释，也用方言汉字。如，个本书原是圣书个一册（见序）。本书引用方式同（1），因只用到该书的《马太福音》部分，故书中简称为《马太》。

（6）*'A-Da Kyiu-cü YÆ-su-geh Sin-Yi Kyiao Shü*：*IAH-'ÆN Djaü Foh-ing Shü*（《约翰传福音书》，金华土白，Horace Jenkins，1866，Ing Va KyüA Shü Oh. Jông-HÆ），全书共 118 页。全书用罗马字。如，Ting kyi-deo yiu-geh Dao，Dao zæ-ü Jing，Dao ziu-teh Jing。转写的方言用字参照曹志耘（1997）《金华方言词典》，本书引用方式同（2）、（3）、（4）。

本书所用更多文献参见近代西儒吴语文献目录。除少数例句在必要时列出原书英文句，本书引用的方式大体不外乎以上文献中所提到的，此外，若原文用方言字和日文或罗马字或法文写成，引用时只摘录方言汉字，用下标形式列出难懂的方言字词的普通话对应字词，不做整句翻译。转写过程中写不出的方言字用"□"表示。所引用例句的出处皆标明在句后括号中。所引用例句中的标点符号为原文所用，未做调整。

第六节　本书主要内容和研究方法

本书将在语言类型学特别是历时类型学视野下，厘清吴语句法结构及相关功能项在近一百多年中的发展过程，观察其稳定性、演变的方向和动因，尽可能展示吴语句法在一百多年中的历史面貌，并尝试探讨吴语句法研究的普通语言学价值。

拟考察 19 世纪中叶以来吴语各句法结构模式及其特征，如小句语序类型及其演变、从属句类型及标记、附置词类型及其演变、动词句（包括双及物结构、述补结构带受事句、处置句、VP-副词等结构或句式）及其演变、差比句的类型及其演变等。所选取的句法结构和语法功能项尽量突出吴语句法的特征，同时兼顾语言共性；在对各句法结构进行观察中，既关注其基本表达形式，也注重非基本形式，充分挖掘某一句法参项的不同表达形式所反映的历时演变信息。在此基础上，考察它们之间的相关性，窥探吴语句法类型演变的特征。

本书使用的研究方法主要有语文法、统计法、对比法等。

1. 语文法

语文法是汉语史研究的基本方法，对历史文献开展整理和描写工作。本书利用语文法对近 50 本西儒吴方言文献（其中上海话文献包括日本人编写的少量课本）进行全面梳理，对各文献中所要研究的句法结构或语法功能项进行细致、全面而尽可能准确的描写。在描写句法结构时，尽可能穷尽性地整理出它们在文献中的各种类型及分布，在综合各种分布的基础上对各结构进行定性讨论。

2. 统计法

文本频率是语言类型学研究中的一个参数，它不仅可以用来确认基本词序类型，而且各词序频率上的差异也是反映句法类型演变的重要线索，所以本书将充分发挥文本统计或频率的重要作用。克罗夫（William Croft，2003，2009：35）指出："用于类型学研究的相当直接的语料形式是文本材料。这类材料的优点在于它是实际的语言材料，没有经过设计人为的诱发环境或掺杂被调查人的自我感知。此外，文本材料数量大，这对类型学分析至关重要。不过，文本材料大部分是叙述性的，有的本来是文学或宗教作品，面对面交谈的文本材料相当稀少"。而本书所用文本材料既有地道的口语课本，它们有些采用自然交谈式，有些采用讲故事的叙述形式，也有的用散句形式，还有口语性强的宗教作品类即各方言《圣经》土白译本。此外，本书语料还会适当采用地方情景剧对白语言和隐蔽式自然口语录音语料等。不同的文本材料有不同特色，在考察句法结构中，尽可能地统计它们在文本材料中的分布，以表格形式将各结构类型及分布量逐一列出，尽量做到分析过程中定量和定性结合。

3. 对比法

对比分析不仅要对比不同年代文献中同一句法结构的分布，以观察句法结构的历时演变，还要对比年代相近风格不同的文本材料中同一句法结构的分布，这类对比常容易被忽视。本书中将兼顾这类对比，一方面，可以做到对不同文本材料的综合利用；另一方面，文本材料性质差异，往往所反映方言面貌的自然度上有区别，地道的、受其他方言或官话影响的不太地道的等，本书不仅选择地道的口语材料，同时也不弃用"不太地道"的，而是通过对比分析这些自然度不同的材料来观察官话或方言接触对于吴语句法发展的影响。

另外，该书还注意早期吴语语料和早期官话语料的对比，利用同内容的官话课本和上海话课本进行对比，利用《圣经》的官话译本和吴方言译本进行对比，通过这种对比，可以更好地观察一百多年前吴语句法类型的特征。

第二章

一百多年来上海话和宁波话小句语序类型及演变

在当代语言类型学视野中，陈述句常常成为观察一种语言基本语序类型的句类。因为陈述句"往往是各句类中最中立的、形态上最可能不需要特殊标记以及对词类范畴的限制最少等"（Whaley，2009：235）。安娜·谢维尔斯卡（Annasiewierska，1988：8）指出可以用来作为一种语言基本词序的句子是：风格上中立或独立且带有全部 NP 参与者的陈述句，这类句子主语表定指且为指人的施事者，宾语表示受事，动词表行为而非状态或事件（转引自 Song，2008）。科姆里（1989：101）也指出："陈述句的词序跟疑问句（较特殊的句子类型）的词序相比是较基本的词序。"不过，李讷和汤普森（Li & Thompson，1974，1976，1978，1981）提出，"汉语的词序主要受语义和语用因素的影响，甚于语法关系（诸如主语、直接宾语、间接宾语等）的影响"。汉语是一种"主要受语用关系决定词序的语言"（Lapolla，2004），词序相对比较灵活。在受语用关系支配的汉语中陈述句要保持语用中立是比较困难的。因此，不管是陈述句还是其他句类皆或多或少地受到了语用因素的作用，所以在考察小句语序类型时，我们侧重于句子的词序类型，而对其句类不做严格限制，观察各词序的演变趋势，为吴语小句语序类型的演变研究服务。

话题为吴语小句基本成分，吴语话题结构类型丰富、话题优先典型（钱乃荣，1997；徐烈炯、刘丹青，1998［2007］；刘丹青，2001，2003；汪平，2004）。徐烈炯、刘丹青（1998）指出，上海话话题位置上的受事成分都符合话题的信息特征和/或指称特征，表有定、已知、类指（generic）等，而且这种分布受到句类的影响，是非问和否定陈述句中 TV 结构以绝对优势超过 VO 结构，而肯定陈述句中若受事表有定、类指、已知信息等也具有前置倾向，尽管 VO 句占明显优势，特指疑问句基本上只用 VO 结构。而这种前置的受事在浙江吴语如宁波、绍兴、温州等方言中有

些突破了话题的信息特征，出现了前置受事为宾语的结构，具有 SOV 倾向。如，

　　　　宁波话：a. 其_他信用社一笔钞票借来堆唻。
　　　　　　　　　b. 现在其_他已经从上海市区逃出唻。
　　　　温州话：渠_他一篇文章写完罢。~ ＊渠_他写完一篇文章罢。（潘悟云，1997：66）（转引自刘丹青，2001）

　　而钱乃荣（2011）则将上海话中前置的受事视为宾语，故小句语序为 SOV 结构，与南部吴语一样，只是在上海话中由于受到官话扩散的影响，SVO 语序开始使用。

　　吴语共时小句语序类型只是历时发展过程的一个阶段而已，下面我们将利用一百多年前的文献考察上海话和宁波话小句语序类型，并尝试探讨其演变机制。

　　选取上海话和宁波话为代表考察吴语小句的基本结构类型及其演变趋势，主要依据是它们在共时小句语序类型上存在细微差异，此外，两方言文献丰富，特别是忠实于当时地道口语的课本类文献较多，为考察其小句语序类型提供了必要条件。

第一节　一百多年来上海话小句语序类型及演变

　　"特点因比较而显，没有比较就没有特点"（朱德熙，1985：1），比较或对比是语法研究的基本方法（吕叔湘，1992），比较"立足于语言特点的研究，能从对比中揭示出语言的特点，使总结出来的规律具有比较深厚的语言基础"（徐通锵，2001）。方言之间的比较研究可以更清晰地看到"语族明确的方言"（高名凯，1948：55）之间的异同。因此，为了更清晰地展示一百多年前上海话小句语序特征，我们拟利用《官话指南》（简称《官话》）和《土话指南》（简称《土话》）为语料，对照相同内容在官话和上海土话中的表达。《官话指南》是日本人吴启太、郑永邦于清末时（1881 年）居于燕京学习官话三年编写，以供初学者使用的会话课本，全书分为四卷，分别为应对须知、官商吐属、使令通语和官话问答四

卷。《土话指南》是"松属传教士"（见序）为学习上海话（即松江一带的方言）根据《官话指南》对译而成，即为官话的上海话对译本，客观地记录了当时的上海方言，是学习上海话的会话课本。内容和体例与《官话指南》大体一致，只是少了官话问答部分。

《官话》和《土话》的语言具有很强的口语性，而两课本内容相同，句子成立的语用环境一致，便于我们对比观察一百多年前上海土话和官话的句法特征。

一　受事前置结构

受事在及物动词谓语句中充当宾语是其典型用法，但在汉语中受事前置句是一种很有特色的句式，在古今汉语中的分布率、使用范围及格式等都有不少学者先后进行过深入探讨（龚千炎，1980；张赪、荣晶，2008）。从《官话》和《土话》对比分布来看，受事前置句在官话和土话中虽皆有分布，且成立的句法、语用条件也有相似之处，但在上海土话中的分布更普遍，成立的句法环境更宽松。

官话和上海土话皆采用受事前置结构的主要有：受事为复杂结构，特别是受关系小句限定的名词性成分，都用前置结构；当谓词受表焦点信息或表全量义等副词修饰时，都强制性前置；当受事在具体语境中为交际双方共知，且用有定性标记表示的，也以前置为优势结构。如，

（1）a. 自家带来个皮货，现在卖完末？勿曾完全卖脱哩。（《土话》第 15 页）

　　　b. 您现在带来的货都卖完了么，还没都卖完了。（《官话》）①

（2）a. 侬话拉几样小物事，现在做末做拉者，还勿曾烧。（《土话》第 22 页）

　　　b. 您说的这几样儿小物件，现在做着了，还没烧得了。

例（1）、例（2）中受事名词都带限定小句，构成复杂结构，这类

---

① 例句中 a 句均为《土话指南》所用，b 句出自《官话指南》对应的表达，下文将不一一标示出处。

NP 虽然在语义上为谓词受事论元，但结构松散，与谓词之间有较长的停顿，书面上多用逗号标记。这类复杂结构充当的受事，在土话和官话中都倾向于用前置结构表达。

（3）a. 对自家姊妹话，<u>米</u>亦无得，<u>铜钱</u>亦无得，无啥法子，叫伊别搭去借罢。（《土话》第 76 页）

　　 b. 和他妹妹说，<u>米</u>也没有，<u>钱</u>也没有，办不了，叫他妹妹另上别处借去罢。

（4）a. 牙齿落完，<u>物事</u>侪嚼勿动个者。烧来烂点末，还可以，硬<u>物事</u>嚼勿动个者。我个牙齿比阁下个好，随便啥硬<u>物事</u>侪吃得动个，就是<u>瓜子</u>也咬得开。（《土话》第 11 页）

　　 b. 牙没了，<u>什么</u>都嚼不动了，炖的烂烂儿的才好哪，别弄的那么挺梆硬的不能吃。我的牙比你的强，不论<u>什么硬的脆的</u>，都能吃，连<u>瓜子儿还</u>能磕哪。

例（3）受事"米、铜钱"都前置，谓词"无得"受副词"亦"修饰，"亦"表示两事物相同，在句中起着突出谓词所述情状的功能，例（4）则受表全量副词"侪"和表强调副词"就是……也"等修饰，在这些结构中受事都强制性分布于谓词前。

（5）a. <u>箇层梯</u>那能弄脱个呢。上去个人多咾，踏坏脱拉个。（《土话》第 6 页）

　　 b. <u>那梯子</u>为什么拿开了，因为人多上去竟混糟蹋。

例（5）中受事由指示词标注其有定性，是言谈双方都已知的对象，这类受事，在官话和土话中皆以前置为优势语序。

尽管在以上结构中，官话和土话都使用受事前置句表达，但两者在使用受事前置结构上存在显著差异。主要表现为三点：一是官话中前置的受事有定性标记化程度更高，常用指示词来标注确指性或区别性，或用处置介词"把"来引介前置的受事；二是高生命度指人名词或代词作受事，土话中前置更常见；三是表示普通事物的名词特别是其光杆形式作受事，土话中前置的分布率更高。如，

（6）a. 格末我租之箇坎房子，还有啥小租个否。<u>小租</u>自然总要个。那能阁下经手租房子，还要小租个呢。哈，虽然我经手租房子，无啥别个中人，<u>茶钱</u>到底亦要出点个。（《土话》第 14 页）

b. 那么我租那房子还要茶钱么，<u>那茶钱</u>自然是有的，怎么我起您手里租房，还得给茶钱呢。虽然您是起我手里租房，没有别的中人，到底<u>这茶钱</u>您也是得给。

（7）a. 现在自家<u>药栈</u>还开拉否。勿开，关之七八年者。（《土话》第 16 页）

b. 现在<u>那个药栈</u>还开着了么。没有，关了有七八年了。

例（6）、例（7）土话中受事名词都不用指示词标记其有定性，而官话都加上了指示词或指量成分，以增强所指对象的确定性；特别是例（6）b 句官话中指示词加在类指名词前，指示义弱，对增强该名词所指对象的区别性作用不大，但仍加在该受事名词前，此时指示词在结构或形式上的作用就显得更突出，即官话中受事前置对指示词在句法上有依赖性；而土话则更倾向于不用这类有定性标记。

（8）a. 我劝侬<u>烟</u>末戒脱之罢。（《土话》第 64 页）

b. 我劝你把<u>烟</u>忌了罢。

（9）a. 虽然<u>筹</u>末寻之出来者，到底盘盘货色看，究竟缺勿缺。（《土话》第 85 页）

b. 虽然把<u>这根筹</u>找出来了，到底咱们再把货盘一盘看看短不短。

例（8）、例（9）土话中受事直接前置于谓词，并带上提顿词"末"，而官话则需用处置介词"把"来引介受事成分，其中例（9）除用处置介词外，还加上指量短语，使受事的有标性更突出。

指人名词或代词，都是高生命度名词，施事性强，若出现在谓词前，易于与由施事者充当的主语相混，这类词做受事时前置的概率也低，不过，比较来看土话比官话要常见些。如，

（10）a. 那能伊什介能糟蹋阁下个，<u>自我</u>伊就勿敢碰个。（《土

话》第12页）

　　　　b. 那儿有这么促狭的呢，他再不敢和<u>我</u>这么顽儿。

　　（11）a. <u>阿哥兄弟</u>无末个，阿姐末出嫁拉者。（《土话》第44页）

　　　　b. 他没有<u>哥哥弟弟</u>，有一个姐姐早就出了门了。

　　例（10）中第一人称代词"自我"和例（11）中指人 NP"阿哥兄弟"皆为高生命度的 NP，虽为受事，但都用于谓词前，官话则使用介宾式或普通动宾式。

　　土话较之官话，最突出的特点是，大量使用光杆 NP 做受事，而它们在官话中更自然的用法是在谓词后做宾语，这类受事前置句在上海话受事前置句中约占42%，见表2－1。如，

　　（12）a. A：<u>中国说话</u>阁下懂否？B：略些懂一点点厦门话，别个地方说话勿懂。中国话本来难懂。（《土话》第5页）

　　　　b. A：你懂得<u>中国话</u>么？B：略会一点儿那厦门的话，别处不甚懂，中国话本难懂。

　　（13）a. A：世兄<u>史记</u>读过歇否？B：勿曾读过歇。（《土话》第8页）

　　　　b. A：你看过<u>史记</u>么？B：没看过。

　　（14）a. 人守本分好，<u>外场事体</u>明白。箇种人一定保得住个。（《土话》第8页）

　　　　b. 人操守好，再明白<u>公事</u>，那一定保得住。

　　（15）a. A：拉张家口，有啥店否？　B：<u>店</u>有个。（《土话》第15页）

　　　　b. A：您在张家口是有铺子么？B：是，有<u>铺子</u>。

　　例（12）至例（15）加下划线的受事名词在土话中更自然的表达方式是前置，而官话则优先采取动宾式表达。从结构来看，土话受事以构成"P受事＋VP"结构［如例（14）、例（15）］或"S＋P受事＋VP"式［如例（13）］更常见，这些结构中的受事表类指，不用有定标记，从语境来看，它可以出现在话语开端，用来发起一个新话题，如例（12）、例

（13），也可出现在话轮中间，另起一个与前面有对比关系的新话题，如例（14），而例（15）则用在答句中，句尾带上加强语气的"个"。从话语信息角度来看，例（15）为旧信息，例（14）则靠上文可推测相关信息，而例（12）、例（13）皆为新信息，因此若从受事的信息度来看，土话中这类结构实际上整合了从受事性话题到受事性宾语的不同结构，而结构整合性强是"$P_{受事}+VP$"结构功能扩散和语法化程度高的表现。通过对比可推知，土话中"$P_{受事}+VP$"结构是一种比官话句法功能更强、语法化程度更高的结构，这使得它可以更自由更广泛地用在及物性谓语带受事的结构中。

土话和官话中受事前置句的分布情况，具体见表2－1。

表2－1　　　　　　　　　　上海土话和官话受事前置句的分布

受事 NP	复杂结构	带有定标记	受副词修饰等	有生	无生光杆 N		总计
土话	9 （7.5%）	8 （6.7%）	16 （13%）	8 （6.7%）	50 （42%）	7 （5.9%）	21 （18%）	119
官话	9 （21.4%）	8 （19%）	16 （38%）	2 （5%）	0	7 有定标记 （16.7%）	21 把字结构 （33%）	63

从表2－1可知：首先，土话中受事前置结构的分布要远远超过官话，我们从同内容的语料中得土话受事前置结构119例，而官话只有63例，也就是说，官话有近半是用VO结构表达的；其次，在受事前置结构中，土话中使用光杆N做前置受事的有78例，占到前置受事结构的65.9%，而在对应的官话表达中1/3用处置结构前置受事（28例中占21例），或用指示词来标示前置受事的有定性（7例），另有近2/3（50例）是用VO结构表达。从各类受事前置结构的分布率来看，土话中光杆N直接前置的最多，而官话中处置介词提宾式相比其他类型更常见些。这种对比可以很清晰地看到，一百多年前的上海话是以受事直接前置为基本语序类型，而官话则以VO结构为基本类型，若受事前置则以加标记为主。可见，两者的基本语序类型具有很鲜明的差异。

二　一百多年前话题结构类型丰富

话题与述题之间以松散性著称，靠相关性存在。在话题优先型语言或方言中，话题—述题在结构和语义关系上的类型也表现出多样性。除受事

论元类话题外，在土话中，拷贝式、分裂式话题也较常见，而分句式话题则更普遍。如，

（16）a. 伊屋里还有啥人否？娘末，老早死拉者，爷末，还拉拉里。（《土话》第44页）

　　b. 他家里都是有甚么人哪？他母亲早死了，现在就是他父亲还活着了。

例（16）a. 句土话"娘、爷"本为施事论元，带上提顿词"末"，构成论元类话题—述题；而官话则仍用做主语。

（17）a. 箇是亦勿必问者，啥人勿喜欢春天呢，春里末，天气暖。花末，香，啥人勿怕夏天咾秋天呢，夏里热，秋里凉，最怕个末冬天，嫌伊太冷。我欢喜春咾秋两季。（《土话》第8页）

　　b. 这个不用问，谁不是顶喜欢的春暖花香，谁不怕夏热秋凉，最怕的是冬天太冷。我喜欢春秋两季。

例（17）a 句土话"春里"为"天气暖"提供时间域，"夏里、秋里"等也都为后面谓词提供相应的语义范域，构成语域式话题—述题结构，而"花"后添加"末"，也与形容词谓词"香"构成论元类话题—述题结构。

在论元类话题中，土话中还有一类较特殊的结构，即代词复指式，主要有二：一是兼语句中的兼语常前置为话题，兼语位置上用代词"伊"复指；二是受事前置后，述题部分用复指性代词充当处置介词宾语。如，

（18）a. 怪勿得我眰到五更头醒转来，觉着冷来，被头嫌伊太薄者。（《土话》第7页）

　　b. 怪不得我睡到五更天醒了觉着冷的很，可就嫌棉被窝太薄了。

（19）a. 听见之箇个房钱，像煞嫌伊太多，阿晓得箇座房子，是顶好个。（《土话》第13页）

　　b. 您听着这房钱仿佛是太多，您不知道那房子可是顶好。

(20) a. <u>箇块地皮</u>大来野，无啥人<u>担伊</u>来种种园地。可惜否？（《土话》第 9 页）

b. 你这一块地很大，并没人作田园岂不可惜么。

例（18）、例（19）兼语动词都为"嫌"，其受事宾语"被头"、"箇个房钱"皆前置为话题，而兼语位置上仍保留宾语复指性代词"伊"，官话未见这类特殊结构。例（20）则用代词"伊"充当处置介词宾语来复指前面的受事话题。

曹逢甫（Tsao，1990）提出汉语拷贝式是一种话题结构，徐烈炯、刘丹青（1998）进一步论证拷贝结构的话题属性，并指出它在吴语中十分常见，其语法化程度更高。从《土话》来看，一百多年前拷贝式话题结构使用自然、常规。如，

(21) a. 昨日前半夜，月亮极其好，我仰拉床上，看窗口里个月光，睏<u>亦</u>睏勿起。（《土话》第 6 页）

b. 昨儿前半夜月亮很好，我躺在炕上看窗户上的月光，舍不得睡了。

(22) a. 我认得个，是住拉箇搭张老二拉荡个。若使搭俪令亲话起来，配<u>倒亦</u>配得过。（《土话》第 11 页）

b. 我认得是那边儿张老二跟前的；若给你们令亲说，倒也配得过。

(23) a. 自家寻得着否咾？<u>寻是寻得着个</u>，阁下有啥店家可以做保人否，随便自家要那里一个，就那里一个。（《土话》第 14 页）

b. 您找得出铺保来么，是我找得出铺保来。您都是有什么铺保，要什么铺保有什么铺保，那就行了。

例（21）"V 亦 VP"拷贝式结构，"亦"虽有表示"无论怎样，纵然"的意思，但拷贝式结构中前项的动作性不强，动词句法特征削弱，拷贝结构中的前、后项构成话题—述题关系，它们之间的关系可以更松散，如例（22）可插入副词"倒"，"倒"不仅表示出人意料之意，还起舒缓语气的作用。例（23）可用表强调的副词"是"连接拷贝式的前后项，整个结构带有确认语气。此外，例（2）中拷贝结构"做末做拉者"

表示动作已实现的语法意义。尽管在官话中拷贝式结构也能成立，但从官话和土话的对译来看，土话使用拷贝式的倾向更强、更自然。

当受事宾语为数量名短语时，为了突出自然焦点位置上的数量成分，土话常将受事名词前置，形成带有一定语用色彩的分裂式结构。在结构中，前置的受事在信息度上显然要弱于自然焦点位置上的数量成分，所以也被称为分裂式话题结构（刘丹青2003）。这类结构在土话中的分布比官话更自由。如，

(24) a. 银子先付<u>一半</u>，还有一半末等生活满工之，然后交清。（《土话》第28页）

b. 先给<u>一半</u>银子剩下那一半银子总得等完了活才能给呢。

(25) a. <u>徒弟</u>几个？<u>徒弟</u>两个。（《土话》第36页）

b. 几个<u>徒弟</u>？俩徒弟。

例（24）为突出自然焦点位置上的数量结构"一半"，"银子"被前置作话题；例（25）中数量结构作谓词，指人名词"徒弟"前置为话题。官话则使用普通动宾式或主谓结构。

分句充当话题是土话中十分常见的类型。充当话题的分句表示条件或假设关系。如，

(26) a. <u>若</u>使凑巧末，出去，<u>勿</u>巧末，且到等拉京里再说。（《土话》第61页）

b. <u>若</u>是有合宜的事就可以出去，<u>若</u>没有相当的事我就先在京里就是了。

(27) a. <u>天好</u>末寻朋友来白话白话。<u>天勿好</u>末等拉屋里看看书。（《土话》第62页）

b. <u>好天的时候</u>可以找朋友去谈一谈，<u>刮风下雨的时候</u>就是在家里看书。

(28) a. <u>开之印</u>是，就要忙者，是么？<u>开之印</u>是，无得闲工夫者。（《土话》第18页）

b. <u>赶开了印之后</u>，就该忙了罢，可不是么？<u>赶开了印之后</u>就所没什么闲工夫了。

（29）a. 日逐照之方子咾吃药，<u>慢慢交瘾头断之</u>末，<u>好者</u>。（《土话》第65页）

b. 你就按着那个方子吃药慢慢儿的自然就把烟断了。

从例（26）、例（27）、例（29）来看，"末"是上海话分句式话题的主要标记；例（28）中系词"是"出现在VP所构成的小句之后，起提顿作用，用做分句式话题标记。例（29）"VP末，好"的话题结构一般多用于祈使句，表示劝诱或劝诫，这类结构在元代为"VP呵，是/好"（江蓝生2005），"呵"为语气词，可表疑问、假设、停顿等多种语气，从结构位置来看，"呵"还充当了分句类话题标记，元以后"呵"退出。而吴语上海话保留了该结构，且以"末"标记分句话题，而对应的官话则不用话题结构表达。

两课本对照来看，上海土话中提顿助词"末"的广泛使用也是其一大特色。"末"并不用做疑问助词，而是常出现在各类话题之后。如例（8）、例（16）、例（17）、例（26）、例（27）、例（29）等中话题后"末"，不仅起停顿的作用，更重要的是起提请注意的功能，韵律上常黏附在前面的NP成分上，该成分即为句中话题，从其功能自由、分布之广来看，"末"是一百多年前土话中成熟的话题标记。除"末"外，土话中"是"也发展出标记话题的功能，如例（28）"是"与前面的话题构成一个韵律单位，而与后面的谓词关系松散，已由系词重新分析为话题标记。

从土话和官话的对比可知，土话中话题结构类型更丰富、使用更频繁、自然度更高，话题标记也更常见。可见，一百多年前的上海土话是一种比官话话题优先更典型的汉语方言。

三　一百多年前上海话处所宾语前置结构

趋向动词"来、去"作谓语以处所词做宾语，虽不同于及物动词带受事宾语词序的预测力，但在汉语南北方言中，处所词做宾语的词序存在语序类型差异（桥本万太郎，1985：26；刘丹青，2001）。土话与官话的对比表明：土话处所宾语前置的倾向很强，而官话则不允许直接前置。如，

（30）a. 老弟封印之后来，<u>总理衙门里</u>去歇否？去歇二回。

（《土话》第 18 页）

　　　　b. 老弟起头年封了印，总没到衙门去罢？封了印之后还去了两趟。

　　（31）a. 不过面色勿曾复元，勿要只怕<u>外势</u>去之咾，又发作者。（《土话》第 13 页）

　　　　b. 脸上气色还没复元哪，怕是你出到<u>外边儿</u>去又重落了。

　　（32）a. 今年新年里，<u>我搭</u>拜年，伊亦勿来。（《土话》第 65 页）

　　　　b. 赶到今年年下，他也没给我拜年来。

　　（33）a. 搭伙计一样，若使伊勿高兴，等拉老店里，做生活，愿意别<u>片店里</u>去。做伙计亦可以个。（《土话》第 37 页）

　　　　b. 按着伙计一个样，若是他不愿意在本铺子里耍手艺，愿意到<u>别处</u>当伙计去也使得。

　　（34）a. 我可以<u>上海</u>去，替侬买戒烟药。（《土话》第 61 页）

　　　　b. 我可以起<u>上海</u>给你买忌烟药来。

　　（35）a. <u>衙门里</u>勿去，赃领勿着。（《土话》第 77 页）

　　　　b. 不到<u>衙门</u>领赃去不行。

　　例（30）至例（35）中"去、来"所带处所宾语都前置，不用"到"介引，而官话则得用介词"到""起"介引句中处所成分，使前置的处所成分只能分析为"去"的方位状语。而土话中前置的处所成分，从题元理论来看，方所短语并不借助介词来赋格，而是动词"来、去"的直接题元，可看作谓词宾语，是土话宾语前置用法的表现之一。

四　一百多年来上海话小句语序类型的演变

　　钱乃荣（2003：357—394）将《上海方言短语集锦》（Rev . John Macgowan，1862）第 22 节"用人"和《土话指南》（1908）中"官商吐属"第十章译成新上海话。下文将利用钱乃荣（2003）中新上海话和原书例句进行对比，统计 19 世纪下半叶、20 世纪初与 21 世纪初上海话小句语序类型。选用课本的主要原因是课本的语言忠实于当时的自然口语，同时课本选用的句子基本上都是该方言中最常用的，能够体现基本的结构类型。

　　以主语（S）、谓语（V）、宾语（O）和话题（T）等为小句成分，排列出上海话小句词序类型有Ⅰ.SV，Ⅱ.VO（包括SVO），Ⅲ.TV（包括STV、TSV），Ⅳ.OV（包括SOV）等词序。以上海话语料（《上海话课本》1907，《上海方言短语集锦》1862，《上海方言口语语法》1868）为例：

Ⅰ.SV：a. 我个_的朋友来末_没？（1907：15）

b. 伊垃拉_{他在}做。（同上）

Ⅱ.VO：a. 我要学话_说中国话。（同上）

b. 叫伊_他去末哉。（同上）

c. 开开门。（1907：11）

d. 我有一只白个_的鸟。（1907：9）

Ⅲ.TV：a. 小囡_{女儿}饭吃末_没？（1907：11）

b. 第_这本书啥人担_拿来个_的？（同上）

c. 饭烧好末_{了没}？（1907：15）

Ⅳ.OV：一只狗要买呸？（Do you want to buy a dog?）（原文所用）（1907：15）

若单独以谓词形式成句，如"吃过歇哉。"主语、宾语或话题皆省略，仅留下谓词，在自然口语中这类句子虽较常见，但因它无法反映名词性成分论元与谓词的次序，所以不统计。

结构中若有受事论元，该论元的指称和话语功能都会影响到它在句中的位置。指称是指"词语在语句中与现实世界或可能世界的联系"（徐烈炯、刘丹青，1998：138），"若一个NP指一个特定的实体，这个实体存在于一个特定的语篇中，并在时间上具有连续的同一性，那么该NP是有指的（referential）"（LaPolla，2004），有指的NP可以是"可识别的"，也可能是"不可识别的"。若是可识别的，它们也都是特指的（specific），所指的对象是已知的信息或已激活的信息；若是不可识别，当它作为一个"崭新的"未抛锚的所指被引入时，对于听者来说，是未知的，若它通过一个可识别的所指来建立某种关联，从而出现在谈话中，那么它仍是可知的。若是所指的可识别与否对说话者而言不重要，那么这个所指就是非特指。例如，"我正在找一个鼠标"，它不跟客观世界中任何特定对象联系着，属于非特指，也是未知的信息。表"通指的NP、谓词性NP，以及出现在复合词中的名词（如猎熊）或者出现在否定辖域里的名词都是无指的（non-referential）"（La Polla，2004），无指的名词在话语中并非全都是表未知信息的，它们也可能是说听双方共享的或已被激活的信息。如，

（36）甲：他不是要考研究生吗？

乙：研究生他不考，正在办出国呢。（黄锦章，1995；转引自徐烈炯、刘丹青，1998：156）

例（36）中，甲中"研究生"和答句"乙"中"研究生"皆不指任何具体对象，是表通指或类指的名词，但甲中"研究生"对于听话人来说，双方对"研究生"并无共享背景知识，是未知信息；而乙句中"研究生"在上文已被激活，很显然是已知信息。

（37）上海话：a. 伊个小囡（他的小女儿）脚上吙没（没）鞋子。（1907：18）

b. 要侬去揩揩窗（你去擦擦窗户吧）。（1907：39）

例（37）a句"鞋子"不指具体的某双鞋子，位于否定辖域内，b句"窗"出现在带有请求、命令语气的肯定句中，句中为无指 N，对听者来说，也是未知信息，在句中做宾语。

下面将从指称和话语功能两个角度观察句中受事名词，将它们分为特指已知、非特指未知、无指已知、无指未知等。

特指已知的 NP 结构在句法上一般为受代词、指示词修饰的 NP 及其他限定性成分修饰的 NP 等。如，

（38）上海话：a. 伊（那）个贼常庄（常常）来偷物事（东西），捉着之末（逮着了话）要绑伊起来（把他绑起来）。（1907：62）

b. 第（这）个做好之（了）来告诉我，勿要想吙啥（没什么）做。（1907：42）

c. 我拉（在）书房里寻（找）我个（的）帽子，虽然点之（了）蜡烛，也寻勿（我不）着个。（1907：41）

d. 我伲（我们）应该做个（的）事体（事情）倒勿（不）做。（1907：41）

例（38）a 句中"伊"为代词、b 句受指示词"第"修饰、c 句受人称代词修饰、d 句受关系从句修饰等，这些名词在现实世界或外部世界中都存在特定的所指对象，对于说听双方来说，是已知的信息。上海话中可以做宾语，如 a、c 句，也可做话题，如 b、d 句。

不过，值得注意的是，上海话中光杆名词常用来特指，这类 NP 常在句中做话题。如，

（39）上海话：a. 柏子_{桌子}上篷尘要揩脱_{擦掉}。（1907：97）

b. 绒衣要用热水来净_洗。（1862：42）

c. 衣裳净_洗好仔_了咾，担来亦_也要点_{清点}明白。（1862：43）

例（39）前置的名词虽以光杆形式出现，但很显然它们所指的对象在交谈双方心目中具有区别于其他的唯一性，或就在当前，如 a、b 句说话人要求听话人对该 NP 所指对象实施某个行动，c 句"衣裳"虽可能不在当前，但听话人也十分清楚说话人的具体所指。所以这些光杆 NP 所指实际上是特定的，这类 NP 在上海话中常做话题。

非特指未知是指在话语中该 NP 所指称的对象是不确定的，也无任何相关情景提供给听者去推知。如，

（40）上海话：a. 用人勿当心，所以打翻之_了一桶水。（1907：92）

b. 有啥回信否？（1862：41）

c. 伊拉自家话_{他们自己说}，伊拉_{他们}要造新个_的房子。（1907：25）

例（40）中数量短语 NP、表任指的疑问词修饰的 NP 或是形容词修饰的 NP 所指具体内容对于说话人和听话人并不重要，属于非特指，这些 NP 在句子中也无相关的信息可以推断其具体所指，是未知成分，皆为非特指未知。

无指已知是指句中 NP 常为说听双方所共享或根据情景能推知的信息。如，

　　（41）上海话：a. 第_这个学生子要退脱_掉，因为书读勿_不上。（1907：94）

　　　　　　　　b. 好是好个，到底本事平常。（1868：158）

　　　　　　　　c. 自家寻得着否咾？寻是寻得着个，阁下有啥店家可以做保人否，随便自家要那里一个，就那里一个。_{自己找得到吗？找嘛，是找得着，阁下有什么店家可以做保人吗？随便你要哪里一个就哪里一个。}（《土话》第一章，1908）

　　例（41）中表类指 NP、谓词性 NP 等，虽然并无具体指称，但皆可通过上下文或共享语境推知，属于已知信息，在句中充当话题。

　　无指未知与无指已知是相对的，该 NP 所指无外延，也不能通过情景推知。如，

　　（42）上海话：a. 一个人要得着饶赦，先应该悔改。（1907：92）
　　　　　　　　　b. 女人个_的名分拉_在屋里烧饭做衣裳当心小囝_{照顾小孩}，男人个_的名分拉_在外头做生意。（1907：87）

　　例（42）中类指 NP 并无具体所指，同时也不能通过情景预知，为无指未知成分，常在句中做宾语。

　　可见，无指名词可以表已知信息也可表未知信息，当表已知信息时，上海话中多前置，充当话题，而表未知信息时，则仍在谓词后充当宾语。不过，也存在表未知信息却提到谓词前的 NP。如，

　　（43）上海话：a. 潮涨末_{涨潮时}，船可以行来快来死_{走得很快}。（1907：88）

　　　　　　　　　b. 我勿曾到中国来，水牛勿曾看见歇_{未曾看见过水牛}。（1907：24）

　　例（43）中"潮"和"水牛"皆为表类指的名词，在句中它们并不表示特定的对象，从信息传递来看，也非听者预先已知，将这类前置的无指且表未知信息的 NP 视为宾语，而不是话题。

　　这样，我们将上海话小句语序类型分为四种，观察 NP 的指称和话语功能对小句语序类型的影响，得出不同课本中上海话小句语序类型分布的

情况，见表 2 - 2。

表 2 - 2　　　　　　　　　　上海话小句语序类型分布表

年代	类型	SV	VO		STV	TSV	TV	OV	SOV	总计
			VO	SVO			TV	OV	SOV	
1862 "用人"	特指已知	3 (3%)	2 (2%)	1 (1%)	/	2 (2%)	40 (41%)	/	/	97
	非特指未知		20 (21%)	5 (5%)	/	/	/	/	/	
	无指已知		1 (1%)	/	/	/	4 (4%)	/	/	
	无指未知		11 (11%)	6 (6%)	/	/	/	3 (3%)	/	
	总计	3%	47%			47%		3%		
2003a	特指已知	3 (3%)	2 (2%)	1 (1%)	/	2 (2%)	39 (40%)	/	/	97
	非特指未知		20 (21%)	5 (5%)	/	/	/	/	/	
	无指已知		1 (1%)	/	/	/	4 (4%)	/	/	
	无指未知		12 (12%)	6 (6%)	/	/	/	2 (2%)	/	
	总计	3%	48%			46%		2%		
1908 "官商吐属第十章"	特指已知	10 (32%)	3 (9.6%)	/	/	/	1 (3.2%)	/	/	31
	非特指未知		5 (16%)	6 (19%)	/	/	/	/	/	
	无指已知		/	1 (3.2%)	/	/	2 (2%)	/	/	
	无指未知		3 (9.6%)		/	/		/	/	
	总计	32%	35.2%	22.2%	0	0	5.2%	0	0	
2003b	特指已知	9 (29%)	3 (9.6%)	1 (3.2%)	/	/	1 (3.2%)	/	/	31
	非特指未知		5 (16%)	6 (19%)	/	/	/	/	/	
	无指已知		/	1 (3.2%)	/	/	2 (2%)	/	/	
	无指未知		3 (9.6%)	/	/	/		/	/	
	总计	29%	35.2%	25.4%	0	0	5.2%	0	0	

注：表中 2003a 为钱乃荣据《上海方言短语集锦》（1862）第 22 节"用人"对译的新上海话；2003b 为钱乃荣据《土话指南》（1908）"官商吐属"第十章对译的新上海话。

从表 2 - 2 可以得出两点：（1）三本教材所代表的三个阶段（1862，1908，2003）中，上海话小句语序的类型格局基本一致。以 1862 年和新上海话（2003）为例，其中 TV 占到 45%，TSV 结构占 2%，两者合计 47%；其次是 VO 和 SVO 结构，两者合计占 47%，与前两者相当，而 OV 结构分布很低，仅占到 3%。可见，无论是 19 世纪下半叶还是 21 世纪初，上海话小句语序呈多元化，其中主要是 VO 和 TV 结构，也有少量 OV 句，而 OV 结构与 TV 结构的区别在于前置的受事是否有定。如，

　　（44）上海话：a. 早晨头<u>房间</u>侬要收作。（1862）

　　　　　　　　　b. 早晨头侬要收作<u>房间</u>_{早上你要收拾房间。}（2003）（钱
乃荣，2003：376）

　　例（44）表达的是一种习惯性行为，即早上起床应该要收拾房间，
句中"房间"并非特指某个或某些房间，也并非在一个特定的言语环境
中听话人根据共享情景可推知，而是一个无具体指称，也无外延的所指，
是无指未知成分。19世纪中叶用 OV 句表达，而新上海话说成 VO 句。
　　若在语境中句中名词所指特定或靠语境可以推知，那么它就是话
题。如，

　　（45）上海话：a. 到睏快，<u>前后门</u>要关关好。（1862）

　　　　　　　　　b. 到睏快个辰光_{快睡觉的时候}，<u>前后门</u>要关关
好_{前后门要关好。}（2003）（钱乃荣，2003：374）

　　例（45）中"前后门"对于言谈双方来说，是已知的，在1862年和
新上海话中皆以 TV 结构成立。
　　以1908年《土话指南》的官商吐属和新上海话为例，其语序类型的
格局是一致的，不同的是，该文本使用的是较零散的对话，句子短、散，
故多 SV 句，而由数量结构充当的宾语句也较多，占到35%（16% +
19%），整个看来 SV/VO/SVO 结构超过 TV 结构。
　　（2）一百多年来微小的演变：从例（44）来看，一百多年前的 OV
结构，新上海话用 VO 结构表达，也就是说，VO 结构在发展，而这种发
展最先可能覆盖或代替 OV 结构，在一百多年中它并没有撼动上海话中的
TV 结构，《短语集锦》（1862）和新上海话（2003）中 TV 结构的分布仍
是一致的。那么 VO 覆盖或代替微弱的 OV，这种现象是上海话本身 VO
结构类推造成的呢，还是在官话或普通话的接触下借势而为？我们推测是
以前者为主，后者为辅的双重作用的结果，即后者推动上海话中 VO 结构
替代 OV 结构，使外因通过内因实现语序类型的微弱调整。理由：构成
OV 结构中的宾语为表无指未知的光杆名词，而光杆名词在上海话语序类
型中常以 TV 结构出现，只是 TV 结构中的光杆名词所指确定或可推知，
TV 结构是一百多年来上海话中足可以与 VO 语序相抗衡的一种优势结构，

所以光杆名词类 OV 结构的形成是 TV 构式作用的结果，是 TV 结构中的光杆名词突破或偏离语义、语用上的限制发展为 OV，即 OV 结构是 TV 作为一种优势句法结构功能扩散的结果；不过，这种扩散只是触及少数无指未知类光杆名词，仅占 3%，而 17% 的无指未知类光杆名词仍以（S）VO 结构成立，特别是它未涉足非特指未知类宾语，这类宾语一般由数量短语充当，是上海话中最主要或典型的宾语类型，占 26%。正是 OV 语序中光杆名词的未知属性和在上海话中表未知的 NP 优先充当宾语的要求使得 OV 被拉回 VO 队伍中，这样，从语序系统内部来看，这种强大的类推作用使得偏离者具备了回归常态的极大可能，而同时，官话和普通话中只能用 VO 来表达，使得受文教影响深的言者更倾向于选择 VO 结构。钱乃荣（2011）指出，上海话乃至吴语受官话或普通话 VO 语序的影响使得 SVO 语序覆盖了 SOV 语序，从上海话小句语序类型 OV 向 VO 的演变来看，这种影响肯定是存在的，不过，这种影响需借助于上海话内部语序 VO 对 OV 的类推来实现的。

第二节　一百多年来宁波话小句语序类型及演变

19 世纪宁波话各类小句中由光杆名词、指量短语、受其他成分修饰的名词性短语、数量（名）短语甚至表示焦点信息的疑问词等充当的受事，以动词前为优势句法位置，相比上海话来看，其前置的 NP 类型更丰富，前置倾向更显著。

一　光杆名词前置

句中充当受事题元的光杆名词一般都出现在瞬时性谓词（stage-level）句（Carlson，1977）中，在这类谓词句中，句首的光杆名词倾向于做个体性解释，即表示某个存在性的个体，该个体对于言谈双方来说是有定的。这类光杆名词受事句可构成肯定式陈述句、否定式陈述句、祈使句或意愿句以及反复问句等。如，

 （46）a. 衣裳溻洗好兑了。（《便览》1910：148）
   b. 我药吃过兑。（同上：10）

　　　c. <u>奶娘</u>已经有一个来东兑在这儿了。（同上：147）

（47）a. <u>阿拉</u>我们<u>茶</u>吃呦没有。（同上：107）

　　　b. <u>山东个</u>的出产要算豆麦等和高粱最多，<u>花稻</u>弗种。（同上：177）

　　　c. <u>价钱</u>弗曾讲还未讲好。（同上：134）

（48）a. 出来之，<u>门锁</u>锁好。（同上：112）

　　　b. <u>搿</u>用<u>手巾眼泪</u>揩掉子擦掉。（同上：46）

　　　c. <u>倷</u>你<u>手</u>好去渲渲洗其它！（同上：4）

（49）a. <u>蚊虫</u>英国有弗？（同上：114）

　　　b. <u>先生饭</u>吃过吗？答：已经吃过兑了。（同上：41）

　　　c. <u>倷</u>你<u>烟</u>吃弗吃？（同上：10）

二　指（数）量（名）结构前置

　　指量（名）结构所表示的对象为谈话双方所确知，这类结构在各句类中也优先出现在谓词前。如，

（50）a. <u>葛</u>这<u>一课</u>阿拉我们已经读熟兑了。（《便览》1910：40）

　　　b. <u>葛星说话</u>这些话阿拉我们已经学拉了两日。（同上：40）

　　　c. <u>葛个书</u>这本书我通本读过兑了。（同上：20）

（51）a. <u>葛</u>这<u>个</u>我挖弗拿不动个。（同上：13）

　　　b. <u>葛</u>这<u>件衣裳</u>我穿弗着穿不上。（同上：14）

　　　c. <u>葛</u>这<u>个书葛</u>现在弗印兑。（同上：20）

（52）a. <u>葛</u>那<u>个蟑螂</u>好弄杀死。（同上：26）

　　　b. <u>葛</u>这<u>票货色</u>我贱贱贵贵要卖掉。（同上：129）

（53）a. <u>葛</u>这<u>个意思</u>先生明白弗明白？（同上：68）

　　　b. <u>葛</u>这<u>个生活</u>你会做弗？（同上：113）

　　　c. <u>葛</u>这<u>头牛倷</u>你要卖弗？（同上：100）

三　受其他成分修饰的名词性短语前置

　　受人称代词、形容词及其他各类修饰语限定的名词性短语，其所指对

象为已知，在句中做受事时，以出现在谓词前为优势位置。如，

  （54）a. <u>我个</u>的小刀子已经寻着兑了。（《便览》1910：64）

    b. <u>瘦人个</u>的裤壮个的人穿弗来个。（同上：85）

    c. <u>现银子</u>我身边弗带，请你上来在账上。（同上：136）

    d. <u>客堂个</u>的自鸣钟停兑，俉去开开其！（同上：88）

    e. <u>上海个</u>的道台看见过弗？（同上：147）

    f. <u>葛这礼拜个</u>的衣裳涨完拉洗完了弗？（同上：68）

    g. <u>我呕叫你买个</u>的东西有买弗买了没？（同上：149）

  例（54）a 句人称代词用做领属语，b 句"瘦人"名词性短语做领属语，c 句"现银子"中"现"可看作形容词修饰"银子"，d 句—f 句核心名词受表处所、时间的词修饰，g 句核心名词受关系从句限定。这些名词性短语以前置为优势语序。

四　数量短语前置

  在祈使句、否定式陈述句及述补结构做谓词的肯定陈述句中，由"一＋量名"充当的数量名短语类受事也可以前置。如，

  （55）a. <u>一把椅子</u>掇来。Bring a chair. （《便览》1910：4）

    b. <u>一百钱</u>弗要，介要多少？If you don't want a hundred cash, then how many do you want?（同上：154）

    c. <u>一百块洋钱</u>我已经收到兑。I have already received one hundred dollars. （同上：147）

  （56）a. 我一日里<u>两遭</u>涨肉。I bathe twice a day. （同上：10）

    b. 俉七日<u>一遭</u>好居屋里去。You may go home once a week.（同上：16）

  徐烈炯、刘丹青（2007：151［1998］）指出，"在孤立状态下，在不强调名词短语的数量义时，句子的话题不能由无定及非定成分来充当"。而例（55）"一＋量名"组合出现在孤立状态下，名词短语的数量义与名词本身都是焦点信息，表无定或未知对象，在 VO 型语言中，它应该出现

在动词后的位置上，若前置的话，则将会被话题化，形成表有定的对象，构成 TV 句，不过，从例（55）来看，很显然这些数量名组合并不表示确指或有定，并没有被赋予话题的有定性，它们应为动词宾语，也就是说，早期宁波话中有典型的 OV 词序。

例（56）中数量组合"两遭"、"一遭"表示动作的次数，但从结构来看，它们是修饰谓词后的名词宾语的，如"溉两遭肉"、"居一次屋里去"，可视为动词的准宾语（朱德熙，1985：50），这类成分在宁波话肯定陈述句中也用于谓词前。

五　疑问词前置结构

疑问句中，表示焦点信息的疑问词也可前置。如，

（57）a. 俉阿里_{哪里}去？（《便览》1910：5）

　　　 b. 我葛里一个_{哪一个}好扲_拿？（同上：12）

例（57）用来提问处所和一般事物的疑问成分皆前置于谓词，刘丹青（2003：185—187）指出，在吴语中疑问代词宾语是最不能前置的，原因是疑问代词是天然的焦点成分，不宜充当话题；陆丙甫（2003）指出，普通话中"哪一本书你喜欢？"中"哪"作为疑问词可以前置，是因为它是指别性的疑问词，它隐含着说听双方都知道的一个有定集合，"哪"只是询问这个有定集合中的一个不定成员，属于"特指性的无定"（specific indefinite），这样的前置疑问词属于"疑问话题"或"焦点话题"。这种分析似乎也适合例（57）b 句中"葛里一个"。不过，这种"特指性的无定"的焦点成分为话题还是宾语呢？依据徐烈炯、刘丹青（1998，2007：84—85）"话题焦点［－突出，＋对比］"来看，"葛里一个"虽可以看作一个特定集合中的无定对象，从整个集合的特指角度来看，似乎具有对比性，但作为个体来看，它仍是无定的，并不具有对比性，另一方面很显然它具有焦点性，即具有［＋突出］的语义特征，在句中它较其后 VP 结构更突出，在话语中不能隐去，相反 VP 可凭借语境省略，可见，"葛里一个"实际上是句子表达的焦点信息，这种表现与"话题—述题"的语用和语义特征恰好相反。所以本文处理为宾语，而不是话题。例（57）a 句处所"阿里"对听话人要去的地方并没有一个预

设的特定范围，较表"特指性无定"的"曷里一个"的无定性更突出，也不能看作话题焦点，应该看作宾语。

当疑问词或由它们构成的短语用做任指表陈述时，也可前置。如，

(58) a. 随倍<u>曷里一个</u>好扱。Take which you please. (《便览》1910：27)

b. 随倍<u>多少</u>好扱。Take as many as you please. (同上：27)

c. 随便<u>曷里坞埠</u>好按间。Put it down any where. (同上：12)

"随"或"随便"表任凭的意思，对范围、数量等方面不加限制，句中疑问词或短语用做任指，皆前置于谓词。

六　表处所的词或短语前置

当动词"去"充当谓语时，处所成分须前置。如，

(59) a. 吉密子_{今天}倍_你<u>好屋里</u>去。(《便览》1910：7)
b. 我想<u>扬子江上头</u>去。(同上：136)

例 (59)"去"做谓语带处所宾语，宾语前置于动词。

"来东"、"来间"用做动词、副词和存续体标记时，句中处所词也须前置。如，

(60) a. 倍<u>塘头</u>来东多少时节_{你在这里多长时间}？(同上：16)
b. 倍<u>谁侬屋里</u>来间做_{你在谁家里干活}？(同上：9)
c. 我<u>屋里</u>等东_着，你去买。(同上：155)
d. 其<u>屋瓦头</u>登来间_{他在房顶上}。(同上：21)
e. Yiæ-su…… teng gyi-lah wô, Ng-lah iao soh-si? Gyi-lah teng Gyi wô, Lah-pi, Ng 'ah-li deng-kæn? 耶稣……等其拉话，你拉要啥西？其拉等其话，拉比，你<u>阿里</u>登间。_{耶稣……就问他们说："你们要什么？"他们说："拉比，你在哪里住?"}(约翰 1：38，1853)

例（60）a 句"来东"为存在动词，句中处所宾语前置，b 句"来间"充当进行体标记和 c、d 句在动词后做存续体标记时，句中处所宾语也须前置。即使承载焦点信息的表处所的疑问词也得前置，如 e 句，"你阿里登间"表示"你住在哪里"或"在哪里住"的意思，"阿里"前置不需要借助任何前置介词。可见，宁波话中处所宾语前置具有句法强制性。

下面我们统计了《宁波方言便览》（1910）中前三部分（口语短语、初阶课文、惯用语）中各类受事句的词序类型，具体见表 2 - 3。

表 2 - 3   《宁波方言便览》（1910：1—178）中受事句的类型分布

NP	TSV	STV	TV/OV	VO	Pre + O	总计
（1）光杆	6（6.6%）	16（17.6%）	45（49.4%）	8（8.79%）	16（6.6%）	91
（2）指量	25（26%）	9（9.5%）	31（32.6%）	12（12.6%）	18（18.9%）	95
（3）修饰语	12（24.5%）	4（8%）	21（42.9%）	6（12%）	6（12%）	49
（4）数量	0	0	4（11.8%）	30（88.2%）		34

注：类型（4）中数量短语类受事 NP 实际上构成的是典型的 OV 句，不是 TV 句。

从表 2 - 3 可得：（1）—（3）类受事句采用话题结构为优势结构，特别是 TV 式的分布比例都较高，达到或超过 1/3，而 VO 式比例仅 10% 左右。这种对比表明，早期宁波话受事句中受事若为光杆名词、指量短语或带各类修饰成分的名词性短语，以出现在谓词前为基本句式，VO 式是一种劣势结构；不过，这三类受事句在类型选择上仍稍有差异：当句中主语出现时，其中光杆名词类更习惯于采用 STV 结构，而指量短语和修饰语类采用 TSV 比 STV 更常见。

（4）类数量名短语充当受事时，仍以 VO 结构为基本形式，不过，也有例外，且这种例外并非个案，占到近 12%，尽管它的存在受到严格的句法条件要求，即对句类和谓词结构要求更严格。

可见，一个多世纪前宁波话受事句结构类型的特征有：（1）宁波话以话题结构 TV 为优势语序，这种优势语序可以分布在各句类中，这种广泛分布说明它是早期宁波话中一种基本的或优势句法结构；（2）宁波话不仅仅是一种话题优先典型的汉语方言，它还出现了典型的 OV 词序。如表无定的数量结构、处所宾语、表焦点信息的疑问词等皆前置于谓词，这些受事皆与话题表已知的语用特征相违背，更符合宾语的语义、语用特征，它们是早期宁波话中的 OV 句；（3）宁波话 OV 句应来自 TV 结构的类推。TV 结构是宁波话中稳固的高频使用的句型或构式，尽管受语用因素的限制，只限于表有定的 NP 出现在谓词前位置，但当这种构式中 NP 的语用限制被突破时，表数量的 NP 也可以进入 TV 式，不过，此时，NP 的语义和语用属性并没有发生改变，因此，其句法性质仍为 O，这样，OV 结构得以形成。可以说，是 TV 结构的强势类推，导致了 OV 式的出现；（4）从演变角度来看，今宁波话的 OV 语序倾向似乎并没有早期显著。钱萌（2008）、刘丹青（2001）指出，今宁波话中数量名结构在特定句式中必须前置。如，

（61）a. 其两只苹果吃好盖勒。她已经吃了两个苹果了。（钱萌，2008）
　　　　b. 其信用社一笔钞票借来堆唻。他从信用社贷来了一笔款。（刘丹青，2001）

他们所观察到的表无定的数量名做受事前置，皆出现在谓词带存续体标记"盖"、"堆"句中，而一个世纪前宁波话表无定的数量名受事前置并不局限于该结构，如例（55）、例（56）；早期宁波话疑问词也前置于谓词等，可见，OV 句的类型比今宁波话更丰富。

第三节　结语

从一百多年前上海话和宁波话文献来看，两方言都具有话题优先典型的特征，TV 结构（包括 TSV、STV）是当时上海话和宁波话小句基本结构类型，不过，从统计数据来看，宁波话中 TV 结构分布率超过 2/3，除数量名短语构成的受事句之外，VO 句的分布率很低，而上海话 TV、VO 的分布率接近。可见，从小句基本结构类型来看，宁波话的话题优先特征很显然比上海话更突出；而 OV 句的分布，宁波话比上海话类型多，分布率也稍高。因此，从上海话和宁波话各自的 TV 与 OV 的分布比进一步说明，这两类结构之间具有相关性。即 TV 结构越强势，OV 结构使用更多，若 TV 结构弱，则 OV 结构也弱。

从演变来看，一百多年来上海话和宁波话小句基本类型未发生重大调整，如受事话题化高，且有 OV 倾向，但仍可以看出 OV 结构的变化。从

无定的数量名类受事前置结构来看，上海话在向 VO 结构发展，宁波话虽然仍用 OV 结构，但句法条件更严格。OV 结构的消变应与普通话的影响有关，但它只是外因，主要的原因可能来自 VO 结构的类推：上海话 VO 结构比宁波话更常用，所以 VO 结构的类推作用也更大，OV 结构消变得快些；宁波话 VO 结构的类推作用小，OV 结构消变慢。

第三章

一百多年来吴语疑问句类型及演变

反复问是汉语中特殊的问句类型，它在结构上与选择问，功能上与是非问相似，它"大致是用选择问形式表达是非问功能的一种问句"（刘丹青，2008：2），而反复问的这些特点实际上反映的是它在历时发展过程中与选择问、是非问之间的密切关系。本章拟考察一百多年来吴语反复问、选择问句的类型及其演变，不仅可以看到一百多年前吴语反复问句和选择问句的一致性和密切关系，也可以发现在演变过程它们之间的差异。

第一节　一百多年前吴语反复问句类型

汉语反复问句自 20 世纪 80 年代以来一直备受学界关注，朱德熙（1985，1991）、张敏（1990）不仅描写了汉语反复问句类型，并揭示了汉语反复问句研究的类型学意义，此后汉语反复问句研究的成果颇丰（施其生，1990；游汝杰，1993；罗福腾，1996；等等）。特别是近年来，一些学者开始结合方言历史文献，观察方言反复问句类型的转变研究，有助于更加全面地认识汉语反复问句及其研究价值。余霭芹（Yue，2004）利用粤方言文献指出早期粤语最常用的反复问句式是"VP-neg"，伍巍、陈卫强（2008）指出粤语广州话一百多年来反复问句式实现了从"VO-neg. -V"到"V-neg. -VO"转变。这种历时的动态的研究可以与共时类型研究相得益彰，以便更好地观察汉语反复问句的发展和类型学意义。

游汝杰（1993）描写了吴语反复问句类型，并结合历史文献得出吴语反复问句各类型的历史层次为："V-neg."为最古层，"V-neg. -V"为中间层，"F（副词）-V"为最新层。不过，吴语反复问句的类型演变研究仍缺乏，本节我们将考察一百多年来吴语反复问句类型及演变，并讨论语言接触和吴语句法类型对反复问句类型演变的可能影响。

19世纪中叶吴方言文献中反复问句类型主要有"V-neg."、"V-neg. -V"与"F-V",这些类型还可插入语气词"也"或"呢",构成"V-也 neg."、"V-也/呢 neg. -V"以及"F-V-呢 neg. -V"式。

一　"V-neg."、"V-neg. -V"与"F-V"

从上海、温州、宁波、台州、金华、苏州等吴方言一个世纪前的文献来看,吴语反复问句类型有"V-neg."、"V-neg. -V"和"F-V"。如,

（1）上海话：a. 四十里路侬_你走得动否_不？（《短语集锦》1862：69）

　　　　　　　b. 侬_你早饭吃过蛮_没？（同上：52）

　　　　　　　c. 蚊子英国有勿_没有？（同上：9）

　　　　　　　d. 伊_那个人去过勿曾去过？（同上：52）

（2）温州话：a. 你沃_全懂著_着否？（《入门》1893：52）

　　　　　　　b. 你觇_看着罢未？（同上：47）

　　　　　　　c. 其_他土话懂否懂？（同上：52）

　　　　　　　d. 该_这里骡啊驴儿有唔冇_{没有}？驴儿有是有,驴唔冇_{没有}。（同上：43）

（3）宁波话：a. 送信個_的去拉_了弗_不？（《宁波便览》1910：102）

　　　　　　　b. 昨日讴_叫你写,有写好弗？（同上：119）

　　　　　　　c. 侬_你烟吃弗吃？（同上：10）

　　　　　　　d. 葛_那個人去过呒呐_{没有}去过？（同上：27）

（4）台州话：a. Næh din-liang peh Ke-sæh, Ng ts'eng z ing-ke feh? 纳钿粮拨凯撒,你忖是应该弗？_{你的意见如何?纳税给凯撒可以不可以?}（马太22：17,1880）

　　　　　　　b. Ön-sih-nyih I-bing, hao I feh hao I? 安息日医病,好医弗好医？_{安息日治病,可以不可以?}（马太12：10,1880）

（5）金华话：a. Va-pah wör-'æn yi siang-sing 'A-geh yiün-nyüa feh s. Ng siang-sing keh-geh feh? "万百活安已相信我个永远弗死。"你相信格个弗？_{"凡活着信我的人必永远不死。"你信这话吗?}（约翰11：26,1866）

　　　　　　　b. Ta-kua nin sh-sh Ia-su sai u-sih nih I-fuh-I. 大家

人试试耶稣在安息日医弗医。众人窥探耶稣,在安息日治不医治。（马可 3：2,
1898）

（6）苏州话：a. 就问耶稣，拉安息日上，医病阿可以吤？就问耶稣,
安息日治病,可以不可以?（马太 12：10，1879）

　　　　　　b. 所做个事体，吾笃阿曾读歇吤？所做的事,你们没有念过吗?
（马太 12：3，1903）

从例（1）至例（6）来看，19 世纪上海话、温州话、宁波话、台州
话、金华话等方言并存使用"V-neg."、"V-neg. -V"两种类型的反复问
句，且文献显示上海、温州、宁波等方言一般可通过否定副词来区分这两
类反复问句的未然和已然。如例（1）上海话 a、b 句为"V-neg."型，
而 c、d 句为"V-neg. -V"型，其中 a 句用否定副词"否"表未然询问，
而 b 句用"蛮"表已然询问，d 句区别于 c 句用"勿曾"询问已然，例
（2）温州话 a、b 句为"V-neg."型，用否定副词"否"、"未"分别表
未然和已然，c 句"V 否 V"表未然，d 句"有唔有"表已然；例（3）
宁波话 a、b 句为"V-neg."型，而 c、d 句为"V-neg. -V"型，其中 c 句
"弗"表对未然事件的询问，而 d 句用"阢哟"表已然事件的询问。

类型"V-neg."、"V-neg. -V"与"F-V"具有排斥性，在前两者分布
的方言中不能使用"F-V"式，而"F-V"分布的苏州话也不使用前两种
类型，如例（6）苏州话。不过，"F-V"也同样可通过副词来实现反复问
的未然和已然，如例（6）a 句"阿可以"表未然，b 句"阿曾"是对已
然事件的询问。

虽然上海、温州、宁波、台州、金华等方言均并存使用"V-neg."
和"V-neg. -V"型反复问句，但它们在文献中的分布并不均衡，前者远
胜过后者。见表 3 - 1。

表 3 - 1　　上海、温州、宁波、台州、金华等方言"V-neg."和
"V-neg. -V"型反复问句分布

上海 1862《集锦》		温州 1894《马太》		宁波 1910《便览》		台州 1880《马太》		金华 1866《约翰》	
V-neg.	V-neg. -V	V-neg.	V-neg. -V	V-neg.	V-neg. -V	V-neg.	V-neg. -V	V-neg.	V-neg. -V
105 (85%)	19 (15%)	18 (95%)	1 (1%)	130 (79%)	34 (21%)	20 (95%)	1 (5%)	10 (100%)	0

从表 3-1 来看，在"V-neg."、"V-neg.-V"并存的各方言中，于 19
世纪反复问句仍以"V-neg."为基本类型，其分布远远超过"V-neg.-V"
型，后者在 19 世纪仍只是吴方言反复问句的一种次要类型。

二 "阿 VP-Part.-neg.-VP"、"V-Part.-neg."与 "VP-Part.-
neg.-VP"

一百多年前吴语苏州、上海、温州等方言使用插入语气词的反复问
句，记作"阿 VP-Part.-neg.-VP"、"V-Part.-neg."与"VP-Part.-neg.-
VP"。这些结构中的语气词并不表示某种特殊的语气，其作用主要在于连
接正反两项以构成疑问，同时也可舒缓语气。如，

(7) 苏州话：完税拨该撒阿应该呢勿应该，完呢勿完？纳税给该撒可以
不可以,我们该纳不该纳?（马可 12：14，1903）

(8) 上海话：a. 听见话听说侬你开年明年要做事体也否？（《松江
话》1883：76）

b. 勿晓得阁下肯去呢勿肯去？不知道阁下肯去不肯去?（《土
话》1908：60）

c. 问声别人看我吃呢勿曾吃？你问大家我喝了没有?（《土
话》1908：95）

(9) 温州话：a. 渠他坐轿去阿否？（《入门》1893：43）

b. 渠個说话他的话你听得出阿听否出？（《入门》
1893：52）

例（7）苏州话"呢"，例（8）上海话 a 句"也"及 b、c 句"呢"，
例（9）温州话"阿"（实为"也"）本为表选择的语气词，它们常插在
正反两项中间，构成"阿 VP-Part.-neg.-VP"、"V-Part.-neg."与"VP-
Part.-neg.-VP"结构的反复问类型。

从例（7）至例（9）可见，出现在吴语反复问句中的语气词有
"也"（温州话记作"阿"）、"呢"。这些语气词在吴方言中分布的结构不
完全一致。见表 3-2。

表 3 - 2　　　　　　一百多年前"也"、"呢"在反复问句中的分布

	苏州话	上海话	温州话
也（阿）	—	"V-neg. "	"V-neg. "、"V-neg. -V"
呢	"阿 V- neg. -V"	"V-neg. -V"	—

注："—"表示不用。

从表 3 - 2 可见，上海话"也"只构成"V-也-neg. "式反复问句，且 19 世纪至 20 世纪中叶上海话文献中仅《松江话课本》（1883）残留 3 例，温州话"也"则可构成"V-neg. "、"V-neg. -V"两类，且十分常见，而"呢"则出现于苏州话、上海话"V-neg. -V"结构中，特别是 19 世纪至 20 世纪中叶在上海话文献中的分布十分常见，"V-呢-neg. -V"结构甚至超过"V-neg. -V"结构，在 18 本上海话文献（主要为课本类，如《上海话功课》1850，《中日会话集》1936 等）中搜集 98 例"呢"类反复问句，而不带"呢"为 74 例。

"也"、"呢"在吴方言反复问句类型中的分布差异反映了"V-neg. "、"V-neg. -V"类型在历史层次上的不同。近代汉语中"也"用于反复问句应早于"呢"。李思明（1983）指出，"也"在近代汉语文献中的分布主要集中在宋元明等时期，至《红楼梦》中已极少使用；王力（1980 [1958]）指出，"呢"可能来自近代汉语中表选择的"那"，于《红楼梦》中开始用在选择问句中；刘勋宁（1998）指出，以《祖堂集》为代表的南方方言以语气词"也"插入反复问为基本结构。这些研究说明吴语"呢"为何只出现在"V-neg. -V"类而不能构成"VP-呢-neg. "了，也就是说，"呢"只出现在自官话借入的历史层次较晚的"V-neg. -V"结构。而蒋绍愚等（2005：473）指出，"可 VP 不 VP"结构直到清代文献才见到，这与"呢"盛行的时期正好一致，这也可以解释苏州话使用的"阿 VP-呢-勿-VP"结构了。

三　"V-neg. -V"使用渐增

据游汝杰（2003：152）指出，"V-neg. -V"型反复问句可能是两宋之交随着北方移民进入南部吴语的，明代之后才开始盛行于吴语区。不过，从 19 世纪吴语文献来看，这种结构虽在大部分吴方言中都见使用，但它仍只是一种次要类型。这种境况随着官话或普通话对吴语的影响稍有改变。自 19 世纪以来官话特别是 20 世纪中叶以后推普的影响，它在吴方

言中的使用逐渐增多。

19 世纪末官话的影响增强了"V-neg. -V"结构在吴语中的使用。在受官话影响较大的文献中往往"V-neg. -V"使用显著增多。《温州话入门》（1893）一书为居住在温州的外国人所编，书中四十课课文是由作者的老师、当地学者陈梅生翻译自《语言自迩集》（官话课本），《温州话入门》中四十课课文受到官话影响的痕迹很明显，全文处置结构皆用"把"字句对译官话"把"字句，能性述补结构肯定式助词用"得"。如，

（10）a. 叫轿夫把轿放落_下，我要走出。（《入门》1893：43）

b. 你走能界着逮门关爻。_{你走的时候要把门关上。}（游汝杰，2003：222）

（11）a. 你听得出否？（《入门》1893：229）

b. 该_这条江你泅得过泅否过？（同上：148）

c. 你会记牢_{记住}否？（同上：229）

例（10）a 句处置结构直接借用官话"把"字句，实际上温州话表处置的介词应为"逮"（也有写成"代"的），如 b 句，例（11）a、b 句则借用官话"得"字结构，温州话能性述补结构肯定式一般是直接使用"述补"结构表达，如例（11）c 句。由此可见，该课本所受官话影响之大。而正是在这样的课本中，我们注意到"V-neg."（18 例）和"V-neg. -V"（17 例）反复问句的分布相当，而这种分布率与其他吴语即使是同时期温州话其他文献也具有明显差异。如温州话《马太福音》（1894）译本中两者的分布比是 18：1，据此我们相信"V-neg. -V"应该在 19 世纪开始借着官话的影响使它在吴方言中的使用渐增。

20 世纪推普工作在一定程度上应也推进了"V-neg. -V"在吴语中的使用。我们先来看它在吴语上海话各课本中的分布情况。

表 3 - 3　　一百年间上海话课本中"V-neg."与"V-neg. -V"的分布

《松江话课本》1883		《土话指南》1908		《活用上海语》1924		《上海话 900 句》2004	
V-neg.	V-neg. -V	V-neg.	V-neg. -V	V-neg.	V-neg. -V	V-neg.	V-neg. -V
107	11	128	20	58	8	97	23
（91%）	（9%）	（86.5%）	（13.5%）	（95%）	（5%）	（81%）	（19%）

从表 3 – 3 中数据来看，"V-neg. -V"型反复问句在上海话 19 世纪下半叶至今的各主要课本中出现频率都较低，这说明在上海话反复问表达中"V-neg."的基本地位和"V-neg. -V"次要地位仍未改变，但从它在 20 世纪上半叶课本和 20 世纪末课本中的分布率来，仍可以发现它呈微弱递增趋势。20 世纪上半叶它在各课本中分布率平均不到 10%，而在《上海话 900 句》（钱乃荣，2004）中则爬升到 19%。当代上海话中"V-neg. -V"的使用在逐渐增多。

从语感来看，上海话老派（60 岁以上）认为"V-neg."才是上海话反复问句固有形式，是更自然、更常用的结构，而"V-neg. -V"是借自普通话的结构，不过，上海话新派（30 岁以下）对"V-neg. -V"的使用更自然、更常见些。我们以 25 个"V-neg. -V"结构的常用句做了初步调查，如"你去不去北京"、"你吃不吃饭"、"你喝不喝酒"、"你喜欢不喜欢看书"等，上海话老派受访者只用"VP 哦"来表达，而新派受访者双音节动词更倾向于用"V-neg."结构表达，如"喜欢不喜欢"更常说成"欢喜哦"，而单音节动词或形容词则可常用"V-neg. -V"结构表达，如"侬北京去勿去"、"侬老酒吃勿吃"、"学校大勿大"等。上海话新老派在语感上的差异也反映了"V-neg. -V"结构随着普通话的影响增强了它在上海话日常交际中的自然度和常用性，但不管怎样，这种影响对于反复问句类型的基本格局并无很强的作用。

四　"VO-neg. -V"和"V-得-C-V-neg. -C"的消退

虽然吴方言受到官话或普通话影响，"V-neg. -V"型反复问句在各方言中扩大使用，不过，一些与官话或普通话结构一致的反复问句类型则于一百多年中不是增强，而是趋向消失。

（一）"VO-neg. -V"的消退

"V-neg. -V"带受事宾语时构成"VO-neg. -V"还是"V-neg. -VO"，具有句法类型区分意义（朱德熙，1991），"VO-neg. -V"结构今主要分布于北方方言区如北京、天津、河北魏县、河南洛阳等（邵敬敏、周娟等，2010）。一百多年前的官话课本则只用"VO-neg. -V"，如《官话指南》（1900）12 处全部用的是该结构。如，

（12）a. 打算听戏不听呢？（《官话》1900：142）

      b. 兄台知道当初令亲借银子的时候有中人没有?（同上：206）

而一百多年前吴方言中也绝不是不能使用该结构。如，

（13）上海话：但是勿晓得_{不知道}有活鱼呢勿有_{有没有活鱼}?（《沪语便商》1892：114）

（14）温州话：a. 还要牛奶否要?（《入门》1893：84）

        b. 你会做针子否会?（同上：77）

        c. 你有该个物事唔有_没?（同上：34）

例（13）、例（14）采取了宾语后省形式，构成 "VO-neg. -V" 式反复问句。

不过，今吴语区这类结构已完全消失，只用前置宾语型或宾语位于谓词结构之后。如，

（15）上海话：侬饭吃勿吃? 侬吃勿吃饭? ＊侬吃饭勿吃?（你吃不吃饭）

（16）温州话：你字眼写否写? 你写否写字眼? ＊你写字眼否写?（你写不写字）（游汝杰，2003：93）

从例（15）、例（16）来看，"VO-neg. -V" 式反复问句已在吴语中消退，只能使用 "NP-V-neg. -V" 和 "V-neg. -VO" 结构的反复问句了。

（二）"V-得-C-V-neg. -C" 的消退

近一个多世纪中，吴语 "V-得-C-V-neg. -C" 类能性述补结构也在消失，演变为 "V-neg. -V-得-C" 结构。如，

（17）上海话：a. 坟山地请地理先生看葬得葬勿_不得。（《短语集锦》1862：144）

        b. 南面伊_那间小房间里向，摆得落摆勿落_{放得下放不下}?（《沪语便商》1892：111）

（18）苏州话：小村道："耐_你要来里上海寻_找生意，倒是难。就

等到一年半载，也说勿_不定寻_我得着寻_我勿_不着。"（《海上花列传》1894，第十四回）

（19）温州话：a. 我叫渠_他抄写，渠_他会妆_做来阿妆否来？（《入门》1893：53）

b. 你记得记否得？（同上：47）

c. 我问你觇_看，渠个说话_{他的话}你听得出阿_兜听否出？（同上：52）

19 世纪上海话、苏州话、温州话文献中都见到能性述补结构的正反叠加式构成的反复问句，只是温州话能性述补结构常直接使用动词带结果补语表达，同时，语气词"阿"也可插在正反叠置的述补结构之间，如例（19）a、c 句。

今吴语中这类反复问句已少用或不用，由"V-neg. -V-能性补语"或"V-neg."结构取代。如，

（20）上海话：a. 伊_他走勿走得快？

b. ＊伊走得快走勿快？_{他走得快走不快？}（钱乃荣，1992：1035—6）

（21）温州话：渠走快阿否？（同上）

（22）慈溪话：a. 你走弗走得快？_{你走得快走不快？}

b. 伊碗饭你吃弗吃得落？_{这碗饭你吃得完吃不完？}

c. 你看弗看得见？_{你看得见看不见？}

与"VO-neg. -V"结构一样，"V-得-C-V-neg. -C"类能性述补结构反复问在今吴语中基本消失，钱乃荣（1992：1033—1036）以"他走得快走不快"为例，所调查的 33 处吴语中，仅江苏境内宜兴、溧阳两地仍可用"V-得-C-V-neg. -C"式，可见，这种结构在吴语中只能算一种式微结构，也成为与北方方言区具有互补分布或具有类型区分意义的结构。

从"VO-neg. -V"和"V-得-C-V-neg. -C"的消变来看，吴语反复问句类型的演变不完全受制于普通话的影响，而它们的消变则更加明确了吴语反复问句的类型特征，也可以说，它应受到吴语句法特征的制约，如从"VO-neg. -V"演变为"NP-V-neg. -V"来看，就体现了吴语受事前置倾向

强的句法特征。

五 "NP-V-neg."和"NP-V-neg.-V"的兴盛

19 世纪中吴语反复问句若带受事宾语，要求受事前置的倾向十分明显，构成"NP-V-neg."和"NP-V-neg.-V"型。如，

（23）上海话：a. 伊块地方<u>生意</u>好做否_不?（《短语集锦》1862：28）

　　　　　　　 b. 㑚_{你们}<u>荡烙铁</u>有勿_没有?（同上）

（24）温州话：a. 你<u>灯</u>点起罢未_没?（《入门》1893：62）

　　　　　　　 b. <u>该_那个贼头个_的姓名</u>你晓得否_不晓得?（《入门》1893：52）

（25）宁波话：a. <u>北京</u>到过弗_没?（《便览》1910：150）

　　　　　　　 b. <u>糙米饭</u>先生吃弗_不吃?（《便览》1910：10）

我们统计了以下三本文献中"NP-V-neg."："V-NP-neg."与"NP-V-neg.-V"："V-NP-neg.-V"的分布比例，具体见表 3 - 4。

表 3 - 4　　上海、温州、宁波等方言中"NP-V-neg."："V-NP-neg."与
"N-PV-neg.-V"："V-NP-neg.-V"分布

《上海方言短语集锦》（1862）		《温州话入门》（1893）		《宁波便览》（1910）	
NP-V-neg.	V-NP-neg.	NP-V-neg.	V-NP-neg.	NP-V-neg.	V-NP-neg.
32（64%）	18（36%）	5（83%）	1（17%）	37（65%）	20（35%）
NP-V-neg.-V	V-NP-neg.-V	NP-V-neg.-V	V-NP-neg.-V	NP-V-neg.-V	V-NP-neg.-V
10（100%）	0	6（100%）	0	5（62.5%）	3（37.5%）

从表 3 - 4 来看，受事成分在三方言"V-neg."反复问句中都有明显前置倾向，前置结构都超过 2/3，可以说，受事前置结构的"NP-V-neg."式于一百多年前已成为吴语中带受事反复问"V-neg."的基本结构。

"V-neg.-V"类反复问句若带宾语，前置倾向似乎更加明显且强势。《上海方言短语集锦》（1862）10 处、《宁波方言便览》（1910）6 处全部采用"NP-V-neg.-V"型，《温州话入门》（1893）8 处中 5 例使用前置型，其他 3 例用"V-NP-neg.-V"结构。

受事前置也是今吴语反复问句带宾语的常见结构。如，

　　（26）上海话：a. 侬<u>饭</u>吃哦你饭吃吗？

　　　　　　　　　b. 侬<u>收据</u>有哦你收据有吗？

　　　　　　　　　c. 侬<u>香烟</u>吃勿吃个你烟抽不抽？

　　　　　　　　　d. <u>北京</u>去勿去北京去不去？

　　（27）宁波话：a. 母亲：阿江，侬<u>三个东西</u>有收来弗啦你三个东西收到了没有？

　　　　　　　　　b. 陌生人：老板，格侬<u>头发</u>有弗啦那么你头发有吗？

　　　　　　　　　c. 阿莲：阿哥，阿哥，搭拉<u>角色</u>安排过弗啦配角安排了吗？（张琼，2007：57—68）

　　　　　　　　　d. 侬明朝<u>上海</u>去弗去？你明天早上上海去不去？

　　（28）温州话：a. <u>香烟</u>你吃否啊？你烟抽不抽？①

　　　　　　　　　b. <u>香烟</u>你吃否吃个？你烟抽不抽？有没有抽烟的习惯？

　　　　　　　　　c. <u>许个人</u>你识也否？那个人你认得不认得？

　　　　　　　　　d. <u>许个人</u>你识也否识？那个人你认得不认得？（郑张尚芳，2008：343—344）

　　例（26）至例（28）皆采用受事前置的结构表达，它们也是这些方言中最自然的表达形式。钱乃荣（1992）以"你吃过饭了吗？"为例调查它在33处吴语中的表达，其中上海、宁波、温州、金华等方言皆使用"（S-）NP-V-neg."结构表达，这种结构也是上海、浙江地区的吴语中最基本的形式，即使是受官话影响较深的杭州话也不例外，如例（29），不过，江苏境内的吴语如溧阳话、常州话等方言中则用"V-NP-neg."的结构。如例（30）。

　　（29）杭州话：你<u>饭</u>有没有吃过？你<u>饭</u>有白吃过你饭吃过了没？

　　（30）溧阳话：你吃过<u>饭</u>末啦？

　　（31）常州话：你吃过<u>饭</u>文？（"文"为"未曾"的合音形式）

————————

① 原文中否定副词郑张先生（2008）记作"不"字，文中为统一方言用字，我们改为"否"。

（钱乃荣，1992：1045）

"V-NP-neg."和"（S-）NP-V-neg."结构在当代吴语中的地理分布进一步表明，前者很可能是普通话影响的结果，而后者是吴语中固有的结构，而这种结构的强势在一百多年前的吴方言文献中就十分明显。反复问句中受事前置的强烈倾向也正是吴语句法特征的表现。

六　结语

19世纪以来吴语反复问句类型有"V-neg."、"V-neg.-V"、"F（副词）-V"以及插入语气词构成的"V-也neg."、"V-也／呢neg.-V"、"F-V-呢neg.-V"等，但从方言分布区域和方言内部各结构的使用来看，一百多年来，"V-neg."一直是吴方言中最常用最基本的反复问句类型，而"V-neg.-V"则为一种次要类型，这种类型虽随着近代以来官话和推普对吴语的影响逐渐增加使用，但这种力量并没使它成为吴方言反复问句的基本或常用类型。

从文献来看，一百多年中吴语反复问句的一些次类型虽与官话更为一致，但却在吴语中消退，这种消退使吴语反复问句的类型特征更加鲜明，同时它的消退也反映了吴语句法类型特征的要求，即受事前置的倾向强烈，这可以从"NP-V-neg."和"NP-V-neg.-V"两类反复问句在一百多年来吴语中的兴盛反映出来。

因此，我们相信吴语反复问句类型格局虽于一百多年中未发生重大调整，但各种次类型的兴衰或强弱变化则反映了语言接触和句法特征自身对吴语反复问句类型微调的牵制，厘清演变和演变相关的因素，对于我们认识反复问句的发展过程以及类型学研究都有一定的启示作用。

第二节　上海话"阿"字疑问句的演变

"阿"字句是上海话疑问系统中的借源句式，它的句法结构、功能以及在上海话新老派中的使用情况先后有不少学者进行过深入探讨（许宝华、汤珍珠，1988：469—470；徐烈炯、邵敬敏，1998：88—108；钱乃荣，1997：310）。不过，"阿"字疑问句在上海话中的发展演变过程却鲜有讨论，而这个过程正好囊括了一种借源成分发展的全过程，即借入、发展和消退等，极好地展示出借源句式与自源句式在同一方言语法系统中的复杂关系及发展趋势，为观察方言接触下借源成分的发展走向提供了很好的案例。

一　半个世纪中（1892—1942）上海话"阿"字疑问句的分布和结构类型

根据我们对19世纪下半叶至20世纪中叶（1850—1942）西方传教士及日籍商人等编写的上海话文献的考察，"阿"字疑问句在上海话中的使用最早见于19世纪末的《沪语便商》（1892），编写于20世纪初的《土话指南》（1908）中更常见些。此前的传教士上海话课本和语法著作，如《上海话功课》（1850）、《上海方言短语集锦》（1862）、《松江话课本》（1883）以及第一本上海话语法专著《上海方言口语语法》（1868）都未见使用。"阿"字疑问句是苏州话问句的基本句式，而在文献所反映的历史时期苏州移民大量涌入上海，苏州话对上海话影响大（钱乃荣，2003：320—321），因此上海话"阿"字疑问句极可能是借自苏州话。

借入上海话的"阿"字疑问句在分布和结构上具有自身特色。它的句法组合能力一直偏低，且多与自源结构相杂糅而存在。

（一）上海话"阿"字疑问句的句法搭配特征

上海话"阿"字疑问句一般只能用来提问封闭类词，如系词"是"，存在义动词"有"，助动词"要、好、可以、能够"，表心理活动动词"晓得、高兴、欢喜、记得"等，以及趋向动词"去、到"，处所动词"拉在"等，也常与"曾"构成双音节副词"阿曾"。如，

（32）a. 城西面江老爷，阿是伊他要造房子？（《土话》1908：27）

　　　b. 今朝阿是. 是净浴个日脚日子？（同上：228）

　　　c. 此地阿是王先生个府上？（《ポケット上海语》1942：51）

由"阿是"构成的"阿"字疑问句是最常见的，在较早使用"阿"字疑问句的文献《土话指南》（1908）中常用"阿是"做复合式疑问副词来询问，如例（32）a句，即使如例（32）b句，也是以"阿是"而不以"阿"直接提问，编写者还特意在"阿是"与"是"之间留下停顿符

号，表示在韵律上"阿是"是一个语音单位，与后面的疑问焦点"是"之间可隔开。疑问副词"阿是"很常见，在《ポケット上海语》（1942）中将"阿是"作为一个疑问词进行专门介绍，书中列举了18个"阿是"问句，其中"阿是"作为副词使用的多达12个，仅6例为"阿"询问做谓语的"是"字句，如例（32）c句。

"阿"也常用来提问存在义动词"有"，甚至是由"有"构成的复合词。如，

（33）a. 阿<u>有</u>一部车子经过妇孺医院否？（《短语》1927：New Terms for Railways and Tramways. ）

b. 拉_在火车里阿<u>有</u>得吃否？（同上）

"阿"还可用在助动词前，其疑问辖域是"阿"后面包括助动词在内的谓词性短语，作答时可就这些助动词做肯定或否定回答。如，

（34）a. 阿<u>能够</u>一直勿_不死哐？（《课本》第88课）

b. 阿<u>要</u>用杯_{要不要喝杯}啤酒？（《增补》：问答第3课）

c. 阿<u>可以</u>请侬_你去话一声_{说一句}？（同上：第13课）

d. 我心上也想看一看，侬看好之_了，阿<u>好</u>借拨_{可以不可以借给}我看否？（《活用上海话》1924：122）

"阿"还可提问趋向、心理活动类动词。如，

（35）a. 明朝是十月朝我伲阿<u>到</u>城里看会去_{我们上城里看会去会吗}？（《增补》：散语第7课）

b. 我伲阿<u>去</u>走走白相相否_{我们去走走玩玩吗}？（同上：第3课）

c. 侬_你个_的表阿<u>拉</u>在侬_你个_的袋袋里？（《四周》1940：34）

d. 广告费侬阿<u>晓得</u>是那能算头个_{你晓得怎么算的吗}？（《增补》：问答第21课）

e. 侬_你阿<u>记得</u>上个月侬_你邀请我吃饭否？（《四周》1940：90）

f. 地票货色_{这种货}我想起来一定有销路个_的，侬_你阿<u>高兴</u>去兜

兜主客看？（《活用上海话》1924：200）

　　　g. 侬_你阿<u>欢喜</u>学？（《四周》1940：59）

　　从以上"阿"所提问的动词或形容词来看，它们也都属于口语常用词，主要有表示动作处所或方向的"拉、到、去"，表示心理活动的动词"记得、晓得、高兴、欢喜"等。

　　"阿"也可与"曾"构成双音节副词"阿曾"提问带有经历体或结果补语的动词。如，

　　（36）a. 阿曾绩过书个_{有没有绩书}？（《课本》1923：第 28 课）

　　　　　b. 老兄敝国阿曾到<u>歇</u>否_{有没有到过我们国家}？（《增补》1939：第 26 课）

　　　　　c. 阿曾看<u>过歇</u>_{有没有看过}？（《ポケット上海语》1942：51）

　　　　　d. 阿曾淋<u>着</u>雨_{有没有被雨淋着}？（《增补》1939：第 4 课）

　　例（36）a 句的"过"、b 句的"歇"、c 句的"过歇"都为上海话经历体助词，而 d 句谓词则带表结果的"着"。"阿"的句法搭配情况见表 3－5。

表 3－5　　　　　　　　　　　"阿"的句法搭配类型

课本＼谓词	阿是	阿有	阿曾	助动词	心理活动等类
《土话》1908	19（76%）	1（4%）	1（4%）	4（16%）	0
《课本》1923	4（14.8%）	8（29.6%）	3（11.1%）	6（22.2%）	6（22.2%）
《短语》1927	0	3（100%）	0	0	0
《鹦笑》1934	1（9%）	2（18.2%）	3（27.3%）	5（45.4%）	0
《增补》1940	3（11.5%）	10（38.4%）	3（11.5%）	4（15.3%）	6（23%）
《四周》1940	4（25%）	1（6.2%）	3（18.7%）	3（18.7%）	5（19.2%）

　　由表 3－5 可见，"阿"在上海话中常用来提问的谓词小类是十分有限的，以封闭类或口语中极常用的词为主，其中稍有例外的是《上海话课本》（1923）中"阿"提问的个别动词。如，

　　（37）a. 甲：请问俪地方_{你们那儿}拜客阿<u>拜</u>个？　　乙：拜个_的。

（《课本》1923：第 120 课）

　　　　b. 人家阿相配哑_{配不配}？（同上：第 28 课）

例（37）中"阿"与所提问动词"拜"、"相配"虽不属于封闭类动词，但这样的搭配很难见到，而以表 3－5 中各类的组合最为常见。

（二）上海话"阿"字疑问句的结构类型

上海话"阿"字疑问句在功能上与是非问相当，可用点头或摇头表示肯定或否定回答。在疑问结构中"阿"是显示"疑问焦点"的疑问副词，一般表示紧邻其后的成分即为疑问焦点所在。如，

　　　　（38）a. 侬阿**明朝**早浪向到香港去_{你是不是明天早上去香港}？——嗯，是明朝早浪向。

　　　　b. 侬明朝早浪向阿**到香港去**_{你明天早上去不去香港}？——对个_的，去个_的。

例（38）中粗体部分即为疑问焦点，也就是"阿"的疑问辖域是需要作答的部分。从结构上来看，可以用"阿"来提问的成分可以是 VP 结构，包括谓语动词、谓语动词附接语等，该 VP 可以出现在母句（matrix sentence）中，也可以出现在子句中。如，

　　　　（39）a. 勿晓得_{不知道}［诸位从前阿曾看见过个］？（《课本》1923：第 33 课）

　　　　b. 侬［阿晓得地格事从阿里来个］_{你知道不知道这件事从那里来的}？（《沪语便商》：散语第二章）

例（39）a 句中"阿曾"用来提问带经历体"过"的动词，它是宾语小句的谓词；b 句"阿"用在母句谓词前询问。

这种"阿 VP?"式结构是该疑问句的基本形式，不过，半个世纪的（1892—1942）西儒上海话课本中，"阿"字疑问句还存在其他的结构类型，"阿"字句还可与上海话固有的选择问、特殊问、是非问等句式杂糅使用。如，

（40）a. 厂里得着之第_这种物事伊拉_{他们}是蛮欢迎个_的，因为价钱便宜咾_{并且}提炼个_的手续又可以省，实盖能末_{这样的话}叫一举两得，我伲_{我们}阿应该做呢勿应该做呀？（《课本》1923：第 8 课）

　　　b. 第个_{这个}当中有一个秘诀，就是拉_在伊_他起头练习个辰光_{的时候}阿曾照咾_着次序练习过还是随意乱划？（同上：第 43 课）

例（40）a、b 句中"阿"都出现在选择问形式之前表询问，其中 a 句用"呢"连接正反两个选择项，而 b 句则用"还是"连接两个由 VP 充当的选择项，都用在直接问句形式中。

由特殊疑问句构成的"阿"字句也较常见，其中疑问词有虚指的，但也有不少就是句子的疑问焦点，它承担着疑问信息，需要就疑问词作答。如，

（41）a. 君子立定之_了志向咾，拿定之_了方针，虽然死也勿_不改变个_的，小人末勿_不是实盖个_{这样的}，打算阿有啥铜钱到手咾时常翻覆个。（同上：第 53 课）

　　　b. 每年秋天个辰光_{的时候}，最容易发生时疫，一发生就要传染开来咾，是危险得极_{十分危险}。盖末_{这样}到底阿有啥法则可以避脱哦？
——有个_的，就是要行卫生。（同上：第 8 课）

　　　c.（乙）阿曾耽搁之几日？
　　　（甲）拉苏州耽搁之_了三日，杭州住之_了四日，拢总_{一共}一个礼拜张先生侬去白相过否_{你去玩过吗}？（《增补》：问答第 2 课游春）

　　　d.（乙）事务所里末，营业部，会计部，厂里末，工程，物料，搭之_和管车个_的啥甚_{什么}，拢总_{一共}有五十多人。
　　　（甲）工人阿有几化_{多少}？
　　　（乙）女工有千吧，男工有五百多。（《增补》：问答第 16 课工厂）

例（41）各句中"阿"所构成的问句中都含有其他疑问词，只有 a 句中疑问词"啥"不承载疑问信息，用做虚指，而 b 句从作答来看，不仅"阿有"是信息焦点，"啥法则"同样也是信息焦点所在，得到有效回答；c、d 各句都用"几"来提问，它们都需要回答，答者都提供了准确

的数据，否则交际将失败，可见，这些疑问词都承载着焦点信息，不是虚指用法，但它们所在的 VP 结构仍可用"阿"来询问。

　　除以上结构外，使用较多的还有"阿 VP 哦?"与"VP 呢啥?"。"VP 哦?"是上海话最常见的是非问句，"VP 呢啥?"为带猜测的疑问形式，它们在早期文献中也常与"阿"构成叠床架屋的疑问句。早期上海话文献中"哦"记作"呸"或"否"。如，

　　　　（42）a. 价钱太大，阿好便宜点否?（《活用上海语》第 203 页）

　　　　　　　b. 第_这个阿是真个_的呸?（《课本》第 8 课）

　　　　　　　c. 阿嘞拉_在想法子哦?（《ポケット上海语》第 61 页）

　　这是一种双重疑问形式，也是一种冗余性结构，仍见于今老派上海话中，各位学者都先后进行过描述和分析。

　　实际上，"阿"也与"呢啥"式问句构成双重疑问形式。如，

　　　　（43）a. 请教前头去自家亦做生意个呢啥。是，亦做生意个。_{请问您纳，当初也做过买卖么?是，做过买卖。}（《土话》第 16 页）

　　　　　　　b. 阿是关之后来买个呢啥?_{怎么是关了之后才倒的么?}（《土话》第 25 页）

　　　　　　　c. 箇纸张阿是徒弟上之店就写个呢啥?_{这张字据是徒弟刚一上铺子就写么?}（《土话》第 37 页）

　　疑问语气词"呢"和疑问代词"啥"构成"呢啥"，表示带猜测的询问，如例（43）a 句，百年前上海话中也可与疑问副词"阿是"构成双重疑问形式使用，如例（43）b、c 句。

　　半个世纪中上海话"阿"字问句的结构类型主要有"阿 VP?"、"阿 VP 哦?"、"阿 VP 呢啥?"、"阿 V 呢勿 V?"、"阿 VP$_1$还是 VP$_2$?"与"阿 VP_{疑问词}?"等类型。除"阿 VP?"之外的类型在各课本中的分布较高，如《土话指南》占 44%，《上海话课本》占 57.6%，《松江方言课本》占 66.6%，《鹦笑楼语录》则超过 3/4，具体见表 3 - 6。可见，"阿"字疑问句与上海话自源疑问句如特指问、选择问和是非问，特别是与是非问句式的杂糅使用，成为"阿"字疑问句的常见形式。表 3 - 6 是半个世纪中

上海话"阿"字疑问句类型分布表。

表 3 – 6　　　　　　　　半个世纪中上海话"阿"字疑问句类型分布

结构 课本	阿 VP?	阿 VP 哦? / 阿 VP 呢啥?	阿 V 呢勿 V? / 阿 VP$_1$ 还是 VP$_2$?	阿 VP$_{疑问词}$?	总数
《土话》	14（56%）	11（44%）	0	0	25
《课本》	11（42.3%）	11（42.3%）	3（11.5%）	1（3.8%）	26
《短语》	1（33.3%）	2（66.6%）	0	0	3
《鹦笑》	2（18.2%）	9（81.8%）	0	0	11
《增补》	19（67.8%）	3（10.7%）	0	6（21.4%）	28
《四周》	17（94.4%）	0	0	1（5.6%）	18

二　"阿"字疑问句的消退及原因

在语言或方言接触过程中，借源成分与自源成分往往存在多种发展的可能。其一是两者互补性发展，在功能上互补，在该语言或方言中各取所需；其二是并行发展，各自凭着自身结构特征和功能平行使用，可相互自由替换，形成同义或功能相同的成分；其三是两者竞争性发展，借源成分因其新颖而被推广，但同时又因其违背固有习惯而受到自源形式的修正甚至排挤，导致借源形式存在一段时间之后，就被淘汰出该系统；其四是自源和借源形式非连续性发展（余志鸿，2005：130）。上海话"阿"字疑问句与自源疑问形式"VP 哦?"、"阿 VP 呢啥?"、"阿 V 呢勿 V?"等的关系则属于第三类，即竞争性发展且被淘汰。

"阿"字疑问句的句法功能与是非问相当，它自借入上海话始，在结构上就与上海话自源是非问结构"VP 哦?"及带猜测的疑问形式"VP 呢啥?"相混合而使用，构成"阿 VP 哦/呢啥?"的双重疑问式，且在大部分课本中这种杂糅结构的分布比例都较高，可以说明这类杂糅结构成为上海话"阿"字疑问句的主要形式。此外，它还可以与选择问、特殊疑问句构成杂糅结构，分布虽少，但也说明它在上海话疑问系统竞争中对固有结构的依赖性很强。

杂糅而成的双重问句，并没增加任何特殊的表达功能，在结构上却是累赘的，在母语使用者的心理上，处于杂糅结构中起提问作用的"阿"也并不占有任何优势，成为结构中可无的成分，所以极易被自源成分挤出该结构。如，

（44）现在来问问看［阿有第桩事体呢勿_没有］。（《课本》1923：第 83 课）

"阿"带选择问句做谓词宾语，属于间接问，直接问形式见例（40）a 句。该选择问由正反两 VP 成分构成，可以用点头或摇头做出肯定或否定回答，这与"阿"表是非问的功能是等同的，而在结构上"VP 呢勿 VP"的选择问是一百多年前上海话中使用最常见形式。如，

（45）a. 侬去呢勿去？（《功课》第 23 课，1850）

　　　 b. 买呢勿买？（Edkins：130）

　　　 c. 来呢勿来？（同上）

　　　 d. 侬看起来是呢勿是_{你看是不是}？（《增补》：散语第 5 课）

从 19 世纪中叶的文献到 20 世纪 40 年代的《增补实用上海话》中都在用该选择问形式，它在形式上比正反问形式更像选择问句，从功能上看是是非疑问句，正是这种与"阿"字疑问句在功能上的一致性，让它们可以在结构上相叠置使用，不过，这种联合中画蛇添足的味道过于浓厚，结构上的累赘让"阿"字疑问句叠置的可容度很小，这种杂糅结构出现的概率也很低。

"阿"字疑问句还可与特殊疑问句相联合。如，

（46）（甲）请问侬，上海地歇_{这时}中国新闻纸，阿有几种？

　　　（乙）种数倒勿少，有十几种拉。（《增补》：问答第 21 课）

例（46）发问词"阿"与"有几种"构成双重疑问，不过，很显然，从答句来看，答者实际上只就"有几种"做出回答，类似的问答见例（41）c、d 句，从答句来看，发问词"阿"成为虚设，疑问信息焦点只落在特殊疑问词上，用来提问 VP 结构中的论元成分。

"阿"可与特殊疑问句联合，这大概是因为，"阿"发问的焦点都是谓词，属于谓语焦点，发问的焦点虽都落在 VP 结构上，但属于不同成分，这种信息功能上的互补应是它们可偶用于上海话的主要原因，不过，

当这种双重焦点出现时，它们在信息强度上并不完全对等，当需要询问VP中的补足语成分即宾语时，总是倾向于将 V 当作已知的信息，为预设部分。如例（41）中 c 句，"阿曾耽搁"是作为预设出现的，所以答句也无须另外对该动作做出肯定或否定回答，因为从"耽搁几日"来看，显然"耽搁"行为的发生是既定的，对说听者来说是已知的，所以只需要对"几日"作答。从信息结构来看，这使得"阿"失去了承担询问的实际功能，成为累赘，所以尽管这类句式也偶尔出现但也只是昙花一现。

"阿"与是非问"VP 哦"形成的杂糅结构最常见，其原因应是，功能一致，且结构上形成前后呼应的对称式。这种结构上的优势使得它成为上海话"阿"字疑问句的分布比例高的独特结构，但不管怎样，发问词"阿"都只是以上海话自源是非问"VP 哦"为宿主，随着其竞争力的萎缩，它也自然会被清理出该结构。

从"阿"字疑问句在上海话问句系统中对其他问句的强依赖性，我们可以很清楚地看到它在上海话中并不是一种强势的结构，在结构上大多借自源形式为宿主而依存，最后只能因各结构累赘而被淘汰掉。20 世纪40 年代以后，它就被淘汰出上海话问句系统，今虽有老派偶用，也限于个别固定的组合，如"阿是"或"阿曾"等。

三　结语

近代西方传教士和日籍商人的上海话课本给我们展示了"阿"字疑问句在上海话中的借入、发展和消退的全过程。"阿"字句自一百多年前从吴语苏州话借入上海话，但用"阿"发问的动词小类十分有限，或与个别常用副词，如"曾"等构成复合词使用，在结构上它也多借助于上海话自源问句结构使用，不仅可与是非问构成双重疑问式使用，还与选择问、特殊疑问句构成杂糅结构使用，因结构累赘使这些"阿"字疑问句首先被淘汰，随着它们的消退，"阿"字疑问句也逐渐被排挤出上海话问句系统。

上海话"阿"字疑问句的发展过程让我们看到其疑问系统的封闭性，尽管可能随着大批量的移民而带来新的结构，倘若它没有经历一个急速扩散的过程，使之具备较强的句法组合功能，就很可能被本方言中的自源形式排挤出去。

第三节　吴语选择问句的类型及演变

选择问是提出两种或两种以上的情况，让对方从中进行选择的疑问句。若以两个选择项构成，那么它一般可有以下数种表达。

(47) a. 你　　　吃饭　　　　吃面？
　　　b. 你　　　吃饭　　　　是吃面？
　　　c. 你是　　吃饭　　　　是吃面？
　　　d. 你　　　吃饭　　　还是吃面？
　　　e. 你还是吃饭　　　　还是吃面？
　　　f. 你　是吃饭　　　　还是吃面？（梅祖麟，2000）

梅祖麟（2000）指出，现代汉语选择问的特征在南北朝已经出现，在 12 世纪末完全定型，如《朱子语类》中就可见到现代选择问的各种句型。不过，所构成选择问的两个选择项也可以正反形式出现，形成"VP（，）neg. VP"。如吕叔湘（1985）、陆俭明（1984）等学者皆提出，选择问句应包括以"正反并列的形式传达疑问"的正反问句。将正反问归入选择问不仅符合它们利用选择结构表疑问的共同特征，也便于观察选择问句和正反问之间的演变关系。虽然现代汉语普通话中正反问和选择问在结构上区别明显，前者结构紧凑，后者结构松散，且常插入选择标记，但在方言中正反问和选择问在结构形式上更为接近，表明两者之间的紧密关系。所以下面所探讨的吴语选择问句包括列项选择问和正反问两大类（朱德熙，1985），鉴于正反问形式已在第三章第一节中讨论到，此处只在必要时提及。

一　一百多年前吴语选择问句结构类型

19 世纪吴语选择问句主要类型：（1）VP_1 Part. VP_2；（2）VP_1 Part. neg. VP_1；（3）VP_1（Part.）还是 VP_2；（4）VP_1 neg. VP_1，所并列的项可以是名词或名词性短语，也可以是形容词或形容词短语等，统一以 VP 表示。从整体上看，吴语中插入语气词类的选择问使用较常见，也是其特征之一。

（一）VP₁ Part. VP₂

这类选择问句中常插入兼起连接项作用的语气词，19 世纪吴语中这类语气词主要有两个，为"呢"和"也"，其中前者主要分布于北部吴语上海话、苏州话、宁波话等，而后者见于南部吴语温州话中。不过，各方言选择问中的"呢"的句法作用有不同表现。如，

（48）上海话：a. 甲：侬担拉个馒头_{你拿的馒头}是我个_的呢烘物事人个_{烤东西的人的}？乙：是侬个_{你的}，勿_不是烘物事人个。（《功课》1850：第 4 课）

b. 老牌呢新牌？（《练习》1910：Exercise No. 154）

c. 甲：侬渴呢饿？乙：也勿_不渴也勿_不饿。（你渴还是饿？也不渴也不饿）（《功课》1850：第 4 课）

d. 现在我请问俉_{你们}各位，是喜欢夜长呢夜短，天好呢雨落。请俉_{你们}告诉我。（《练习》1910：Exercise No. 54）

上海话该类选择问句中的"呢"是重要的句法成分，也可以说，它是该选择问句的标记，句法上具有强制性，构成各选择项的句法性质不受限制，可以是名词性短语、形容词性短语或主谓短语等，这种句法自由，表明它是一百多年前上海话中最常见的选择问形式。虽然从韵律上来看，"呢"黏附在选择前项上，具有后附性，表疑问，但由于后项前并无其他连词，前后项在结构中构成整个句子的疑问范围，因此"呢"在句法上具有连词功能。若仍看作句尾语气词，那么选择后项就只能靠语调来表疑问了，这样的疑问句，只能说是由两个疑问小句构成的，而不是靠选择结构来构成疑问了，显然不符合上海话中大量的"VP₁ 呢 VP₂"构式的实际情况，可见，该类选择问句中的"呢"主要是用来连接并列的两选择项，使它们成为表选择问的构式。

与上海话"呢"表现不同的是宁波话，宁波话"呢"仍用在各选择项后表疑问。如，

（49）宁波话：a. 你个_的气力大呢，小呢？（《便览》1910：Section XIII)

     b. 葛个月月大，月小？（同上：Section XXVIII)

  从例（49）a 句构成选择问的两项皆用"呢"，很显然这里的"呢"主要功能在于表示疑问语气，而不是连接并列项以构成选择问，所以在句中也不是强制性的，如 b 句，选择项后皆可不用"呢"来表疑问。可见，尽管"呢"也用于宁波话选择问句中，但它与上海话有明显不同，即前者是选择问的标记，而后者仍是疑问语气词。

  温州话"也"（记作同音字"阿"）与上海话选择问中的"呢"句法地位相当，常用在并列项中间，起连接作用，形成"VP₁也 VP₂"式选择问句。如，

  （50）温州话：a. 你住个屋宅_{你的家}大阿小？我住个_的三小间。（《入门》1893：37）

     b. 其着靴_{他穿靴子}阿着鞋呢？着靴_{穿靴子}。（同上：72）

     c. 你洗手爱用冷水阿爱用涌汤_{热水}呢？（同上）

  （二）VP₁ Part. neg. VP₁

  当构成选择问的并列项为正反关系时，也可以进入"VP₁ Part. VP₂"式，就形成了"VP₁ Part. neg. VP₁"式。起连接作用的词仍为"呢"、"也"两个。具体参见第三章第二节，这种类型体现了选择问与正反问的密切关系。

  （三）VP₁（Part.）是/还是 VP₂

  由副词"是"或"还是"构成的选择问句也是 19 世纪吴语中常见结构。"是"、"还是"可以成对出现，也可以单独出现在后一选择项前。从结构来看，这类选择问句中选择项常以疑问句形式并列出现，即表现为两个表疑问的分句，结构上远不如前面两类选择问紧凑，韵律上在选择前项后常允许有较长的停顿，书面上可用分号甚至问号来记录。如，

  （51）上海话：a. 伲_{我们}必须要寸步当心，看伊个_{他的}行动，一切是搭_跟我真心要好呢，还是拉_在引诱我伲_{我们}进伊个_{他的}圈套呀？（《练

习》1910：Exercise No. 88）

     b. 侬_你发痴呢，还是算我发痴？（同上：Exercise No. 89）

     c. 做呢还是勿做，侬_你自家决定好者。（1942：163）

     d. 有呢还是呒没_{没有}请侬_你问一声。（同上）

  （52）苏州话：a. 世界上各国个王，收啥人个关税、丁税，还是自家个儿子呢，还是外头个人？_{世上的君王向谁征收关税、丁税？是向自己的儿子呢，是向外人呢？}（马太 17：25，1879）

     b. 约翰个洗礼从落里来个，还是从天上来个呢，还是从人个搭来个。_{约翰的洗礼是从哪里来的？是从天上来的？是从人间来的呢？}（马太 21：25，1879）

     c. 呆笨瞎眼个人呀，是殿使得金子成功圣洁，难末落里一样大，还是金子呢，还是殿？_{你们这无知瞎眼的人哪！什么是大的？是金子呢，还是叫金子成圣的殿呢？}（马太 23：17，1879）

  （53）宁波话：a. 先生砌屋是要用土坯呢，是要用砖头呢？（《便览》1910：Lesson XXXIX）

     b. 倗_你看是塘_这匹马个_的气力大，还是葛_那匹马气力大呢？（同上：Lesson XXXVIII）

     c. 现在还是涨潮，还是落潮？（同上：colloquial phrases）

     d. 你个眼睛远光，还是近光？（同上：Section XI-II）

  （54）温州话：a. 你是走来個_的，是骑马来個_的呢？我是骑马来個_的。（《入门》1893：46）

     b. 带排枪個许_那個人是特特能_{故意}走来個_的，还是凑巧走来個_的呢？否晓得，只怕是凑巧走来個_的。（同上：110）

     c. Nyí-dà-ko toa-chung jǐ-nang, djah-ź gi n-tsź djao ping, fá k'à ih-löh zih-diu gi ne? Whah-ź djao ngû, fá k'à ih-diæ zi gi ne? 你大家当中谁人，若是渠儿子求饼，反句一粒石头渠呢？还是求雨，反句一条蛇渠呢？_{你们中间谁有儿子求饼，反给他石头呢？求鱼，反给他蛇呢？}（马太 7：9—10）

（55）金华话：a. Keh-geh ze-nyin z la-geh, ge-zi ni, wor-teh geo-geh yia-nyiang-geh ni? 格个罪人是哪个？渠自呢？还是渠个爷娘个呢？是谁犯了罪?是这人呢?是他父母呢?（约翰 1866，9∶2）

   b. Ng kông keh-geh shüa-wor zong ng-zi ma, wa-z nyin yüong' A' ông ng kông-go ma? 你讲格个说话从你自吗？还是人亨我讲你讲个吗?这话是你自己说的,还是别人论我对你说的呢?（同上 1866，18∶34）

（56）台州话：a. Si-zông-keh koh-wông hyiang kæh-nying siu liang teh shü-din? wæ-z hyiang z-keh n-nô, wæ-z hyiang bih-nying? 世上个国王向何人收粮搭税钿？还是向自个儿因，还是向别人?世上的君王向谁征收关税、丁税?是自己的儿子呢,是向外人呢?（马太 17∶25，1880）

   b. Iah-'ön-keh tsing-li z 'ah-yi le keh? wæ-z jong t'in? wæ-z jong nying-liang? 约翰个浸礼是阿里来个？还是从天？还是从人两?约翰的洗礼是从哪里来的?是从天上来的?是从人间来的呢?（马太 21∶25，1880）

   c. Nô ih-yiang do, wæ-z sing-din do, wæ-z bi sing-din tseng-djong-keh kying-ts do? 哪一样大，还是圣殿大，还是比圣殿珍重个金子大?什么是大的?是金子呢,还是叫金子成圣的殿呢?（同上 23∶17，1880）

从例（51）至例（56）来看，"是/还是"类选择问似乎多以成对出现为常，不过，这类分布多出现在吴方言《圣经》译本，虽然《圣经》译本为向普通民众宣讲福音所用，对口语性的要求极高，但相对于自然口语来说，仍不免或多或少带有书面语特点。比如，句子长度增加，或者句式要求更整齐等。构成选择项的单位越长，因受人们在语言处理中的短时记忆限制，就需要在适当的地方增加显性标记以提醒听者前后并列项所构成的是选择问句，如例（51）上海话 a 句，在前一选择项结尾用"呢"表疑问，而在后一选择项起始位置上用"还是"提醒听者在处理后一选择项这个较长的成分时应将它与前一问句作为并列成分来看，因此该标记增强了该结构被处理为选择问的可能性；而句式要求更整齐则使得"还是"、"是"多成对出现。

"呢，还是"在上海话中还可出现在正反问句中，如例（51）c、d句，不过，构成这类选择问形式一般都出现在从句中。

20 世纪四五十年代前，上海话中也依稀可以见到单独用"还是"做连词构成的选择问句。如，

（57）a. 勿论那里一种_{无论哪种}古董，只须拨伊_{让他}一措或是一听，伊_他就晓得第样物事_{这样东西}是真个_的还是假个_的。（《课本》1923：LESSON No. 22）

　　　　b. 㑚_{我们}到中菜馆去还是到西菜馆去？（《增补》1940：89）

不过，这类选择问结构出现频率很低。可见，"还是"很可能是上海话选择问句受官话影响而产生的标记形式。

可以说，"还是"选择问进入吴语可能受到书面语和官话的影响，尽管在 19 世纪它确实已经成为吴语中一种较常见的选择问句了。

（四）VP₁ neg. VP₁

由正反两项构成的选择问形式即为正反问句，在 19 世纪吴语中皆有分布，只不过，它远不及"VPneg."式反复问句常见，具体见本章第二节。

下面我们以表格形式展示各类选择问及分布情况。

表 3－7　　　　　　　　一百多年前吴语选择问类型及分布

方言＼类型	1. VP₁ Part. VP₂	2. VP₁ Part. neg. VP₁	3. VP₁（Part.）是/还是 VP₂	4. VP₁ neg. VP₁
上海 1862	＋呢	＋呢	＋	＋
苏州 1879	－	阿＋	＋	－/阿＋
宁波 1910	－	－	＋	＋
温州 1893	＋也	＋也	＋	＋
台州 1880	－	－	＋	＋
金华 1866			＋	＋

从表 3－7 可见，在各类选择问句中，类型 3 是分布面最广的，即在各方言中皆可使用，其次是类型 4，即正反问形式，只在苏州话中分布受限，而类型 1、2 则在上海话和温州话中分布最常见，其他方言分布不明确。

从各类选择问句中的并列项来看，类型 3 进入吴语虽然可能与书面语或官话的影响有一定关系，但这类选择问有一定的优势，即不管并列项是由词组还是小句构成，都可以使用它，而构成类型 1 的选择项则只限于结构短小的词或词组，而类型 2 和类型 4 中选择项受限更多，只限于具有正反关系的两项。正如此，类型3成为在句法上受限最少，且分布方言最多的，而其他类型的分布面较窄。

类型1、2中插入的语气词不同，实际上反映了这两类选择问的历史层次之异。近代汉语中"也"用于选择问句早于"呢"（李思明，1983；王力，1980；刘勋宁，1998），温州话"也"构成选择问形式要早于上海话中的"呢"，也就是说，以上海话为代表的北部吴语在19世纪盛行"呢"字选择问是受到早期官话的影响形成的，这种影响也只限于上海、苏州等吴方言，而宁波话、台州话和金华话等都未形成这种选择问句式，南部吴语温州话"也"字选择问则保留了中古选择问的特点。

二　一百多年来吴语选择问句类型的演变

由于方言接触程度不同，"呢"字和"也"字选择问句在吴方言中的发展也各不相同。上海话等北部吴语"呢"字选择问句逐渐消失，而温州话则仍保留"也"字选择问句。

我们统计了近五十万字的上海话文本语料，时间跨度为1850—1942年，得出上海话各类选择问结构的分布见表3-8。

表3-8　　　　　　　　1850—1942年各类选择问结构的分布

类型	呢		呢，还是		还是	Vneg. V
	X_1 呢 X_2	V/A 呢 neg. V/A	X_1呢，还是 X_2	V 呢，还是 neg. V		
分布	208（45%）	98（21%）	70（15%）	5（1%）	5（1%）	74（16%）

从表3-8来看，"呢"兼用为选择连词类问句使用频率最高，占到2/3，它是一百年间上海话选择问的基本形式；其次是"呢，还是"以及正反问"Vneg. V"类，而只用"还是"做连词构成的选择问句很少，仅5例，且都出现在20世纪文献中，如《土话指南》1例，《上海话课本》（1923）3例，《上海话学习四周》（1940）1例，而20世纪之前的文献未见"还是"类选择问；不过，它却于20世纪中叶至今已发展为上海话中最常见的选择问结构，"呢"类除了老派仍见使用，新派基本上只用"还是"类，"呢"类已不用。编写于20世纪50年代的滑稽戏《三毛学生意》对白中只用"还是"类选择问。如，

（58）卖饼小贩：大饼油条！大饼油条！大饼吃哦？
三毛：你吃还是我吃？

但据 20 世纪 80 年代游汝杰（《上海市区方言志》1988）对自然口语的调查，"呢"仍可用在选择前项后表疑问兼起连接作用，如，

（59）侬_你要现成个_的呢，要定做个_的？（《上海市区方言志》1988：468）

不过，自 90 年代及以后的语料（包括情景剧如《上海老娘舅》、笔者采用隐蔽式录音方式获得上海中派和新派的自然口语录音材料）来看，"呢"更消失得无影无踪了，都采用"还是"。如，

（60）老舅妈：侬_你还是哭还是笑啦？（1995 年《上海老娘舅》第一集）
（61）A：就讲起来，上海人人均收入，7 万……7 万……7 万……7 万……7 万几？7 万 3 还是 7 万 8？全国最高。我想人家拿 1200 块个人也勿要太多哦！（校车司机，50 多岁）
（62）D：嘿，哪能打啊？打辫搭_{这里}还是打伊搭_{那里}？（在校大学生，21 岁）

可以认为，今上海话中"还是"已经取代了"呢"构成最基本的选择问结构。而这个取代过程应该经历了近一个世纪的历程。自 20 世纪上半叶"还是"打破了"呢"构成选择问的一统局面，构成"呢，还是"类的杂糅结构，占到 16%，而进入五六十年代随着普通话影响的加强，"还是"类选择问得到迅猛发展，首先应该在舞台语言中如情景剧等中得到强劲发展，"还是"大有完全取代"呢"的趋势，但在自然口语中"呢"以其形式上的简洁性优势仍然保留着，到了 80 年代仍在使用，不过，今上海话无论是在经过少许加工的情景剧语言还是未经任何加工的纯自然口语中"还是"基本上已完成了对"呢"的取代。这个取代过程是新成分不断壮大而旧成分逐渐在日常交际中消失的过程，而从语言系统内部来看，"呢"与"还是"并无任何明显的结构上的优劣之分可能会导致

它们的胜败，它们的优胜劣汰完全是外部因素，即普通话的强劲影响造成的。因此上海话选择问结构类型也从后置型的助词类演变为前置型的连词类，是普通话影响形成的。

与上海话所不同的是，南部吴语温州话在一百多年中包括正反问句在内的选择问系统则相对稳定。根据游汝杰《传教士著作所见温州话的选择问句》（讲义）归纳的温州话选择问句类型，我们统计各种类型在《温州话入门》（1893）中的分布，见表3-9。

表3-9　　　　《温州话入门》（1893）中选择问句类型及分布

未然体选择问句						已然体选择问句	
VP否	VP阿否	VP₁阿VP₂	VP否VP	是VP₁，是VP₂	VP么	有唔冇	VP罢未
你会记牢否	其买马阿否	其着靴阿着鞋呢	其土话懂否懂	你是走来个，是骑马来个呢	许个时辰钟准个么	还有唔冇	你灯点起罢未？
13 (28%)	4 (8.5%)	6 (12.8%)	12 (25.5%)	2 (4%)	2 (4%)	2 (4%)	6 (12.8%)

从表3-9类型及其分布来看，一百多年前温州话选择问基本格局是：以"VP否"和"VP否VP"为主要结构，其次是"VP₁阿VP₂"与"VP罢未"结构，而"VP阿否"结构虽是一种次要类型，但比"是VP₁，是VP₂"① 结构更常见。一百多年前温州话选择问的基本格局至今未变。

游汝杰（2003：231—233）指出，温州话选择问句主要有"VP₁啊VP₂"、"VP否VP"、"VP也否"、"有VP（也）冇"、"V罢也未"等类。从这些类型来看，兼表选择语气的"也"在温州话并没有消失，仍活跃于各种结构类型中，表明其稳固性。如，

   （63）a. 你要吃饭啊吃面？

     b. 你走否走？

     c. 你走也否？

     d. 你走也否走？

     e. 你旧年有读英文也冇？_{你去年有没有读英文。}

---

 ① 这类结构可能是借用北京官话的。《温州话入门》中的四十课课文译自《语言自迩集》，后者选择问的最常见的结构即为"是VP，是VP"结构，而温州话此句的结构与《语言自迩集》中完全对应。如，温州话：你是走来个，是骑马来个呢？北京官话：你是步行儿来的，是骑马来的？另一例也与官话同，据此，我们认为该结构是翻译中借用官话的，非温州话固有的。

f. 渠走罢也未?_{他去了没有?}（游汝杰，2003）

"阿［ah］"、"啊［a⁰］"、"也［a³⁵］"发音相似，都表示选择语气，即为近代汉语中"也"，尽管在不同时期或不同结构中存在不同语音变体。

三　结语

温州话在一百多年中选择问的基本格局并未发生重要的调整，而上海话选择问则随着"呢"类的消失，"还是"类得到长足进展，如此来看，上海话在与普通话接触的过程中受到的影响要远超过温州话。即上海话选择问基本格局的调整受到普通话的强大影响，而温州话则保持了近代汉语选择问的基本格局，受普通话的影响较小。可见，从选择问类型的演变来看，语言接触的程度不同是造成吴语内部选择问类型演变差异的重要因素。

第四章

一百多年来吴语从属句及演变

德赖尔（Dryer, 1992）指出，"标句词—子句"与基本词序 VO/OV
具有相关性，VO 语言倾向于使用"标句词—子句"的词序，而 OV 语言
中标句词可在子句首，也可在子句尾。关系从句与核心名词、状语从句与
主句等的位置与基本词序也具有相关性。关系从句在 VO 语言中总以 NRel
词序出现，而在 OV 语言中 NRel/RelN 词序皆用；OV 语言中状语从句倾
向于在句尾，而在 VO 语言中状语从句在句首占绝对优势。因此本章将考
察这些与基本词序相关的句法参项在一百多年前吴语中的表现。主要包括
宾语从句标记、关系从句类型及标记、状语从句类型及标记等。

第一节　一百多年来上海话言说义词"话"与"讲"

言说义动词演变为语法标记即标句词（complementizers），用来连接
谓语与所支配的内容宾语小句，是人类语言中标句词的重要来源之一
（Chappell, 2008）。汉语中"云"（谷峰，2007）、"道"（刘丹青，
2004）、"说"（方梅，2006）、"讲"（林华勇等，2007；Chappell,
2008）、"话"（Chappell, 2008）等言说义动词在古今汉语及其方言中
皆经历类似的语法化历程发展为标句词或获得其他功能。曹西蕾
（Chappell, 2008）根据汉语方言中言说义动词的各种用法全面考察了
它们语法化为标句词的阶段。她将汉语言说义动词演变为标句词分为五
个阶段，其中吴语上海话"讲"仍处于第一个阶段，即言说义动词仍
只有动词用法，还没有开始语法化的历程。言说义动词也常演变为表示
信息来源途径的传信手段，陈颖（2009）、李晋霞等（2003）指出，现
代汉语中"说"可用来表示获取信息的间接性，并表示言者对该说法

的弱确信度，这种传信用法是"说"用做间接引语发展的结果。沈家煊（2003）则从复句的"行、知、言"三域角度指出，关联词后的"说"是实现复句"言域"的手段之一。可见，言说义动词的演变是汉语乃至人类语言中一个有意思的课题。

上海话言说义动词是否只能用来表言语行为呢？目前来看，这方面的研究不多。而上海话言说义动词在用法或语法化上有自身的特点，同时在用词上也有更替现象，在更替中我们可以看到言说义动词及其用法的更替往往并不是简单的替换过程，而是更替和调整的过程。下面将利用早期上海话文献观察其言说义动词"话"、"讲"的用法及其更替过程。

一　上海话言说义词"话"的用法

从文献来看，19 世纪至 20 世纪中叶，"话"是上海方言中最主要的言说义动词，可带 NP 做宾语或后接补语，也常带小句做宾语。如，

（1）约翰看见耶稣来，话，看看第个人，是上帝个小绵羊，能够除脱世界上人个罪拉。约翰看见耶稣来到他那里，就说："看哪，神的羔羊，除去世人罪 孽的。"（约翰 1：29，1847）

例（1）中"话"于 19 世纪中叶用来表达前面主语的言说行为，后面带言说内容，以小句形式承载的言说内容为"话"的宾语。

不过，表言说义且带内容宾语小句的"话"也常出现在其他动词或动词短语之后，构成连动结构。该类动词主要表言语行为义，"话"在其后介引前面谓语动词的内容宾语。如，

（2）a. 故个约翰作干证，喊起来话，吾话拉个，第个人，虽然勒吾后头来，但是勒吾前头有个。约翰为他做见证，喊着说："这就是我曾说：'那在我以后来的，反成了在我以前的，因他本来在我以前。'"（约翰 1：15，1847）

b. Yǎ-hön tsó i-ka kanⁿ-tséng, hân-chì lê lǒ wö, ngö wö-la tí-ka nyâng, söi-ż lě-la ngö häⁿ – tí-da lê。约翰作伊个见证，喊起来唠话，我话拉第个人，虽然勒拉我后底头来。（约翰 1：15，1853）

c. 约翰对伊做干证，喊唠话，第个就是我所话个人，拉我

以后来个，倒拉我前头个，为之伊本来是拉我前头个。（约翰 1：15，1923）

（3）a. 所以<u>问话</u>："倘侬勿是基督，勿是伊利亚，也勿是圣人，为啥行洗礼呢？"<small>他们就问他说："你既不是基督，不是以利亚，也不是那先知，为什么施洗呢？"</small>（约翰 1：25，1847）

b. Ii-lá <u>mäng-mäng</u> Yǎ-höⁿ lǒ wö, Sǎ-ż nùng fě-ż Kī-tǔ, fě-ż Iī-Ǐ-ā, yä fě-ż i-ká yû-sīn h'yò – tǎ ká nyâng, wë-sà lǒ hang sì-Ǐ nī? 伊拉<u>问问</u>约翰唛话，假使侬勿是基督，勿是以利亚，也勿是一个预先晓得个人，为啥唛行洗礼呢？（约翰 1：25，1853）

c. 伊拉<u>问</u>伊话，侬既然勿是基督，勿是伊利亚，也勿是伊个先知，为啥行洗礼呢。（约翰 1：25，1923）

例（2）、例（3）各句分别为上海土白圣经（《约翰福音》）经文，年代分别为 1847 年、1853 年、1923 年，即为 19 世纪中叶至 20 世纪初的文献，从例句中可以看到"话"在表示言语行为的动词或动词短语之后，介引前面言语行为动词的内容宾语，从表义来看，它在言语行为义动词之后，并没有对语义表达起着增加或完备的作用。也就是说，虽然句法上来看，该结构中的"话"似乎为连动结构后项动词，特别是它与前面的动词常加上并列连词"唛"，形成"V[＋言语行为义]唛话"结构，如例（2）b、c 句和例（3）b 句，但句法上该结构中的"话"已不能带体助词或受副词修饰，这表明它已不是典型的谓语动词，表义上它成为可有可无的成分，即并非为了完备句义需要。该结构中"话"的句法和语义表明，它已经处于语法化的进程中。

从韵律上来看，这类结构中"话"前虽可做短暂停顿，但仍与前面的动词构成一个句法单位，而与"话"后面的内容宾语关系松散，一般皆有较长的停顿，不构成同一句法单位，不是内容宾语标记。

19 世纪至 20 世纪初叶文献"话"的搭配及其使用频率可见表 4 - 1（X 表示 NP 或补语，如"问伊唛话"、"喊起来唛话"等）。

从文献中"话"的组合来看，连动结构中的动词前项基本上是言语行为动词，如"问、喊、吩咐、教训、叮嘱、骂、告诉、答应、商量、议论"等；或为言语相关的行为动词，如"默祷、读"等；也可为感知义动词、书写义动词。如"听见"、"写"等。

表 4 - 1　　　　19 世纪至 20 世纪初叶上海话"话"的句法组合表

组合	次数	组合	次数	备注：文献出处
问 X（呒）话	8	问话	2	
喊 X 呒话	2	告诉话	2	
答应呒话	2	商量话	1	1.《约翰福音》1847
吩咐 X 呒话	1	吩咐话	1	2.《约翰传福音书》1853（1—2 章）
教训 X 话	1	议论话	1	3.《土话指南》1908
叮嘱 X 呒话	1	答应话	1	4.《上海话功课》1923
骂 X 话	1	听见话	1	5.《上海话课本》1910
默祷呒话	1	读 X 呒话	1	
写 X 话	2			

虽然用做连动结构后项的"话"组合功能似乎较强，但它未见用在认知类、情态或评价类等动词后。若按照曹西蕾（Chappell，2008）所划分的言说义动词的语法化阶段，吴语"话"只能算是处于第二个阶段，即用在言语行为义动词之后介引表言语内容的宾语小句，仍只是引语标记，而未发展到第三个阶段，即扩散至认知义动词之后表示主句主语的思想、情感等内容。尽管它也可以用在书写义动词短语后表示书写的内容，不同于表言说内容，但也只是表明其语法化正处于进一步发展中。

这类接在言语行为义动词后的"话"也可以用在谓语动词"话"后用来介引言语内容。如，

　　（4）a. 圣人以赛亚先话过，话，乡下有声音喊起来话，修好之上帝个路，第个声音，就是我拉，是修行人。"我就是那在旷野有人声喊着说:'修直主正的道路',如先知以赛亚所说的。"（约翰 1：25，1847）

　　　　b. 犹太人话丑话，话，第个勿是约色弗个儿子耶稣么，伊个爷娘，勿是认得个么，那能自家话，是天上降下来个呢。"这不是约瑟的儿子耶稣吗?他的父母我们岂不认得吗?他如今怎么说'我是从天上降下来的'呢?"犹太人……就私下议论他说。（约翰 6：41—2，1847）

　　例（4）a 句"话过，话，S"中，前一"话"为谓语动词，后一"话"若为动词的话，那么表义上与前面重复，就显得累赘或冗余，所以它只能分析为引语标记，即用来引介前面谓词"话过"的内容宾语，不

过，与句中"喊起来话"等结构不同的话，句中后一"话"已经与前面的谓词在韵律上不是一个单位，而是一个独立的成分，这种独立的状态应该是"话"朝着成熟的标句词发展的过渡状态，即"话"从连动结构后项发展为引语标记、标句词，应该经历了"VP话，S" > "VP，话，S" > "VP，话 S"过程。这个过程中它经历了边界转移和重新分析，而上海话"话"仍处于中间阶段，即边界开始转移，但重新分析并未完成，这种状态与它仍未经历功能扩散相互呼应，即仍只限于用来介引言语内容，而不能用来标记非言语内容宾语。

例（4）b 句前一谓词"话"后带 NP 做宾语，而后再用"话"来介引前面言语义谓词宾语"丑话"的具体内容，也就是说，"话"后内容与"丑话"构成同指或同位关系，"话"成为释名从句标句。这类从句标记所表示的也多为言语内容，即与它同指的 NP 多为表言语义的名词或短语。如，

（5）a. 伊是祭祀老师个头目人，先念过先知圣人个<u>说话</u>，话耶稣代替百姓死。_{他这话不是出于自己，是因他本年作大祭司，所以预言耶稣将要替这一国死。}（约翰11：51—52，1853）

　　　　b. 第一段是诚实，中国有一句<u>老话</u>，<u>伊话</u>说话勿必有信实，做事体勿必有决断。（《课本》1923：第 66 课）

　　　　c. 虽然有<u>俗语话</u>，"人有千算，天有一算"，然而第_这个是拉_在话，作恶个_的一面也。但是拉_在正经个_的事体_{事情}上，算计是罢勿_不得个_的，譬如行善事个_的人，伊_他必要细细能_{细细地}打算，勿能末_{不这样的话}，伊_他所做咾_和办个_的事体_{事情}，必定勿_不十分顺当_{顺利}。（《练习》1910：第 8 课）

例（5）a 句"话"用在 NP 之后，它所介引的小句与前面的 NP 具有同位关系，句中 NP 为"说话"，表言语义，后面的"话"并不表示具体的言语行为，而只是为了介引前面"说话"的具体内容，"话"可视为同位从句标记。从韵律上来看，这类标记一般加在从句句首。有时候，表言语义的 NP 后还可用第三身代词复指，如 b 句，"伊"复指"老话"，句中"话"似乎应该处理为动词，不过，在句法上它已失去动词的典型句法特征，只是如同引语标记一样，引出前面 NP 或复指代词"伊"所指的更具

体内容，因此尽管 b 句中"话"还不宜处理为从句标记，但可以说其语
法化进程已开始，c 句"有俗语话"似乎构成存现套连动结构，但"话"
的动作义淡化，"俗语"并非是"话"这个动作的执行者，"话"后面的
内容用来解释"俗语"，它与 a 句一样，用做从句标记，不过，它仍黏附
在 NP 这个核心上，而不是在从句上，这大概与存现套连动的结构遗存有
关，从表层句法结构来看，其分界仍未转移。从这一点来看，其语法化程
度应该不如 a 句。

从例（5）来看，"话"在 NP$_{[+言语义]}$ 之后开始演变为释名从句标记，
不过，这种功能也未见扩散至非言语义名词，所以这种功能也并不活跃。

"话"还可与表假设的连词共现，用做转引标记和传信标记。如，

（6）a. 所以买地皮末，头一要打听来$_{得}$清清爽爽。再要问地保，
卖地皮个$_{的}$人有啥大人咾$_{和}$弟兄个哒$_{不}$。有个末$_{的}$话，一定要伊拉$_{他们}$到
场咾$_{并}$签字。若然话$_{如果说}$，已经分家拉个者$_{了}$个话，盖末$_{那么}$要伊拉$_{他们}$拿
出分家据来验看。（《练习》1910：第 147 课）

　　b. 要想可以做啥呢，我看实在难极。若使话$_{如果说}$做生意，
我搭侬$_{和你}$无得$_{没有}$本钱，若使话$_{如果说}$做伙计，又无得$_{没有}$本事。（同上）

例（6）a 中"若然话"中"话"并不表示具体的言语行为，而是转
引他人所述的内容，"话"用做转引标记；b 句连词"若使"表假设，
"话"在其后表示言者对所述内容真实性的弱信任态度，从整个复句前后
分句来看，言者认为"做生意"、"做伙计"都是不太可行的事情。"话"
成为言者在句中表达自己对"做生意"、"做伙计"这些事情可行性低的
看法的标记，"话"的这种传信用法应该来自引语标记的进一步发展。即
"话"常用于转引他人的说法，这些说法对于言者属于一种间接信息，言
者对这种信息也就会持有某种程度的不信任或信任较弱的状态，这种态度
赋予整个句子一种传信范畴。李晋霞、刘云（2003）指出，普通话中
"如果说"中的"说"是传信范畴的一种表现形式，所表达的传信义是表
明说话者对所说内容的真实性持弱信任的态度。即"说"是一个标志言
者对所述内容的真实性持主观弱信任态度的传信标记。这种传信义是来自
"说"的间接引语用法，这是因为由于信息来源的间接性，言者对它的真
实性也在主观上有所保留。上海话"若使话"中的"话"也是如此。

"话"在文献中也与言者"我"组成"我话"表示言者的主观态度，同时也起着组织言谈的作用。如，

(7) 第(这)个女人才才肯拿(把)珍珠拿出来，伊(她)并且话俹(你们)勿(不)肯卖可以话勿实，为啥(什么)要实盖(这样)吭(没)规矩咾(并)盹人呢，我现在打侬(你)就是要教训，教训侬(你)以后勿(不)要再实盖(这样)得罪别人。我话第(这)位女眷终算凶得有礼也。(《课本》1923：第 12 课)

例(7)中"我话"意在引介作者的主观态度，对于命题本身的真值并没有增加什么，隐去也不影响句义的表达，它的作用在于组织言谈，是话语标记。尽管"我话"偶见用做话语标记，但"你话"等未见使用。

总之，"话"在 19 世纪至 20 世纪上半叶已开始语法化，可以做引语标记，但主要分布在言语行为义动词后，介引言语内容，也开始扩散至写作义动词后，但未发展到认知、评议等动词后，仍处于从引语标记到标句词的过渡阶段。尽管如此，但连词后的"话"由引语标记已发展为传信标记，或者构成"我话"发展为话语标记。不过，这些用法并不常见。可见，早期上海话中"话"的语法化程度并不高，虽已重新分析获得新的句法功能，但扩散的过程还未实现。

二 上海话"话咾"的用法

文献中"话咾"组合使用频率较高，它后面只能带言语内容小句做宾语，而不能接 NP 做宾语。如，

(8) a. 难末(然后)叫伊个(他的)兵丁到伊墙头(他这里)来，拨(给)每个兵，三样物事(东西)，是一盏灯，一把壶，一个号筒，话咾(说)，"我个(的)兵呀！今夜头若然(若是)俹(你们)预备好之末(了的话)，就可以从地上赶脱对敌个大军(赶走敌军)"。(《练习》1910：第 141 课)

b. 并勿要利钱个，好否，肯呢勿肯，乃末伊勉强话咾，肯个。我也不要利钱，你愿意不愿意，他勉强说是愿意。(《土话》1908：80)

c. 过之二日，银票送之转来者，话咾假个。过了两天，他把那张银票拿回来了，说是假的。(同上：85)

d. 官问伊银子咾衣裳啥人家搭偷拉个。贼就招者，话咾某

村庄，某人家搭偷拉个。官就问那个贼那个银子和衣裳是起谁家偷出来的。那个贼就招了，说是起某村庄儿里某家偷出去的。（同上：77）

例（8）中"话"为言语行为动词，"咾"与"话"共现，后可接直接引语，如 a、b 句，也可接间接引语，如 c、d 句。从韵律来看，"话咾"与所带的这两类内容宾语停顿位置不同。若接直接引语，一般在"话咾"之后有停顿，若接间接引语，则停顿出现在"话咾"之前。这也表明"话咾"与所引内容宾语之间的距离，带直接引语作宾语，"咾"用做停顿助词，在谓词"话"之后带停顿助词"咾"和较长的间隔停顿，可凸显整个内容宾语作为新信息的焦点性，而带间接引语做宾语，宾语为转述内容，"话咾"与内容宾语之间的停顿界线取消，谓词本身和其辖域内的宾语小句成为一个整体，言者一方面介绍话语内容，同时也说明该话语内容的转述性。在文献中若要带表言语内容的间接引语，只能用"话咾"，这也使得它成为高频组合。如，

（9）a. 读书末勿不认真，写个的字倒蛮好，先生话咾笔性好个的。（《松江话》1883：LEÇON XLI.）

　　b. 沈先生末到泰和栈里去问货色到没，伊拉话咾还勿曾到里。沈先生到泰和栈里问货到了没有，他们说，还没有到了。（《土话》1908：49）

　　c. 那能死个呢？话咾吃之生鸦片烟咾死个。说是吞烟死的。（同上：73）

　　d. 勿曾验明白，话咾像是勒死拉个。没验明白，说仿佛是勒死的。（同上：95）

　　e. 到之京里一打听，话咾已经考过个者。到了京里一打听，说是已经考过了。（同上：61）

　　f. 老爷交代拉话咾若使拿来末放拉末者。老爷留下话了，说是若是您拿了书来就先留下罢。（同上：47）

例（9）"话"皆用做言语行为动词，"咾"后引介言语内容做宾语，"咾"的停顿作用已经消失，主要用做连接项，不过，它连接的并非是两个并列项，而是谓词和宾语，"咾"可看作间接引语标记。如 a、b 句，而 c、d 句中"话咾"则用来转引他人所述内容，行为主体并不重要，只

是用"话唠"来表转述义，相当于"听说"或"据说"等意思。也就是说，"话唠"实现了词汇化，它不仅介引所转述的话语，且发展为表信息来源方式的传信标记。这种用法，在连动结构后项更为明显。如 f 句中"交代拉话唠"中"交代"本身就是与言语行为相关的动词，只是它后面不能带小句做宾语，而"话唠"在动词短语后转述前面主语所述内容，且成为介引内容小句宾语的句法成分，这表明"话唠"开始虚化为准标句词，只是这种用法远不及"话"搭配面广。

"话唠"也可接在表言说义的 NP 之后，引进 NP 的具体内容，起解释作用。如，

　　（10）a. 拉在地潭个的边头，树上挂一块牌子，拉在牌子上写两句说话话，话唠说，"前面有危险，走路人勿不要上去。"（《练习》1910：第 67 课）

　　　　　　b. 上月个的雨水多唠并且天气也冷，凡係碰着个的人，全有怨恨个的说话，话唠，"天愀不好，天愀不好"。（同上：第 22 课）

　　　　　　c. 顶好勃相最好玩拉伊头在那头南门外头个的一爿家米店门口头挂之着一管大称，边头贴之着一张纸条，话唠，两个铜板称一称，伊他日上个铜钱倒拨伊让他赚得勿不少。（同上：第 39 课）

例（10）a、b 句中"话唠"及其介引小句为前面名词"说话"的言语内容，两者属于同位语，句中"话唠"可看作释名从句标记，而 c 句"话唠"所介引的内容虽也是前面"纸条"上的内容，但它们并不构成同位关系，仍为连动结构，只不过前项谓词为存现义动词而已，后面的"话"为表转述义的动词，"唠"为间接引语标记。

从早期文献来看上海话中"话唠"本来是言说义动词"话"与停顿词"唠"的组合，因它们高频共现用来转引言说内容，使得"话唠"词汇化为表转述义的标记，而在与其他言说义动词构成的连动结构中，开始虚化为准标句词，且在言说义名词短语之后，用来介引解释该 NP 的同位小句，可视为释名从句标记，不过，不管是间接引语标记还是释名从句标记，它的功能十分有限，表明其语法化程度并不高。

三　上海话"讲"的用法

19 世纪至 20 世纪中叶各类文献，如课本、《圣经》译本、语法专著

及申曲等剧本中，"讲"也用做言说义动词，但一般只带 NP 做宾语，而未见"讲"带小句宾语即直接引语或间接引语句，带小句宾语则只能用"话"。如，

　　（11）a. 种田人糶米，总讲石数咾（和）斗数。（《松江话》1883：LEÇON XX）

　　　　b. 故歇讲世界上事体，还勿信，倘使讲到天上个事体，侬那会信呢？（我对你们说地上的事,你们尚且不信;若说天上的事,如何能信呢?）（约翰 3：12，1847）

　　　　c. 讲到登基坐江山，勿见得实盖能造化（这样幸运）。（《语法》1868：199）

　　　　d. 讲道台高咾，神父登拉上（呆在上面）讲起道理来，声气怪清爽（挺清楚）。（《松江话》1883：LEÇON XXIX）

　　　　e. 难末（然后）第（这）个臣子对伊（他）讲狐假虎威个（的）事体（事情），话，有一日老虎捉着了一只狐狸，狐狸话："求求侬（你），勿（不）要吃脱（掉）我，因为造天地个（的）主设立我做走兽个（的）王。"（《练习》1910：第 134 课）

　　　　f. 我听之了朋友实盖个（这样）地讲，我对伊（他）话："伊拉（他们）是下等人做惯苦工个（的），所以忍得住实盖个（这样）个热。"朋友话："请侬（你）勿要缠差（别打岔），我还勿曾讲完哩。"难末（然后）伊（他）再话："官府是上流社会个（的）人，但是伊拉（他们）也忍得住热个（的）……"（同上：第 152 课）

　　　　g. 后来班先生认来死个（的）解说咾（并）讲拨伊（给他）听咾话："中国有个（的）物事（东西），外国差勿（不）多全有个，必过人情水土搭之（和）口音勿（不）同个。"（《课本》1923：第 113 课）

　　例（11）来看，"讲"在 19 世纪至 20 世纪上半叶可带 NP 做宾语，也可构成述补结构和状中结构等使用，或构成"讲到"介引话题成分，尽管如此，它不能带由小句充当的内容宾语，这种宾语只能用"话"做谓词，如 e、f、g 句"讲"带 NP 做宾语、单独用做谓词或带与格做补语，带小句做宾语时则用"话"，特别是 g 句"讲"的内容宾语用"话"引出，这说明，"讲"若要带小句做宾语，则必须借助已经虚化为准标句词的"话"介引。

　　直到 20 世纪 40 年代文献中开始出现"讲"可以带间接引语做小句宾语。如，

（12）我邀伊格_{邀请过他}，但是伊_他讲伊_他已竟吃过中饭哉_了。（《四周》1940：LESSON 27）

同时期的《上海方言语法》（A. Bourgeois，1941）中仍只用"话"带小句宾语。如，

（13）我末足惯_{使劲}劝伊_他咾话，伊个_{他的}太太虽然有点守旧，但是比现在一排浪漫小姐好得多。（1941：23）

例（12）、例（13）应该说明，尽管20世纪40年代可能仍以"话"带小句宾语为主，但"讲"已经开始渗入这种用法中。

而到20世纪80年代，"讲"完全替代"话"，包括带小句宾语的用法，也出现了虚化的用法，而"话"只能做名语素或名词。如，

（14）a. 只有㑚_{你们}每人讲两句闲话，啥人_谁讲得好，我就勿收伊摆渡钿_{不收他的摆渡钱}，讲勿_不出，船钿_{船钱}照收。葛末_{这样}大家要问咪，"啥个闲话呢_{什么样的话}？"摇船老头讲："我呢顶顶欢喜_{最喜欢}听人家讲各式各样个_的俗语，我今朝_{今天}……"（直接引语做宾语）（许宝华等，1988：526—527）

b. 梅燕萍：慧芳是想跟侬_你商量个，后来小芳讲还是先勿_不要告诉㑚_{你们}好。（间接引语做宾语）（《老娘舅》第一集1995年9月）

c. 讲阿拉上海人小家子气，做勿_不了大事，迭_这种人呢，基本上属于没读过么历史。（《笑侃大上海》2009）

例（14）选自20世纪八十年代录音语料和上海话情景剧对白，句中"讲"完全替代"话"带直接或间接引语做宾语，如a、b句，而c句中引介间接引语的"讲"还可脱离言谈主体或言谈主体允许不明，有了虚化迹象。"话"则成为构词语素，构成如"闲话"等名词。

（15）a. 阿德哥：勿_不可能个。我脱小芳个_的情分已经尽了。小芳勿_不可能个。但是勿_不瞒各位讲，最近我心里已经有人了。

b. 请侬_你告诉李民先生，讲我十点钟打过一只电话拨_给伊

个_{他的}。（钱乃荣《上海话 900 句》，2004）

　　c. 董大方：事体乃是迭能个_{事情乃是这样的}。现在侪_都讲究福利分房唻，就是<u>讲</u>，单位拨一笔铜钿，喊俚_{你们}自家去买房子。我脱_和燕萍，阿姐，妹妹，侪_都商量过唻，一样买房子末，索性买辣_得大点，买辣_得好点，拿_把阿爸、姆妈接过来，一道住末。迭能样子_{这样}，阿拉_{我们}就好照顾俚_{你们}唻。

　　例（15）a 句"讲"用在连动结构后项，用来介引连动结构前项谓语动词的内容宾语，虽然从结构上来看，"讲"仍可分析为言说义动词，但在语义上可有可无，在这种句法和语义环境中，它实际上连接内容宾语的作用大于表言说行为，虚化为准标句词。b 句"讲"在韵律形式上，进一步巩固这种虚化的成果。"讲"与前面的言说义谓词"告诉"之间有较长的停顿，而与后面"告诉"的内容宾语之间可以没有任何停顿，从形式上表明这类语法化了的"讲"确实并非连动结构后项，而是内容宾语小句的介引标记，即为标句词，而 c 句中"讲"则用在系词后，引出与前面的句子或句中成分在语义上有同一关系的内容，进一步脱离言说义动词所具有的言语行为义，引导从句，发展为较成熟的标句词。

　　（16）a. 阿德哥：德啥个州。对了，叫德克萨斯州。

　　众人：哦。

　　阿德哥：出差去了。<u>所以讲</u>没办法，我现在急来_得勿_不得了，<u>所以讲</u>没心想谈朋友，我也真是，哪能办_{怎么办}？（《老娘舅》）

　　b. 国歌，还是阿拉上海诞生个，大哦啦？也大，唱到现在，国旗，还是阿拉上海设计出来个，箇_这三只事体啥能_{如何}比，<u>所以讲</u>，讲上海勿_不好个_的人啊，自家想想，或者读点书再来。（周立波《笑侃大上海》2009）

　　c. 阿美：我跟侬_你讲哇，阿拉有啥事体_{事情}，寻_找大方肯定没啥问题个。

　　阿庆：寻_找大方是没问题，就<u>讲</u>箇_这费用好像上去眼_点。（《老娘舅》）

　　例（16）a、b 句"讲"在关联词"所以"之后，表示该因果关系不具有客观事理上的因果关联，它只是言者根据原因得出某个结论的一种表现形式，同时也旨在向听话人传达自己对该信息的确信度，句中"讲"是一种传信标记。而 c 句，"讲"接在副词"就"之后，该副词的主要功能并非是为限定动词"讲"而用，它连接小句，在句中起着转承的作用，"讲"在"就"之后并非表言说行为，只是表示转承后的内容为言者的一种推论或看法，是为表达言者对听者的提醒而用的，属于"言域"（沈家煊，2003)，即"讲"用做传信标记。

（17）我勿晓得[不知道]台湾那只赤佬是哪能[如何]想个，伊[他]只名字难能介挂三哦[怎么能这么难听]，叫阿扁，我拉拉[在]想呀，假使讲阿扁晓得辩只事体个迭话[这件事的话]，偶[我]也要去跳啦……（《笑侃大上海》2009）

"讲"也用在表假设的连词"假使"之后，引介条件分句，使得偏句和正句之间的语义关系发生在言域内。"讲"的作用在于该复句关系的成立是言者的一种想法或构想，从信息的可靠性来说，这种事情应缺乏客观事理或逻辑必然性，它发生的可能性低。因此，"讲"从传信的角度来看，旨在降低信息的可靠性。与例（16）中的"所以讲"用法相同。

（18）a. 董小芳：活到一百岁，勿[不]嫁出去，还是姆妈个小囡[妈妈的小孩]。还可以发嗲[撒娇]，姆妈，侬[你]讲对哇？

b. 侬[你]比方讲，我到春晚去，基本上勿[不]会替拉着水，肯定出名，格么[这样]侬讲我回来咾市政府为难哦？（《笑侃大上海》）

c. 阿德哥：哪能桩事体[事情]？侬讲，其实我早就爱上了莉莉。但是我知道莉莉爱个[的]是你。我就勿[不]能爱她。后来，我才了解到，你是爱珍妮的。我就可以继续爱。我刚才在百货大楼给她买了一件服装。新买的，牌子也在。

例（18）a 句"侬讲"为要求对方做出具体的言语行为，b 句则拟看作话语标记，言者并非真正要求听者对其提问做出答复，而是用"侬讲"来提醒听者注意后面的新信息；这在 c 句中"侬讲"更为明显，"侬讲"在句中对句子的语义真值并没有帮助，只起着话语组织的作用，在该句中具有结束前面的话题，同时也提醒对方对后面自己所述内容的注意。"侬讲"是一个成熟的话语标记。

（19）还有种，比方讲，北方相声，北方相声，伊拉_{他们}讲，讲传统个_的，伊拉_{他们}喜欢穿长衫，呃，穿长衫，廿一世纪，还拉_在穿长衫，侬比方讲，我夜里向11：45，我穿好一套灰颜色个_的长衫，廿六楼楼梯转弯过，帮侬_{跟你}讲："阿姐，回来啦，我送侬好哦？"辫个_这要吓出毛病来……（《笑侃大上海》）

例（19）中"伊拉讲"则与例（18）不同，尽管也是人称代词与"讲"组合，从句中来看，它并非用做组织话语的话语标记，而是用做表示信息来源于他人的传信标记，即为听说的，"伊拉"并没有具体的所指对象，只是泛指他人，它插入话题语和谓词之间，表示整个主述结构的内容为他人的说法。

（20）譬如讲，我要到市中心，有啥车子好乘出去哦？（钱乃荣《上海话900句》，2004）

例（20）b句"侬比方讲"、例（19）"譬如讲"皆可用在打比方的词语之后，如句中"譬如讲"，"讲"用在"譬如"之后表列举，用做阐释，以便用更详细的例证表明信息的可信度。

另外，据钱乃荣（2004）指出，上海话中有四大口头语："辫个……"（开言时用），"就是讲……"（解释时用），"乃末……"（接续时用），"……伊讲"（后煞时用）。"伊讲"一词跟在句子的"哦"后，还带有一点"惊讶"味。如，"要考试了哦伊讲"有"居然要考试了"的含义。"听讲"、"伊拉讲"、"人家讲"这三个词都是"据说"的意思，被称为"插入语"的，放在句子前，使那回事似是似非。可见，由"讲"词汇化而成的"X讲"在上海话语篇中起着重要的作用。句尾"伊讲"演变为表诧异或惊讶的情态范畴，而"听讲"、"伊拉/人家讲"等演变为表信息它源性的传信标记[①]。上海话"讲"大约在新中国成立以后得到迅

---

① 传信范畴关心的是信息来源的可靠性，传信系统具有一定的客观性，相应的，情态系统是以此为根据的主观态度系统。（张伯江，1997）

速发展，这种发展不仅是它几乎代替言说义动词"话"，且它的用法也更为丰富，语法化程度也更高，并不像曹西蕾（Chappell，2008）所观察到的，言说义动词"讲"仍未开始语法化。

四　上海话"讲"替代"话"及其启示

从上文来看，上海话言说义动词"话"和"讲"的用法并不简单，这种"一身多能"现象表明，"话"和"讲"在上海话中都已经开始了语法化的历程。根据它们的用法，将其语法化历程概括为：

"话"：

言说义动词 > V$_{[+言说]}$后用做 直接引语/间接引语标记

> 准标句词：V$_{[+书写]}$和"话"后
> 释名从句标记：NP$_{[+言说]}$之后
> 传信标记
> 话语标记

"话唠"

言说义动词：只能带直接引语/间接引语

> 传信标记：表转述
> 间接引语标记：在 V$_{[+言说]}$后
> 释名从句标记：NP$_{[+言说]}$之后

"讲"

言说义动词 > V$_{[+言说]}$后用 做直接/间接引语标记

> 准标句词：在系动词后
> 传信标记：表信息可信度/表转述/表阐释等
> 话语标记

言说义动词"话"和"讲"功能表现一致，都可以用在言说义动词后做内容宾语小句标记，这种功能也开始向非言说义动词扩散，成为准标句词，但皆未实现类似北京话"说"那样可以接在认知类或思想类等动词之后介引非言语内容小句，从语法化来看，仍不能分析为成熟的标句词，同时，"话"、"讲"皆可用做传信标记，表示信息来源的方式及其可信度，皆可用做话语标记，表示言者主观性，并在篇章组织中起衔接作用。而"话唠"是上海话言说义动词与停顿助词构成的特殊组合，词汇化之后，可以用做表示信息来源方式的传信标记，也可以用做间接引语标记等。

　　从"话"、"讲"的语法化及其功能来看，用做间接引语标记是言说义动词发展出各种用法的关键环节，从间接引语标记发展为准标句词，只需要扩散动词语义小类，而间接引语也是发展为传信标记的重要环节，因为间接引语用法本身就表示"话"所介引的话语内容并非是言者亲历亲为的，而只是转述他人说法，表示信息来源的途径，这就是传信用法，可见，间接引语用法蕴涵传信义，符合"新义 M_2 蕴涵（entail）源义 M_1"的语义演变规律（贝罗贝、李明，2008）。

　　从文献来看，上海话言说义动词"讲"代替"话"应开始于20世纪四五十年代，且替代首先发生于动词用法，而从"讲"和"话"的用法来看，我们认为，这种替代也只发生在动词用法上，而其他用法尽管两者功能相似，但差异较显著。首先，"话"可大量分布于言说义动词后做引语标记，而"讲"用做引语标记在语料中并不常见，也可以说，"讲"替代"话"时，它并没有替代引语标记用法，而"讲"用做引语标记是自身演变的结果，这从"话咾"的用法消失也可以看出，"话咾"的各种用法皆未见用做"讲咾"，使得"话咾"基本消失。

第二节　一百多年来吴语中的关系从句

　　关系从句是语言类型学研究中的重要句法结构，关系从句的标记、关系从句与核心名词的位置、核心名词在关系从句中的位置以及 RelN 在句中所充当的句法成分等都是语言类型学研究的重要内容。德赖尔（Dryer，1992）指出，VO 语言几乎一律使用 NRel 词序，仅汉语为 RelN，违背了这一语序共性。马诗帆、杨月英（2003）探讨了粤方言中 RelN 与话题化的关系，并利用霍金斯（Hawkins，1990，1992，1994）等提出的直接成分优先原则进行测试，从语言处理的角度解释 RelN 与话题化之间的紧密联系，将关系从句的词序与句法位置联系起来考察，富有启发性。刘丹青（2005）探讨北京话、吴语、粤语等方言中的关系从句标记的丰富类型及差异时指出，在汉语方言中除"的"类泛用的标记手段外，北京话及粤语关系从句标记还包括指示词或指量短语，吴语则用量词，甚至体标记"在里"也发展出关系从句标记功能。同时汉语界也注意到汉语中特别是在口语中实际上也是存在 NRel 类结构（方梅，2004；刘丹青，2008：44—45）。此外，基南和科姆里（Keenan & Comrie，1977）所提出的"名词短语可及性等级序列"，即主语＞直接宾语＞间接宾语＞旁格宾语＞领属宾语＞比较句基准，揭开了关于名词的关系化或可及性研究。刘丹青（2005）等参考名词短语可及性等级序列发现汉语中提取宾语比提取主语更方便，而英语等语言则提取主语更多，并提出经济性原则是造成主语和宾语位置上的名词优先被提取的普遍因素，其研究推进了对名词可及性成因的探讨。

　　本节将参考语言类型学及汉语关系从句的相关研究成果，考察一百多年来上海话等吴语关系从句。

一　一百多年前吴语关系从句的标记

　　19 世纪吴语中最常用的关系从句标记是"个"（或记做"個"），只是在各方言中读音稍异，具体读音见各方言例句。用"个"标记的关系从句我们称为有标类关系从句。可分为"VP 个 N"、"所 VP 个 N"、"所VP 个"和"VP 个"等类。如，

　　（21）温州话：a. 你住個屋宕住的房子大阿小？我住個住的三小间。（《入门》1893：37）

　　　　　　　b. zé tung-foa só ts 'z-djah-ge sing, ziuh zé gi-dà-ko mang-zie ling-lû. 在东方所觌着個星，就在渠大家门前领路。在东方所看见的那星, 忽然在他们前头行, 直行到小孩子的地方。（马太 2：9，1894）

　　　　　　　c. Dà-ź nyí tsù höé-ź－ge z-'aò, paih-k 'ó k 'à tsih siú shá-tih jùng siú só tsù-ge. 但是你做好事个时候，不可句左手晓得顺手所做个。你施舍的时候, 不要叫左手知道右手所做的。（同上 6：3，1894）

　　（22）宁波话：a. 我话个说话我说的话佲你会听拉得出来弗？（《便览》1910：103）

　　　　　　　b. 佲你买个的葛那块洋布忒飘薄兑。（同上：78）

　　　　　　　c. 阿拉我们做手艺个的弗能够穿好衣裳。（同上：101）

　　　　　　　d. Keh gyiu lih-fah z ng-lah su-djông sô t 'ing-meng-Go dao-li. 葛旧律法是你拉素常所听闻个道理。这旧命令就是你们所听见的道。（约翰一书 2：7，1868）

　　　　　　　e. Ah-lah sô k 'en-kyin sô t 'ing-meng-ko, nænkæn, t'ong-cü ng-lah, s-teh ng-lah teng ah-lah hao dô-kô yiu-veng. 阿拉所看见、所听闻个，乃间，通知你拉，使得你拉等阿拉好大家有份。_{我们将所看见、所听见的传给你们，使你们与我们相交。}（同上 1：3，1868）

（23）台州话：a. Væn-pah feh kyih hao ko-ts keh jü, zu iao tsôh-lôh tön ze ho-li. 万百弗接好果子个树，就要刹落□在火里。_{凡不结好果子的树，就砍下来，丢在火里。}（马太 3：10，1880）

b. Væn-pah yiu bing-keh, feh-leng zah-m mao-bing teh t'ong-k'u, wæ-yiu bi kyü vu-keh, tin-gao, fong-t'æn-keh, tu ta ge tao yia-su su-ze. 万百有病个，勿论什么毛病搭痛苦，还有被鬼附个，癫告，痪瘫个，都带渠到耶稣所在。_{那里的人把一切害病的，就是害各样疾病、各样疼痛的和被鬼附的、癫痫的、瘫痪的，都带了来。}（同上 4：24，1880）

c. Keh-z ngô su e-keh N, Ngô ting dzih-din-keh. 格是我所爱个儿，我顶□□个。_{这是我的爱子，我所喜悦的。}（同上 3：17，1880）

d. Keh-sih tu z bih-koh-nying su siang-keh：ing-yü ih-ts'ih-keh meh-z, ng-keh T'in-Vu hyiao-teh ng iao yüong. 格些都是别国人所想个：因为一切个物事，你个天父晓得你要用。_{这都是外邦人所求的。你们需用的这一切东西，你们的天父是知道的。}（同上 6：32，1880）

（24）金华话：a. Va-pah shiæ-ga-shông liang-kwông kyiao-djoh keh nyin, ziu-teh kying-geh Liang-kwông. 万百世界上亮光照着个人，就得真个亮光。_{那光是真光，照亮一切活在世上的人。}（约翰 1：9，1866）

b. Va-pah tsiæ-dæ Geo-go, ziu-teh siang-sing Geo min-deo-go. 万百接待渠个，就得相信渠名头个。_{凡接待他的，就是信他名的人。}（同上 1：12，1866）

c. Ing-teh Ng sör s-teh'A-geh shüa-wor, 'A-nong djüa-teh geo-da. 因得你所赐得我个说话，我侬传得渠搭。_{因为你所赐给我的道，我已经赐给他们。}（同上 17：8，1866）

d. Keh ziu-teh'A sör kông-go, Yiu ih-geh nyin eo-yü'A li-go, pi'A wa tseng-kwe-seh. 格就得我所讲个："有一个人后于我来个比我还珍贵些。"_{这就是我曾说："有一位在我以后来，反成了在我以前的。"}（同上 1：30，1866）

（25）上海话：a. 吃下去个_的物事_{东西}消化变血。（《集锦》1862：15）

b. 船上装拉个_{着的}啥货？（同上：30）

c. <u>我话个第个人</u>，勒吾后头来，但是勒吾前头有个，因为伊本来吾前头拉。<small>这就是我曾说："有一位在我以后来，反成了在我以前的，因他本来在我以前。"</small>（约翰 1：30，1847）

　　从例（21）至例（25）来看，"个"所标记的关系从句可直接修饰核心名词，也可修饰由指量短语充当的名词短语，如宁波话 b 句和上海话 c 句，同时"个"所标记的关系从句还构成无核关系从句，如温州话"我住個"、宁波话"阿拉做手艺个"等，无核关系从句说明"个"为从属语标记，是黏附在关系从句上的。早期吴方言课本中"个"为最常见的关系从句标记。不过，在《圣经》译本中，如温州话《马太福音》（1894）、台州话《马太福音》（1880）、金华话《约翰福音》（1866）等文献中"个"类标记也与标记"所"共现，构成"所 VP 个（N）"类从句。这类关系从句书面语色彩较重，应该是《圣经》翻译时受书面语的影响形成的。
　　19 世纪文献中吴语关系从句也可用无标记的零形式来表达，具体有 VPØN、VPØ 数量 N、VPØ 指量 N、所 VPØN、所 VP 等小类。如，

　　（26）温州话：a. <u>我叫你买许俫</u><small>那些</small>茶碗，你买来罢未？（《入门》1893：58）

　　b. <u>Pó Yi-sû mà-goa hé-kaì nang</u>, yí-chang yaó ò-'öè k 'à gi-dà-ko. <u>把耶稣卖仒许个人</u>，已经有暗号句渠大家。<small>那卖耶稣的给了他们一个暗号。</small>（马太 26：48，1894）

　　c. Keh-ch '<u>í z-küè zing-ziù</u>, sź-teh <u>chí t 'oh sie-tsz só koɑ</u> whaì tsù-zing. 该起事干成就，使得<u>主托先知所讲</u>会做成。<small>这一切的事成就，是要应验主藉先知所说的话。</small>（同上 1：22，1894）

　　（27）台州话：a. Sang-c 'ih tso <u>Yiu-t 'a nying-keh Wông-ti Cü -</u><u>ts ze 'ah-yi</u>? <u>生出做犹太人个皇帝主子</u>在阿里？<small>那生下来作犹太人之王的在哪里？</small>（马太 2：2，1880）

　　b. <u>Hao jü tsong kyih hao ko-ts</u>；<u>feh hao jü tsong kyih feh hao ko-ts</u>. <u>好树总结好果子</u>，<u>弗好树总结弗好果子</u>。（同上 7：18，1894）

　　c. Ziu peh <u>sin-ts-nying su kông shih-wa</u> yiu ing-nyin, z-t 'ih kông, Nying we ts 'ing-hwu Ge z Nô-sæh-leh nying. 就拨<u>先知人</u>

所讲说话有应验，是的讲："人会称呼渠是拿撒勒人。"这是要应验先知所说，他将称为拿撒勒人的话了。（同上 2：23，1880）

　　　　　d. Dæn-z ng 'ang hao-z, jing-siu su tso, feh iao peh tsi-siu hyao-teh。但是你行好事，顺手所做，弗要拨借手晓得。你施舍的时候,不要叫左手知道右手所做的。（同上 6：3，1880）

　　（28）宁波话：我托俉葛样事干寨相貌呢?我托你的事怎么样了?（《便览》1910：97）

　　（29）金华话：a. Kwu-ts Yiu-t 'a-nyin 'ông bing-hao nyin kông, Kyin-nyin ër-sih, ng feh-kæ pe-leh p 'u-kæ. 故之犹太人亨病好人讲，今日安息，你弗该背勒铺盖。所以犹太人对那医好的人说:"今天是安息日,你拿褥子是不可的!"（约翰 5：10，1866）

　　　　　b. Li, mong ih-geh nyin；tong-tong 'A-nong tsör z-kër tu we'ông 'A kông. 来，望一个人，通通我侬作事干都会亨我讲。你们来看!有一个人将我素来所行的一切事都给我说出来了。（同上 4：29，1866）

　　　　　c. Kyüor-li-li-nyin tsiæ Geo ing-teh mong-djoh Geo zæ Yæ-lu-sah-leng tsia-keh nyih-ts sör tsör geh-seh z-kër. 加利利人接渠因得望着渠在耶路撒冷节个日子所做个些事干。加利利人既然看见他在耶路撒冷过节所行的一切事,就接待他。（同上 4：45，1866）

　　　　　d. Dor-kyiæ Geo sör kông ts-nyia Geo-geh shin-geh dia. 但口渠所讲指验其个神个殿。但耶稣这话,是以他的身体为殿。（同上 2：21，1866）

　　（30）上海话：a. 我劝阁下伊托拉两件事体侪勿要去替伊管。依我劝您,他托的这两件事,您都别给他管。（《土话》1908：43）

　　　　　b. 后来搭着之一个吃烟朋友，慢慢之亦吃上之瘾者。他挨着一个吃烟的朋友,慢慢儿地可就吃上瘾了。（同上：64）

　　这类零标记形式的关系从句，在各方言中皆有分布，从句所修饰的核心可以是光杆名词，如例（27）台州话，也可以是指量名短语，如例（26）温州话 a、b 句，例（28）宁波话等，还可以是数量短语，如例（30）上海话 a 句等。"所"仍可出现在这类零标记关系从句中，构成"所 VP（N）"结构。如例（26）温州话 c 句，例（27）台州话 c、d 句，例（29）金华话c、d 句等，也仍只见于《圣经》译本，上海话、宁波话、温州话等方言课本中未见类似用法，所以它应是保留了书面语的痕迹。

以上各类关系从句在各方言文献中的分布具体见表 4 – 2。

表 4 – 2　　　　　　　一百年前吴语各类关系从句的分布率

类型	零标记类				"个"标记类				
	VPØN	VPØ指量/数量N	所VPØN	所VP	VP个N	VP个	VP个指量N	所VP个N	所VP个
台州话	53 (25%)	0	7 (3.3%)	12 (5.7%)	90 (43%)	31 (15%)	0	11 (5%)	6 (2.9%)
温州话	0	1 (8.3%)	0	0	9 (75%)	1 (8.3%)	1 (8.3%)	0	0
金华话	4 (1.9%)	0	18 (8.7%)	1 (0.5%)	98 (48%)	47 (23%)	1 (0.5%)	18 (8.7%)	18 (8.7%)
上海话	1 (1.2%)	2 (2.3%)	0	0	69 (84%)	12 (5.9%)	0	1 (1.2%)	0
宁波话	1 (4.3%)	1 (4.3%)	0	0	11 (48%)	9 (39%)	1 (4.3%)	0	0

注：语料来自：《短语集锦》(1862)、《土话指南》(1908)、《上海话练习》(1910)、《温州话入门》1893)、《约翰福音》(金华，1866)，《马太福音》(台州，1880)、《宁波方言便览》(1910)。

表 4 – 2 可见，一百年前吴语关系从句以"个"标记为基本类型，零标记形式也见使用，台州话多见，占近 1/3，其他各方言中皆不足 10%。而在以"个"标记的关系从句中，无核关系从句的分布远不如"VP 个 N"类结构，也就是说，一百多年前吴语以"VP 个 N"类关系从句为基本类型，其他类型皆分布较少，如"VP（个）指量/数量 N"类，虽见于温州话、上海话、宁波话等方言课本中，但它们并不能与"VP 个 N"相匹敌，且所限定的对象应该仍带有指称义，即表示特定个体，而与光杆 N 做核心名词表类指有所不同。

不过，今吴语上海话、温州话、宁波话等方言皆可用量词兼做关系从句标记。如，

(31) 上海话：a. 我昨日买本书_{我昨天买的那本书}看完了。

　　　　　　 b. 伊上身着仔昨日买件_{他上身穿着昨天买的那件}滑雪衫。

(32) 温州话：渠昨夜捉着个皮夹好险_{他昨晚拾到的那个皮夹很好。}

(33) 宁波话：a. 昨么夜到穿过双鞋去驮_{昨天晚上穿过的那双鞋去拿}来。

　　　　　　 b. 得其河勒丢掉眼梗棒头去撮_{被他丢到河里的那条棒去拿}来。（阮桂君，2013）

这类结构在吴语文献中未发现，可能是传教士记录的疏忽，也可能与无标记关系从句的存在直接相关。即当核心名词为量名结构，受关系从句直接修饰，就形成了"Rel + 量名"的结构。

二 一百多年前吴语 RelN 的句法功能

一百多年前 RelN 在各方言中可充当主语或话题、兼语和宾语等句法成分。如例（21）至例（30）RelN 在句首做主语或话题，如例（21）温州话 a 句、b 句、例（22）宁波话 a—c 句，或做宾语，如例（21）温州话 c 句、例（22）宁波话 d 句等，例（29）金华话 a 句 RelN 做对象介词宾语（表 4-3 中用 P 表介词，后加数字表示出现次数，如"P1"表示做介词宾语的次数为 1），或做兼语，如例（26）温州话 c 句等。不过，RelN 充当各种句法成分的功能并非自由的。具体见表 4-3。

表 4-3　　　　　　　　　一百多年前吴语 RelN 的句法功能

类型		零标记类				"个"标记类				
		VPØN	VPØ指量/数量N	所VPØN	所VP	VP个N	VP个	VP个指量N	所VP个N	所VP个
台州话	S/T	31	0	3	3	47	30	0	6	4
		58.5%		42.8%	25%	52%	97%		54.5%	66.7%
	O	22	0	4	9	43	1	0	5	2
		42.4%		58.2%	75%	48%	3%		45.5%	33.3%
温州话	S/T	0	1	0	0	9	1	1	0	0
			100%			100%	100%	100%		
	O	0	0	0	0	0	0	0	0	0
金华话	S/T	2	0	8	1	65 兼6	37	0	8	13
		100%		44.4%	100%	73%	74%		44.4%	72%
	O	1 P1	0	10	0	25 P1	12 P1	0	10	5
		50%		55.6%		26.8%	26%		55.6%	27.8%
上海话	S/T	1	2			39 兼2	9		1	
		100%	100%			60%	50%		100%	
	O	0	0			22 P5	9		0	
						39.7%	50%			
宁波话	S/T	1	1	0	0	10	7	0	0	0
		100%	100%			91%	77.8%			
	O	0	0	0	0	1	2	0	0	0
						9%	22.2%			

注：文献来源同表 4-2。

从表 4 - 3 来看，各类关系从句与核心名词构成的 NP 在句中最主要的功能是充当主语或话题，其次是谓词宾语，如《温州话入门》（1893）中共 12 例关系从句，它们只用做主语或话题，《宁波方言便览》（1910）共 22 例，其中 19 例用做主语或话题，占到 86%，可见做主语或话题确实是一百多年前吴语中 RelN 最主要的句法功能。

霍金斯（Hawkins，1994：57）指出，在语言行为上，词和成分的出现次序，是为了使我们可在最快的时间内、最有效地确认和生成句法的组合和它们的直接成分。不同的次序排列会影响直接成分确认的快慢。马诗帆、杨月英（2003）利用 EIC（直接成分优先）解释 SVO 语言中宾语位置上的关系分句话题化更具有处理优势。即将较重型的中心语居后成分前置可让成分由下而上被分析，提高句子处理效率。而相对广东话来说，吴语话题优先更典型，宾语位置上的关系分句话题化不仅具有处理上的优势，而且它往往表示类指对象，所以在吴语中前置到主语或话题位置也就更不奇怪了。这应该是吴语关系分句在主语或话题位置上分布高的重要原因。

不过，各类 RelN 也可用做谓词和介词宾语。其中在台州话中用做宾语分布是最高的。如，

(34) a. Keh-z ngô su e-keh N，Ngô ting dzih-din-keh. 格是<u>我所爱个儿</u>，我顶□□个。这是我的爱子,我所喜悦的。（马太 3：17，1880）

b. 'o-hyüông ng-he t'in-zông Ah-pang feh kah-nga pa hao meh-z s-peh gyiu Ge cü-ts? 何况你许天上阿爸弗格外把好物事赐拨求<u>渠主子</u>。何况你们在天上的父,岂不更把好东西给求他的人吗?（同上 7：11，1880）

c. Yia-su t'ing-djôh ziu hyi-gyi, teh keh-sih <u>keng-keh nying</u> kông……耶稣听着就稀奇，搭格些<u>跟个人讲</u>……耶稣听见就稀奇,对跟从的人说。（同上 8：10，1880）

d. Wæ-z iao mông bi fong c'ü – dong-keh lu-dih feh? 还是要望<u>被风吹动个芦笛</u>弗?要看风吹动的芦苇吗?（同上 11：7，1880）

从例（34）来看，若谓词为表等同义或归属义的"是"时，RelN 做宾语，不能前置；其次是轻型关系从句常做介词宾语或谓词宾语，如 b、c 句为介词宾语，d 句为谓词宾语。也可以说，RelN 做宾语一方面与谓词

本身有关，另一方面与关系从句本身的复杂度有关，若关系从句结构较简单，成分简短，那么仍用做宾语。这也表现了成分组合的处理原则对这类关系从句宾语句的制约作用。据 EIC 预测，大多数语言都不会出现类似结构。如，

$$[_{VP}动词\ [_{NP}\ [_S关系从句]\ 名词]]$$

VP 的 CRD

关系分句越长，它所产生的 CRD（成分确认范围）便越长，而 EIC 就会产生更大的压力去缩短 CRD（马诗帆、杨月英，2003：152），而从吴语来看，虽然作宾语的 RelN 见用，但它对关系从句的长度有限制，限于成分较简短的从句，这应该是未能给处理带来太大压力的原因。

那么宾语位置上的轻型关系从句到底在长度上有什么限制呢？弗雷泽（Frazier，1985）指出，一般为 5—6 个词，即符合我们视窗的要求。据此我们来看吴语台州话中介词宾语和谓词宾语的词长，见表 4－4。

表 4－4　　　　　　　　台州话宾语位置上关系从句的词长

词长	1	2	3	4	6	总计
分布	3（6%）	18（37.5%）	21（43.8%）	5（10.4%）	1（2%）	48

注：语料来自《马太福音》（台州土白，1880）。

从表 4－4 来看，在我们所搜集的 48 例宾语位置上的关系从句中，只有 1 例为 6 个词，而 80% 的关系从句为 2—3 个词，其次是 4 个词长的和单词长的。这些词长皆在我们的视窗范围之内，并不会给处理带来压力，所以它们仍可出现在宾语位置上。

不过，轻型关系小句并不是不前置，宁波话中主语或话题位置上的关系小句一般也都是轻型的，如例（22）宁波话各句，宁波话 17 例主语或话题位置上的关系小句皆为 2—4 个词长，为轻型关系小句，其中处于宾语位置的关系小句只有 4 例。可见，关系小句的简短虽然是它出现在宾语位置上的条件，但话题化的倾向则要求这类宾语位置上的关系小句前置为话题语，这也是吴语中 RelN 基本用来做话题或主语的重要原因。

三　一百多年前吴语中名词短语的可及性

基南和科姆里（Keenan & Comrie，1977）提出名词短语可及性等级

（NP accessibility hierarchy），即名词的关系小句化等级序列。这些可关系小句化的名词一般是关系小句所表示的命题中的一个指称或句法成分。如 the man that left the house，名词短语 the man 是修饰它的关系小句 that left the house 中的主语，指实施该行为或命题的人。名词短语关系化的可及性等级序列为"主语 > 直接宾语 > 间接宾语 > 旁语"，它表示：若某语言中可及性等级上的某个名词短语对关系小句化可及，那么等级中地位比它高的所有名词短语都对关系小句化可及（Croft，2003）。根据该序列，我们来看一百多年前吴语中名词短语可及性的情况。

从表 4 - 3 来看，不论是有核关系从句还是无核形式，"所"字短语关系化的是 VP 的受事宾语。如台州话、金华话、上海话等"所"字结构中的名词基本上在 VP 中充当宾语。如例（34）a 句，"我所爱个儿"中核心名词"儿"为"爱"的受事宾语。再如，

（35）a. <u>伊所做咾办个事体</u>他所做和办的事情，必定勿十分顺当，所以侬_{我们}终要晓得。（上海话《功课》1910：第 8 课）

　　　　b. sör zao-go tong-siæ, m-yiu ih-yiang feh-teh Geo zao-go. 所造个东西，吭有一样弗得渠造个。凡被造的,没有一样不是藉着他造的。（金华土白约翰福音 1：3，1866）

例（35）a 句上海话"伊所做咾办个事体"中核心名词"事体"为"做咾办"的受事宾语；b 句金华话"所造个东西"中核心名词"东西"为"造"的受事宾语。

当关系从句为非"所"字结构时，核心名词为关系从句中的施事主语还是受事宾语，其分布似乎相当，只有台州话中做主语较做宾语更常见，而温州话、金华话、上海话、宁波话等方言中皆分不出高下来。如，

（36）温州话：a. <u>造反個</u>的<u>人</u>把男女老少沃杀爻_{全杀掉}。（《入门》1893：150）

　　　　b. <u>李老爷欠我個</u>的<u>许那</u>条账，我屡次走渠搭摸（ch'ao¹）_{去他那儿讨}。（同上：175）

（37）宁波话：a. <u>管事个</u>的弗来_在屋里，阿拉_{我们}弗能够做主意。（《便览》1910：102）

　　b. <u>栈里装间</u>着<u>个</u>的<u>货色</u>呒啥消仗没什么用处。（同上：129）

　　（38）上海话：a. 有几位<u>趁船个</u>的<u>客人</u>？（《集锦》1862，19）

　　　　　　　b. 为啥<u>买拉个</u>的<u>货色</u>失约咾勿担拿来？（同上：26）

　　核心名词为关系从句中谓词的直接题元，为施事或受事，而在我们统计的上海、温州、宁波、金华、台州等方言 500 多例关系从句中，核心名词为关系从句旁格成分的未见一例，最常见的即为主语和直接宾语，间接宾语也极少见到。具体分布见表 4 – 5。

表 4 – 5　　　　　　　　　　一百年前吴语 NP 可及性的分布

类型 N 在 Rel 中		零标记类				"个" 标记类				
		VP ØN	VPØ 指量 /数量 N	所 VP ØN	所 VP	VP 个 N	VP 个	VP 个 指量 N	所 VP 个 N	所 VP 个
台州	主	40 (75.5%)	0	0	0	56 (62%)	20 (64.5%)	0	0	0
台州	宾	13 (24.5%)	0	7 (100%)	12 (100%)	34 (28%)	11 (35.5%)	0	11 (100%)	6 (100%)
温州	主	0	0	0	0	3 (33%)	1 (100%)	0	0	0
温州	宾	0	1 (100%)	0	0	6 (67%)	0	1 (100%)	0	0
金华	主	2 (50%)	0	0	0	58 (61%)	24 (49%)	0	0	2 (10.5%)
金华	宾	2 (50%)	0	18 (100%)	1 (100%)	37 (38.9%)	25 (51%)	0	18 (100%)	17 (89%)
上海	主	1 (100%)	0	0	0	18 (27%)	8 (57%)	0	0	0
上海	宾	0	2 (100%)	0	0	48 (72.7%)	6 (42.8%)	0	1 (100%)	0
宁波	主	0	0	0	0	3 (27%)	7 (77.8%)	0	0	0
宁波	宾	1 (100%)	1 (100%)	0	0	8 (72.7%)	2 (22.2%)	1 (100%)	0	0

注：文献来源同表 4 – 2。

　　若"所"字类关系从句不计入在内，那么充当主语和直接宾语的名词可及性应该是最高的，与名词短语可及性等级序列相吻合。吴语名词短语的可及性符合世界语言的普遍共性。

四　一百多年前吴语中的后置关系从句

一百多年前，吴语各方言中虽以前置关系从句为基本类型，但也可见到后置关系从句，尽管分布较少。后置关系从句主要出现在"有"字存在句中，或者是为了追加信息而使用后置关系从句表达。如，

（39）上海话：a. 要买一只竹椅子，<u>小囝儿子坐个</u>的。（《集锦》1862：100）

b. 中国古时间有一个<u>藏宝个</u>的人叫卡和。（同上：109）

c. 店里<u>个</u>的人话，<u>拉</u>在外国我有一个朋友，<u>拉</u>在衣庄店里帮办个，侬我们好要写一封信寄拨伊给他咾，请代买一爿呢，寄到上海来。（《课本》1910：第 102 课）

（40）台州话：Wông-ti tseo-tsing-le mông zo kæn-keh k'ah, mông-djôh ih-ke nying, <u>feh tsiah 'o c'ü-ts 'ing keh do-I</u>. 皇帝走进来望坐间个客，望着一个人，<u>弗穿婚娶亲个大衣</u>。王进来观看宾客，见那里有一个没有穿礼服的。（马太 22：11，1880）

（41）金华话：a. Yiu ih-geh nyin, <u>Jing ts'a geo li-go</u>, min-deo eo-tsör Iah-'æn. 有一个人，<u>神差渠来个</u>，名头讴作约翰。有一个人，神差他来个，名头叫做约翰。（约翰 1：6，1866）

b. Dor-z yiu ih-geh nyin <u>gæ-teh ng-da cong-yiang</u>, ng-da nyin-feh-djoh. 但是有一个人<u>徛得你搭中央</u>，你搭认弗着。但有一位站在你们中间，是你们不认识的。（约翰 1：26，1866）

c. Zæ-næn yiu ih-geh nyin, <u>bing sang sor-jih-por ny-ia</u>. 在那有一个人，<u>病生三十八年</u>。在那里有一个人，病了三十八年。（约翰 5：5，1866）

例（39）至例（41）分别选自上海话、台州话和金华话语料，可见后置关系从句往往在句法格式上有一个显著的特点，即核心名词为谓词宾语，且受数量限制，核心名词后的从句用来进一步补充说明该核心名词的相关信息，即增加新信息。如例（39）a 句"小囝坐个"进一步说明"竹椅子"的用处，它的作用并非为了对"竹椅子"这个对象进行辨识，

即并不是指什么样的竹椅子，而是旨在说明椅子的用途。这类用来增加新信息的后置关系从句常出现在"有"字宾语之后，如例（39）b、c句，例（41）a、b、c句等。这大概是因为"有"常用来构成存在句，存在句中宾语多由数量名短语充当，表无定的对象，这种无定性若应交际需要，就得增加相关信息。即"有＋数量名"结构存在句的句式和表义特征正适合于后置关系从句追加信息量的需要。不过，这些特点也决定了它与前置型关系从句表义上的差异。前置型关系从句具有"限定性，用来指称、识别一个已知的言谈对象"（方梅，2004）。

至于使用后置关系从句的动因是什么呢？方梅（2004）认为这类后置关系从句受两种语用动因驱使。分别是单一新信息原则和线性增量原则。前者制约着说话人在表达两个或更多新信息时将这些单位拆开，成为各自独立的语调单位，后者则影响着承载信息量越大的单位越倾向于放在被修饰成分的后面。这些原则也适用于吴语后置关系从句。

五 结语

通过考察一百多年前吴语关系从句标记、RelN 的句法功能、名词短语的可及性和后置关系从句，可大体了解早期吴语关系从句所体现的语言共性和个性。早期吴语虽以"个"为关系从句的基本标记，"个"属于从属语标记，但无标记关系从句在早期吴语中分布较广，特别是在台州话中，它的存在与指示词、数词、量词等兼做从句标记可能存在直接关系。从 RelN 所充当的句法功能来看，一百多年前吴语中 RelN 充当宾语受处理机制的限制，对词长有限制，而充当话题或主语是其优先选择，这也适应了吴语话题优先典型的句法类型要求。名词短语可及性和后置关系从句虽然受语料的限制，未能全面展开，但也可以看出一百多年前吴语在这两个方面仍是符合语言普遍机制。

第三节 一百多年来上海话状语从句类型及演变

状语从句是主从句中的基本类型之一，状语从句地位与副词相当，表义与加接语状语一致，实际上是一种附接语，只不过是以小句形式出现。根据表义的不同，主要有：表示主句命题发生的相对时间的小句充当的时间状语从句；表示主句命题发生场所的小句充当的处所状语从句；表示主句命题发生的原因的小句充当的原因状语从句；表示主句命题发生的或真实性或非真实性条件的小句充当的条件状语从句；此外还有与主句存在让步关系的小句充当的让步状语从句等不同类型（Lindsay J. Whaley，2009：247—253）。

这些状语从句在汉语传统的语法学中被称为"复句"，刘丹青（2008：52）指出，把那些带标记的偏句看作状语从句有一定道理，也便于进行跨语言比较和对汉语以外的民族语言的调查研究，并进一步将状语从句分为与主句整合度高和整合度低的两大类。下文主要以整合度低①的状语从句句尾助词②为观察对象，考察一百多年来上海话由各类偏句充当的状语从句及句尾助词的发展演变过程。

一 一百多年前上海话状语从句及其句尾助词

上海话各类状语从句（时间状语从句、处所状语从句③、原因或目的状语从句、条件或假设状语从句、让步状语从句及方式状语等）在一百多年前基本上都不用前置性成分来标记，只借助句尾助词来连接从句和主句。这从上海土白（以《土话指南》1908 为例）和官话（《官话指南》1900）的文本对照可窥一斑。下文各例 a 句为上海土白，b 句为官话。

（一）时间状语从句

时间状语从句主要为主句所表达命题的发生提供一个时间背景，它表示该命题何时开始发生，何时终止或与主句具有同时发生关系等。如，

（42）a. 不过，等拉屋里作乐，从勿曾结歇总账，店里伙计天夜之末，偷土出去卖。（《土话指南》1908：56）

　　b. 不过，在家里纳福也老没算大账，铺子里那些伙计们见天黑下，往外偷烟土。（《官话指南》1900）

---

① 整合度高的状语从句句尾助词在上海话中也以前置为基本类型，与官话或普通话一致，故不讨论。

② 李泰洙（2000）指出：从句句尾助词是指位于复句中的从句句尾的语气助词，如现代汉语的"呢"、"嘛"、"的话"等。这类助词的本质是表示停顿，其语法功能在于表示句子的独立性很低，从属性很高。本文采纳该看法。

③ 处所状语从句，上海话一般采取处所状语来表达，而不用从句形式表达，故不讨论。

（43）a. 等老兄有之动身个日脚咾，我再来送行。箇是实在当勿起。隔一日我到衙门里来谢步。（《土话指南》1908：19）

　　　　b. 等老兄行期有日，我再过来送行就是了。那实在当不起。等改天我再到贵衙门谢步去。

（44）a. 天好末寻朋友来白话白话。天勿好末等拉屋里看看书。（同上：62）

　　　　b. 好天的时候可以找朋友去谈一谈，刮风下雨的时候就是在家里看书。

（45）a. 我做过一任上元县知县，后来俸满之末，蒙前任抚台保举宪哥职司。几年来功劳一眼勿曾立。（同上：19）

　　　　b. 我做过一任上元县知县，后来俸满，蒙前任抚台保升今职。数年以来寸功未立。

（46）a. 开之印是就要忙者，是么，开之印是，无得闲工夫者。（同上：18）

　　　　b. 赶开了印之后，就该忙了罢，可不是么，赶开了印之后就所没什么闲工夫了。

例（42）至例（46）中 a 句为《土话指南》中的上海话时间状语从句，表示与主句命题事件的发生具有同时关系的有例（42）至例（44），为主句命题事件发生提供了一个时间起点的有例（45）、例（46），这些时间状语从句句尾都添加了助词"末"、"咾"或"是"，它们在状语从句和主句之间主要起停顿的作用，也起着开启或连接下句的作用，而它所黏附的句子并非是言者要表达的核心内容，即非主句，所以这些句子往往独立性低，具有从属性高的特征，而"末、咾、是"等又常黏附在从句尾，从这种高频同现来看，它们可看作状语从句的标记。

相应的《官话指南》中则无这类明显的标志，只采用意合方式，如例（42）、例（43）、例（45）各句，或添加时间词，形成以时间词为核心的定语从句，取消从句在句法上的独立性；以 NP 充当状语替代了功能上相似的状语从句，如例（44）"VP 的时候"，只有例（46）"之后"由关系名词词汇化为后置性标记。从这种对比观察中可得：上海话中的时间状语从句具有很鲜明的特色即标记性比官话要强，同时这些标记皆属于后置型的。

（二）原因状语从句

原因状语从句为表示结果的主句命题事件提供一个原因，在次序上，主要有前偏后正型（即原因状语从句 + 结果句）和前正后偏型（即结果句 + 原因状语从句）两类；两者表义的重心存在差异，前者以结果句为表义重心，也是焦点信息所在；而后者则偏重于解释原因，焦点信息在原因从句上，据此刘丹青（2008：52）指出，从汉语先偏后正的大规则来说，结果句更像是从句。虽然从语用信息上来看，前正后偏型中的原因状语从句确实更是言者所要表达的重心，但从跨语言的普遍性来看，前后两个命题句的关系在本质上没有发生改变，仍然是结果和原因的关系，这种关系虽然可以因语用因素或语言自身的词序差异而有不同表现，但结果句仍为主句，原因句为从句。一百多年前上海话原因从句标记和官话也有不同表现。如，

(47) a. 伊拉拉船上收作零散物事。是箇两个推车子个，自家上船担箱子搬起来咾，搬错拉个。（《土话指南》1908：53）

b. 他们在船上归着零碎东西来着，是那两个推车子的，自己上船把箱子搬下来的，所以才搬错了。

(48) a. 伊只马为之走来慢咾，拨拉马夫打。（《课本》1920：31）

b. 那匹马因为走得慢，所以被马夫打。

(49) a. 现在我落难之咾，无得盘费，勿能转去，苦来非凡。（《土话指南》1908：79）

b. 如今我流落这儿了，因为没有盘费，不能回家去，苦的了不得。

(50) a. 听见话自家勿拉屋里咾，我到之别搭去。（同上：28）

b. 听说你不在家这么着我又上别处去了。

(51) a. 叫轿夫慢慢之走，因为第条街狭咾。（《课本》1920：48）

b. 叫轿夫慢慢走，因为这条街太窄。

例（47）至例（51）a 句为一百多年前上海话原因状语从句，常由"咾"或"为之/因为……咾"来标记，这些标记是黏附在从属句上的，属于从属语标记，而相应的官话则倾向于用前置连词"所以"来连接原因从句和主句，"所以"加在主句上，属于核心标注，如例（47）b 句、

例 （48） b 句，官话还可用副词性连接词"这么着"来连接从句和主句，从韵律上来看，"这么着"既不属于主句，也不属于从句，句法上比连词的独立性更强，如例 （50） b 句。因此，一百多年前上海话与官话在原因从句的标注上也具有显著差异。主要有：上海话使用后置型标记，而官话属于前置型，上海话倾向于从属句标记，而官话则倾向于核心标注，尽管关联词"因为"用来标注从属句的频率也较高，但比较而言，主句标注显得更为突出，而上海话则主句基本上不标注，这在释因式的原因状语从句中显得更为突出，如例 （51） a 句。

（三）条件或假设状语从句

当从句表达的是主句命题所发生的条件，即为条件状语从句，而条件状语从句往往表达的是虚拟性或假设性的主句命题条件，所以也可叫作假设状语从句。这类状语从句，在一百多年前的上海话中常用"末"或与其他前置型连词共现来标记。如，

（52） a. 啥人家个物事对末，就买啥人家个。 （《土话指南》1908：15）

b. 谁家的货合式，我就买谁家的。

（53） a. 侬勿认得末，那晓得卖碗料个呢，我刻刻问伊。（同上：21）

b. 你不认得他，怎么知道他是卖珐蓝的呢，我刚才问他来着。

（54） a. 若使勿照末，话点真理拉拨伊听，看来那能。（同上：11）

b. 若是一定不依我就给他实端出来怎么样。

（55） a. 若使凑巧末出去，勿巧末，且到等拉京里再说。（同上：61）

b. 若是有合宜的事就可以出去，若没有相当的事我就先在京里就是了。

例 （52） a 句、例 （53） a 句"末"独立标记从句的条件状语属性，例 （54） a 句、例 （55） a 句则用"若使……末"分别加在从句的句首和句尾，起标记作用，而官话则用副词如"就"或者前置连词"若是"等

来标记该类从句的状语性质。

（四）方式状语从句

表示主句谓词施行方式的成分，上海话中常用 VP 结构表达，可看作方式状语从句；而大多方式状语与主要动词还常常具有伴随关系，所以也具有伴随状语从句的语义特征。上海话中方式状语从句常与主要动词之间用"咾"连接。如，

（56）a. 同别人搭伴之咾去呢，还是一干子去。（《土话指南》1908：17）

　　　　b. 是和人搭帮走啊，还是自己单走呢。

（57）a. 就带之兵咾，担伊拉四五个人一齐捉之去，送到县里。（同上：20）

　　　　b. 就带兵去把他们五个人都拿了去了，送了县了。

（58）a. 现在吞咽咾死，定见是作恶个恶报。（同上：43）

　　　　b. 他现在吞咽死了，这简直的就是遭了报应了。

（59）a. 冒之雨咾到伊屋里来。（同上：76）

　　　　b. 顶着雨到他家来。

例（56）a 句至例（58）a 句"咾"都加在句中前一 VP 上，而该 VP 是后一 VP 施行的方式，如例（56）a 句"搭伴"是"去"的一种方式，虽然"VP 咾"与"去"之间具有先后发生的继承关系，但从发话人的提问来看，"VP 咾"与"去"之间的时间先后关系并不是言谈者关注的焦点，言谈者所需要确定的是如何"去"，即"去"的方式，而不是"去"之前要做什么；所以"VP 咾"是"去"的方式，为方式状语，例（57）、例（58）与例（56）一样，"VP 咾"为方式状语修饰谓词；稍有不同的是例（59）a 中"冒之雨咾"与"到伊屋里来"之间除了方式义之外，这种方式还一直伴随到后续动作的结束，充当了伴随状语。与同时期的官话相比，上海话用"咾"来标注方式或伴随状语的特征是很独特的，而官话无任何标记形式，这应该说明，首先，从上海话在状语从句的标注上来看，它应该是一种比官话句法的形态化倾向更强或更高的方言，而官话句法的形态化程度低，多采取意合形式组织句子；其次，老上海话作为一种从属句标注的方言特征显著，要求也比较整齐，而

官话不管是从属句标注，还是核心标注，都没有表现出明显的倾向。

（五）让步状语从句

与主句具有让步关系的从句即为让步状语从句，上海话让步状语从句也可用"末"来标记，同时，还使用一种专职的让步状语从句。如，

（60）a. 就是杀脱我个头末，我也勿情愿教个。（《课本》1923：第30课）

b. 即使杀了我，我也不情愿教。

（61）a. 勿浇水末，种子也会发芽个。（同上）

b. 即使不浇水，种子也会发芽的。

（62）a. 赶快做赶快，少到个把月总要个。（《会话集》1936：223）

b. 不论怎么赶，最少也得一个月模样。

（63）a. 本钱多做多。无没经验。总尴尬个。（《会话集》1936：223）

b. 资本不论怎么多，没有经验，总是难的。

上海话课本中出现的让步状语从句虽少，但从例（60）可见，让步状语从句常在句首用副词、句尾用"末"来标记，而据钱乃荣（1997）的描写可见，"末"尾的让步状语从句也是老上海话中的常规句式，同时，他还指出例（62）、例（63）式的状语从句，这类状语从句有一个鲜明的特征是，从句谓语与主句谓语动词同形，其间用"做"连接，构建两者之间的让步关系，并带有强调色彩。这种"V做V"的紧缩式虽从形式上来看，前一V应属于从句谓词，但实际上，它已失去谓词的典型句法表现，如，不能受副词修饰，也不能带时体标记，在韵律上，"V做"与V可以是一个语音词，但也可以读为两个语音词，从这种句法与韵律表现，我们推测，"V做V"正处于从状语从句与主句的组合关系语法化为让步状语与中心谓词的偏正关系，即从跨句组合演变为一个短语结构，这使得前一V去动词化，成为与中心谓词关系更加紧密的修饰成分。上海话这类特殊而又专职的让步状语从句的使用表明：上海话状语从句不仅使用由句尾助词转变而来的形态标记，且在发展过程中，由于形态化的要求，使得某些特殊的状语从句因着结构形式的简短

而与主句发展出更为密切的修饰关系，实现从跨句组合向句内短语组合转变。

以上我们逐一描写了五类状语从句及其标记在一百多年前上海话中的具体表现。总的来看，其特点有：

（1）早期上海话各类状语从句皆用形式标记，尽管这些共现的标记在词源上属于语助词，但用在状语从句句尾的助词，都不表达具体的语气，而在起着提顿作用的同时，标示着其所黏附从句的从属性，表示从句与主句命题间的时间、原因、条件、方式等关系，可分析为状语从句的形式标记。不过，从标记的共享来看，"末"可标记时间、条件或假设、让步等状语从句，而"哰"则标记时间、方式、原因等状语从句，这种共享标记现象，一方面说明一百多年前上海话状语从句标记的专职性并不高；另一方面，这种共享也表明，各状语从句类型之间存在着一定的语义相关性，这种语义间的相关性为标记的跨类型使用提供了基础：各类状语从句与主句之间都存在着时间关系。"两件事情说在一起，当中多半有时间关系，或是同时，或是先后。但我们不一定注意这个时间关系。""因果关系和假设关系，其中也必然含有时间关系，可我们同样不注意这个时间关系。""有一类句子所包含的不但是一先一后的两件事，并且隐隐含有无甲事则无乙事的意思。"（吕叔湘，1990：370—373，380）吕先生指出各类复句中前后分句之间都存在着时间关系，但这种关系在具体语境中并不一定需要得到突出或者它被另一种更明显的关系，如因果、假设、条件等关系掩盖了。吕先生的观察也说明了因果、假设、条件等复句中前后分句之间具有相同语义基础即时间关系，而它们在句法结构上都属于状语从句和主句的偏正关系，正是这种语义相宜性和结构一致性，使得它们可实现状语从句标记的跨类共享。至于它们之间的演变过程，见下文的讨论。

（2）从标记的句法位置来看，各类状语从句的标记皆出现在从句句尾，且都加在状语从句上，而主句一般无须使用任何标记，显然从这一点来看，19世纪末20世纪初上海话是属于从属（语）句标注而非核心标注的方言，与同时期官话有明显不同，官话虽然可以在从句句首用连词来标记，但相对于主句标注来看，后者的标注显得更为重要，如因果状语从句可不使用"因为"来标注，但表结果的主句则常使用"所以"来标注，可见，官话虽然具有从属句标注和核心标注的双重特征，但核心标注的特征更明显。

（3）一百多年前上海话中也出现了少数比较特殊的状语从句，如"V
做 V"式的让步状语从句结构，这类结构可以看作是从跨句组合朝句内的
短语组合转变，它反映了一百多年前上海话中状语从句句法化程度高的
特征。

二　一百多年来上海话状语从句句尾助词的演变

虽然一百多年前上海话各类状语从句标记整体上表现出与官话不同的
句法特征，但它朝着官话演变的倾向已开始，特别近半个世纪以来，上海
话以后置型标记为基本格局的特征正逐渐消变，而向前置型标记为主
转变。

（一）上海话状语从句标记从后置型向前置型转变

下面我们利用 150 多年来上海话语法著作对各类状语从句标记的描
写，并结合文本统计来考察上海话状语从句句尾助词的演变。

艾约瑟（Edkins，1868：196—205）专门列出"从属句"一节，介
绍了宾语从句、主语从句等补足语从句和表时间、表原因、表方式、表工
具、表条件等状语从句。根据他的描写，我们归纳出 150 多年前上海话状
语从句及标记的使用情况如下。

1. 时间状语从句，可以用"咾"或副词"就"等连接前后具有时间
承接关系的分句或 VP 短语。如，

（64）a. 读之_了七年书咾考之秀才。（1868：201）

　　　b. 贪官已经受之_了姓张个_的银子，就拿_把姓李个_的放拉_在监
牢里。（同上）

2. 原因状语从句，常在从句后加助词"咾"，或者在从句前插入
"因为"。如；

（65）a. 上司参之_了伊咾革脱_掉之官者。（1868：202）

　　　b. 勿要因为事体_{事情}多咾勿尽心。（同上）

　　　c. 因为三代前头题过第_这个名字勿可再题。（同上）

"咾"单独连接因果关系的分句或构成"因为/为之……咾"等框式结构来标记表原因的从句，但是"因为/为之"也可以单独用在表原因的从句前。

3. 条件状语从句，可用意合方式表达，也可常在条件从句后添加"末"，若条件为假设和已为事实，那么分别使用"若使/若然/倘"与"既然"、"既然……末"来引进条件从句。如，

(66) a. 勿吞金原要受皇帝个了埋怨咾杀脱撵。(1868：202)

b. 家里穷末勿要怨恨爷娘勿发财。(同上)

c. 若使考过秀才要伊他去乡试。(同上：203)

d. 若然勿听好说话建议，必定败家荡产。(同上)

e. 倘有婚丧喜庆应该请伊他吃酒。(同上)

f. 既然咃末没有的话勿要昨日话说有。(同上)

从艾约瑟（Edkins，1868）的描写来看，上海话各类状语从句除意合式外，还多用助词"咾"、"末"等黏附在从句上充当标记，同时，也开始使用前置型的连词或副词来连接从句和主句。不过，仍以后置型为基本类型，这从《上海话功课》（1850）状语从句的各类标记使用分布中可见一斑。从原因状语从句来看，有独用"哗"（即"咾"，书写形式不同而已）来标记的，也有构成"因为/为之……哗"的框式结构来标记的，两种类型的分布比为89：11，"哗"独用为标记是使用前置连词的8倍，同时"哗"也很频繁地用来标记时间和方式状语从句，而条件状语从句虽搜集的用例少，一般也以用后置型"末"标记为常，表假设或条件的连词在地道的口语中用得甚少。如，

(67) A：伲我们个的猫到那里去者？

B：捉之了老鼠哗到楼上去者。(《功课》1850：第23课)

(68) A：第这本书侬你看完之了末可以借拉给我否？

B：可以个。(同上)

例（67）、例（68）中"哗"、"末"皆为介绍时间状语从句的标记，在韵律上它们黏附在从句上，属于后置型的标记。

（69）A：倻_{你们}爷要到城里去否？

　　　B：伊连日弛跎哗勿去。（《功课》1850：第22课）

（70）A：侬_你应该叫倻_{你们}相帮人_{用人}扫扫地搁。

　　　B：扫是要扫个，因为伊呒_{他没}工夫哗。（同上：第21课）

（71）A：倻_{你们}兄弟会识字哗_和写字否？

　　　B：字末会识个，写末写勿来。（同上：第27课）

　　　例（69）、例（70）皆为因果状语从句用例，单独用"哗"或者用"因为……哗"的框式结构来标记表原因的从句；例（71）"写末写勿来"虽为紧缩复句，但"写末"与"写勿来"之间具有假设关系，可看作由"末"标记的假设状语从句。这些不同标记类型所连接的状语从句在课本中的分布率具体见表4-6。

表 4-6　　　　　　　1850—1957 年上海话状语从句的标记类型及分布

	时间		原因				条件			方式
《功课》1850	哗/末		哗	因为/为之……咾			末	假使……末		咾
次数	24/6		48	5/1			1	0		8
《增补》1939	咾/末		咾	为之……咾	因为/为之/格咾	因为/为之……格咾	末	倘使/既然……末	倘使/倘若	咾
次数	9/4		0	1	10/4/28	6/2	24	7/2	4/1	0
《三毛学生意》1957	咾	末	因为/所以				末	如果/只要……末	要是/假使等	
次数	0	2	10/4				4	1/1	15	

　　　注："/"表示隔开，如"哗/末"表示这两者都用来构成时间状语从句，次数24/6，表示"哗"出现24次，"末"出现6次。"哗""咾""咾"为同一词，只是书写形式不同而已。

　　　不过，以后置型标记为状语从句基本标记的局面在20世纪中叶被改变，后置型"咾"用来标记时间状语、方式状语及因果状语等从句大大萎缩，后置型"末"用来标记假设或条件状语、时间状语等从句也以与连词构成框式结构出现为常。总的趋势是后置型萎缩，而由连词充当的前置型得到长足发展。这从《上海方言口语语法》（A. Bourgeois，1941）和同时期编写的上海话课本都可以观察到这种演变趋势。

　　　据《上海方言口语语法》（1941：121—122）描写，各类连接从句的连词分别有：

　　　目的　为　恐怕　只怕　恐防

　　　致使　使得　以致于　于是乎

　　　原因　为　为之　因为　因为……咾　为……咾　咾　既然

　　　让步　虽然　就是　哪怕

　　　条件　倘使　假使　如果

　　　比较　像　像杀　好像　如同　比　比之　比较　比方　比如

勿如　犹之乎

　　　时间　前头　时候　辰光　时起　后　后来　以来　以后　然后

从此　从　几时

　　从蒲君南（A. Bourgeois，1941）所列出的从句标记来看，只有"咾"是后置的，其他皆为前置的连词，看来上海话发展到20世纪40年代基本上以前置标记为基本形式的格局已经确立了。

　　编写于20世纪的课本《增补实用上海话》（王廷珏，1919—1939，该书首次发行于1919年，后历经三次重版，分别为1932年、1934年、1939年，本书所用为1939年版），我们统计该课本中各类状语从句的标记及其分布，见表4-6。

　　从表4-6中我们得出四类状语从句及其标记的分布呈现出以下特征：

　　1. "咯"（即上文的"咾"、"哱"）已不用来标记方式状语从句，方式状语从句采取无标记的意合形式。如，

　　（72）乃末_{然后}自家做之_了报告单，连之_{连同}提单，送到关上去盖印。（《增补》1939：问答第十九课）

　　例（72）中"连之提单"与"送到关上去盖印"存在方式修饰关系，不再添加19世纪常见的方式状语标记"咯"，而是以零标记的意合方式连接。

　　2. "咯"虽然仍可用来标记时间状语从句，但不再或者很少单独用来标记因果状语从句，而须构成框式结构"为之……咯"结构。连词或单独或成对出现用来标记原因状语从句则甚为常见。如，

　　（73）a. 后首来请侬个伊_{你的那}位朋友看之_了，打之_了两针六〇六咯好点者。（《增补》1939：问答第十课）

b. （甲）是否，我有个朋友，伊_他有点丝屯起拉，要想等市面好点咯卖，侬听见有甚好消息末，请侬_你关照声我。（同上：问答第十一课）

（74）a. 东家，今朝早晨头为之出去送之_了信咯，来勿及做者。（同上：问答第廿三课）

b. 地歇_{这会儿}为之外国打仗舒齐者，格咯外洋货运来美多者。（同上：散语第二十课）

c. 绍兴是拉_在浙江省，出个_的酒交关_很好，格咯地歇上海个_的酒馆店家用绍兴酒个_的多。（同上：散语第十八课）

例（73）a、b 句"咯"连接的 VP 之间分别具有时间先后和同时关系，即前一 VP 为后一 VP 发生提供了时间背景，此时"咯"连接的是时间状语从句和主句，它黏附在从句上，标记从句的从属性；例（74）a 句为唯一一例使用"咯"标记表原因的从句，且它已与前置型连词"为之"共现，说明"咯"作为原因从句标记已不是一种优势或基本的形式了，而更常见的是"因为/为之……格咯……"的主从句连词标记形式，或者只有表结果的主句用"格咯"标记。若将从句后置型标记"咯"、从句前置型"因为/为之"、主句标记"格咯"当作三种类型，那么它们的分布比是 1∶23∶36，表所以的"格咯"标记主句的比例是最高的，占到60%，其次是从句前置型标记占到 38%，而从句后置型标记仅为 1.7%。从各类标记的分布比来看，因果状语从句的后置型标记已是一种十分弱势的类型，从句前置型标记或者主句前置型标记已发展为基本形式。

3. 表假设的从句与主句之间仍以后置型标记"末"为基本连接成分，同时框式结构"倘使/既然……末"也较常见，有时也可直接用前置型的连词。这三者在课本中的分布比是 24∶9∶5，"末"单独用来标记假设从句比例占到 63%，接近 2/3，应属于基本类型，框式标记占 23.7%，而纯前置型只占 13%，相比前两者，它只是弱势标记形式，不过，若将框式结构和纯前置型归入一类，它们也要占到 1/3 多，这种比例应该说明前置型的连词标记也已经成为假设从句的重要标记形式。

从《增补实用上海话》来看，"咯"的消失是最显著也是最快的，上海话因果状语从句从后置型标记转变为前置型标记也很快，而表条件或假设的从句标记"末"仍在 20 世纪上半叶使用较普遍，从后置型标记向前置连词型的转变不如"咯"显著。可见,虽然整体上上海话各类状语从句标记从后置型向前置型转变,但它们内部的演变速度并非完全同步。

20 世纪中叶以后随着推普工作的进展,大大加速了上海话各类状语从句标记从后置型向前置型的转变。尽管许宝华等(1988:459—461)调查的上海话老派中仍使用"咾"、"末"标记原因状语从句,"末"还常用来单独标记条件或假设状语从句,但钱乃荣(1997:187—197)指出,老一套的上海话复句关联表示法用的连词比较简单,如表因果的"咾、末",表让步的"……末,也……"、"V 做 V",表条件的"……末,再……"、"也好……也好……"等,不过,老派已经开始从官话书面语中借用"因为、倘使、若使、不过"等,新派则直接从普通话中引用不少连词,如因果类"因为……所以……"、条件或假设的"假使……就……"、"只有……再……"等,且在新派上海话中,旧的一套关联词语越来越趋退化。

我们从文本中也可看到这种消变的过程。上海滑稽戏《三毛学生意》中"咾"已不见踪影,"末"还偶见用做表原因和假设/条件状语从句的标记,但也只是一种式微标记,而基本上只使用前置型的关联词来表原因或假设等,即使是与后置"末"等共现的框式结构也不常见了。如,

(75) a. 吴瞎子:又不是米,又不是煤球,会得涨价的呀?

　　小英:物价全勒浪正在涨末。(原因)(《三毛学生意》第四幕 1982:53)

　　b. 侬你晓得知道"师傅"两个字难喊末,侬你慢慢叫地喊好了。(《三毛学生意》第五幕 1982:60)(假设/条件)

　　c. 本来我老早讨女人娶亲了,因为我俚我们夫妻交关很恩爱,我想如果我要讨女人娶亲末,总想想对不起死去的家主婆妻子!(《三毛学生意》第五幕 1982:69)

　　d. 要是有人拨侬铜钿给你钱,侬你就拿。(《三毛学生意》第二幕 1982:25)

　　e. 三毛阿哥,倘然瞎子追得来,俚哪能弄法我们怎么办呢?(《三毛学生意》第六幕 1982:72)

　　f. 假使有人要,我老早叫他滚蛋啦!(同上:55)

从例（75）来看，"末"可用来标记原因从句，如 a 句，标记条件从句，如 b 句，也可与"如果"构成框式结构标记，如 c 句，但这种分布并不多见，而表原因和假设的连词使用普遍，如 c 句"因为"，d 句"倘然"、e 句"要是"、d 句"假使"等。

与 20 世纪上半叶所不同的是，"末"用做从句标记的现象也不常见了，同时前置型的连词，在老派使用"倘然、假使"等基础上还直接借用了普通话形式，如"要是、如果"等，使得连词前置型标记从句更加突出。在我们采取隐蔽式录音的自然口语语料中，上海话新派更是普遍使用"因为、如果"来连接因果和假设句。如，

（76）A：如果刚才那个进了，白球直接进去。

（77）D：还好呀，侬_你会赢的，侬_你前头一盘弗就赢了么？

　　　A：前头一盘是因为他黑球打进去。

虽然前置型连词标记从句已经成为今上海话从句标记的基本类型，但用做后置型标记的"末"并不像"哇"那样消变得快且彻底，中派仍较常见。如，

（78）A：伊讲，伊讲，辫物事末_{这东西吧}伊讲也追勿_不回来。啥道理？等阿拉_{我们}追回来了，伊侪_{他全}用光唻。侬_你再问伊_他，对伊，喊伊，拿钞票坦白唻。坦出来，坦勿出来。只有吃官司，拿伊抓牢_住。抓勿牢末也算数。对勿啦？侬_你要勿_不回来。侬_你也勿_不要去想辫_这钞票唻。另外一方面就讲，伊讲，伊讲，我下趟假如另外……（模糊不清）屋里装联防。嗳，想装联防勿来事个_{不管用}。小偷车手。侬也要吃官司个。

　　　B：啊？装联防，小偷车手有数，侬_你要吃官司个？

　　　A：嗳。记得老清爽个，上趟子，两个联防人捉一个小偷。辫_这小偷，看伊_他偷物事_{东西}，撬窃，对勿啦？联防队去追。辫_这小偷大概跳到湖浜里。一跳，两个联防队就想来，跳到湖浜里末也就没办法去捉伊，也就算了。辫_这小偷，……湖浜里侪_全淤泥呀！跳下去以后，侪_全闷拉_在下头，闷死掉了。结果，后来，人家侪_全来寻_找，寻辫_{我这}两个联防队。就讲，俹娘，十三点个……

例（78）说话人 A 为五十岁左右的上海人，初中文化，货车司机，在他的话语中，"末"在句中可用做话题，也可用来标记假设或条件从句如"抓勿牢末也算数"、"跳到湖浜里末也就没办法去捉伊"，"末"在中派上海人会话中出现的频率还是挺频繁的。不过，新派则较少使用。至于"咾"的消失将在本节三中讨论。

让步状语从句的形式也发生了演变，20 世纪中叶"V 做 V"式的结构构成让步关系的紧缩句仍较常见。如例（63）为发行于 1936 年的《中日会话集》，作者专门用一课来讲解该类结构，称为假定格。不过，今上海话新派已不用，改用连词，如"即使本钱再多，呒没经验总归尴尬个"，看来也演变为前置连词型了。

历经一百五十多年的发展，上海话状语从句句尾助词已经基本上消失了，已演变为与官话或普通话更相似的连词前置型了。这个演变的过程应该是缓慢的，一百多年前就已经开始了，且随着官话特别是普通话的影响，演变速度大大加快。这从新派上海话从句标记的使用可以反映出来。

（二）结语

一百多年前上海话中整合度低的各类状语从句以句尾使用标记为常，比同时期官话状语从句呈现出更强的标记性，同时也以后置型标记为主，一些较特殊的状语从句反映了上海话状语从句句法化程度高的特征。

不过，近一百多年中，上海话各类状语从句的标记类型由后置型走向前置型，这种转型是后置型逐渐衰退前置型逐渐取胜的缓慢过程。19 世纪中叶前置型标记就渗入上海话，但仍以后置型标记为主，20 世纪中叶以前置型标记为基本形式的格局已确立，后置型标记首先在某些状语从句中退出，如方式状语从句多采取无标记的意合形式，或者必须与前置型构成框式标记使用，后置型标记单独使用处于式微状态，尽管状语从句标记消失的速度不尽同。新派上海话中状语从句标记大都与普通话更相似了。

刘丹青（2003）、余志鸿（2005）先后指出，老上海话复句标记"咾"、"末"属于后置型的标记，该特征与老上海话话题优先典型且有 OV 语序倾向的类型相一致。从状语从句标记类型的演变来看，官话或普通话对上海话的影响是其演变的重要原因，而并非由基本语序类型的演变而导致的。

三　上海话复句的异型同标

复句（包括二中的各类状语从句）间的异型同标也是上海话复句类

型标记的特色。钱乃荣（1997）描写"唠"、"末"所标记的各类复句，对于各类复句之间的共享标记，刘丹青（2003：244—252）也指出，"老上海话中大量复句就是用'唠'连接的，前后的分句一般都按时序排列"、"'唠'本身只表示两个 VP 之间有相承关系，具体的关系类型是由特定词语在语境中实现的"。若如此，那么这些不同关系类型的复句之间又是如何实现演变，从而使得它们可以共享标记？它们演变的机制如何？我们以上海话"唠"、"末"所连接的各类从句为例，探讨复句类型之间的演变规律。

（一）一百多年前上海话复句标记"唠"、"末"的跨类分布

一百多年前上海话"唠"、"末"都是复句中典型的跨类标记，"唠"可标记并列、承接、因果等类型的复句，由语气助词演变来的"末"的标记功能更强，并列、承接、条件、假设、因果等皆可用它来标记。

1. "唠"、"末"与并列、承接、因果复句

"唠"、"末"由并列连词衍生出标记承接、因果等的功能。但同中有异的是，"唠"经历过从语并列连词发展为句并列连词的过程，而"末"则由语气助词发展为句并列连词。如，

(79) a. 须唠头发还勿曾那能白哩。靠福，须唠头发已经白之半把者。须发并不很白,托福,我须发已经也半白了。（《土话》1908：1）

b. 伊是大有相信唠得满圣灵个人。他乃是大有信心、圣灵充满的人。（《使徒行传》6：5，1923）

c. 使徒末，祈祷唠按手拉伊拉身上。使徒祷告了,就按手在他们头上。（同上，6：6，1923）

d. 第个拿撒勒人耶稣，要毁脱第个地方唠，改脱摩西传拨㑚个规矩。这拿撒勒人耶稣要毁坏此地,也要改变摩西所交给我们的规条。（同上，6：14，1923）

例（79）a—c 句中"唠"可连接两个名词性成分、形容词性成分和动词性成分，构成并列关系，这种语并列连词若使用在 VP 构成的两个分句之间，就成了句并列连词，如 d 句。

若"唠"连接的前后分句所表述的事件或动作具有先后时间关系，那么它发展为句承接连词。如，

（80）等老兄有之动身个日脚咾，我再来送行。_{等老兄行期有日,我再过来送}
_{行就是了。}（《土话》1908：20）

例（80）副词"再"凸显了前后分句所述事件在时间上的先后次序
关系，这也使得表并列关联的"咾"在复句中发展为承接连词。

作为语气助词的"末"在一开始就出现在句末，当前后两个分句所
表示的动作或事件具有同时关系时，居于前后分句之间的"末"获得表
并列关系的功能。如，

（81）伊来之末_{他来时}，我忽然生病。（《练习》1910：第15课）

例（81）中"末"虽可对译为普通话"时"，但"末"显然不具有
取消前一分句独立性的作用，它黏附的仍是一个分句，该分句与后续分句
所述具有同时关系，这样处于两个分句之间的"末"也获得了连接项的
功能，成为并列连词。

"末"也常出现在由"等"构成的谓词分句尾。如，

（82）等我到任之后来末，伊交卸之咾，就要上新任者。_{这等我到任之}
_{后,他就交卸上新任去了。}（《土话》1908：19）

例（82）"等……末"分句所述，为后续分句事件的发生提供时间背
景，前后分句之间具有承接关系，"末"发展为句承接连词。此外，后两
个分句间的"咾"连接的也是具有前后相继的两个事件，也用做句承接
连词。

"咾"、"末"由并列连词发展为承接连词，所连接的前后分句所述事
件都属于客观现实，改变的只是动作或事件之间的时间关系，即由同时到
先后。

"咾"、"末"也皆可用来标记因果复句。如，

（83）a. 伊拉拉船上收作零散物事。是箇两个推车子个，自家上
船担箱子搬起来咾，搬错拉个。_{他们在船上归着零碎东西来着,是那两个推车子的,自己上船把}
_{箱子搬下来的,所以才搬错了。}（《土话》1908：52）

　　b. 我常常垃拉外头咾，所以勿晓得箇件事体。我常在外头，所以不知道这个事。(同上：32)

　　c. 侬要题伊个名头叫耶稣，为之伊要救伊个百姓从罪孽里出来咾。你要给他起名叫耶稣,因他要将自己的百姓从罪恶里救出来。(马太1：21，1923)

　　d. 做重生活个人干重活儿的，伊个吃量他的饭量是大个，因为伊他用力得多咾。(《练习》1910：第11课)

　　"咾"不仅可单独表因果，也可与"所以"、"为之"、"因为"等共现来标记因果复句，这些因果复句，不管是由因推果（如 a、b 句），还是由果溯因（如 c、d 句），都在叙述客观事理，原因分句和结果分句所述事件之间具有客观情势上的必然性，如"伊（做重生活个人）用力得多"，自然"伊个吃量是大个"。

　　因果连词和承接连词所连接的前后分句在语义上也具有相似点。即它们都包含着前后相继的时间关联，这在由因推果类因果复句中比较明显，如例（83）a 先有"自家上船担箱子搬起来"然后才会出现"搬错拉个"的情况，只是在因果句中事件发展的"由因致果"的必然关联得到凸显，而前后相继关系呈隐性。

　　"末"做因果连词时，一般只限于推论因果类，常构成"既然……末"的框式连词出现。如，

　　（84）a. 既然是上帝所生养个末，勿应该想上帝体是像金子、银子、石头、用人工心思来雕刻个。我们既是神所生的,就不当以为神的神性像人用手艺、心思所雕刻的金、银、石。(使徒行传17：29，1923)

　　b. 侬既然拉耶路撒冷对我做干证末，也必要实盖拉罗马对我做干证个。你怎样在耶路撒冷为我作见证,也必怎样在罗马为我作见证。(同上 23：11，1923)

　　例（84）前一分句提供了推断的依据，后一分句即为推断的结果，它与"咾"所连接的因果类复句有一个基本区别是，"既然……末"推论因果类往往叙述的不是事件的客观发展过程，而是言者的主观推理，如（83）a 句"自己上船搬"与"搬错"这样一个客观的事件，而（84）a 句前一分句提供一个事实"是上帝所生养个"，后一分句则是言

者基于前述事实，提出的一个建议或劝告，这类结果句中也常用"应该、必要"等助词，加强言者的主观态度或认为某个行动的必要性。从前后分句所述事件的已然与否来看，显然例（83）中"咾"类因果复句对言谈双方来看，是已知的事实，而例（84）中结果分句所述的都是有待实现的。

　　2. "末"与条件/假设复句

　　"末"还可连接条件复句，偏句为正句提供充足条件。如，

　　（85）（若是）啥人家个物事对末，就买啥人家个。只要谁的东西好，就买谁家的。（《土话》1908：15）

结果句"买啥人家个"要发生的充足条件是"物事要对"。

　　这类条件句也带有明显的假设意味，前一分句表示假设性的条件，所以也可在句首添加"若是、倘然、若然"等前置性的假设连词，这类条件句也可归入假设句中。而"末"充当假设连词在话语或篇章中随处可见，使用频率非常高。

　　（86）a. 若是坐轿子个的人身体大咾且重末的话，要用三个人抬咾，要加铜钱个的。（《练习》1910：第23课）

　　　　　b. 若使担箇一百箱来买之，留到冬天咾卖末，必定要赚好价钱。若是把那一百箱子烟土买下留着冬天卖，必赚好价钱。（《土话》1908：58）

　　　　　c. 侬勿认得末，那晓得卖碗料个呢，我刻刻问伊。你不认得他怎么知道他是卖珐蓝的呢，我刚才问他来着。（同上：21）

例（86）"末"或与前置性连词"若是、若使"形成框式连词或单独使用充当假设连词。

　　3. "咾"、"末"与转折复句

　　"咾""末"也出现在少量具有对立或违逆关系的前后分句间。如，

　　（87）a. 侬学问大咾，反转发狂哉。你的学问太大，反叫你癫狂了。（《使徒行传》26：24，1923）

　　　　　b. 罗马人勿曾定罪咾鞭打末，是合例否？罗马人没定罪就鞭打，是否

合理?（同上 16：37，1923）

　　　　c. 为之过分疲倦咾，倒勿能就睏着睡着，直到十点钟个时候，才睏着睡着。（《练习》1910：第 54 课）

　　　　d. 难末伊想做生意末，勿懂商务，所以做之滑头事体哉，就到上海来做翻戏咾冒冲官场咾，拉黄家库墙头借之一间洋房。（同上：第 98 课）

　　例（87）中"咾"连接的前后分句之间在语义上具有对立关系，具有对立关系的前后分句虽也可看作并列项，但从 a 句"反转"、c 句副词"倒"来看，这些复句很显然也具有对立、逆转的关系，d 句"末"连接的前后分句所表述的事实之间的对立或矛盾关系也甚明显，若要插入前置性转折连词也可以成立。从例（87）处于前后分句联系项位置上的"咾"、"末"在表示分句间的逆转关系来看，它们具有转折连词的功能。

　　（二）"咾"、"末"与复句的演变

　　从以上描写来看，"咾"、"末"在一百多年前上海话复句中具有很强的跨类标记功能，可标记并列、承接、因果、假设和转折，从它们所标记的复句类型来看，这种强标记功能并非是杂乱的，它们可标记的复句仍是"有限"的，这种"有限性"或"规律性"即体现在这些类型的复句语义相通。因着语义相通，"咾"、"末"实现标记的共享。由"咾"、"末"所连接的复句类型之间是可以转化的，转化的途径是什么呢，它们又受什么机制制约呢?

　　马清华（2003）指出，所有连词中最古老且最本源的是语并列连词，由于受复句衔接手段的需求而演变成句并列连词。这也符合上海话"咾"由连接词际关系的语并列连词发展为句并列连词的真实情况，上海话"咾"充当语并列连词时与英语 and 类似，使用频率非常高。如（79）中a、b、d 句，官话往往可不用连词，英语和老上海话分别用 and 和"咾"标记。同时，跨语言并列连词的多义关系中存在"并列 > 转折"和"并列 > 承接"的语法化轨迹和演变序列，而非相反或其他。其理据是：并列关系是联合复句的典型，它的特性容易被淡化，一旦前后项之间有事实上的转折意味，转折意味即会成为一种显性的关系，这种结构演化序列吸收到词义中来，并列连词也就发展为转折连词了；而并列的两个动作或事件存在先后有序的时间关系时，原先的并列关系便自然蒙上承接意味，结构义被吸收到连词词义中，便有了"并列 > 承接"的语法化序列。就上海话"咾"、"末"来看，用做承接连词或转折连词时，只是在将前后分句当作并列项的基础上分别附加上了先后的时间关系和对立或违逆关系，如例（80）、例（82）"咾"、"末"在承接复句中获得承接连词的身份，用"等……咾/末"引出的事件小句与后续小句之间具有时间上的先后关系，若没有"等"或句中其他标识承接的副词将事件发生的先后关系显性化，我们也可以理解为同时进行的动作。如例（80）、例（82）若隐去句中"等"、"再"、"后来"等标识承接的词，以上句子表并列关系十分明显，"咾"、"末"为并列连词。

而"并列 > 转折"演变序列的成立也是在以前后分句为并列项的基础上凸显了它们之间的对立或违逆关系，也可以说，对立或违逆自然蕴涵着并举的两项，对立或违逆关系只是并举中的一种语义类型，以这种凸显的语义关系为复句类型即为转折复句。如（87）中 c 句，"过分疲倦"与"勿能瞌着"既可以是并列关系，也可以突出它们在逻辑上的矛盾关系，即"过分疲倦"情理上"能瞌着"，但事实是"勿能瞌着"。

那么，"咾"、"末"发展为因果类和假设类复句连词，又是如何演变而来的呢？李晋霞、刘云（2007）以普通话复句连词使用为基础，得出复句类型之间的演变关系具体有：并列类（即并列、承接等）> 因果类（即因果、假设、条件等），并列类 > 转折类（转折、让步等），因果类 > 转折类，这三种趋势可概括为一条总的演变序列，即并列类 > 因果类 > 转折类。她们指出，这种演变序列符合语法化程度和主观化程度递增的过程。也就是说，并列类复句往往叙述的是具有较强客观基础的事件，这些事件或同时或先后发生，若说话人洞察到客观事件中的因果联系，则发展为因果复句，但这种主观认识仍有时间上的客观基础，转折类则既有事实上的转折，更有说话者主观认定的转折。所以"并列类 > 因果类 > 转折类"的演变趋势中伴随着的是主观化的提高。

不过，就上海话连词的使用来看，他们的观察不完全适合于上海话。首先，就连词作为复句标记来看，它们在语法化程度上应该是一致的，并不存在高低之别，如连接各类复句的"咾"、"末"很难说语法化程度上存在高低；其次，主观化是指"意义变得越来越植根于说话人对命题内容的信念和态度"（Traugott，1989，1995），在语言中它是指用来表达主观性的可识别的语法成分通过非语法成分的演变而逐步形成的过程。在实际语言使用中，同一连词所连接的同类型复句既可以用来叙述客观事理上的逻辑关系，也可能前后分句之间的关系只能靠言者的主观态度建立联系。如，

（88）a. 伙计拉着急之哠，就打发人来寻我。伙计们也都着了忙了，所以就赶紧的打发人找我去了。（《土话》1908：53）

b. 因为伊（骆驼）个的蹄是软个哠，能够放开来。（《练习》1910：第126课）

c. 面镜架子是金子包拉个着的哠，好看得极。（同上：第24课）

d. 为之常庄常常要用翻译哠，是大多勿便当个不方便的。（同上：第29课）

（89）a. 若然有（瘟疫）末，要禁住第这只船进口，若然口子里个的人有过人个毛病有传染病末，公司船也勿肯让伊趁船他乘船。（同上：第20课）

b. 若然无铜钱末，终要肚里饿，身上冷哠，别人勿肯借铜钱拨拉伊给他，所以上海个的穷人过日脚常庄常常忧愁，好像活受地狱。（同上：第32课）

c. 若然侬你朝后从后面下车末，是险个危险的。（同上：第121课）

d. 若然俉你们勿相信末，请俉你们自家去试试看，难末然后晓得我个说话的话是真个的也。（同上：第58课）

例（88）"哠"连接的复句既可叙述客观事件之间的因果关联，如a、b句，前后分句表示的事件或动作都具有客观性，而c、d句前一分句提供一个客观事实，而后一分句并不是基于前一分句所述情况得出的客观结果，而只是言者的主观认识或评价；同样，例（89）"末"构成"若然……末"的框式假设连词，所连接的前后分句之间的逻辑关系明显不同：a、b句假设分句提出某种情况，后一分句则是在前一分句所假设的情况下，形势或客观上能够得出的结果，它也具有客观性或必然性，而c、d句前一分句虽也提出某种假设条件，但后一分句分别是基于前一分句给出的条件，言者得出的评议或判断，如c句，而d句后一分句则进一步提出建议。可见，上海话"哠"、"末"即使是在联系同一类型的复句时，它们具有客观现实性和主观性的差异。因此不能笼统地说，表示因果或假设关系的连词在主观化程度上要高于并列类连词；最后，将"因果"

和"假设"都归入因果类复句，容易模糊两者的差异以及在标记选用上的不同倾向。

承接复句演变为因果复句，所以标记承接关系的连词也常用来标记因果复句，一百多年前上海话中也常用"唠"或"末"与前置性因果连词"因为、为之"等构成框式结构标记因果复句。如，

（90）a. 因为昨日读来忒快_{得太快}唠，所以我听勿出唠_也勿明白。（《练习》1910：第19课）

b. 伊_他有何等个快活_{十分快乐}，伊个娘_{他母亲}也快活，为之伊个小囝_{他的小孩}能够做烦难个事体唠。（同上：第143课）

（91）a. 有人倒喜欢雨落天_{下雨天}，因为雨落天末，可以多登拉_{呆在}屋里唠，勿要出去做事体_{事情}哉_了。（同上：第54课）

b. 倷_{你们}也勿应该赤之_着脯到太阳里去跑来跑去，因为热气到之_了身体里去末，要生热瘤头唠，也要发痧，夜里倷_{你们}勿要睏拉_在露天，因为有冷露水落拉_在倷个_{你们的}身上末，要生病个。（同上：第53课）

c. 人人是欢喜天好唠，有日头个日脚，为之天好末，样样事体好做个。（同上：第44课）

d. 马棚要修作干净，顶好用自来水冲唠_{然后}拿乾个稻柴铺拉_在地上，为之潮湿末，马要生病。（同上：第50课）

文献中，不仅"唠"可连接因果复句，如例（90）构成由因归果句和由果溯因句，"末"也可与前置连词"因为、为之"构成框式结构连接因果复句，如例（91）各句，这类因果复句与并列或承接复句所叙述的皆为客观事理上的情状，分句所述不仅具有先后发生的时间关系，如"昨日读来忒快"发生之后才有"我听勿出唠勿明白"的事实，同时，在客观上，还具有事效相因的关系。如原因"昨日读来忒快"才造成"我听勿出……"的结果。

与"唠"可单独用来连接因果复句不同的是，"末"很少能单独连接因果复句，主要用作假设连词。如例（86）、例（89）用做假设连词的"末"来自承接连词的进一步发展，只是在虚拟的复句中，所描述的事件往往是有待实现的。如例（89）中各假设句所提供某种情况总是先于结果分句所述事件，但同时它们都是有待实现的或虚拟的。

因此，我们相信，若以上海话"哰"、"末"在复句中的异型同标现象来看，复句之间应存在着"并列＞承接"、"承接＞因果/假设"或"并列＞转折"等演变序列。

（三）"哰"、"末"演变相异与主观域、客观域

一百多年前上海话"哰"、"末"在复句类型中的演变不同，如"哰"主要用来连接因果复句，而"末"虽也可连接推论性因果复句，但它以连接假设复句为主，这种差异是什么原因造成的呢？

沈家煊（2003）在思威策（Sweetser，1990）的基础上，提出用"行、知、言"三域来说明复句中关联词表达的语义关系。如，

> （92）a. 张刚回来了，因为他还爱小丽。［行域］
>
> b. 张刚还爱小丽，因为他回来了。［知域］
>
> c. 晚上还开会吗？因为礼堂里有电影。［言域］

属"行域"的"因为"连接的前后分句存在一种客观事理上的因果关系，反映的是客观现实如此，属于客观域；属"知域"的"因为"连接的前后分句则是靠逻辑推理依存，是一种推理上的因果关系，如 b 句说话人知道"张刚回来了"据此推测"他还爱小丽"；属"言域"的"因为"连接的分句之间存在言语行为上的因果关联，即说话人因为"礼堂里有电影"而提问，此时的"因为"只属于言语行为范域。这三个域适用于各种类型的复句，包括因果类、转折类、并列类等。

同时，在这三域中语词的行域义是基本的，知域义和言域义都是从行域义引申出来的，后两域"涉及言者对所述事件的主观态度和认识，因而具有主观性，属于主观域"。

同一标记连接同类型复句时表现出的主、客观域差异，在上海话"哰"、"末"中也有相应表现，如上文分析的例（88）、例（89）；实际上这种差异，也体现在复句类型的演变中。我们先看表4－7至表4－9。

表4－7　　　　　　"末"在行、知、言域中的分布

	行域	知域	言域	总计
末	110（88.7%）	13	1	124（100%）
		14（11.3%）		

表4-8　　　"若是等……末"假设连词在行、知、言域中的分布

	行域	知域	言域	总计
若然/倘然/若是……末	43（27%）	94	21	158（100%）
		115（72.8%）		

表4-9　"咾"或"因为/为之……咾"连词在行、知、言域中的分布

	行域	知域	言域	总计
咾 因为……咾	225（93.8%）	10	5	240（100%）
		15（0.6%）		

注：语料为《土话指南》（1908）、《上海话练习》（1910）。

表4-7说明，一百多年前上海话"末"主要用做并列或承接连词，复句用来叙述客观事件或动作，而极少出现在主观域中用做假设连词。如，

（93）a. 照章程广泛应该拉在前月个头上付个的，等到今朝来收末，是宽容得极哉。（《练习》1910：第71课）

　　b. 但是我想起来有贼来末，伊他必定要咬个的。（同上：第41课）

例（93）a句"等……末"分句，为后续分句所述事件的发生提供时间背景，使前后分句之间具有承接关系，但"末"后的结果分句显然并不是"等……末"分句所述情况的必然结果，言者用来表达主观评议"是宽容得极"，b句"末"连接的复句做"我想起来"的宾语，这个复句形式的宾语句也受"我想"辖制，"末"连接的分句之间具有推测关系，即言者根据"有贼来"，推测出"伊必定要咬个"的结果。

由表4-8来看，"末"构成框式连词连接假设复句时，主要用在主观域中，占2/3强，这些复句中的后一分句，言者用来表达判断、评说、建议和推测等关系。如，

（94）a. 招伊他来做兵个的人想要教伊他一颜点德国说话末，好者。（《练习》1910：第89课）

　　b. 若然无没新闻纸没有报纸看末，是毫无趣意。（同上：第

69课）

例（94）中结果分句皆是对假设分句所述情况做出评议，如 a 句用性质形容词"好"构成结果句，很鲜明地表达言者的主观态度；b 句则用判断词"是"带上评议性的形容词结构，表明言者对前述情况的评议。

（95）a. 侬(你)再勿(不)付拨(给)我末，我必定要叫巡捕来拉侬(你)到巡捕房里去关拉(着)，直到侬(你)付清爽(清楚)。（《练习》1910：第71课）

　　　　b. 若然赢末，我要送礼物拨(给)侬。（同上：第40课）

　　　　c. 若然河离开火熗个场化(着火的地方)远，或者无没水末，只好让房子烧。（同上：第60课）

假设分句提供某种情况，而结果分句则表明言者将采取的相应行动，这些行动都待实现，所以实际上，听者或读者更能感觉到的是言者的主观态度。此时，结果句中的主语一般多为言者，如"我们"，也可省略，如 c 句。

（96）若然倷(你们)要仔细晓得末，应该自家去看看咾一定可以看见许多稀奇古怪个(的)物事(东西)咾别样有滋味个(的)事体(事情)。（同上：第56课）

假设分句引进某种情况，而结果分句则表明言者的建议。

（97）a. 倘然伊拉勿(不)明白末，恐怕遇着要紧个事体(的事情)，要做勿(不)对哉。（同上：第6课）

　　　　b. 倘然吃之(了)末，要生瘟病个(的)。（同上：第7课）

结果分句所述情况都是在假设分句基础上言者所做的推测，也常用推测性副词"恐怕"等修饰，如 a 句。

表4-9表明，"咾"或独用或与因果连词"因为/为之"共现所连接的复句，主要属于行域或客观域，而极少出现在主观域中。无论是由"咾"连接的并列或承接复句还是因果复句，绝大多数都属于客观现

实域。

这种分布上的同异反映两个问题："末"、"咾"的承接或并列连词用法应该是它们的本源用法，以此为基础，再演变为假设复句连词和因果复句连词；但"末"则与假设性连词"若是、若然"等形成框式结构，成为标识事件尚待实现的复句连词，而"咾"则与"因为、为之"等构成框式连词，标识的是已经实现事件的复句连词。那么为何"若是等……末"标识的假设或条件复句主观化的程度更高，而"咾"的主观化更低呢？

邢福义（2001：83，94）指出，所谓假设/条件，实际上是一种待实现的原因，因此，假设句/条件句也属于因果类复句。如，

> 因为赶不上火车，我们才改乘轮船。（因果联系已经实现）
> 只有赶不上火车，我们才改乘轮船。（因果联系待实现）
> 如果赶不上火车，我们改乘轮船。（因果联系待实现）

在邢先生观察的基础上，我们进一步可看到，因果复句表达的是客观的现实事件，如"赶不上火车"造成"我们改乘轮船"，客观情势所迫，而条件或假设复句中前一分句提出某种情况，结果分句则是言者建议，属于言域，是主观域；看来，在表义相近的情况下，因果复句更倾向于表达的是客观现实域事件的因果事理关系，而假设或条件句则更倾向于表达的是言者根据客观事理得出的某个主观化的建议或行动，属于主观域。也正是这种差异，造成了"末"和"咾"在演变过程中的相异。

"末"更倾向于标记主观化程度高的复句，而"咾"则标记客观域的复句。这一点同样反映在两者都用做因果连词上。"末"可构成"既然……末"框式连词标记推论因果句。如例（84）各句中后一分句往往是言者根据前一分句推断出来的，它自然包含着言者的主观态度。而"咾"则不用来标识这类主观化程度高的因果复句。

"咾"、"末"标记复句在主观域和客观域上的区别，也反映在两者相竞上。"末"可与表因果的"因为、为之"构成框式连词，标记因果复句。如（91）都是由"因为/为之……末"构成的因果复句，但这些复句也都属于客观域，如 c 句"天好"自然"样样事体好做个"。原因分句和结果分句之间靠着事件本身的客观发展建立联系。不过，这种客观性并不

符合"末"在用做非并列或承接连词时的主观化要求，所以这样的例子
不太常见，普遍可见的是"因为……咾"的使用，据此，我们推测，由
并列或承接连词"咾"、"末"发展成因果连词的过程中，由于"末"所
标记复句的主观性要求而被排挤出因果复句，而只留下主观性强的推论因
果复句用它来标记，而"咾"则因连接复句的客观性强而逐渐成为专职
的因果连词。

（四）结语

"末"、"咾"是老上海话中最活跃的复句连词，也是上海话复句异型
同标的典型代表。但这种异型"纠缠"现象并不是杂乱的，它是复句类
型之间有规律演变的重要线索。海曼（Haiman，1978）在讨论条件句即
为话题时指出，若两者所用形式或标记同一，则表明两者表义上的相似性
或相关性；所以异型同标应该成为我们窥探复句类型之间语义关系以及类
型之间演变的重要线索。

"末"、"咾"以客观域中的并列连词或承接连词为演变的起点，当分
句之间具有前后违逆的语义关系，且这种语义关系在复句中被凸显时，它
们被分析为转折连词，"末"、"咾"构成的承接复句前后分句之间还兼有
事理上的因果关联，且这种因果关联义覆盖了前后相继的时间关系，被分
析为因果连词；不过，由于"末"、"咾"标记复句时对主观域和客观域
的不同选择，"末"只能用来标记推论因果句，而"咾"则发展为专职的
因果连词；"末"多使用在主观性强的假设复句中，成为标记假设或条件
的关联词。

可见，"末"、"咾"能够实现复句之间的异型同标，是以复句之间语
义上的相似性和类型转变为基础，经过重新分析，获得多种标记功能，在
此过程中，它还受到主客观域的调整，使它们选择不同的复句作为发挥基
本标记功能的领域。

第五章

一百多年来吴语附置词类型及演变

　　附置词是指黏附在名词或名词性短语成分上，并赋予该短语某个非直接题元角色的成分，根据它与名词性成分的位置，可分为前置词、后置词及框式附置词等，句法上附置词不能单独充当谓词，如汉语引介工具格的介词"用"，在搭配中"用笔＊（写）"中谓语动词"写"不能略去使"用"成为谓词，尽管汉语来自动词的一些前置词仍保留动词用法；来自名词的附置词在句法上也不能充当关系名词，如"桌子（＊的）上"，它与所黏附的名词性成分构成附置词短语，充当状语。

　　在当代语序类型学研究中，附置词的类型一直是一个重要参项，它与语言基本词序有很强的蕴涵关系，即 VO 语言倾向于使用前置词，而 OV 语言倾向于使用后置词。德赖尔（Dryer，2002）指出，尽管附置词类型对于语序类型的历时演变预测力不强，但它比动词—宾语的词序更加稳定，可以更好地预测一种语言的语序特征。刘丹青（2003：199—200）对吴语附置词进行了详尽的共时研究得出：吴语附置词与普通话有明显差异，其中前置词在句法上不如普通话发达和活跃，而吴语后置词则比普通话在句法上更为重要，具有语法化程度高、句法强制性更显著等特征。

　　本章拟考察 19 世纪以来吴语附置词的类型特征及演变。包括前置词、后置词及框式结构附置词的类型及演变。

第一节　一百多年来吴语前置词类型及演变

　　前置词是前置于间接题元的句法成分，它起着将各间接题元介引给谓词的作用。19 世纪中叶以来吴方言中各前置词由动词语法化而来，有些前置词同时保留动词用法。如，

（1）宁波话：a. 其拉屯_{他们住在}来城里。（《便览》1910：38）

　　　　　　 b. 我个_的阿爹弗来_在屋里。（同上）

（2）温州话：a. 发大风，船是_在山东海边搁沙爻_了。（《入门》
1893：89）

　　　　　　 b. 渠_他是_在屋里否？（同上：232）

　　例（1）宁波话中用来介引处所题元的"来"，如 a 句，也可做谓语动词，如 b 句；例（2）温州话"是"在谓语前介引处所题元，如 a 句，也可做谓语动词，如 b 句。鉴于这种共存局面，我们以所搭配的题元加以区别，若搭配的为直接题元，则为谓语动词，若为非直接题元，则为前置词。

　　按照所引介题元的类别，前置词有不同语义类型。如介引动作发生或存在场所、动作发生的源点、终点、经由等，介引动作发生时间，介引伴随者或协同者、言谈对象，介引受益者和施事者，介引工具、比较基准、与事等；从它与名词性短语构成的附置词短语的句法位置来看，有在谓语动词之前的，构成"Pre + NP + VP"结构，也有在谓语动词之后的，构成"VP + Pre + NP"结构。同时，19 世纪吴语中有些前置词在介引间接题元时，还常与后置词共现，构成框式结构。

一　动词前前置词

　　主要有介引动作发生空间时间的前置词，还有介引伴随者、言谈对象、受益者和施事者、工具、比较基准的前置词，由它们所构成的附置词短语也都在谓语动词之前。

（一）介引动作发生场所的前置词

　　19 世纪吴语苏州话、上海话、宁波话等方言中介引动作或事件发生场所的前置词，皆读边音声母，苏州话写作"拉"，上海话除了单音节形式的"拉"外，还使用双音节形式的"勒拉"或"垃拉"，读为"leh la"或"leh leh"，宁波话写作"来"，罗马字记音为"lœ"；台州话和金华话则读浊擦音声母，台州话为"ze"，金华话为"zæ"，另读"sai"，写作"在"；温州话主要为"是"，读作"z"，其次也偶见用"宿"，罗马字记作"shoh"。如，

（3）苏州话：因为我俚<u>拉</u>东方看见俚个星咾，来拜俚。_{我们在东方看见他的星,特来拜他。}（马太2：2，1879）

（4）上海话：a. 将来一定看见天开，天神<u>勒拉</u>人个儿子喊头上咾下拉。_{你们将要看见天开了,神的使者上去下来在人子身上。}（约翰1：51，1847）

　　　　b. 第个人，虽然<u>勒</u>吾后头来，但是<u>勒</u>吾前头有个，因为本来<u>勒</u>我前头拉。_{那在我以后来的,反成了在我以前的,因他本来在我以前。}（同上1：15，1847）

　　　　c. <u>垃拉</u>_在房间里有几把椅子？（《集锦》1862：6）

　　　　d. <u>垃拉</u>_在中国扇子上常庄_{常常}写字咾_和画画。（同上，111）

（5）宁波话：大姑娘_{大女儿}<u>来</u>在屋里纺棉花。（《便览》1910：第六课）

（6）台州话：Ze tong-pin môngdjôh-ku sing-siu ziu ying-dao ge-he, ih-dzih tao Si-lao ze-teh keh su-ze, ze zông-deo ding-lao. 在东边望着过星宿就引导渠许，一直到细佬在得个所在，<u>在</u>上头停牢。_{在东方所看见的那星,忽然在他们前头行,直行到小孩子的地方,就在上头停住了。}（马太2：9，1880）

（7）金华话：a. Kyih-teh doh-sang-geh Ng zæ Yia gwa-teo shiæ-c 'üeh Jing-lih. 只得独养个儿<u>在</u>爷□头显出神来。_{只有在父怀里的独生子将他表明出来。}（约翰1：18，1866）

　　　　b. A iao eo a keh si chea <u>sai</u> nong miu-si pei-pa nong keh lu. 我要讴我个使者<u>在</u>侬面前备办侬个路。_{我要差遣我的使者在你面前预备你的道路。}（马可1898，1：2）

（8）温州话：我宿_在屋里著_穿鞋个，走_去衙门里去著_穿靴。（《入门》1893：72）

例（3）至例（8）可见，19世纪吴语中介引存在或场所义名词短语的前置词，从词源上来看，苏州、上海、宁波、台州、金华等方言皆为存在动词"在"；从读音来看，以台州、金华两地更接近官话读音，也许可能是传教士在记录时使用了当地方言的读书音形式，而苏州、上海、宁波等地声母则演变为边音，且韵母由前元音或央低元音进一步促化，演变为leh（钱乃荣，2003）。

温州话介词和存在动词"是"的用法沿自近代汉语"是"（马贝加

等，2006），"宿"也由存在义动词演变为表处所的前置词。

上海话双音节前置词"勒拉"或"垃拉"应由表存在义的动词和表处所的后置词词汇化而来。在"垃 + NP + 拉"的高频组合中，因"垃……拉"的高频共现和"NP"的省略，从"句法结构经半能产的词法词阶段演变为词汇词"（董秀芳，2009），成为表存在义的词。

"勒拉"在 19 世纪上海话中不仅可做前置词，还可做表存在的动词。如"伊垃拉_在阳台上"（《集锦》1862：7）。可见，"勒/垃拉"前置介词的用法应是其动词用法发展的结果。

介引场所题元的前置词，也可以介引动作发生的时间。由空间到时间，符合人类认知的普遍性。如，

（9）上海话：第个道勒拉起头忒上帝一淘个拉。_{太初有道，道与神同在，道就是神。}（约翰 1：2，1847）

（10）金华话：Kwu-ts Yiu-t'a-nyin zæ keh-geh z-tsia nyih-ts zeng Geo，kông，Geo la-'æn-deo? 故之犹太人<u>在</u>格个时节日子寻渠，讲："渠哪安头？"_{正在节期，犹太人寻找耶稣说："他在哪里？"}（约翰 7：11，1866）

（二）介引动作发生源点的前置词

这类前置词所介引的表处所的名词性短语，是表示谓语动作发生的源点。19 世纪吴语中主要有两类，一是介引场所的前置词，也可用来介引源点；二是用"从"或近代汉语"打"来介引。如，

（11）苏州话：a. 新官人要拨别人拉众人当中捉俚出去，拉个日上，俚笃要禁食。_{新郎要离开他们，那时候他们要禁食。}（马太 9：15，1879）

b. 喏，有几个博士，<u>从</u>东方到耶路撒冷来说。_{有几个博士从东方来到耶路撒冷，说。}（同上 2：1，1879）

（12）上海话：a. 但是俉勿属世界个，我<u>勒拉</u>众人<u>淘里</u>选俉出来个，盖咾世界上人，恨俉个拉。_{只因你们不属世界，乃是我从世界中拣选了你们，所以世界恨你们。}（约翰 15：19，1847）

b. <u>拉</u>_从啥地方来？（《松江话》1883：NEUVIÈME LEÇON）

c. <u>打</u>_从啥所来个？（《集锦》1862：17）

d. 鸦片烟是印度国载进来个。(同上：30)

（13）温州话：a. 宽免犯人个_的罪名，沃出是_{全出自}皇帝个恩典。（《入门》1893：EXERCISE XXXII.）

b. Zé Iah-dù koá, <u>joa</u> gi siú-de ziú sí-lí. 在约旦港，<u>从</u>渠手里受洗礼。_{在约旦河里受他的洗。}（马太3：6，1892）

c. 你老人家狃宕（nyaoh-doa¹）_{哪里}来？（《入门》1893：PHRASES.）

（14）金华话：Ing-teh lih-for <u>zong</u> Mo-siæ djüa-hyu, eng-we'òng kying dao-li, z <u>zong</u>Yæ-su Kyi-toh li-go. 因得律法<u>从</u>摩西传授，恩惠亨真道理，是<u>从</u>耶稣基督来个。_{律法本是藉着摩西传的,恩典和真理都是由耶稣基督来的。}（约翰1：17，1866）

（15）台州话：a. Keh z-eo Yia-su <u>jong</u> Kô-li-li tseo tao Iah-dæn'ô. 格时候耶稣<u>从</u>加利利走到约旦河。_{当下,耶稣从加利利来到约旦河。}（马太3：13，1880）

b. Yia-su ziu-ku tsing-li, ziu <u>jong</u> shü-li tseo-zông-le. 耶稣受过浸礼，就<u>从</u>水里走上来。_{耶稣受了洗,随即从水里上来。}（同上3：16，1880）

（16）宁波话：a. 俉<u>从</u>阿里_{哪里}圷（ka）来？（《便览》1910：6）

b. 吭人晓得是曷里_{哪里}来个_的。（同上：28）

c. 时辰表是外国来个_的，中国人做弗来。（同上：85）

　　例（11）至例（13）苏州话、上海话、温州话中 a 句均用表场所的前置词介引动作发生源点，同时，这些方言中也较普遍的使用"从"来介引源点（除上海话用"打"外），且它也是金华话、台州话和宁波话中最基本的引介源点前置词，如例（14）至例（16）。这两类表源点前置词由动词语法化而来，"拉"、"勒拉"是存在义动词演变为场所类前置词，然后用于有方向要求的动词谓语前，这样，表场所的前置词也就用来表源点；"从"、"打"类则由跟从义动词在连动结构中虚化为前置介词而来，这个过程在近代汉语中即已完成（冯春田，2000），吴语只是继承了共同语的成分。

　　从句法上来看，表源点的前置词在句法上常与表方位或处所的后置

词共现，如例（12）上海话 a 句"勒拉……淘里"，例（13）温州话 b
句"从……里"，例（15）台州话 b 句"从……里"，例（16）宁波话
"从……圿"的框式结构，后置词句法上具有强制性，不能省去，而表
源点的前置词在各方言中有的也可隐去，如例（12）上海话 d 句、例
（13）温州话 c 句、例（16）宁波话 b、c 句。这些可以隐去表源点前
置词的句子，从结构上来看，大部分出现在"受事＋是＋小句＋个"
的结构中，其中"是"表示归类，"小句"中表源点前置词常隐去，即
当表源点前置词出现在非主句中时，以隐去为常，而在主句中它仍以出
现为常。

　　表空间源点的前置词也用来引介时间源点。如，

　　　　（17）a. 苏州话：<u>从</u>个个时候，耶稣起头传教咾。_{从那时候，耶稣就传起道来。}
（马太 4：17，1847）

　　　　　　b. 上海话：打_从九点钟起，到十二点钟定_停。（《集锦》
1862：67）

　　　　　　c. 台州话：Jong keh z-'eo yia-su k'e djün kao. <u>丛</u>格时候
耶稣去传道。_{从那时候，耶稣就传起道来。}（马太 4：17，1880）

　　　　　　d. 金华话：Kwu-ts <u>zong</u> s tsæ wör-cün z-tsia, ôh-sæn ts
'eng-djoh Geo yi-kying yiu keh-kyüa-wor. 故之<u>从</u>死再活转时节，学生
忖着渠已经有格句话。_{所以到他从死里复活以后，门徒就想起他说过这话。}（约翰 2：22，
1866）

　　与表场所的前置词用来介引动作或事件发生时间一样，符合空间主义
的认知规律。

　　（三）介引方向的前置词

　　这类前置词所引介的名词性短语，表示的是动作针对的方向或朝向。
19 世纪吴语各方言中主要有"朝"、"向"、"望"等。如，

　　　　（18）苏州话：我俚<u>对</u>唔笃吹箫，唔笃倒勿跳，我俚<u>对</u>唔笃悲
伤，唔笃也勿哭。_{我们向你们吹笛，你们不跳舞；我们向你们举哀，你们不捶胸。}（马太 11：17，
1879）

　　　　（19）上海话：a. 我伲_{我们}<u>朝</u>东跑，来得近点。（《集锦》1862：

67)

　　　　　b. 望之_向箇_这个地方咾走。（《松江话》1883：26)

　　　　　c. 对_向箇_这边走。（同上，26)

（20）宁波话：船今日朝东行是顺风。（《便览》1910：159)

（21）台州话：Yiu Meh-da-læh-keh Mô-li-ô, teh keh bih-ke Mô-li-ô, dziao veng zo-kæn. 有抹大拉个玛利亚，搭格别个玛利亚，朝坟坐间。_{有抹大拉的玛利亚和那个玛利亚在那里，对着坟墓坐着。}（马太 27：61，1880)

（22）金华话：Geo-da tsæ' ông geo kông, Geo' ông ng sæn-yi tsör-foh, sæn-yi k'æ ng-geh a-tsin? 渠搭再亨渠讲，渠亨你怎以做法，怎以开你个眼睛？_{他们就问他说："他向你做什么？是怎么开了你的眼睛呢?"}（约翰 9：26，1866)

（23）温州话：a. 渠唔有走底来_{他没有走进来}，望_向西走过去。（《入门》1893：EXERCISEIII.)

　　　　　b. 从该_这里向/朝东觇_看去，一直到天边，沃_都是水。（同上)

　　动作方向既可以是面对某个方向移动，如例（19）、例（20）、例（21）等；也可以只是静态的朝向，如例（18）、例（21）。表示方向的前置词在句法上未见隐去的用例，它所引介成分一般是单音节的方位词，如例（19）a 句、例（20）、例（23）等；从韵律上来看，它们构成韵律结构比较稳定的双音节形式，充当谓语修饰成分，这大概也是它除了表义需要之外韵律上也要求在句法上不能隐去的一个原因吧，这类前置词也可与处所名词搭配，如例（19）b、c 句和例（21）。

　　而例（18）苏州话"对"、例（22）金华话"亨"引介的均为指人名词，可理解为动作作用的对象。此外，上海话"对"、台州话"朝"、温州话"向"等皆可介引指人或物的名词，谓语一般由言说义或称呼类动词充当。如，

　　（24）上海话：弗要对别人话_说。（《松江话》1883：27)

　　（25）温州话：向别人称自个_{自己}兄弟；是讲家兄舍弟，向别人称渠个_{他的}兄弟，是讲令兄令弟。（《入门》1893：EXERCISE XXV)

（26）台州话：Ziu dziao keh-cü jü kông, Ng yi-'eo üong feh kyih-ko. 就<u>朝</u>格株树讲："你以后永弗结果。"_{就对树说："从今以后,你永不结果子!"}（马太 21：19，1880）

引介动作言谈对象的用法，有动作发出者和接收者，即言者向听者发出某个动作，这种言语行为本身包含着方向性，而作用于言语对象的方向性与引介动作方向的空间范畴语义相关，只是在言谈类动词充当谓语时，动作接收者得到凸显，所以以引介动作方向的前置词发展为引进动作言谈对象的前置词。

（四）介引言谈对象的前置词

例（24）至例（26）中引介动作方向的前置词也可介引言谈对象，此外，19 世纪吴语中还有来自其他动词的引介言谈对象的前置词。如，

（27）苏州话：我暗头里<u>对</u>唔笃说个，唔笃要拉亮光里说出来。_{我在暗中告诉你们的,你们要在明处说出来。}（马太 10：27，1879）

（28）上海话：a. 耶稣个娘<u>忒</u>耶稣话："伊拉呒没酒拉。"_{耶稣的母亲对他说："他们没有酒了。"}（约翰 2：3，1847）

　　　　　b. <u>忒</u>伊话末者_{对他说吧。}（《语法》1868：76）

　　　　　c. 吾<u>替</u>俪话_{我对你们说。}（同上）

　　　　　d. <u>对</u>伊话拉者_{对他说了。}（同上）

（29）温州话：a. 我要走过河，请<u>句</u>_给我讲狃宕_{哪里}有桥。（《入门》1893：148）

　　　　　b. Gi-dà-ko <u>taì</u> gi koá, zé Yao-t'à ge Pah-li-'ang; iang-'ù sie-tsz shï-de koá. 渠大家<u>对</u>渠讲，在犹太个伯利恒，因为先知书里讲_{他们回答说："在犹太的伯利恒。因为有先知论证着,说"。}（马太 2：5，1892）

　　　　　c. <u>伉</u>渠讲_{对他说：}"我<u>伉</u>你几倈年个_{我和你这么多年的}相好，你铜钱银肯多少帮我否？"（《入门》1893：124）

（30）宁波话：a. 我自己弗好意思<u>等</u>其话_{对他说。}（《便览》1910，65）

　　　　　b. Keh-tsao gyi-lah <u>teng</u> gyi wô, Ng z jü? 葛遭其拉<u>等</u>其话："你是谁？"_{于是他们说："你到底是谁？"}（约翰 1：22，1853）

（31）台州话：Cü-keh t'in-s mong-li yin-c'ih-le, <u>teh</u> ge kông,

"Da-bih-keh ' eo-de Iah-seh……" 主个天使梦里显出来，搭渠讲：
"大卫个后代约瑟……"_{有主的使者向他梦中显现，说："大卫的子孙约瑟……"}（马太 1：20，
1880）

（32）金华话：Diæ-liang nyih Yæ-su iao tao Kyüor-li-li k ' eo,
bang-djoh Fi-lih, ' ông geo kông, Keng ' A. 第两日耶稣要到加利利
去，碰着腓力，亨渠讲："跟我。"_{又次日，耶稣想要往加利利去，遇见腓力，就对他说："来跟从}
_{我吧!"}（约翰 1：43，1866）

例（27）至例（32）可见，"对"是吴语中分布相对较广的引介言
谈对象的前置词，除此之外，各方言仍存在词源各异的该类前置词，如上
海话"替"和"忒"、温州话"伉"、台州话"搭"、宁波话"等"、金华
话"亨"，还有温州话"勾"，尽管词源不同，但它们用做言谈对象的前
置词，应经历了相同或类似的语法化历程。其中"替"、"忒"、"伉"、
"搭"、"等"、"亨"等在 19 世纪各方言中都是多功能词，可用做表伴随
或协同的前置词，还可做并列连词；温州话"勾"可用做介引与事和施
事者的前置词等。这种一词多用且功能相似现象，应反映了它们有着相似
的语法化历程。我们将在本节三中讨论。

（五）介引伴随者的前置词

介引伴随者的前置词所引介的对象，是动作行为的参与者，与动作执
行主体协同实施动作，这类前置词所构成的附置词短语对谓语动词在语义
上也有一定的要求，即要求表达某种对称关系，如"说话"包含说听双
方且双方都有听有说的过程。如，

（33）苏州话：a. 耶稣搭众人还拉笃说话个时候……_{耶稣还对众人说}
_{话的时候……}（马太 12：46，1879）

b. 独是我告诉唔笃，勿要搭凶恶做对头。_{只是我告诉}
_{你们:不要与恶人作对。}（同上 5：39，1879）

c. 因为我来是拨儿子搭爷相争，女儿搭娘相争，
媳妇搭婆相争。_{因为我来是叫人与父亲生疏,女儿与母亲生疏,媳妇与婆婆生疏。}（同上 10：35，
1879）

d. 尼尼微人，拉审判个日脚上，将要同个个一代
人一淘立起来咾，定俚笃个罪。_{当审判的时候,尼尼微人要起来定这世代的罪。}（同上 12：

41，1879)

　　(34) 上海话：a. 耶稣<u>搭</u>伊一淘住。_{耶稣和他一起住。}(约翰 1847)

　　　　　　　b. 我<u>搭仔</u>侬一淘_{和你一起}进城。(《集锦》1862：64)

　　　　　　　c. 我还<u>忒</u>伊拉一淘住勒拉世界上哩。_{我还和他们一起住在世上。}(约翰 1847)

　　　　　　　d. <u>同</u>我你跑_{和我们去。}(《语法》1868：78)

　　　　　　　e. <u>替</u>我一淘_{和我一起}去。(同上)

　　(35) 宁波话：a. 我<u>搭</u>你聚队_{和你一起}进城。(《便览》1910：158)

　　　　　　　b. 其_他是远亲，阿拉<u>搭</u>其拉弗大里_{我们和他们不大}来往。(同上：164)

　　　　　　　c. 葛_这个人常常<u>等</u>其_{和他}兄弟相打。(同上：61)

　　　　　　　d. 我<u>等</u>其两合_{和他合伙}做生意。(同上：137)

　　(36) 台州话：a. Dæn-z feh <u>teh</u> ge dong-vông, ih-dzih tao sang ge deo-ih-ke N. 但是弗<u>搭</u>渠同房，一直到生渠头一个儿。_{只是没有和她同房，等她生了儿子。}(马太 1：25，1880)

　　　　　　　b. Sin k'e <u>teh</u> hyüong-di'o-moh, 'eo-deo le hyin li-veh. 先去<u>搭</u>兄弟和睦，后头来献礼物。_{先去同弟兄和好，然后来献礼物。}(同上 5：24，1880)

　　(37) 金华话：a. Diæ-liang nyih Iah-'æn tsæ' <u>ông</u> liang-geh ôh-sæn ih-ziæ gæ-næn。第两日约翰再亨<u>亨</u>两个学生一直徛那。_{再次日,约翰同两个门徒站在那里。}(约翰 1：35，1866)

　　　　　　　b. Ng'<u>ông</u>'A da siang-kër,'A z-jin mi-seng-tao. 你<u>亨</u>我淡相干，我时辰未曾到。_{我与你有甚么相干。我的时候还没有到。}(同上 2：4，1866)

　　(38) 温州话：a. 你<u>优</u>渠相伴_{和他一起}来。(《入门》1893：228)

　　　　　　　b. 渠<u>优</u>我弗和个_{他和我不和，}<u>优</u>_和别人阿弗对_{也不对，}其_他弗分厚薄待人个，沃共样_{全一样}刻薄个，许_那个人弗<u>优</u>其一色_{和他一样。}(同上：136)

　　例(33) 至例(38) 可见，"搭"是吴语中分布最广的伴随者前置词，如苏州、上海、台州等方言都以"搭"为最基本的伴随者前置词，不过，宁波话虽用"搭"和"等"做伴随者前置词，但从文献分布来看，"等"更常见，"搭"甚少使用。以《宁波方言便览》（1910）为例，"等"用做伴随者前置词为 19 次，"搭"为 6 次，而宁波话《圣经》译本文献中则只用"等"做伴随者前置词，未见用"搭"的，这种文献分布应该说明，"搭"很可能是北部吴语向宁波话扩散的结果，即因为它在苏州、上海等当时的强势方言中占有绝对的地位，这种优势使得它随着强势方言对宁波话的影响而在 19 世纪末 20 世纪初借入宁波话，且成为今宁波话最基本的伴随者前置词。"同"见用于北部吴语，南部吴语不用；北部吴语上海话在 19 世纪文献中引介伴随者的前置词比较丰富，还可用"忒"、"替"，它们在文献中也可用做其他前置词，其演变历程应该也不同于"搭"，下文将介绍。南部吴语金华话和温州话中伴随者前置词与北部吴语词源不同，尽管它们的句法功能和"搭"具有相似性。

（六）介引等比对象的前置词

这类前置词所介引的对象与比较主体具有相同、相似或相反等关系，谓语动词表达的也是一种对等关系。19 世纪吴语各方言中用最常见的或最基本的表伴随的前置词来介引等比类比较基准。如，

（39）苏州话：学生子<u>搭</u>先生一样，奴仆<u>搭</u>主人一样，够个哉。人既然骂主人是别西卜，何况主人个屋里人吥。（马太 10：25，1879）

（40）上海话：a. 世界上个_的人恨伊拉_{他们}，因为伊拉_{他们}勿<u>搭</u>_跟世界上人一样个_的。（约翰 1847）

　　　　b. 圣书<u>搭仔</u>_和世界上个_的书大两样个_{大不一样的}。（《集锦》1862：158）

　　　　c. 兄弟<u>忒</u>_跟我一样。（同上：205）

　　　　d. 今年年世那能_{如何}？<u>替</u>_跟旧年_{去年}差不多收成。（《松江话》1883：LEÇON XVIII.）

（41）宁波话：a. 葛_这一个<u>等</u>_跟葛那一个各样个_{不同}。（《便览》1910：9）

　　　　b. 其个_{他的}本事<u>等</u>_跟其_他阿爹差弗多。（同上：59）

（42）台州话：Ge long-c'ih-le；beh hao-gao，<u>teh</u> keh-tsih ih-yiang。渠拢出来，变好告，搭格只一样。他把手一伸,手就复了原,和那只手一样。（马太 12：13，1880）

（43）金华话：Yi kông Jing tsör geo-zi-geh Yia，i Geo-zi 'ông Jing yiang-go. 又讲神作渠自个爷，以渠自亨神样个。并且称神为他的父,将自己和神当作平等。（约翰 5：18，1866）

（44）温州话：可惜其_他砌个_的许个_{那个}屋宕_{房屋}不像屋宕个欸式_{房屋的样子}。实在伉跟马房相像个。（《入门》1893：189）

例（39）至例（44）可见，各方言所用来引介等比类比较基准的前置词基本上与介引伴随者的同源，如苏州话"搭"、台州话"搭"、上海话"搭、搭仔、忒、替"、宁波话"等"、金华话"亨"、温州话"伉"等，这是因为等比关系也是一种对称关系，与引介伴随者的前置词的语义基础相似。不过，从文献来看，在同一方言中两类前置词的使用并不完全相同，一般来看，只有那些在各方言中使用最普遍的伴随者前置词才用来介引比较基准，而那些不常用的则未见用来介引等比类比较基准，如北部吴语用"搭"来介引，而"同"则少见，宁波话"等"具备该类功能，但"搭"却在文献中未发现，这种文本分布上的差异应反映了它们在该方言语法系统中的地位，即一个是固有的，所以使用频率高，功能也活跃，如"搭"、"等"，而一个是借入的，如"同"很可能来自共同语，而宁波话"搭"则可能借自苏州、上海等方言。

（七）介引受益者的前置词

这类前置词所介引的对象虽然不参与动作中，但它从中受益。如，

（45）苏州话：a. 唔，侬自家眼睛里有梁木，那哼好对弟兄说，让我替侬拨出眼睛里个木屑来阶？你自己眼中有梁木,怎能对你弟兄说:"容我去掉你眼中的刺呢?"（马太 7：4，1879）

b. 我是拿水来拨唔笃受洗礼咾，叫唔笃悔改。……俚将要拿圣灵搭子火拨唔笃受洗礼。我是用水给你们施洗,叫你们悔改。……他要用圣灵和火给你们施洗。（同上 3：11，1879）

c. 我末用水对唔笃行洗礼，叫唔笃悔改。我是用水给你们施洗,叫你们悔改。（同上 3：11，1904）

d. 主呀，主呀，对伲开开。主啊,主啊,给我们开开。（同上

25：11，1904）

（46）上海话：a. <u>忒</u>我去买_{去为我买}。（《语法》1868：77）

　　　　　　b. <u>替</u>侬做_{替我做}生活。（同上）

（47）宁波话：a. 可以<u>替</u>我拕_拿一壶滚_开水来。（《便览》1910：73）

　　　　　　b. 侬_你自_{自己}弗会写，我<u>代</u>侬_你写。（同上）

　　　　　　c. 保之阿娘来南街<u>拨</u>（peh）_给王二爹做阿姆。（同上：74）

　　　　　　d. 你<u>搭</u>_给我带一封信去。（同上：113）

　　　　　　e. 侬_你能够<u>等</u>_给我寻_找一个地方弗？（同上：73）

（48）温州话：a. 有人<u>代</u>_为我讲明白，就是<u>代</u>_为我分辨。（《入门》1893：169）

　　　　　　b. Nang-kò dù ź ng, ziù-ź <u>dè</u> Gi ch'ieh'a, ng ah fú p'a¹. 人家大是我，就是<u>代</u>渠掣鞋，我也弗配。_{能力比我更大，我就是给他提鞋也不配。}（马太3：11，1892）

（49）金华话：a. Kwör-meng-geh nyin we <u>t'i</u> Geo k'æ meng. 看门个人会<u>替</u>渠开门。_{看门的就给他开门。}（约翰10：3，1866）

　　　　　　b. Hao-geh mong-yiang-geh nyin <u>t'i</u> yiang liu-diao geo-geh sin-ming. 好个望羊个人<u>替</u>羊流掉渠个性命。_{好牧人为羊舍命。}（同上10：11，1866）

　　　　　　c. Ng-da yi-kying ts'a nyin tao Iah-'æn'æn k'eo; geo <u>young</u> kying-go tsör tæ-kying. 你搭已经差人到约翰安去，渠<u>用</u>真个做对证。_{你曾差人到约翰那里，他为真理做过见证。}（同上5：33，1866）

　　　　　　d. Ng <u>pong</u> Geo tsör tæ-kying-geh nyin, koh-lôh' ang tsing-li. 你<u>帮</u>渠做对证个人，角落行浸礼。_{你所见证的那位，现在施洗。}（同上3：26，1866）

（50）台州话：a. Ge-keh neng-kön do-jü ngô, ziu-z <u>peh</u> Ge do'a, ngô ah ky'in hao. 渠个能干大于我，就是<u>拨</u>渠驮鞋，我也□好。_{能力比我更大，我就是给他提鞋，也不配。}（马太3：11，1880）

　　　　　　b. Ng ngæn-li-keh ts' ngô we <u>peh</u> ng bæh-c'ih-le? 你眼里个刺我会<u>拨</u>你拨出来？_{容我去掉你眼中的刺？}（同上7：4，1880）

例（45）至例（50）可见，19 世纪吴方言中来自代替义和给予义动词的受益者前置词是最常见的，如"替"、"代"、"拨"等。代替义动词用在连动结构前项时，发展为受益者前置词。结构上位于前项位置上的代替义动词带上名词性宾语虚化为次动词，介引名词性短语的功能得到突出，重新分析为前置词；在语义上，"代替某个对象去执行或实施某个行为"蕴含着某个对象要从该行为中受益，代替义动词的介引功能突出后，它所介引的名词性短语的题元角色也发生相应改变，即成为受益者。"拨"是 19 世纪吴语中使用较广的给予义动词，它演变为受益者前置词，也在连动结构中实现。所经历的过程与代替义动词基本一致，即在连动结构前项位置重新分析为前置词，而给予义动词带名词性宾语时，宾语所指对象往往是从"给予"这个动作中接受一种与己有利的事物或行为，这样，给予义动词后的名词性宾语所指对象成了受惠者，受益者身份也得到确立。结构一致和语义合宜是吴语代替义动词和给予义动词演变为受益者前置词的重要基础。

金华话帮助义动词"帮"演变为受益者前置词与代替义、给予义动词的演变相似。语义上，受帮助的对象即为行为或事件的受惠者，当"帮"带上受惠对象出现在其他谓语动词之前时，就有了虚化为次动词的结构条件，该条件得到满足之后，经重新分析，就成为引介受益者的前置词了。

但更有意思的是，引介方向或言谈对象的前置词，如苏州话"对"，表伴随者的前置词，如宁波话"搭"、"等"也用来引介受益者论元。这种多功能之间的演变关系，将在本节三中单独讨论。

金华话"用"也可做受益者前置词，应该不是由表使用义的动词直接虚化而来，而很可能是由工具格演变而来。"用"是金华话中常见的引介工具的前置词。如，

（51）Kyih-teh ts'a' A young shü ' ang-tsing-li nyin, Geo' ông' A kông, Ng mong-djoh Shin-ling kông-lôh gæ-lih Geo shin-shông-go, Geo ziu-teh young Shin-ling ' ang-tsing-li-geh nyin. 只得差我用水行浸礼人，渠亨我讲："你望着圣灵降落倚来渠身上个，渠就得用圣灵行浸礼个人。"只是那差我来用水施洗的，对我说："你看见圣灵降下来，住在谁的身上，谁就是用圣灵施洗的。"（约翰 1：33，1866）

至于"用"如何由工具格演变为受益格，从语义上来看，使用某个工具总是有助于做成某件事，而这件事使某个对象受益，如"用水行浸礼"中"水"是"行浸礼"的工具，而"行浸礼"是为人服务或对人有益，因此"用+工具+VP"结构的语义中蕴含着受益人，当语义表达上需要明确该结构所实施行为的受益者，工具题元被重新分析为受益者题元，"用"就由工具格分析为受益格了。

（八）介引工具的前置词

该类前置词所引介的名词性短语是实施谓语动词的工具或凭借。19世纪吴方言中工具格前置词有"用"、"拿"、"担"等。如，

（52）苏州话：a. 现在也用苏州土白翻出来，使得苏州人容易考究书上奥妙个的道理。（马太，序言，1879）

b. 唔笃当中，啥人能够用忧虑来加添一刻性命阶。你们哪一个能用思虑使寿数多加一刻呢。（马太6：27，1879）

c. 我是拿水来拨唔笃受洗礼咾，叫唔笃悔改。我是用水给你们施洗，叫你们悔改。（马太3：11，1879）

（53）上海话：a. 吾担水来行洗礼。我是用水施洗。（约翰1：26，1847）

b. 酱油拿啥料作做个。拿黄豆来做个用黄豆做的。（《松江话》1883：174）

c. 零碎桌用升萝咾和斗来量。（《集锦》1862：SECTION XVIII.）

（54）宁波话：a. 用手打其他就够拉了弗？（《便览》1910：47）

b. 零碎桌用升等和斗来量。（同上：162）

c. 抲用铅笔写字还好揩擦掉。（同上：47）

d. 倍你勿好抲别用下作人来比我。（同上：48）

e. 抲拉用炉灰擦，也弗能够擦干净。（同上：49）

（55）台州话：a. Ngô yüong shü 'ang we-sing-cün-I-keh tsing-li peh ng：……ge we yüong Sing-Ling teh ho, 'ang tsing-li peh ng. 我用水行回心转意个浸礼拨你，……渠会用圣灵搭火，行浸礼拨你。我是用水给你们施洗，叫你们悔改，……他要用圣灵与火给你们施洗。（马太3：11，1880）

b. Yi zæn-t 'u t 'u Ge, do keh keng lu-dih tang ge deo. 又痰吐吐渠，驮格根芦笛打渠头。又吐唾沫在他脸上，拿笛子打他的头。（同上

27：30，1880）

（56）金华话：Ziu-teh' A-zi nying-feh-djoh Geo；dor-kyiæ' A young shü li' ang-tsing-li。就得我自认弗着渠，但□我<u>用水</u>来行浸礼。_{我先前不认识他，如今我来用水施洗。}（约翰1：31，1866）

（57）温州话：a. 把空个_的匋_用水倒满。（《入门》1893：62）

　　　　　　b. 许倈物事_{这些东西}用何乜（ga-nyie）包起呢？<u>用</u>毡条包起。（《入门》1893：91）

例（52）至例（57）可见，19世纪吴语工具格前置词"用"分布最广，各方言皆用，其次，来自拿持义动词的工具格前置词分布也较广，尽管具体词源有别，如苏州话"拿"、上海话"担"、宁波话和台州话"挝"。只有金华话"挝"、温州话"Tso[1]"（《温州话入门》）这两个方言中的拿持义动词未见用做工具格前置词的，它们仍只用做谓语动词，例外的是温州话表示给予义的动词"匋"也可引介工具格，如例（57）a句。

从句法上来看，苏州、上海、宁波等方言工具格前置词也常与"来"构成框式结构使用，这种结构在文献中较常见，以《上海方言短语集锦》（1862）为例，其中"担……来"结构5处，而只用"担"介引工具格的仅1处，"用……来"结构12处，"用"为14处，若两者合并，那么"担/用……来"共17处，而"担/用"为16处，可见，框式结构要占到一半，这种分布率应反映了吴语工具格前置词功能较弱的特点，即用做前置词的语法化程度并不高。拿持义动词常与趋向动词"来"、"去"共现，而当它出现在连动结构前项位置上虚化为前置词时，仍带有动词的部分特点，即常以"前置词……来VP"结构出现，虽然"来"在该结构中已不表趋向，不具有与"去"相对的方向义了，表义更加空泛，从表达角度来看，它甚至可不用，但它在句法上仍以出现为常，这说明，由拿持义动词发展为工具格前置词时存在语法化滞后的结构表现，在句法上前置词单独介引工具题元的功能相对较弱。

19世纪吴语中来自拿持义动词的工具格前置词也常用作表处置的前置词。如，

（58）苏州话：a. 而且拿俚个_{把他}道理传扬拉_在普天底下，后首_来有耶稣个_的门徒路加，<u>拿</u>_把使徒所行个事体_{的事情}、所传个_的道理，

记拉_在书上。（马太 1879，序言）

b. 世界上人常常拿_把前代个_的人咾_和鬼来瞎当神。（同上）

（59）上海话：a. 到之故搭_{那里}，悬空_{举向空中}，耶稣担_把塌饼分拨_给众人个_的户堂_{地方}。（约翰 1847）

b. 出来子担_把门来锁拉_上。（《集锦》1862：SEC-TION Ⅵ）

c. 拿_把肉切之_成小方块头。（《松江话》1883：LEÇON XXXII.）

（60）宁波话：a. 挖_把葛_这汁药吃拉其_掉。（《便览》1910：27）

b. 把我个_的袷袄放来_在皮箱里。（同上：79）

（61）台州话：a. Yiu ih-do-pæn nying <u>do</u> ge I-zông p'u lu. 有一大班人挖渠衣裳铺路。_{众人多半把衣服铺在路上。}（马太21：8，1880）

b. Ziah yiu nying môong-djôh keh-sih siao-nying li-min z meng-du, <u>do</u> ih-tsæn lang-shü peh ge ky'üoh. 若有人望着格些小人里面是门徒，挖一盏冷水拨渠喫。_{无论何人，因为门徒的名，只把一杯凉水给这小子里的一个喝。}（同上10：42，1880）

c. Dæn-z ge c'ih-le <u>peh</u>Yia-su ming-sing ze keh di-fông tao-c'ü djün-k'e. 但是渠出来拨耶稣名声在格地方到处传开。_{他们出去，竟把他的名声传遍了那地方。}（同上9：31，1880）

d. Yia-su <u>peh</u> keh kyü ih kön-c'ih, ô-lao beh we kông shih-wa. 耶稣拨格鬼一赶出，哑佬便会讲说话。_{鬼被赶出去，哑巴就说出话来。}（同上9：33，1880）

（62）金华话：a. Tsing Ng <u>Yüong</u> keh-geh shü ioh-teh'A. ioh-teh'A fiæ k'eo-sao. 请你用格个水舀得我，舀得我齁口烧。_{请把这水赐给我，叫我不渴。}（约翰4：15，1866）

b. Yæ-su'ông geo-da kông, <u>Yüong</u> shü kyi-mun geh-seh jih-shü-kông. 耶稣亨渠搭讲："用水□满格些□水缸。"_{耶稣对用人说："把缸倒满了水。"}（同上2：7，1866）

c. No! Mong Jing-geh Siao-yiang, we <u>pong</u> shiæ-ga-shông-geh ze-nyih tu pe-leh-k'eo. 诺，望神个小羊，会帮世界上个罪人都拨勒去。_{看哪，神的羔羊，除去世人罪孽的。}（同上1：29，1866）

（63）温州话：a. 叫老大把船驶岸边去，我要上岸。（《入门》1893：250）

b. 你去把_恭我买一只小鸡，三四个鸡卵。（《入门》1893：84）

从例（58）至例（63）来看，苏州话"拿"、上海话"担"、宁波话和台州话"挖"等拿持义动词演变为表处置的前置词，应与古汉语中"将"、"把"等拿持义动词演变为处置介词是一致的（王力，1980）。虽与工具格前置词同源，但表处置的前置词引介题元时的句法独立性比工具格强。虽仍可用"拿/担……来"的框式结构，但其分布率远不及直接用前置词"拿/担"。如，上海话"担……来"只有2处，而直接用"担"介引的6处，"拿"用来介引处置对象时，已不用框式结构"拿……来"，如《松江话词汇》（1883）"拿"字处置式有39处，皆不用"拿……来"结构的。这与工具格前置词的分布形成对比，工具格前置词过半采用框式结构，而表处置的前置词则甚少使用框式结构，这或许反映了表处置的前置词语法化程度更高，或者说比工具格前置词语法化更彻底，所以在结构上对"来"的依赖也不强。

宁波话、温州话用"把"字处置句，而这个"把"在温州话中也被记作受益者前置词，是借用了官话的形式，这只是课本翻译不地道造成的，对温州话处置介词本身并无影响，故不展开讨论。

（九）介引施事者的前置词

这类前置词引介的名词性短语所指对象往往是谓语动词的直接施事者，但它不是谓词的直接题元。如，

（64）苏州话：a. 圣书虽然是人手写出来个_的，并勿_不是人心想出来个_的，是善人拨_被圣灵感动，照子_着真神个_的意思咾写个。（马太，序言，1879）

b. 有个落拉路边，拨拉人踏脱咾空中个鸟来吃完哉。_{有落在路旁的，被人践踏；天上个飞鸟又来吃尽了。}（路加8：5，1903）

（65）上海话：a. 松江已经拨垃_被长毛破脱哉_{掉了}。（《集锦》1862：52）（6处皆用"拨垃"）

b. 米间门锁之_了，勿要_别开拉_着咾拨_被别人偷之_了

米去。(《松江话》1883：LEÇON XV)

（66）宁波话：船主等_和大副拨_被大浪罩没来_在海里向。(《便览》1910：127)

（67）台州话：Eo-deo z yiang-yiang vu-yüong, tsih hao tao ze nga-min, peh nying dæh-gao. 后头是样样无用，只好倒在外面，拨人踏告。_{以后无用,不过丢在外面,被人践踏了。}(马太 5：13，1880)

（68）金华话：a. Sai li-pa tang li iu ih-keh niang sie chu fu-choh keh nin. 在礼拜堂里有一个让邪鬼附着个人。_{在会堂里有一个被邪鬼附着的人。}(马可 1：23，1898)

　　　　　　　b. Ih-teng nyin ing kông, Ng teh kyü-mi-keh-go, la-geh nang-sër li sor Ng ni? 一等人应讲："你得鬼迷格个，哪个打算来杀你呢?"_{众人回答说:"你是被鬼附着了!谁想要杀你?"}(约翰 7：20，1866)

（69）温州话：Dà-ź mùng toa-chung k'à Ziè-tì tsź-tié, ziuh töè Ko-li-li koa-kà k'ì. 但是梦当中匄上帝指点，就到加利利国界去。_{又在梦中被主指示,便往加利利境内去了。}(马太 2：22，1892)

例（64）至例（69）可见，19世纪吴语各方言中引介施事者的前置词皆由给予义动词演变而来，如苏州话、上海话、宁波话、台州话"拨"、温州话"匄"，苏州话和上海话施事者前置词还可用复合词式的"拨拉"（或写作"拨垃"）等，给予义动词演变为施事者前置词经历了表致使或允许义动词的阶段，与官话中"给₁（给予）—给₂（使、让）—给₃（被）"(蒋绍愚，2002)的演变平行，即经历了"拨（拉）₁（给予）—拨（拉）₂（使、让）—拨（拉）₃（被）"的语法化历程。19世纪文献中吴语各方言施事者前置词皆仍存在给予义动词、致使义动词等用法，这种一词多能现象是它们语法化不同阶段在共时平面的表现。此外，从语料来看，由前置词介引施事者所构成的句子在语义上也突破了表遭受或不如意的限制，如例（64）a句、例（69）都表达的是积极意义，大概是在《圣经》翻译中受到了英语的影响。

二　动词后前置词

动词后介引间接题元的成分，主要有两大类，一是表动作发生的处所、达到的终点或动作的方向等前置词，二是表与事的。

（一）介引处所、终点、方向等前置词

一百多年前这类前置词，苏州话、上海话用"拉"、宁波话用"来lœ"，金华话用"得 te"，台州话用"在 ze"、温州话用"是 ẓ"。动词后介引处所和终点的前置词与动词前表处所的前置词词源相同。不过，动词后前置词一般多为单音节形式。如，

（70）苏州话：a. 希律王个时候，耶稣养拉犹太国伯利恒县里。当希律王的时候，耶稣生在犹太的伯利恒。（马太 2：1，1879）（处所）

　　　　　　b. 格末唔笃拿子礼物要去献拉祭坛上。所以你在祭坛上献礼物的时候。（同上 5：23，1879）（终点）

（71）上海话：a. 但是上帝独养子，亥勒拉上帝胸前个，话明白上帝拉。只有在父怀里的独生子将他表明出来。（约翰 1：18，1847）（处所）

　　　　　　b. 吾看见圣神像鸽子打天上下来，住勒伊身上拉。我曾看见圣灵仿佛鸽子从天降下，住在他的身上。（同上 1：32，1847）

　　　　　　c. 初时人哴末没有房子住，才登垃在地窟里咾荒野户荡地方。（《集锦》1862，175）

　　　　　　d. 故个人话，担泥来抹拉眼睛上。那个人说："拿泥巴来抹在眼睛上。"（约翰 9：15，1847）（终点）

　　　　　　e. 玉桂出垃在啥地方？（《集锦》1862：8）（源点）

（72）宁波话：a. 其拉他们屯来住在城里。（《便览》1910：37）（处所）

　　　　　　b. 葛这星些书好放来在桌凳上。（同上：39）（终点）

　　　　　　c. 人家弗会点灯盏放来在斗桶下，总是放来在灯台上就照着合家个人。（同上：180）

　　　　　　d. 把葛这星些碗盏碟子扲去拿去囥来收在橱里。（同上：79）

　　　　　　e. 葛那根条凳好搭拉到楼下去。（同上：6）（方向）

　　　　　　f. 跳落下马下。（同上，212）（方向）

（73）台州话：a. Yia-su yi-kying sang ze yiu-t'a koh pah-li-

'eng. 耶稣已经养在犹太国伯利恒。_{耶稣已经生在犹太个伯利恒。}（马太 2：1，1880）（处所）

b. Ngô sön ge ziang ts'ong-ming-keh nying, ky'I oh <u>ze</u> zih-deo-zông。我算渠像聪明个人，砌屋<u>在</u>石头上。_{好比一个聪明人，把房子盖在磐石上。}（同上 7：24，1880）（终点）

c. Keh yia-ts'ao, kying-nying wæ ze-teh, t'in-nyiang ziu tön <u>ze</u> ho-lu-li。格野草，今天还在得，天亮就□<u>在</u>火炉里。_{野地的草，今天还在，明天就丢在炉里。}（约翰 6：30，1880）（终点）

d. Dæn-z t'in-koh-keh n iao kön-c'ih <u>tao</u> nga-deo heh-ön di-fông。但是天国个儿要赶出<u>到</u>外头黑暗地方。_{惟有本国的子民，竟被赶到外边黑暗里去。}（马太 8：12，1880）（方向）

e. Hao mông t'in-li-keh tiao；ge feh'ô iang，feh si-keh，ah feh siu-tsing koh-ts'ông-li。好望天里个鸟，渠弗下秧，弗收割，也弗收<u>进</u>谷仓里。_{你们看那天上的飞鸟，也不种，也不收，也不积蓄在仓里。}（约翰 6：26，1880）（方向）

（74）金华话：a. Pe-teh gæ-<u>teh</u> meng a。彼得倚<u>得</u>门外。_{彼得却站在门外。}（约翰 8：16，1866）（处所）

b. Geo-da ziu yüong hæ-mia-hwor tsin ts'u，fông-<u>teh</u> nü-sih-ts'ao jông-doe，diæ-<u>teh</u> Geo k'eo-deo。渠搭就用海绵花浸醋，放<u>得</u>牛膝草上头，吊<u>得</u>渠口头。_{他们就拿海绒蘸满了醋，绑在牛膝草上，送到他口。}（约翰 19：29，1866）（终点）

c. Ziu k'eo tseo-<u>teh</u> jüa-jông；keh yia m-teh kw'or-djoh。就去走<u>得</u>船上；格夜吭得获着。_{他们就出去，上了船，那一夜并没有打着什么。}（同上 21：3，1866）

d. Si-meng Pe-teh keng geo ziu tao，tseo-<u>tsin</u> veng-deo，yia mong-djoh mor-pu zæ-næn。西门彼得跟渠就到，走<u>进</u>坟头，也望着麻布在那。_{西门彼得随后也到，走进坟墓里去，就看见细麻布还放在那里。}（同上 20：6，1866）（方向）

（75）温州话：a. Yiè-zé，fú-diu yí-chang k'où <u>ź</u> jì-kö-de。现在斧头已经囷<u>是</u>树根里。_{现在斧子已经放在树根上。}（马太 3：10，1892）（处所）

b. 该_这个碗里个_的水倒<u>是</u>_在镬_锅里。（《入门》1893：62）（终点）

c. 日昼_{白天}走<u>出</u>街路里，黄昏归_回来读书，到夜底_里三更时翻床里眲罢_{躺床上睡觉}。（《入门》1893：69）（方向）

从例（70）至例（75）来看，一百多年前吴语中动词后表处所和终点的前置词虽然总与后置词构成框式结构使用，但从句法上来看，未见动后前置词省略的。其次，表方向的后置词大都以趋向词来充当。如"进"、"出"等。

（二）介引与事的前置词

一百多年前吴语引介与事的前置词有两类，一来自给予义动词的与事介词，二来自表动作终点的介词。如，

（76）苏州话：a. 因为唔笃那哼议论人，人也要那哼议论唔笃，唔笃用啥个升斗量<u>拨</u>别人，别人也要用啥个升斗量<u>拨</u>唔笃。_{因为你们怎样论断人，也必怎样被论断；你们用什么器量量给人，也必用什么器量量给你们。}（马太7：2，1879）

b. 有啥人要告侬，一淘拉路上，快点搭俚和好，恐怕告侬个人，拿侬交代<u>拉</u>士师，士师也交代<u>拉</u>牢头禁子，收侬拉监牢里。_{你同告你的对头还在路上，就赶紧与他和息，恐怕他把你送给审判官，审判官交付衙役，你就下在监里了。}（同上5：25，1879）

c. 圣个物事，勿要拨拉狗，珍珠，勿要丢<u>拨拉</u>猪，恐怕俚踏拉脚底下，掉转来咬唔笃。_{不要把圣物给狗，也不要把你们的珍珠丢在猪前，恐怕它践踏了珍珠，转过来咬你们。}（同上7：6，1903）

（77）上海话：a. 多拨_给点铜钱<u>垃</u>伊_他。（《集锦》1862：46）

b. 侬_你肯拨_给一件马褂拨伊否？（《功课》1850：第二十课）

c. 第个一只篮_{这个篮子}侬肯_你拎<u>拨拉</u>_给我朋友否？（同上：第十九课）

（78）宁波话：其_他等到走，留葛_这五百铜钱<u>拨</u>_给伙计。（《便览》1910：73）

（79）台州话：Yia-su……ziu p'ah-k'e mæn-deo kao <u>peh</u> meng-du; feng <u>peh</u> keh-do-pæn-nying. 耶稣……就掰开馒头交<u>拨</u>门徒，分<u>拨</u>个大班人。_{耶稣……掰开饼，递给门徒，门徒又递给众人。}（马太14：19，1880）

（80）金华话：a. Yæ-su dör-leh ping, c'oh-zia-kyiæ feng-<u>teh</u> ôh-

sæn. 耶稣驮勒饼，祝谢讫分<u>得</u>学生。_{耶稣拿起饼来，祝谢了，就分给那坐着的人。}（约翰
6：11，1866）

　　　　　　b. Mo-siæ mi-zeng s-<u>teh</u> ng-da, zong t'ia-jông-geh
mun-deo；dor-kyiæ' A-geh Yia yüong t'ia-jông kying-geh mun-deo s-
<u>teh</u> ng-da. 摩西未曾赐<u>得</u>你搭，从天上个馒头，但□我个爷用天上真
个馒头赐<u>得</u>你搭。_{那从天上来的粮，不是摩西赐给你们的，乃是我父将天上的真粮赐给你们。}（同上6：
32，1866）

（81）温州话：我铜钱借<u>句</u>_给人是把我个_的铜钱捉<u>句</u>_{拿给}别人用。
（《入门》1893：79）

　　例（76）至例（79）苏州话、上海话、宁波话、台州话等"拨"，
例（80）、例（81）金华话"得"、温州话"句"等做与事介词，同时它
们也是本方言中的给予义动词。因此，尽管南北部吴语给予义动词词源有
别，但皆来自给予义动词的语法化。

　　一百多年前苏州话和上海话还可用介引动作达到终点的前置词"拉"
介引与事，这两类前置词共用标记，是因为它们有共同的语义基础，即达
到义。介引终点的"拉"表示达到某个场所，介引与事的"拉"表示被
转移物成功达到某人手中。这种语义相通，使得表空间达到的"拉"通
过隐喻发展为表与事的前置词。

　　由给予义动词和表终点的前置词发展为表与事的前置词，这也是世界
语言中普遍的语法化现象（Heine & Kuteva，2007：37，153）。而这两种
标记同存的现象主要发生在太湖片吴语中，其他各地吴语则只有给予义动
词源类与事标记。

三　一百多年前吴语前置词的语义地图分析

　　下面我们将一百多年前吴语前置词用表5-1列出，可以更清晰地看
到前置词之间的功能交错，而这种功能交错或"一词多能"不仅体现了
前置词所介引题元之间的语义关系，也是它们语法化历程的反映。而介引
同一题元的前置词在同时期往往不止一个，这些同功能的异源前置词虽并
存，但其使用频率表明它们正处于更替中。

表 5 - 1　　　　　　　　　　一百多年前吴语前置词

类型＼方言	苏州话	上海话	宁波话	台州话	金华话	温州话
表场所	拉	勒拉/勒	来	在	在	是/宿
表源点	拉/从	勒拉/拉/打	从……介	从	从	是/从
表方向	对	朝/望之/对	朝	朝	亨	望/向/朝
表言谈对象	对	忒/替/对	等	搭	亨	句/对/伉
表伴随	搭/同	搭/搭仔/忒/同/替	搭/等	搭	亨	伉
表等比	搭	搭/搭仔/忒/替	等	搭	亨	伉
表受益者	替/拨/对	忒/替/对	替/代/拨/搭/等	拨	替/用/帮	代
表工具	用/拿	担/拿/用	用/拕/拕拉	用/拕	用	句/用
表处置	拿	担/拿	拕/拨	拕/拨	用/帮	拨
表施事者	拨/拨拉	拨拉/拨	拨	拨	让/得	句
表差比	比	比/比之/傍/傍之	比	比	比	比
表场所、达到	拉	勒拉/拉	来/拉/落	在/到/进	得/进	是/出/到
表与事	拨/拉/拨拉	拨/拉/拨拉	拨	拨	得	句

　　从表 5 - 1 可以看到以下几类前置词在功能上的交叉：（1）表场所的前置词可以表源点和终点，如上海话和苏州话"拉"、宁波话"来"、温州话"是"等；（2）表终点的前置词可以表与事，如上海话、苏州话"拉"；（3）表言谈对象、伴随、等比、受益对象等前置词在有些方言中同标记，如上海话"替、忒"、宁波话"等"，而其中前三类前置词共用的更多，如温州话"伉"、金华话"亨"、台州话"搭"、宁波话"等"、上海话"替、忒"等；（4）表工具和表处置的前置词共用标记，如苏州话"拿"、上海话"担"、宁波话和台州话"拕"、金华话"用"等；（5）表施事者和与事者的前置词共用，如苏州话、上海话"拨/拨拉"，宁波话、台州话"拨"，温州话"句"等，而宁波话、台州话"拨"还用做表处置的前置词。

　　从共时平面来看，19 世纪吴语前置词类型虽然丰富，但各前置词在词源上的共享或功能上一身多任现象，反映了吴语前置词的专职功能弱，因此，从类型上来看，一百多年前吴语虽属前置词语言，但它并非典型的前置词语言。

从历时平面来看，一百多年前吴语中前置词一身多任现象是其语法化的产物。这种兼职现象反映了前置词之间的语义关联。下面我们尝试用语义地图来观察吴语前置词的语义空间。

语义地图模型通过考察"多功能语法形式"，研究不同语法意义之间的内在关联。而这种内在关联往往具有跨方言或语言的必然性，因此它们也呈现出系统性和普遍性，是人类语言概念层面的共性反映。这种共性的关联可基于"语义地图连续性假说"（the Semantic Map Connectivity Hypothesis）表征在一个连续的概念空间中，而不同语言或方言以及同一语言/方言在不同历史时期的变体都有可能以不同的方式在这个体现共性关联的概念空间上切割出不同的语义地图，只要切割的结果不造成非连续的区域。以语言地图模型研究语言，既可以显示语言共性的一面，也能彰显语言的个性（张敏，2010）。

张敏（2008）利用一百多个汉语方言点语法资料在哈斯佩马（Haspelmath，2003）研究的基础上得出各主要间接题元如施事者、工具、接受者（与事）、受益者、伴随者、来源、方所等的语义地图，如图5-1。19世纪吴语前置词在功能上的交叉所反映的语义关联也都可以在这个地图上画出连续的空间。其中本文中的表言谈对象、与事即为语义地图上的"方向/接受者"、表等比和表伴随即为语义地图上的伴随。这样，我们可以在该语义地图上画出吴方言前置词在题元功能上的连续空间。

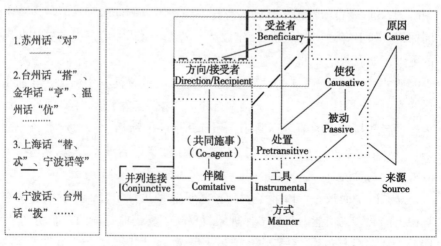

图5-1　汉语方言主要间接题元的语义地图

　　苏州话"对"反映了"方向/接受者—受益者"直接相关的概念空间，台州话"搭"、金华话"亨"、温州话"伉"等则反映了"伴随—方向"的连续空间，上海话"替、忒"与宁波话"等"的功能反映了"并列连接—伴随—方向/接受者—受益者"的连续空间，宁波话、台州话"拨"的功能则反映了"接受者—受益者—处置—使役—被动"的连续空间，此外，各方言较普遍的使用拿持义动词演变来的前置词标记"处置—工具"题元，金华话"帮、用"则可以标记"受益者—处置—工具"等题元。可见，早期吴语前置词功能体现了各题元之间语义的内在联系。

　　不过，有些前置词所介引题元并不能从语义地图上找到连续空间，而是存在断裂区域。如温州话"勾"，介引施事题元，即被动标记，虽然与工具题元，在语义地图上可找到连续空间，但它们与方向/接受者题元并不是连续的概念空间，断裂区域为"受益者—处置"；苏州话"拨"引介的接受者、受益者题元为连续空间，但与使役—被动存在断裂空间，即在处置题元上未连续，从这两个方言来看，它们在语义地图上的断裂区域均包含着处置题元。而不管是"勾"还是"拨"从词源义上来看，它们是表给予义，即用做前置词应该都是由给予义动词发展而来的。那么给予义动词发展为各类前置词的演变轨迹或者说发展出的各种题元功能在语义地图上的布局到底如何呢？根据张敏（2008）的研究，汉语方言如湘语、徽语、吴语、客家话等处置标记要么直接来源于受益者标记，要么来自其他各种来源如伴随标记，但最终发展出受益者标记并由此发展为处置式标记，也就是说，受益者标记和处置标记是直接的二元关联，他的研究与以往对北京话"给"得出的语法化轨迹"给予动词 > 受益者标记 > 被动标记"、"给予动词 > 处置标记 > 被动标记"有别。

　　从19世纪吴方言来看，宁波话、台州话"拨"和金华话"帮"的功能体现了"受益者—处置"两者之间的直接关联，从词源来看，前者为给予义动词源类，后者为帮助义动词源类，似乎这两者皆可以发展出"受益者—处置"的题元功能。不过，19世纪吴语大部分方言中受益者题元由代替义动词演变而来，如苏州话"替"、温州话"代"，而表与事题元的前置词则多由给予义动词演变而来。代替义动词与受益者、给予义动词与与事两两之间的演变关系与它们所出现的句法环境直接相关，吴语极少使用类似北京话"我给你买一本书"的说法，而更自然的是"我买本书拨你"，且这种与事结构在吴语中比双宾结构"VO_iO_d"或"VO_dO_i"更常见，这种结构的广泛分布为给予义动词演变为与事或接受者提供了结构和语义基础，给予义动词充当与事标记应该是一种更基本的功能；所以19世纪吴语中"拨"、"句"等做与事或接受者标记是最普遍的现象；而"拨"用做受益者标记居于整个VP结构之前在19世纪吴语中只使用在《圣经》译本中，如例（45）苏州话、例（50）台州话等，它们虽偶见于苏州话、台州话和宁波话中，但较之其他受益者介词，出现频率很低，这种文献分布让我们相信，"拨"用做受益者介词极有可能是由于官话中表给予义的"给"做受益者标记影响的结果，而这种影响当时还未触及南部吴语温州话，所以温州话"句"并未发展出受益者标记。因此从吴语给予义动词所出现的句法结构来看，吴语给予义动词并非直接演变为受益者标记，而是首先演变为接受者，这也就影响到它是否可以进入"受益者—处置"这个语义区域，若已有其他更直接的来源如代替义动词、帮助义动词等直接演变为受益介词，并牢固地占据这个位置，阻碍了新的标记进入"受益者—处置"这个区域，所以苏州话、上海话"拨"、温州话"句"、金华话"得"等都未能获得这个概念空间中的两个题元功能。

　　因此，从语义地图来看，一百多年前吴语中各间接题元的功能交叉体现了它们之间语义上的密切关系。但就吴语来看，我们并不完全赞同"给予义动词＞受益者标记"的直接演变关系，而是强调在南方方言中"给予义动词＞接受者标记＞受益者标记"的演变轨迹，其中给予义动词发展为接受者标记更加符合该类动词的用法；至于苏州话"拨"、温州话"句"在功能上所反映的断裂区域是因为其他来源的标记成为更强的形式，阻碍它的演变，所以它们就会出现某些功能阙如，但这种阙如仍受到连续性制约，即至少缺少其中一个直接相关的二元对，如苏州话"拨"不作"受益者—处置"标记，但可作"使役—被动"标记，温州话"句"不作"受益者—处置"标记，但可做"使役—被动—工具"，均缺少"受益者—处置"这个二元直接关联对，同时，它们又都具有"使役—被动"这个直接关联对，这也说明，吴语中"给予义动词＞致使义动词＞被动标记"是成立的。

四　一百多年来吴语前置词的兴衰更替及其成因

由表5－1可见，19世纪吴语中同一题元有时可用不同词源的前置词来介引，以上海话为例，表受益者的前置词用"忒、替、对"，表工具和处置的用"担、拿"，表施事的用"拨、拨拉"、表与事的用"拨、拉、拨拉"等，这种在同一方言中叠置着的同功能的词，从共时的语言系统来看，是不经济的，而从历时来看，它们在不同历史时期文献中分布的差异往往能反映其发展趋势，或兴或衰，其兴衰更替不仅可能来自语言系统自身的要求，要求系统经济有效，同时也可能来自语言系统外部的因素，如语言之间的接触影响。下文考察吴语前置词中的兴衰更替及成因。

（一）上海话与事标记"拨"、"拉"、"拨拉"及施事标记"拨"、"拨拉"

19世纪中叶上海话和苏州话中与事标记主要有"拨"、"拉"、"拨拉"三种，分别来自给予义动词、表方向的前置词以及两者的合并。其中"拨"、"拨拉"仍可用做给予义动词，而"拉"则只能做前置词，它由表方向的前置词以隐喻方式发展为与事标记。它们在文献中的分布可以很清晰地看到并存相竞后的替代。以上海话为例。

表5－2　　　　　一百多年来上海话与事、施事及动词用法分布表

年份	与事			动词		施事		致使		总计
	拉	拨	拨拉	拨拉	拨	拨拉	拨	拨拉	拨	
1850	29	9	7	12	34	1	0	9	1	102
1862	12	1	9	2	7	12	3	0	0	38
1883	11	1	0	3	13	0	5	0	1	35
1899	10	0	0	2	12	0	1	0	0	25
小计	62 28.6%	11 5.8%	15 7.9%	19 10%	56 29.6%	14 7.4%	9 4.8%	9 4.8%	2 1%	189 100%
1906	0	4	0	0	3	2	3	0	4	16
1910	7	29	10	8	21	15	32	2	31	155
1915	4	7	8	3	9	7	2	0	1	41
1924	1	15	3	1	2	0	0	0	2	24
小计	12 5%	55 23.3%	21 8.9%	12 5%	35 14.8%	24 10%	37 15.7%	2 0.8%	38 16%	236 100%

续表

年份	与事			动词		施事		致使		总计
	拉	拨	拨拉	拨拉	拨	拨拉	拨	拨拉	拨	
1927	0	2	0	0	6	0	2	0	4	14
1936	0	53	0	3/0	23	0	16	0	8	103
1940	0	3	0	0	2	0	0	0	0	5
1942	0	16	0	0	0	0	2	1	4	23
1995①	0	37	0	0	9	0	3	0	2	51
2004	0	19	0	0	4	0	3	0	2	28
小计	0	130 58%	0	3/0②	44 19.6%	0	26 11.6%	1	20 8.9%	224

注：表中文献为《功课》（1850）、《短语集锦》（1862）、《松江话》（1883）、《妙法》（1899）、《医用对话》（1906）、《课本》（1910）、《沪语开路》（1915）、《活用上海语》（1924）、《常用短语》（1927）、《会话集》（1936）、《四周》（1940）、《ポケット上海语》（1942）、《上海话900句》（2004）。

　　从表5－2来看，与事标记在一百六十多年中发生了合并，由"拨"取代了"拉"、"拨拉"。不过，这个过程历经半个多世纪才完成。从文献来看，19世纪下半叶上海话各课本中"拉"做与事标记更常见，其次才是"拨拉"做与事标记，而"拨"主要做双宾句动词，"拨拉"做动词时，较少构成双宾结构使用，而是常用来带指人的间接宾语，构成"拨拉＋O_i"结构，实际上是动词"拨"与事标记"拉"介引的间接宾语的组合形式，仍可归入"拉"做与事标记。19世纪中叶至19世纪末的四种文献中，"拉"做与事标记仍有绝对优势，占到38.6%（28.6%＋10%），其次才是"拨拉"，占7.9%，而"拨"做与事标记只占5.8%，至20世纪20年代，"拉"的优势被"拨"取代了，在这期间的四种文献中，"拉"做与事标记只占到5%，与事标记"拨拉"占8.9%，而"拨"则占23.3%，已超过前两者。自20年代末开始，"拉"和"拨拉"基本消退，《中日会话集》（1936）中作者举了三例"拨（拉）＋O_i"结构，表示"拨拉"皆可以只说成"拨"。自20世纪20年代末至今的一百年间，一般用"拨"做与事标记了，"拉"已基本消失了，"拨拉"也只是残留

① 语料来自《上海老娘舅》第1集（1995）、第900集（2007）两集对话，近2万字。

② 作者采用了"拨（拉）"，即"拉"可用可不用，这种情况共3例，所以记作3/0。

而已。

　　与事标记来自方向义前置词和给予义动词，是世界语言中比较普遍的两种类型，而为何在一百多年来吴语中与事标记"拉"、"拨"不能长期并存使用，且只能是"拨"取代"拉"，反之则不能发生呢？类似现象也发生在粤语一百多年与事标记演变中。钱志安（2010）指出，在过去一百多年，粤语出现过两个间接宾语标记："过"、"畀"，"过"盛行于19世纪至20世纪中叶，20世纪40年代以后，"畀"取代"过"。结合文献和方言调查，他得出"畀"替代"过"的语法和语义因素是：受益者标记"畀"渗透到双宾句的间接宾语标记，这种交替是一种类推的语法演变，从语义来看，"畀"不仅涉及物体空间转移，也涉及物体"拥有权"的转移，也就是说，它比"过"更适合来担当间接宾语标记。其研究着重从语言系统内部阐释了粤语"畀"替代"过"。那么这种观察在理论和实践上到底是否可以用来解释上海话"拨"替代"拉"的演变呢？

　　首先，钱志安（2010）将"佢织咗条领巾畀老公"（她给她丈夫织了一条围巾）看作"畀"用做受益者标记，这种受益句区别于双宾句的是动词语义特征为［－给予义］，不过，据朱德熙（1985：170）指出，"织了一件毛衣给他"与"送一本书给他"都是表示给予的，尽管"织"类动词不包含给予意义。在句法上，"给他"可以挪到"织了一件毛衣"的前边。所以尽管我们认同可根据动词语义特征将双宾句分开并考察与事标记的分布情况，但不赞同将"织"类动词构成的双宾句当作受益句。

　　接着我们来看上海话"拉"、"拨拉"和"拨"在双宾句中的具体分布。19世纪中叶以来上海话中"拉"不限于给予义动词双宾句，而"拨"也不限于非给予义动词双宾句，"拨拉"出现的双宾句动词对语义特征无特殊要求。如，

　　（82）a. A：俫你们朋友肯拨给啥加非咖啡拉给我否？B：只怕肯个（《功课》1850：第二十课）（给予义动词双宾句）

　　　　b. 卖仔了地皮，要立一章文契拉给我。（《集锦》1862：75）（非给予义动词双宾句）

　　（83）a. A：侬你肯拨给一件马褂拨给伊他否？B：肯个的．（《功课》1850：第二十课）（给予义动词双宾句）

　　　　b. 啥人拉在写回信拨给我。（非给予义动词双宾句）

（84）a. A：写信拨拉_给啥人谁？B：拨拉_给裁缝。（同上：第二十一课）（非给予义动词双宾句）

　　b. 侬_你个_的书借拨拉_给啥人谁。（同上）

（85）a. A：侬_你肯借物事_{东西}拨_给邻舍否？B：肯是肯个_的，独_只是呒_没啥好物事_{东西}。

　　b. A：侬_你肯借一面镜子拉_给伊拉_{他们}否？B：肯个_的。（同上：第二十课）

从例（82）至例（85）来看，上海话"拉"、"拨"、"拨拉"可以出现在给予义动词谓语和非给予义动词谓语两类双宾句中，这与早期粤语"畀"只用在非给予义动词双宾句、"过"只用于给予义动词双宾句不同。如表5-3所示，19世纪中后期"拉"无论是在给予义动词双宾句还是在非给予义动词双宾句中做与事标记都具有优先性，特别是在给予义动词双宾句中占到85.7%，"拨"在两类双宾句中用做与事标记的比例也相差不大，尽管出现频率都不超过20%，而"拨拉"用在非给予义动词双宾句中更常见些。对比20世纪二三十年代的语料，最明显的变化是"拉"首先退出非给予义动词双宾句中，仅保留在给予义动词双宾句中，而"拨"在两类双宾句中做与事标记的比例虽有所增长，但仍旗鼓相当。因此，根据文献，我们大体可以推测出："拨"逐步排挤"拉"的地盘，使它首先退出非给予义动词双宾句，然后再侵吞它在给予义动词双宾句中的分布。

表5-3　　　20世纪20年代以前上海话中与事标记的双宾句分布

年份	[＋给予义] 动词双宾句				[－给予义] 动词双宾句			
	拉	拨	拨拉	总计	拉	拨	拨拉	总计
1850	36	4	1	41	3	2	3	8
1862	12	1	2	15	2	0	1	3
小计	48 85.7%	5 8.9%	3 5%	56 100%	5 45%	2 18%	4 36%	11 100%
1915	4	3	0	7	0	5	4	9
1924	1	10	1	12	0	5	2	7
小计	5 26%	13 68%	1 5%	19 100%	0 0	10 62.5%	6 37.5%	16 100%

注：《功课》（1850）、《短语集锦》（1862）、《活用上海语》（1924）、《沪语开路》（1915）。

　　至于上海话"拉"与"拨"的替换是否经历过"拨"的类推来实现它向"拉"所分布地盘的扩散呢？我们认为，扩散是肯定有的，但它是否因着"拨"在句法结构上的优势而扩散的，并不明确，因为"拉"、"拨"在上海话双宾句中的分布并非是对立互补的，况且即使是分布于两种不同双宾句也很难说"拨"就一定会具有扩散的优势，因为非给予义动词双宾句毕竟在文献中使用频率本身就要比给予义动词双宾句少得多，在这样一种相对弱势结构中的与事标记要战胜强势结构中的与事标记，难度较大。所以我们相信，上海话"拉"被"拨"取代应该另有原因。

　　19世纪中叶，"拉"在上海话和苏州话中是一个多功能词，"拉"可以介引动作发生场所、源点和终点等方向不同的处所短语（其他功能可参见石如杰等《明清吴语词典》"拉"，2005），还通过隐喻发展为与事标记，从表示空间位移到表示物体转移。这种用法与给予义动词演变来的与事标记"拨"重合。那么谁能成为最后的胜出者呢？我们从"拉"首先退出的"非给予义动词类双宾句"似乎可以看到一些轨迹，即在这类双宾句中对与事标记"拨"的要求要胜过"拉"，也就是说，人们更倾向于使用来自给予义动词的与事标记"拨"来构成非给予义双宾句，"拨"标记双宾句在语义表达上更明确，而"拉"要由表空间位移转变为物体移动则主要借助的是双宾句构式义，即授者主动地使被授物体从授者转移到接受者，在这种构式义中"拉"通过隐喻实现功能转变，而给予义动词双宾句是体现双宾句构式义的典型结构，所以"拉"也就主要使用在这类结构中，但它相对于"拨"来看，在语义表达上并无优势，特别是在非给予义动词双宾句中，所以它若出现在这类双宾句中，常仍需要"拨"来助一臂之力，构成"拨拉"来使用，这也是"拨拉"更多使用在非给予义动词双宾句中的原因。

　　从外部来看，与事标记来自给予义动词不仅在19世纪吴语区是普遍的，如台州话和宁波话"拨"、金华话"得"、温州话"句"等与事标记皆源于给予义动词，官话也只以"给"做与事标记，这种整齐划一的外部语言环境，不能不说间接地加快了"拨"这个优势与事标记的取胜。自20世纪初期，大量苏南浙北移民涌入上海，对其语言系统也产生了一定的影响。与事标记"拨"使用的增加，也可能受到宁波话等以给予义动词类与事标记的间接影响，促使"拉"以更快的速度消失，所以自三四十年代开始，"拉"、"拨拉"基本上已经被"拨"取代了。

19 世纪中叶上海话施事标记也有两类，即"拨拉"和"拨"，从文献分布来看，这两类之间的兴衰局面与与事标记表现一致，"拨拉"在 19 世纪为主要的施事者标记，而到了 20 世纪前二十年中"拨"逐渐成为主要的施事者标记，20 世纪 20 年代以后，随着"拨拉"的消失，"拨"也成为近百年来唯一的施事者标记了。19 世纪"拉"常在给予义动词"拨"之后引介与事，这种高频组合导致词汇化，使它们组成复合词"拨拉"，由于"拉"的意义虚化，所以"拨拉"所表示的意义和用法与"拨"相当，它们可做致使义动词，也可做施事者标记，20 世纪初开始"拨"逐渐成为最主要的给予义动词、致使义动词等，"拨拉"也就逐渐退出致使义动词、施事者标记了。

可见，以上海话与事标记、施事者标记为例，这两类前置词在上海话中经历了一个整合的过程，使原本类型多样趋向单一，且这个过程应该早在一百年前即已基本完成。这种整合既可能是方言系统内部同功能前置词在表义上的优胜劣汰的结果，也可能受到吴语区或官话共同特征所施加的影响。不管怎样，从上海话来看，这两类标记在类型上实现了归一化。

（二）吴语表处置和工具的前置词的演变

处置题元和工具题元在语义地图上是直接关联的二元对，表"拿"义的动词虚化为工具介词和处置介词，是汉语方言及世界其他语言中较常见的演变路径。如唐宋汉语中"将"、"把"既可作工具介词也是处置介词（王力，2006：267），Kalam 语动词"d"（即 take 的意思）可标记工具格和宾格（Lord，1993：135）等。19 世纪吴语也不例外，如苏州话、上海话用"拿"、台州话和宁波话用"挖"、金华话用"用"等可以标记这两种题元。不过，自 19 世纪以来，吴语这两类题元标记也发生过兴衰更替的演变。

1. 上海话"拿"替代"担"

19 世纪中叶文献中上海话拿持义动词基本上只用"担"，还可做工具题元和表处置的标记，而 19 世纪末 20 世纪初开始逐渐被"拿"取代，20 世纪 20 年代这个更替过程基本完成，即"拿"替代"担"的动词用法、前置词用法。

编写于 1850 年的《上海话功课》全书共 6 册，使用"担"做动词约 420 次，可见，它在当时上海话中使用频率之高。如，

（86）a. 我个_的帽子侬_你担拉_拿了否？——担哩_拿了。（第一课）

b. 我个_的一粒银钮子侬_你担拉_拿了否？——勿担_{没拿}。（第三课）

c. 侬_你担拉_拿了个_的纸是啥人_谁个_的？——是我个_的。（第一课）

例（86）"担"均表示"拿"的意思，做动词，带上完成体助词"拉"，在主句中做谓语，如 a、b 句；也可构成关系小句，如 c 句。

工具介词和处置介词皆来自"拿"义动词"担"的语法化。艾约瑟（Edkins，1868）观察到在"担"带受事类名词短语时常出现在趋向动词"来、去"之前。如，

（87）a. 担_把合天底下个事体_{全天下的事情}来讲究明白。（1868：198）

b. 担_把马来骑到海滩去。（同上）

c. 担_用竹片来打。（1868：126）

从例（87）来看，句中"来"虽已由趋向义虚化为目的义，但这种意义已非常虚，以致对译时可不用翻译，实际上此时句中"担"若译为现代上海话，即为处置介词和工具介词。但在句法上仍保留"来"，应该是动词"担"句法特征的残留。即表"拿持义"的"担"做动词用在连动结构中，作为连动结构前项的"担……来"发生语法化，"拿持义"消失，去语义化完成，由连动结构的前项重新分析为表工具和处置的介词，但结构上，实现"担"重新分析的句法环境仍残留着，成为结构滞后的表现。

不过，自 19 世纪末期开始，"拿"迅猛发展，不管是做拿持义动词还是做介词；20 世纪初期"拿"开始取代"担"，二三十年代开始，"担"逐渐隐退。具体见表 5 - 4。

表 5 - 4　　　　　19 世纪中后期至 20 世纪 30 年代上海话"担"
与"拿"的分布

年份	担				拿				合计
	动词	工具	处置	总计	动词	工具	处置	总计	
1862	35	16	7	58（92%）	3	2	0	5（7.9%）	63
1883	32	8	12	52（27%）	55	40	45	140（73%）	192
1899	18	0	0	18（95%）	1	0	0	1（5%）	19
1908	15	0	0	15（79%）	4	0	0	4（21%）	19

年份	担				拿				合计
	动词	工具	处置	总计	动词	工具	处置	总计	
1910	15	2	10	27 (18.7%)	54	23	40	117 (81%)	144
1915	6	0	0	6 (14.6%)	23	3	9	35 (85%)	41
1923	0	0	0	0	51	12	75	138 (100%)	138
1925	0	0	0	0	23	1	7	31 (100%)	31
1936	0	0	0	0	35	10	13/17	58/62 (100%)	58/62

注:《短语集锦》(1862)、《松江话》(1883)、《译语妙法》(1899)、《土话指南》(1908)、《练习》(1910)、《沪语开路》(1915)、《课本》(1923)、《纺织工场技术用上海语》(1925)、《会话集》(1936)。

　　从表 5-4 可以较清晰地看到"拿"与"担"相竞且最终前者取胜。19 世纪八九十年代开始,"拿"逐渐在动词用法、工具标记和处置标记等各项功能上都更常见,如《松江话课本》(1883)中"拿"各项用法共使用 140 次,"担"只用了 52 次,不管是动词用法还是两种标记用法,"拿"都胜过了"担",而这种优势在 20 世纪前二十年中更加突出,"拿"的使用超过 80%,而"担"不及 20%,且用做工具和处置标记比动词用法更早完成这种更替,20 世纪二三十年代开始,各课本中基本上只用"拿"做拿持义动词、工具标记和处置标记了。

　　因此,可以说上海话中"拿"完全取代了"担"。而"拿"、"担"相竞且前者胜出的原因,应与吴语苏州等方言的影响不无关系,"拿"开始取代"担"正发生在 19、20 世纪之交的大移民时期。

　　"拿"用做处置标记虽产生于元代白话中(香坂顺一,1997;太田辰夫,1987),但处置式"拿"在南北方言中的发展很不平衡,于红岩(2001)检索了北方、南方文献后发现:处置式"拿"字句虽出现于北方,但明清时期在南方特别是吴语中的发展超过了北方,成为一种主要的处置句式。晚清吴方言小说均用"拿"做"拿持义"动词、工具和处置标记。如清末苏白小说《海上花列传》用"拿"字 246 处,其中 36 例用做处置标记。如,

　　(88) a. 耐你拿把玻璃罩放来浪在这里,明朝天我搭跟耐你去买。

　　　　b. 耐你倒硬仔着心肠,拿把自家称心个的人冤枉杀仔了,难这样下去耐你再要有啥勿舒齐不舒服,啥人谁来替耐你当心?

《九尾龟》也为晚清古典小说，文中对白多用吴方言。也用"拿"作处置标记。如，

(89) a. 兰芬生前虽有许多亏空，要拿_把他的衣裳首饰拍卖抵偿。

b. 格_这点小意思，请耐_你吃顿点心，耐_你转去_{回去}就拿倪格闲话搭唔笃大人_{把我的话跟你们大人}说末哉。

c. 豌香急了，就拿_把章秋谷给他的那一个戒指拿出来，替他带在手上，方才欢喜。

例（89）中都用"拿"做处置标记。同样，"拿"也是早期苏白《圣经》中唯一的处置介词。如，

(90) a. 拿行洗礼约翰个头，放拉盘里拨我。_{请把施洗约翰的头，放在盘子里，拿来给我。}（马太14：8，1879）

b. 天使要出来，从有义气个当中，拿恶人分别出来，丢拉火炉里。_{天使要出来，从义人中，把恶人分别出来，丢在火炉里。}（同上13：49，1879）

看来，明清时期"拿"是苏州话中唯一的也是普遍使用的拿持义动词和工具、处置标记，而"担"则仅限于松江府（即开埠前的上海话），随着19世纪末20世纪初苏北大量移民迁入，"拿"完全替代了"担"。

可见，上海话"拿"、"担"的更替应该是语言接触造成的，且这种影响在一开始就显得十分强势，这从《松江话课本》（1883）"拿"的使用频率急剧提高可窥一斑，这种强势的影响最终导致"担"在短短二三十年中消退。

2. 金华话"帮"替代"用"

19世纪中叶金华话"用"可用做工具标记，也可表处置，此外，偶见"帮"充当处置标记。以《约翰福音》（1866）为语料，具体分布见表5-5。

表5-5　《约翰福音》（1866）中的工具标记和处置标记及其分布

	工具标记	处置标记	方式标记	受益者标记	总计
用	34（41%）	29（35%）	14（16.9%）	6（7%）	83
帮	0	1（50%）	0	1（50%）	2

从表5－5可见，一百五十多年前，金华话“用”不仅是唯一的工具和方式标记，也是最常见的处置标记、受益者标记，而“帮”虽也用做处置标记和受益者标记，但相对来说，其使用频率很低。

而19世纪其他吴方言，如苏州、上海、宁波、温州等方言中工具标记也都用“用”，它与各方言来自拿持义动词的工具标记共存并用，拿持义动词源工具标记一般也都用做处置标记，而“用”则只能用做工具标记。不过，金华话则显得特别，工具标记“用”常用做处置标记。这可能是由于金华话中没有发展出拿持义动词源类的处置标记。且当处置的对象从实施行为中受益的话，“用”进一步发展为受益者标记。

不过，“用”在今金华话中只保留了工具标记的用法，处置标记的用法为迅速崛起的“帮”完全替代。如，

(91) a. 侬你用毛笔写，我用钢笔写。(曹志耘，1997：236)

b. 帮门开挈。把门打开。(同上：171)

“帮”主要用做受益者标记和处置标记，所标记题元在语义地图上构成连续的最小空间，两种标记间的语法化关系也十分明确，即当介引的对象并非突出在行为中获益，而是突出行为对该对象的作用或影响，处置义得到凸显，受益者题元重新分析为处置对象，标记的功能也发生了相应转变。

至于“用”的功能为何萎缩、“帮”的功能为何得到发展，从表达或题元功能的演化关系上，很难展开具体探讨。不过，从吴语内部工具标记和处置标记的使用上，似乎可以看到它们此衰彼兴的某些原因。金华方言中工具标记“用”作处置标记使用，在吴语内部是个案，而“帮”做受益者标记则在北部吴语中近半个多世纪来得到迅速发展，还可做伴随者标记和并列连词等，尽管它更常出现在新派中。如，

(92) 钢钢：好，侬放心。我会得会帮侬你一道来追求阿德哥哥。(伴随者标记)

莉莉：侬你帮我。你勿不是讲说侬你因为欢喜我，侬你哪能怎会肯帮我去追求阿德呢？(《上海老娘舅》第900集)(受益者标记)

（93）我属于遇强则强，帮_跟伊拉_{他们}打弗_不来噻。（伴随者标记，2011 年，录音语料）

例（92）、例（93）为新派上海话，而从苏州话、上海话来看，一百年前"帮"未见用做受益者标记或其他用法的。

可以说，"帮"是现代吴语受到官话的影响而产生的新标记成分，若从影响的早晚来看，从《圣经》吴方言译本来看，金华话应该是最早的，自 20 世纪中叶以来，随着官话影响，特别是推普工作的加强，"帮"也迅速发展成为很常见的受益者标记，且功能多样化。这大概也是金华话处置标记"帮"替代"用"的主要原因。

3. 宁波话"搭"替代"扲"、"拨"

一百多年前宁波话拿持义动词"扲"可用做工具标记和处置标记，与苏州话、上海话"拿"一样，但同时"拨"也大量用做处置标记，具体分布见表 5 - 6。

表 5 - 6　　　一个多世纪前宁波话工具标记、处置标记及其分布

	工具标记	处置标记	总计
用	25（100%）	0	25
扲	13（81%）	3（19%）	16
拨_{文中记作"把"}	0	56（100%）	56

注：以《宁波方言便览》（1910）为语料。

从表 5 - 6 可见，拿持义动词"扲"在早期宁波话中可做工具标记和处置标记，尽管做处置标记并不常见。

而今宁波话中"扲"字标记已消失，一般只用"用"标记工具，用"搭"标记处置。如，

（94）a. 格听说个有一个人啦，其_他哎，来该_{正在}用该_这种个钻头钻肚皮。（张琼，2007）

b. 莫搭_把人家东西弄坏。（汤珍珠等，1997：305）

c. 搭_把我被子也敲腐喵！（同上）

而"搭"在 20 世纪初的宁波话中一般不用做处置标记，只做伴随者标记（4 处）和受益者标记（2 处）使用，相比同时期文献中大量出现的

受益者标记、伴随者标记"等"来说，它的身影甚为少见。但今宁波话中它完全取代"等"而发展为多功能标记词，我们从语义和句法上找不到"搭"胜过"扲"成为处置标记或胜过"等"用做伴随标记和受益者标记的充分理由，不过，从吴方言内部来看，"搭"在北部吴语苏州话、上海话中于一百多年前即为一个很常见的多功能标记，可表伴随、比较、并列连接等。这种强势应该对宁波话"搭"的胜出产生过重要的推动作用，使它历经一个世纪（20 世纪）的发展，成为宁波话中最常见的多功能标记，可表言谈对象、伴随者、受益者、处置，也可用做并列连词等。

　　综上来看，吴语工具标记在一百多年中由词源类型多样走向单一，功能也实现专一，如宁波话拿持义动词"扲"类工具标记被"用"取代，金华话"用"则由工具标记和处置标记专一化为工具标记，"用"发展为各方言中最常见的工具标记；与工具标记的归一不同的是，处置标记则于一百年中得到进一步发展，除了原有的拿持义动词源类标记外，还有"搭"类（宁波话）、"帮"类（金华话）、"拨"类（台州话）等，不过，这些词基本上都是功能负载重的成分，做处置标记是从其他功能发展而来，如"搭"由伴随者标记发展而来，"帮"和"拨"则由受益者标记发展而来。从处置标记的发展来推测，我们相信，一百多年来吴语中受事提前且使用前置词来介引的情况在逐渐增多。

　　（三）吴语受益介词类型及演变

　　一百多年前上海话受益介词主要有"忒"、"脱"、"替"、"搭"和"对"等，它们在文献中的分布并非同时，有的具有先后之分，存在更替关系，有些同时存在，只是分布量不同。下文我们将根据文献展示上海话受益介词类型及兴衰更替，并探讨吴语受益介词的类型和层次。

　　1. 一百多年来上海话受益介词的类型及更替

　　Ⅰ. "忒"

　　"忒"主要出现在 19 世纪七八十年代之前，即《约翰福音》（1847）、《上海方言常用短语集锦》（1862）、《上海方言口语语法》（1868）等文献中。如，

　　　　（95）a. 就是伊个鞋带，吾勿敢忒伊解拉。_{我给他解鞋带也不配。}（约翰 1：27，1847）

　　　　　　b. 侬忒我_{给我}带一封信去。（《短语集锦》1862：9）

　　c. 忕_替我去买。(《语法》1868：77)

　　艾约瑟（Edkins，1868：77）指出，上海话"替、代、代替、忕、为"都可表示 for、instead of 的意思，即用做代替义动词或受益介词。"忕"在后两种文献中罗马字标音分别记作 t'uh（《短语集锦》1862）、t'eh（《语法》1868），读音相近，而与同时期的"搭、替、对"读音不同，如搭 tah、对 té'、替 t'i（Edkins，1868：134），从艾约瑟的记录来看，"忕"应该是不同于"搭、对、替"的另一个介词，与它们并不存在演变关系。前置词"忕"（《松江话课本》1883：25）虽与其他介词一起列出，可表示"对、为"等意思，但用例中只见到"忕啥做来凶者"，而表示受益介词时在该课本中用"替"，据此推测，受益介词"忕"应被"替"代替，但表"为"义时作为语素残存于"忕啥"（为什么）中。

　　Ⅱ. "脱"

　　19 世纪还存在另一个受益介词，即"脱"，不过，它只出现在《上海话功课》（1850）中。如，

　　(96) a. 侬_你可以脱_帮我切一切馒头否？(1850：418)
　　　　 b. 㑚个_{你们的}朋友肯脱_帮我借一件马褂否？(1850：391)

　　它也是《上海话功课》中唯一的受益介词，记音为 t'æh。其发音与"忕"十分接近，皆为送气塞音声母，且读促音，只是主元音稍有差别，这可能是作者记音上的出入；认为它与"忕"同源的另一个重要原因是，它们在 19 世纪文献中基本功能皆做受益介词。

　　Ⅲ. "替"

　　表示代替义的动词"替"做受益介词，常见于 19 世纪 80 年代之后的文献，尽管艾约瑟（Edkins，1868：134）记录了"替"用做受益介词。从《松江话课本》（1883）开始，它是各文献中主要的受益介词。如，

　　(97) a. 担_拿一面镜子来，替我照照看。(《松江话》1883：27)
　　　　 b. 替老兄接风。(《沪语便商》1892：35)
　　　　 c. 我替侬_你话是，倒亦_也容易个_的。(《土话》1908：28)

d. 侬_你有啥朋友可以<u>替</u>我喊一个来否？（《沪语开路》1915：5）

e. 侬_你<u>替</u>我拨伊_{给他}酒钱。（《会话集》1936：59）

Ⅳ．"搭"

"搭"是十分常见的伴随介词和并列连词，也可做受益介词，主要出现于 20 世纪初的文献中。如，

(98) a. 所以我来<u>搭</u>_为皇造只大船咾_并拣选五百个童男咾_和童女。（《练习》1910：148）

b. 侬去叫伊<u>搭</u>_为我做一支箱子咾_和两根棒。（《沪语开路》1915：2）

c. 甲：我还勿曾_{未曾}到伯父伯母咾嫂夫人前拜年咧。

乙：勿_不要客气者，兄弟<u>搭</u>_为侬_你代言末者。（《活用上海语》1924：110）

d. 令友个_的医道着实有道理个_的，我伲_{我们}舍亲话咾_{说是}等病好之总要<u>搭</u>_为伊_他登登报、扬扬名气。（《增补》1919/1939：142）

e. 顺带便也<u>搭</u>（替）我买一只。（《ポケット上海语》1942：98）

例（98）"搭"后的指人名词或代词是动作的受益对象，"搭"皆做受益介词，在文献中这种用法首先出现在《上海话练习》（1910）中。

Ⅴ．"对"

引介对象的介词"对"也可做受益介词，虽然它不及"替"、"搭"等常见。如，

(99) a. 盖末_{那么}先生<u>对</u>_为我买一本书好否？（《练习》1910：22）

b. 我<u>对</u>_为伊买之_了一张上海火车票咾_并叫伊转去_{他回去}。（《沪语开路》1915：22）

c. 我用水<u>对</u>俫行洗礼_{为你们施洗}。（马太 1923：5）

例（99）中"对"所介引的皆为动作受益者，为受益介词。

根据以上五个受益介词在 19 世纪至 20 世纪文献中的使用情况，我们认为"忒"与"脱"同源，主要用于 19 世纪，"替"是上海话中最常见也最稳定的受益介词，"搭"、"对"用做受益介词出现在 20 世纪初，两者之中"搭"比"对"用做受益介词持续的时间更长。

钱乃荣（2003：224—225）认为，"忒、搭、脱"只是写法不同而已，是从开埠时的"对、替"演变来的，在语音上它们都经历了舒声促化的演变；戴昭铭（2004）也从用法和音变角度认为吴语中表"替、给"义的介词"搭、得、脱"则由动词"代"弱化并促化而来。不过，从受益介词用法出现的时间来看，开埠时的"对"并未发现用做受益介词，而是直到 20 世纪初才开始。此外，同时期作品或同一作品中"搭、替、忒"等都在使用，如《上海方言口语语法》（1868），这应该说明，"忒、脱、搭"应该不是"对、替"演变出来的。刘丹青（2003）认为"搭"的词源即为本方言中表示"连带义"的"搭"。我们认为上海话百年间受益介词应该有"忒（脱）、替、搭、对"四个，其中"忒（脱）"词源有待考证。

"忒、替、搭、对"四个受益介词，皆兼有多种功能，根据它们在功能上的相似度将它们分为两组。分别是"忒、搭、替"类和"对"两组。

Ⅰ."搭、忒、替"组

"搭、忒、替"功能一致，都可以充当并列连词、伴随介词，引进比较对象以及与动作有关的对象，还可表示"向"或"从……那里"的意思。如，

（100）a. 我搭伊_{跟他}是朋友。（《松江话》1883：3）

　　　　b. 我忒侬_{和你}出外两日咾再来。（《语法》1868：205）

　　　　c. 中菜替_和西菜，味道阿里个_{哪个}好？（《会话集》1936：182）

（101）a. 故日耶稣搭伊一淘住。_{这一天便与他同住。}（约翰 1：39，1847）

　　　　b. 忒伊一淘_{与他一起}去。（《语法》1868：78）

　　　　c. 我一直替_跟侬一家人家交易，勿到别人家去个。（《活用上海语》1924：199）

（102）a. 世界上个人恨伊拉，因为伊拉勿搭世界上人一样

个。只因你们不属世界，所以世界就恨你们。（约翰 15：19，1847）

       b. 兄弟忒_跟我一样。（《语法》1868：205）

       c. 替_跟旧年_{往年}差不多收成。（《松江话》1883：77）

（103）a. 徒弟到拉，怪耶稣搭女人两白话，独是勿敢问老师要啥。_{当下门徒回来，就稀奇耶稣和一个妇人说话。只是没有人说。}（约翰 1847：13）

       b. 耶稣个娘忒耶稣话，伊拉呒没酒拉。_{耶稣的母亲对他说："他们没有酒了。"}（约翰 1847：5）

       c. 吾替俩话_{我对你们说}。（《语法》1868：76）

（104）a. 伊_他常庄_{常常}来搭_向我借铜钱，我只可以借拨伊_{给他}。（《会话集》1936：77）

       b. 我是撒玛利亚人，为啥忒我要水吃呢？_{怎么向我一个撒玛利亚夫人要水喝呢？}（约翰 4：9，1847）

       c. 我要替_向管厨房个_的讨点路菜咾。（《松江话》1883：LEÇON XXXI. ）

    例（100）a、b、c 句中"搭、忒、替"做并列连词；例（101）a、b、c 句"搭、忒、替"介引动作的伴随施动者，"搭、忒、替"为伴随介词，例（102）"搭、忒、替"可引进比较对象，只是谓词常表示相似、一样的等比义；例（103）引进与动作有关的对象，不过，动作并非由"搭、忒、替"所连接的前后两个施事共同参与，介词所引进的动作对象只是与该动作有关，而不参与该动作；例（104）"搭、忒、替"所介引的也是动作对象，表示"向"的意思。

    "搭、忒、替"虽功能一致，但它们在文献中同一功能的分布频率存在差异，这种差异体现了它们主次功能不同，是观察它们语法化轨迹的有用线索。在文献中各功能的分布，具体见表 5 - 7。

    Ⅱ."对"

    "对"最常见的是用来引介动作行为相关的对象，此外还做伴随介词、比较对象介词和表达"从……那里"的意思等。如，

（105）a. 侬_你对第_这个人话_说一声。（《松江话》1883：4）

       b. 船上人对_向岸上人讨冷水喫_吃。（同上：50）

       c. 阁下回转去，对伊商量起来看。_{那么您就回去，和他商量去罢。}

(《土话》1908：24)

　　　d. 要侬_你去买一张纸头，对_跟第_这张一样厚薄。(《课本》
1907/1920：91)

　　例 (105) a 句表与动作相关的对象，是它的基本用法，b 句表示
"从……那里"的意思，c 句"对"介引的对象共同参与"商量"的动
作，做伴随介词，d 句引进比较对象。"对"在文献中的功能分布情况见
表 5－7。戴昭铭 (2004) 认为吴语中有表"对、跟、同"的"搭"、
"脱"是由去声"对"语音弱化、促化来的。本文认为"对"与"搭"
属不同的词。

表 5－7　　　　"忒"、"搭"、"替"、"对" 文献所见功能分布

功能	并列连词	伴随介词	比较对象	受益介词	动作对象①	
					相关	从……那里
搭	27 (10%)	144 (57%)	52 (20%)	12 (4.6%)	21 (8%)	3 (1%)
忒	1 (3%)	11 (30%)	2 (5.4%)	16 (43%)	5 (13.5%)	2 (5.4%)
替	9 (4.2%)	20 (9.3%)	3 (1.4%)	131 (61%)	36 (16.7%)	16 (7.4%)
对	/	6 (5.8%)	1 (0.1%)	22 (21%)	72 (70%)	2 (2%)

　　注：语料为《约翰福音》(1847)、《短语集锦》(1862)、《上海话功课》(1850)、《上海方言
口语语法》(1868)、《松江话词汇》(1883)、《上海话课本》(1907)、《活用上海语》(1924)、《中
日会话集》(1936)。"/" 表示未见该功能（在语料中我们未见到"对"用做并列连词）。

　　从表 5－7 来看，"搭"主要做伴随介词（占 57%），其次是比较对象
（占 20%）、并列连词（占 10%）、动作对象介词（占 9%），最少的是受
益介词（占 4.6%）；"忒"则主要做受益介词（占 43%）和伴随介词
（占 30%），其次是动作对象（占 18.9%），最少的是比较对象（占
5.4%）和并列连词（占 3%）；"替"主要做受益介词（占 61%），其次
是引进动作对象（占 24%），再次是伴随介词，最少的是并列连词和比较
对象；"对"则主要用做对象介词（占 72%），其次是受益介词（占
21%），伴随介词和比较对象的用法少见。若用 ">" 表示"多于"，根

---

　　① 其中与动作相关对象和表示"从……那里"可归入动作对象，介词所介引的对象都不参
与动作的执行，两者的区别主要在于：只是表"从……那里"义时，谓词本身一般有 [＋获得]
义，如"借（入）、讨"等。

据表 5 - 7. 中各功能的分布可对四个词的用法主次排列如下:

> 搭: 伴随介词 > 比较对象 > 并列连词 > 对象介词 > 受益介词
>
> 忒: 受益介词 > 伴随介词 > 对象介词 > 比较对象、并列连词①
>
> 替: 受益介词 > 对象介词 > 伴随介词 > 并列连词、比较对象
>
> 对: 对象介词 > 受益介词 > 伴随介词 > 比较对象、 并列连词 ②

以上四个词功能分布来看, 我们可以得出:

(1)"忒"与"替"各用法分布上最为接近, 这种相似性应该可以解释"忒"为何在 19 世纪后半期各种用法皆消失, 是因为"替"可以很好地执行它的各项功能。

(2)"搭"、"替"、"对"皆可做受益介词, 但分布率并不相同, "搭"用做受益介词最少, 应该也是其最次要的用法; 而"替"做受益介词是其最主要的用法, "对"用做受益介词则处于"搭"、"替"之间; 这种分布率的差异应反映受益介词的来源不同。

刘丹青 (2003) 指出, "搭"、"帮"的语法轨迹, 即"搭"用做受益介词是由伴随介词发展而来, 而"帮"用做受益介词则由帮助义动词直接发展而来。我们认为上海话"替"由代替义动词直接演变为受益介词, 受益介词用法是其基本用法, 文本分布率最高, "搭"用做伴随介词是最基本的, 分布率最高, 再发展出受益介词这类非基本用法, 其分布率也正反映了"搭"、"替"的语法化。不过, 伴随介词"搭"发展为受益介词的语法化轨迹并不适合"对", "对"主要用做对象介词, 其次是受益介词, 它们比伴随介词用法要常见得多, 这种分布差异表明, "对"的受益介词用法比伴随介词用法更基本。若"对"的受益介词用法来自伴随介词用法, 那么一种基本用法由非基本用法发展而来, 与语法化过程中的扩散理论相违, 这种非常规性说明这种推测有待完善。"对"用做受益介词主要出现在 20 世纪初的文本中, "替"是最基本的受益介词, 同样, "对"用做伴随介词也出现在 20 世纪初, 此时, "搭"是最主要的伴随介词, 同时期伴随介词的常用词"搭"和受益介词常用词"替"应该都未

---

① 两者的分布量差距小, 归入同一级。

② 加边框表示空缺。

对"对"的伴随介词用法和受益介词用法产生抵制作用,"对"的这两种用法是其语法化过程中自然形成的。排除这种"对"语法化作用之外的影响因素,我们认为"对"和"搭"的受益介词用法应该都并非由伴随介词经重新分析或类推直接形成的,而是由对象介词用法直接语法化为受益介词。

结构一致和语义相宜是词语不同用法之间发生语法化的重要条件。从结构上来看,伴随介词、对象介词和受益介词出现的句法位置一样,它们之间只存在语义上的不同。伴随介词短语表示其后的谓语是介词所连接的前后项 NP 共同参与,只是前项 NP 起着主导作用,而对象介词短语表示其后的谓语只是前项 NP 在执行,后项 NP 虽是动作执行的对象,但它并不参与其中,受益介词短语表示其后的谓语由前项 NP 执行,且对后项 NP 有益。从语义上来看,对象介词短语与受益介词短语中的后项 NP 都不执行谓语动作,行为的发生只是前项单方面进行的。如下:

NP_1(主要施动者) 伴随介词 NP_2(次要施动者) VP(共同参与)

NP_1(施动者) 对象介词 NP_2(相关对象) VP(单独)

NP_1(施动者) 受益介词 NP_2(相关对象且受益) VP(单独)

从伴随介词、对象介词、受益介词所使用的结构的语义关系来看,显然对象介词与受益介词所介引的结构更具有相似性,NP_2 皆为当事;而伴随介词所介引的 NP_2 则为共事;这种语义关系上的优势是对象介词演变为受益介词的重要依据,该演变过程中,言者意识到动作接受对象的同时,还意识到接受对象从动作中接收到的某种有益影响,这样 NP_2 在接收对象上添加上另一种身份,即在行动中受益,成为受益者,对象介词也就可以做受益介词。

而伴随介词并不具有这种优势,若伴随介词结构中 NP_2 也看作行动对象,而动作是协同执行的,同时作用于 NP_1、NP_2,所以若要认为有谁在该动作执行后得到益处,那么 NP_1 得到的应该比 NP_2 更多,也就不能演变为受益介词了;但它可以演变为对象介词,即当 VP 由非互向动词构成,因此,当动词扩散至非互向动词或单向动词时，句中伴随介词也就演变为对象介词了。

根据以上语义关系，我们相信不是伴随介词用法直接演变为受益介词，其间应该经历过对象介词阶段。即语法化过程为：伴随介词＞对象介词＞受益介词（"＞"表示演化关系）。这样，上海话"搭"应经历了这三个阶段，而"对"则只需要经历后两个阶段。

（3）虽然"搭、对、替"演变为受益介词的语法化历程解决了，但也遇到了语法化的单向性问题。即"搭"、"对"与"替"似乎经历了互为逆向的语法化过程："搭、对"：伴随介词＞对象介词＞受益介词；"替"：受益介词＞对象介词＞伴随介词。这种现象是否违背了语法化的单向性原则。不过，从具体词的语法化链条来看，它并没有违背单向性。"只要每一链条内各环节单位的语法化程度是依次加深，就仍然符合语法化的单向性。"（刘丹青，2003）从"替"来看，用做受益介词的"替"有些仍有明显的代替义，如"讼师替人家包打官司"（1862）句中"替"就带有代替的意思，甚至可以替换为"代替"，与动词义十分接近；而用做对象介词时，虽然介词后仍是指人名词或有生名词，但代替义消失，语义更加抽象，如"吾替俚话"（I tell you），"替"不能换用"代替"，而是表示与"话"这个动作相关的对象，而不是"代替俚话"；而演变为伴随介词时，它所适用的动词类别更加丰富，谓词可以由二向或三向动词充当，谓词小类得到扩散时，它所连接的 NP 成分也进一步扩散到非人称代词或指人名词，就发展为并列连词。如"牙刷替/搭之牙粉都拉阿里？"（《沪语便商》1892：116）句中"替"和"搭之"可互换，而后者是上海话中最常见的并列连词。因此，对于"替"来说，它的句法搭配面扩大了，语义更抽象了，从受益介词到对象介词再到伴随介词和并列连词，它的语法化次序完全符合语法化的单向性原则。盛益民（2010）参照张敏（2008）"以处置和被动为核心"的语义地图，从认知功能的角度分析了从受益标记到伴随标记的演变过程，他指出这种演变的过程为：在言谈过程中从凸显信息接受过程或受益一方转变到凸显双方之间的关系的过程，这样就产生伴随情景，受益标记也就演变为伴随标记了。而从伴随者到受益者也在汉语史和汉语方言中大量可见，即"伴随者"与"受益者"之间的演变是双向的。根据我们对上海话"替"各用法的文献分布观察，尽管对于不同的词来说伴随标记和受益标记之间似乎可以双向，但对于某个词来说，它的语法化仍然是呈现单向性的，并没有违背语法化单向性的原则。

2. 吴语受益介词的类型及更替

一百多年来上海话受益介词主要来源有三：一是代替义的动词源类"替"；二是由连带义动词源类"搭"、对象介词类"对"；三是帮助义动词源类"帮"。上海话一百六十多年中受益介词的类型在吴语中具有代表性。盛益民（2010）概括了太湖片吴语受益者标记来源有三，见表5－8中（1）、（2）、（3）。

表5－8   吴语受益者标记来源

类型	所用标记	大致分布
（1）伴随者标记＞受益者标记	搭、同	毗陵、苏沪嘉、甬江小片、芍溪
（2）给予义动词＞受益者标记	拨、则	临绍、杭州小片
（2'）代替义动词＞受益者标记	替、代	上海、温州等
（3）帮助义动词＞受益者标记	帮	上海、苏州、无锡等地新派

不过，从上海话来看，应增加"代替"义动词演变为受益介词的类型，且这种类型在吴语中分布较广。我们记作（2'）型。

盛益民（2010）对吴语受益介词各类型的成因提出了疑问，但未做进一步解释。如"为何会呈现（1）和（2）这样的类型差异，原本属于类型（1）的地区为何会发展出近似类型（2）的类型（3）来等问题"。从历时来看，吴语受益介词类型多样，是不同发展时期叠置在共时平面的表现。其中可确定的是"帮"类最新，约始于20世纪50年代，而其他两种则依据现存文献最晚可推至明清，如《明清吴语词典》（石汝杰、宫田一郎，2005）有对"搭"各用法的描写；从文献来看，"替"用做受益介词应比"搭"更早，马贝加等（2006）指出，宋元时期在江淮方言、北部吴语中介词"替"的用法就十分活跃。可见，若据前贤的观察，我们可得出吴语中"替"类受益介词最早形成；其次是"搭"类；距今最近的是"帮"类。

这种推测也符合近现代吴语受益介词发展的总体趋势。各地吴语以代替义动词源类受益介词为主，同时，因北部吴语在吴语区的强势影响，"搭"类受益介词及其他用法也在各地吴语中逐渐扩散开来，而这种扩散过程在有些方言中基本完成，有些方言中仍未完成，这些差异为我们观察不同类型的受益介词在吴语中的发展提供了重要线索。以吴语宁波话和温州话为例。

　　19 世纪至 20 世纪初宁波话"等",常见于《约翰福音》(1853)、《宁波方言便览》(1910) 等文献,各文献罗马字注音为 teng,汉字记作"等"。用做最常见的受益介词,也兼用做伴随介词、对象介词、比较介词和并列连词。如,

　　　　(106) a. 侣_你能够等_帮我寻_找一个地方弗?(《便览》1910:73)(受益介词)

　　　　　　b. 等_跟我大家_{一起}去。(同上:4)(伴随介词)

　　　　　　c. 其个_他的本事等_与其他阿爹差弗多。(同上:59)(比较介词)

　　　　　　d. 等_对其他讲说话_{说话}声响_{声音}该大点。(同上:49)(对象介词)

　　　　　　e. 外国人吃东西用惯刀等_和叉。(同上:113)(并列连词)

　　　　　　f. 好亲眷肯关照等_并照应。(同上:164)(并列连词)

　　以《宁波方言便览》(1910) 为语料,统计得各用法的分布情况如下:(数字为出现次数)

	受益介词	伴随介词	比较介词	对象介词	并列连词
等	25	25	4	30	45
搭	2	4	0	0	2

"搭"也用在《宁波方言便览》(1910) 中,可作受益介词、伴随介词和连词。如,

　　　　(107) a. 你搭_帮我带一封信去。(《便览》1910:113)(受益介词)

　　　　　　b. 我搭你聚队_{跟你一起}进城。(同上:158)(伴随介词)

　　　　　　c. 今夜脱了鞋搭_和袜得知明朝著弗著_{穿不穿}。(同上:235)(并列连词)

　　不过,"搭"的以上用法在文献中只是零星的,较"等"的高频使

用，说明它应该不是宁波话固有的介词，而是受到吴语通用介词"搭"的影响借用的。而今宁波话中"等"的用法完全消失，"搭"成为常见的多功能虚词。如，

> （108） a. 我搭_{给你}梳头。（受益介词）
>
> b. 其搭_跟我大阿哥交关_很像。（比较介词）
>
> c. 其搭_对我讲咯。（对象介词）
>
> d. 萝卜搭_和肉聚头滚滚其。（汤珍珠等，1996）（并列连词）

"搭"和"等"应属于不同来源的受益介词，"搭"用作受益介词来自伴随介词，"等"可能来自代替义动词的演变。戴昭铭（2004）讨论衢州话"等［tən］"时指出来自"代"[①]，主要依据是"代"是吴方言口语中常用词，因为常用，它很快虚化为表"替、给"的介词。若"等"来自"代"，那么它和"搭"是属于不同类型的受益介词，而从两者在文献中的分布来看，很显然，近百年中"搭"取胜了，而"等"消失了。

以温州话为代表的瓯语中，"代"为基本的受益介词，可兼用为伴随、对象、处置等标记（马贝加等，2006）。而"代"用做受益介词则在一百多年中一直都很稳固，19世纪末20世纪初的文献中都只用"代"做受益介词。如，

> （109） a. Ziù-z dè Gi ch'ieh h'a, ng ah fú p'aì。就是代渠揫鞋，我也弗配。（马太1902：3：11）
>
> b. 你代_为我买十支笔，两锭墨。（《入门》1893：51）
>
> c. 请你代我排一个阵_{为我想一个计划}。（同上：243）

"搭"在温州话中不能用做受益介词，只用为并列连词。如，

---

① 郑伟（2007）指出，明代《绣榻野史》中可见"等"表给予、致使和被动等用法，今吴语金华话和衢州方言被动标记的"等"即为本字。至于"等"是否可以从给予义动词演变为伴随介词、受益介词、并列连词等，还需要进一步探讨。因此，本文此处暂时赞同戴昭铭先生的看法。

（110）皇帝管着统统个百姓，做官个的<u>搭</u>和弗做官个的。（同上：102）

温州话固有的伴随介词、对象介词、比较介词的使用都很稳定。如，

（111）a. 你<u>伐</u>和渠他相伴来。（同上：228）

b. 就走去寻我一个朋友，<u>伐</u>和渠讲："我<u>伐</u>和你几侬年个这么多年的相好，你铜钱银肯多少帮我否?"（同上：124）（对象介词）

c. 实在<u>伐</u>和马房相像个。（同上：189）（比较介词）

d. 渠<u>伐</u>和我是亲眷。（同上：239）（并列连词）

"伐"一百多年来是温州话中十分活跃，功能稳固，这使它可以排斥"搭"这个吴语通用词各项功能的扩散，这样，代替义动词"代"演变来的受益介词用法在一百多年中仍活跃在温州话为代表的瓯语中。

当然除了方言语法系统内部因素影响到"搭"在温州话中未替换其固有功能词之外，从语言接触的强度来看，温州偏安一隅，相比宁波等地，其方言在语言接触中所受影响更小，温州话受到吴语共通词的影响要弱于宁波话，所以宁波话中发生的"等"被"搭"替换的现象，在温州话中至今未发生。

从宁波话和温州话两类受益介词的演变来看，我们相信，代替义类受益介词是吴语中更早且分布最广的层次，而伴随介词"搭"演变成的受益介词晚于前者且主要分布于北部吴语，这两类受益介词在同一方言中有竞争关系，如宁波话"等"类被"搭"类替换，上海话"搭"用做受益介词也主要出现于20世纪初的文献中，而这正好是苏州话随着大量移民对上海话产生强大影响的时期，从上海话"搭"来看，有可能是苏州话影响的结果，尽管"搭"在上海话中没有完全替代"替"的受益介词用法；不过两者的竞争关系在未完全结束的情况下，又遇到新类型的参与，如上海话"帮"类受益介词成为新派常用形式，而"帮"类的形成与推普对上海话的影响直接相关。

可见，吴语虽然存在不同语义类型的受益介词，无论是从吴方言整体来看，还是在具体的某个方言内部，这些类型的受益介词为不同时期的产物。从历时发展来看，可以更清楚地看到吴语受益介词类型（1）的地区

为何会发展出近似类型（2）的类型（3）来。

五　结语

根据19世纪吴语苏州、上海、宁波、台州、金华和温州等各方言文献，可得出一百多年来吴语前置词的类型、兴衰更替和语法化历程等方面的特征有：

（1）一百多年来虽然吴语各类前置词相对稳定，但兴衰更替的演变仍十分明显，如上海话"拿"取代"担"、宁波话"搭"替代"等"、金华话"帮"替代"用"的处置标记用法，在这种更替中呈现鲜明的特色，即归一化，用分布区域广的词归一化分布区域窄的成分，用普遍具有的题元功能归一化较特殊的题元功能，在这个过程中，被归一的往往是仅仅使用在单个方言中或单个方言中较特殊的题元功能。如北部吴语工具标记和处置标记"拿"替代只用于上海话的"担"，"用"在吴语中只用做工具标记，而金华话中还做处置标记，这种个别的用法也被完全替代。吴语前置词演变中的这种归一化倾向，应是方言接触的结果。它们发生更替的历史时期也大都在20世纪，这个时期社会变动大，吴语区内部彼此之间的移民也较频繁，特别是苏州话、上海话和宁波话这些方言区之间的移民接触，所以这种归一化倾向在它们之间也最明显，相对来说，南部吴语温州话则几乎不受这种归一化倾向影响。

（2）吴语前置词的演变也受到语言内部的制约。如上海话与事标记"拉"于19世纪中叶是最常见的，而今上海话基本上只用"拨"来充当，这是因为"拉"的功能负载超重，导致表达上的模糊性，要求由表义更加明确的成分来替换，给予义动词演变来的"拨"正好满足了这一要求。

（3）吴语各前置词题元功能丰富，功能之间体现了人类认知的概念空间上的连续性。而不同来源的具有相同或类似题元功能的前置词的叠置，如上海话受益者标记有"搭"、"替"、"对"和"帮"等，从历时来看，体现了吴语特别是北部吴语前置词类型的多样性和演变的活跃性。

第二节　一百多年来吴语后置词类型及演变

一百多年前，吴语苏州、上海、宁波、台州、温州、金华等方言存在较为丰富的后置词系统，主要有方所后置词、时间后置词以及引介其他题元的后置词，这些类型在吴语内部各方言中的一致性较强。

一　方所后置词

方所后置词是指引介各类处所题元的后置词。19 世纪吴语各方言方所后置词较丰富，主要来自处所词和方位词，前者如"地方"等，后者如"上"或"里"等。其中前者主要出现在人称代词、指人 NP 以及专有地名等后面，后者则出现在一般事物名词之后。

（一）处所后置词

这类后置词有双音节和单音节两类。双音节的，如苏州、上海、温州、宁波、台州、金华等方言中的"地方"，台州话"所在"、宁波话"坞崒（u-sen）"、温州话"旁搭"、上海话"场化、喊头、户荡"等，双音节处所后置词表义较实在，相当于普通话中处所指示词，不过，并无指别功能，只表示前面名词的处所题元性质，即赋予名词性成分处所题元的句法功能更突出；单音节的，如上海话"荡、拉"、宁波话"坽"、温州话"搭"等，这些成分表义比双音节形式更虚，句法上也不能单独使用，只能黏附在名词性成分上，用来标记该名词性成分的处所题元性质。它们在各方言中的具体分布见表 5–9。

表 5–9　　　　　　　　　　一百多年前吴语方所后置词

方所后置词		苏州	上海	台州	金华	宁波	温州
处所类	双音节	地方/场化	地方/场化/户荡/喊头	地方/所在	地方	地方/坞崒	地方/旁搭
	单音节	搭	荡/拉/搭		安	坽	搭
方位类		里/上	浪/里	里/上		里/上/下/外	里

下面分别介绍各处所后置词的使用情况。

1. 地方

"地方"在 19 世纪吴语中可做处所名词，可充当名词性短语中的核心受修饰语限定，也可单独充当句法成分，但也常用在表地名的名词之后，这种用法中，它不能被关系化，不是该名词性短语的核心成分，只是作为一种标记使用，即赋予该名词性短语处所题元的角色，是吴方言中的处所后置词。

"地方"用做处所后置词，见于苏州话、上海话①、台州话、金华话、宁波话、温州话等，用法一致，即一般只允许出现在专有地名和人称代词后。如，

(112) 苏州话：a. 中国<u>地方</u>个芥菜勿大个，犹太国<u>地方</u>个芥菜，像一棵树一样大。_{中国的芥菜不大，犹太国的芥菜像一棵树一样大。}（马太 13：22，注释）

　　b. 看见西门从乡下<u>地方</u>来，难末叫西门背十字架到钉杀耶稣个<u>地方</u>。_{看见西门从乡下来，就叫西门把十字架背到钉耶稣的地方。}（马太，1879：67）

　　c. 唔笃应该防备假先知人，到唔笃<u>地方</u>来。_{你们要防备假先知，他们到你们这里来。}（马太 7：15，1879）

(113) 台州话：a. Ze Leh-mô <u>di-fông</u> t'ing-djôh k'oh-sing, ting pe-siang keh sing-hyiang. 在拉玛<u>地方</u>听着哭声，顶悲伤个声响。_{在拉玛听见号啕大哭的声音。}（马太：2：17，1880）

　　b. Ge-keh ming-sing ze Jü-li-ô kôh <u>di-fông</u> tu yiang-k'e. 渠个名声在叙利亚国<u>地方</u>都扬开。_{他的名声就传遍了叙利亚。}（同上 3：24，1880）

(114) 金华话：a. Yæ-su tseo-kao Kyüor-li-li <u>di-fông</u>, fiæ tseo-kao Yiu-t'a <u>di-fông</u>. 耶稣走告加利利<u>地方</u>，颤走到犹太<u>地方</u>。_{耶稣到加利利游行，不愿在犹太游行。}（约翰 7：1，1866）

　　b. Ziang Mo-siæ zæ kw'ông-ia <u>di-fông</u> dör-jông-k'eo keh-keng jör. 像摩西在旷野<u>地方</u>驮上去格根蛇。_{摩西在旷野怎样举蛇。}（同上 3：14，1866）

(115) 温州话：a. Iang-'ù sie-tsz shǐ-de koá, Yao-t'à <u>dì-foa</u>-ge Pah-lì-'ang. 因为先知书里讲："犹太<u>地方</u>个伯利恒。"_{因为有先知记着，说："犹大地的伯利恒啊！"}（马太 2：5，1892）

　　b. 丝弗是你大家<u>地方</u>出个呢？（《入门》1893：128）

(116) 宁波话：a. 湖北<u>地方</u>出好马。（《便览》1910：178）

　　b. 我弗晓得塘头_{这里}<u>地方</u>个_的规矩。（同上：35）

---

① 上海话处所后置词具体用法见本节五。

c. 葛头_{这里}地方生意好做弗？（同上：133）

d. 葛塌_{这个地方}地方有俉偷漏关税个_的弊端弗？（同
上：140）

e. 葛种介个货色_{这种样子的货物}你拉_{你们}地方有弗有？
（同上：136）

　　例（112）至例（116）中苏州、台州、金华、宁波和温州等方言"地方"皆可用在命名性处所词①和表方所的专职的非命名性处所词后。如苏州话"中国地方"、"犹太国地方"，台州话"拉玛地方"、"叙利亚国地方"，金华话"加利利地方"，温州话"犹太地方"，宁波话"湖北地方"等短语中处所词皆为国名、地区名，它们在官话《圣经》译本中一般不能再接方位或处所后置词，如"＊中国里"、"＊中国处"、"＊中国地"等，而19世纪吴语各方言皆较一致地后接"地方"。"地方"并不起具体的定位、维向或指别的作用，只是用来标注这些处所名词的句法功能。如，苏州话"乡下地方"中"乡下"是一个由区划名词语素和方位后缀构成的处所词，在官话中不能再加方位后置词或其他处所后置词，苏州话用"地方"标记其题元功能；金华话"旷野地方"中"旷野"也可看做处所词，单独做处所介词的宾语，要求使用处所后置词"地方"或方位后置词，宁波话"塘头"、"葛头"是由指代词加后缀语素构成的专职的处所指代词，后面也接"地方"，它看似在语义上是冗余的，但这种句法上的共现说明"地方"的功用并不表处所，而在于其句法标记功能。

　　从句法组合来看，苏州话、温州话、宁波话"地方"不仅可用在处所词之后，还可接在人称代词之后，如例（112）c句、例（115）b句、例（116）e句等，将该指人名词性成分转化为处所或区域，形成空间范围，从语义句法来看，它不仅赋予该名词性成分处所义，也充当了处所题元的标记。

　　2. 场化

　　苏州话"场化"与"地方"一样，可用在命名性处所词后起标记作用，也可用在指人名词后。如，

----

① 储泽祥（1997）指出，命名性处所词包括：（1）地名，包括国名、区划名，自然地名；（2）表示机关、单位等的体词。

　　（117）a. 俚笃过子海，到革尼撒勒场化。<small>他们过了海，来到革尼撒勒地方。</small>（马太 14：34，1879）

　　　　　　b. 所以放礼物拉祭坛面前咾，走到弟兄场化，先搭俚和好，难末，来献㑚个礼物。<small>就把礼物留在坛前，先去同弟兄和好，然后来献礼物。</small>（同上 5：24，1879）

　　　　　　c. 东方看见个星，拉前头领路，到小干场化个上头，就立停。<small>在东方所看见的那星，忽然在他们前头行，直行到小孩子的地方，就在上头停住了。</small>（同上 2：9，1879）

　　例（117）a 句"革尼撒勒"为专有地名，b 句"弟兄"、c 句"小干<small>小孩</small>"指人名词，皆用"场化"，与"地方"在《圣经》苏白译本中的使用情况大体一样：即用在地名或命名性处所词和指人 NP 之后，做处所后置词。

　　苏州话"场化"的后置词功能与上海话基本一致，而"地方"在上海话中只用于命名性处所词之后。见本节五。

　　3. 所在

　　"所在"是《圣经》台州土话译本中出现频率很高的处所后置词，主要用在指人名词或一般事物名词后，表处所，也赋予它们处所题元的角色。如，

　　（118）a. Ngô ing-ke ziu Ng-keh tsing-li, Ng fæn-cün tao ngô su-ze le? 我应该受你个浸礼，你反转到我所在来？<small>我当受你的洗，你反倒上我这里来吗？</small>（马太：3：14，1880）

　　　　　　b. Neng-ts tao Yi-seh-lih keh-zoh mi-lu-keh yiang su-ze k'e. 宁仔到以色列个屋迷路个羊所在去。<small>宁可往以色列家迷失的羊那里去。</small>（同上 10：6，1880）

　　　　　　c. Tsæh ze yiu zih-deo su-ze, ziu-z t'ing-djôh keh dao-li, lih-k'eh hwön-hyi tsih-ziu keh。栽在有石头所在，就是听着格道理，立刻欢喜接受个。<small>撒在石头地上的，就是人听了道，当下欢喜领受。</small>（同上 13：20，1880）

　　例（118）a 句"所在"接在指人 NP 后，而 b、c 句则在一般事物名词后，"所在"起着转化作用，将指人或普通事物转化为处所。在语义

上，"所在"似乎可看作表达核心，但它并不能单独表空间义，只与前面的名词性成分组合，表达该对象或事物所处的空间范围，不具有更实在的指别意义，表义比普通话"这里/那里"更虚，基本用法是直接加在指人NP或普通事物名词之后，是台州话中典型的处所后置词。

4. 坞垾

宁波方言中"坞垾"在《宁波方言便览》（1910）中罗马字记音为u-sen，具体词源有待考证，从文献来看，应为处所名词，与"地方"相当，可受数量词和指量短语修饰，如"Ih-t'ah u-sen_{一个地方}"，"其仍旧来葛个坞垾屯间弗_{他仍旧在这个地方住吗}？"（1910：23），也可做存在动词宾语，"呒坞垾好挂_{没地方可以挂}"（1910：25）等。不过，它也常用在指人NP之后，赋予该指人NP空间义，还可用在专职类处所词后，起标记作用。如，

（119）a. Gyi-lah ziu tao Iah-'en u-sen læ, teng gyi wô, ……long-tsong tu tao Gyi u-sen ky'i. 其拉就到约翰坞垾来，等其话："……拢总都到其坞垾去。"_{就来见约翰说："……众人都往他那里去了。"}（约翰3：26，1853）

b. Wa-yiu Jing-ming-go T'in-s læ nying-go Ng-ts u-sen læ-tih zông-zông lôh-lôh. 还有神明个天使来人个儿子坞垾来的上上落落。_{神的使者上去下来在人子身上。}（约翰1：51，1853）

c. Sô-yi keh-sing k'ao-djôh Yiæ-su tao Jing-ming u-sen læ-go cü-kwu. Hyi-pah-læ 7：25. 所以葛星靠着耶稣到神明坞垾来个主顾。_{凡靠着他进到神面前的人。}（《土话初学》1868）

d. 呒恼到日头坞垾_{不要到阳光下去}。（《便览》1910：18）

e. 葛_这好按来阿里坞垾_{放在哪里}。Where shall I put this?（同上：6）

例（119）a、b、c句中"坞垾"在"约翰"、"儿子"、"神明"等指人名词后，将对象转化为空间，d句"日头坞垾"则起着更具体的定位作用，e句"坞垾"在表疑问的处所指代词"阿里"后并不起转化或具体定位作用，虚化程度更高，即只起标记处所题元的功能。

5. 旁搭

温州话"旁搭"常用在指人NP之后，起着转化和指别作用，意义相

对较实在，表示"那儿"的意思，但句法上仍可看作处所后置词。如，

（120）a. Poh-ź, iang-'ù Ziè-tì, mùng toa-chung, tsź-tié gi-dà-ko fai chüé-k'i töè Shǐ-lieh boa-ta。博士因为上帝梦当中指点渠大家勿转去到希律<u>旁搭</u>。<small>博士因为在梦中被主指示不要回去见希律。</small>（马太2：12，1892）

　　b. 你大家<u>旁搭</u>有顶好个<small>的</small>唔冇<small>没有</small>？（《入门》1893：34）

　　c. 西路<u>旁搭</u>路里有卡个，是查进出个<small>的</small>人。（同上：106）

例（120）a、b句中"旁搭"表示"那儿"的意思，起着转化并指别作用，表义较实在，不过，c句"旁搭"接在表处所的路名"西路"之后，只起标记作用，虚化程度相对高些。

以上1.—5.为出现在19世纪吴语文献中的双音节处所后置词，这些后置词表义虽较实在，将与之组合的名词性成分所指对象或事物转化为空间范畴，但它们也具有不同程度的虚化，如苏州话"地方"、台州话"所在"等，所表处所义并不具有指别功能，比官话中"这里/那里"虚化程度更高。在句法上，有些处所后置词更具有强制性。如"地方"可加在命名性处所词上。

从构成附置词短语来看，这些处所后置词加在人称代词、指人名词和命名性处所词上，有的也可用在普通事物名词后，如台州话"所在"。

不过，各方言双音节处所后置词的功能发达与否往往与单音节处所后置词互为补充。下面再来看19世纪吴语中单音节处所后置词的类型及功能表现。

6. 温州话"搭"

温州话"搭"可构成处所词"旁搭"，也常单用在人称代词后，读轻声，一般记作［ta］或［da］，表某人所在的空间，还可特指某人的家。如，

（121）a. 我有一起事干奉求你老人家，李老爷欠我个<small>的</small>许条<small>那笔</small>账，我屡次走其搭摸（ch'ao¹）<small>他那儿讨</small>，渠<u>搭</u>个<small>他那儿的</small>人总讲渠<small>他</small>唔冇<small>没有</small>空，渠<small>他</small>否句<small>让</small>我见。（《入门》1893：175）

　　b. Iang-ke voa-bì kó-ge sie-tsz, gi-dà-ko töè nyí-<u>ta</u> li, whà-miè zié yie-n, dà-ź tí-miè ź shoa-oh-ge za-loa. 应该防备假个先知，渠

大家到你<u>搭</u>来，外面像羊儿，但是底面是凶恶个豺狼。_{你们要防备先知，他们}
_{到你们这里来，里面披着羊皮，里面却是残暴的狼。}（马太 7：15，1892）

    c. 我有个物事_{东西}落你<u>搭</u>爻_{你那儿了}。（《入门》1893：239）

    d. 请你到我<u>搭</u>_家。（同上：232）

    e. 你<u>搭</u>_家请何乜_{什么}客？（同上：236）

    例（121）a、b、c 句表示对象所在的位置，d、e 句则专指某人的家。从表义和搭配来看，上海、苏州、温州等三方言中"搭"应为同源词。潘悟云、陶寰（1999）从语音演变和用法上论证了它来自处所词"埭"。

    7. 金华话"安"与"那"

    《圣经》土白译本中罗马字记做"'æn"、"næn"，我们转写为"安"、"那"（"那"也可能是本字），它们在译本文献中使用频率较高，一般不单独使用，大多附加在人称代词和指人 NP 之后，表处所。如，

    （122）a. Va-pah Yia s-teh ' A-geh nyin, pih-ding tu we tao ' A '
<u>æn</u> li；tao ' A ' æn – li-geh nyin，' A feh we kër geo c 'ih-k 'eo. 万百
爷赐得我个人，必定都会到我<u>安</u>来，到我<u>安</u>来个人，我弗会赶渠出
去。_{凡父所赐给我的人，必到我这里来；到我这里来的，我总不丢弃他。}（约翰 6：37，1866）

    b. Ng Yiu-t 'a-nyin sæn-yiang tao ' A Sah-mor-li-üor shü-
nyin-ts ' æn li t 'ao shü e 'eh ni? 你犹太人生样到我撒玛利亚水女子
<u>安</u>来讨水要喝呢？_{你既是犹太人，怎么向我一个撒玛利亚妇人要水喝呢？}（约翰 4：9，1866）

    c. Geo yia—deo tao Yæ-su ' æn li kyiang kông, Lah-pi，'
a—da hyiao-teh Ng tsör sin-seng, zong Jing <u>næn</u> li-go. 渠夜头到耶稣<u>安</u>
来样讲："拉比，我搭晓得你做先生，从神<u>那</u>来个。"_{这人夜里来见耶稣，说："拉}
_{比，我们知道你是从神那里来做师傅的。"}（同上 3：2，1866）

    d. Kyih-teh Mor-li-üor gæ-teh veng-deo-a <u>næn</u> k 'oh. 只得
玛利亚倚得坟墓外<u>那</u>哭。_{玛利亚却站在坟墓外面哭。}（同上 20：11，1866）

    例（122）句中"安"、"那"用在指人名词或代词后将它们转化为处所，甚至可以附加在处所词后，如 d 句，从句法上来看，它们都用做处所后置词。文献中它们还有其他的功能，具体见第六章第二节。

    8. 宁波话"圿"

    19 世纪宁波话文献中"圿"，记作"ka"，十分常见，不能独用，只

黏附在各类名词性成分上，做处所后置词，名词性成分可以是指人 NP，也可以是专职的表方所的词等。如，

　　（123）a. Fu-ts，ah-lah hyiao-teh Ng z dzong Jing-ming ka læ-go sin-sang。夫子，阿拉晓得你是从神明坲来个先生。拉比，我们知道你是由神那里来做师傅的。（约翰 3：2，1853）

　　　　　　b. Ing-we lih-fah z dzong Mo-si ka s-lôh-læ，eng-we teng ts-ing-dao-li z dzong Yiæ-su Kyi-toh ka læ. 因为律法是从摩西坲赐落来，恩惠等真道理是从耶稣基督坲来。律法本是藉着摩西传的，恩典和真理都是由耶稣基督来的。（同上 1：17，1853）

　　　　　　c. Fong ze-gyi læ-tih c'ü，ng we t'ing-meng gyi sing-hy-iang，tsih-z feh hyiao-teh gyi dzong'ah-li ka læ，tao'ah-li ka ky'I：dzong Sing-Ling ka sang-c'ih-læ-go，yia tu z ka-go. 风随其来的吹，你会听闻其声响，只是弗晓得其从阿里坲来，到阿里坲去。从圣灵坲生出来个，也都是介个。风随着意思吹，你听见风的响声，却不晓得从哪里来，往哪里去；凡从圣灵生的，也是如此。（同上 3：8，1853）

　　　　　　d. Dzong zông-deo ka læ-go，z læ væn-pah-go zông-deo；dzong shü-kæn-zông ka læ-go，z shü-kæn-zông nying，yia tsih-we kông shü-kæn-zông z-ken；dzong T'in ka læ-go z læ væn-pah-go zông-deo. 从上头坲来个，是来万百个上头，从世界上坲来个，是世界上人，也只会讲世界上事干，从天坲来个是来万百个上头。从天上来的是在万有之上，从地上来的是属乎地，他所说的也是属于地。从天上来的是在万有之上。（同上 3：31，1853）

　　从例（123）可见"坲"在 19 世纪宁波话中可接在指人 NP（如"神明、摩西、耶稣基督"等）、唯一事物名词（如"天"）、专职表方所的非命名性处所词（如"阿里、上头、世界上"等）后面，赋予该名词性成分处所义和标记其处所题元的句法功能。不过，在句法上"坲"常与"从"构成框式结构使用。

　　以上 1.—8. 是 19 世纪吴方言中的处所后置词，赋予与之组合的名词性成分处所义和处所题元的功能角色。它们的具体功能表现见表 5-10。

表 5-10　　　　　　　　一百多年前吴语处所后置词及其功能表现

处所后置词 \ 搭配		人称代词/专名和指人 NP	指物 NP	命名性处所词		专职方所类处所词
				类名	专名	
用例		我/约翰/我爷	火炉	公司	上海	故搭
地方	苏州、宁波、温州	+	-	+	+	+
	上海、台州、金华	-	-	+	+	+
场化	苏、上	+	+	+	+	+
所在	台州		+	+		
坞埪	宁波	+	-	+	-	+
旁搭	温州	+				
荡	上海	+	+			+
拉/搭	上海	+				
搭①	温州、苏州	+				
安	金华	+				
圿	宁波	+	+	+	-	+

注：表中"+"表示具备该功能，"-"表示不具备。

由表 5-10 可见，各方言中都使用处所后置词，所介引的名词主要有三类：第一，人称代词或指人 NP；第二，指物 NP；第三，命名性处所词和专职方所类处所词。第一类名词后的处所后置词最多，第二、三类较第一类少。吴语处所后置词的类型分布体现了处所后置词发展的认知过程，先标记自我或某个有生对象所在的空间范畴，然后再发展出一般事物所在空间的标记。而处所词本身表空间义，一般无须标记，如官话或普通话中处所词后不用处所标记，但吴语仍采用处所标记，说明吴语处所后置词在句法上具有强制性。

虽然具体处所后置词的句法分布受到名词次类限制，但从各方言内部来看，处所后置词的分布往往呈现互补性。如上海话"荡、拉/搭、场化"等与用于地名后的"地方"共同构成其后置词系统，实现指人 NP、指物 NP 和处所词等各类名词都标记的局面；台州话指人和指物 NP 后皆

---

① 游汝杰（2006）将温州话"宕 doa¹"看作处所后置词。不过，《温州话入门》中，它的组合功能不强，只构成"屋宕、后宕、客宕、乌烟宕"等处所词以及"毃宕、若宕"等处所指示词，孟国美（Montgomery，1893）在注释中特别提到"宕"也仅用于以上这些组合中。因此，我们将早期温州话"宕"看作构词语素。

可用处所后置词"所在",而"地方"则只用在命名性处所词后,也构成互补分布,构成台州话处所后置词的标记系统。

在方言内部,若不同后置成分出现在同一类名词后时,其虚化或表义也有不同表现。如温州话"旁搭"、"搭"皆可与人称代词搭配,但前者表义较为实在,具有转化并指别作用,有"那儿"的意思,而后者则主要起着将 NP 转化为空间的作用,并无指别义,并发展出专指"某人的家"义,虚化程度高。

从处所后置词的类型分布和功能表现来看,宁波话处所后置词"地方"、"坞埤"、"坼"可分布的名词次类最广泛,可用在指人 NP、命名性处所词甚至专职类非命名性处所词后,特别是"坼"的功能十分活跃,还可用在指物 NP 之后,相比金华话"地方、安"、温州话"旁搭、搭"等的功能来看,宁波话处所后置词显得更加活跃,具有更加完善的后置词系统。

(二) 方位后置词

方位词常可加在名词性成分后,将该名词性成分转化为处所,并具有维向作用,如"桌子上"中方位词"上"可将"桌子"转化为方所,可用"哪儿"来提问,同时"上"还具有维向的作用,是"桌子上"而非其他。在句法上,"上"不能被关系化,不是关系名词,是黏附在前面名词性成分的后置词。

方位后置词也是一百多年前吴语后置词系统中的重要成员,其句法功能与处所后置词一样,赋予所黏附名词性成分空间范畴义和处所题元的角色,在句法功能上,与处所后置词共同构成 19 世纪吴语方所后置词系统。

1. "上"、"里"

19 世纪吴方言中普遍存在方位后置词,最常见的是,"上"和"里"。如苏州话、上海话、宁波话、台州话等"上、里"、温州话"里"等,它们不仅可将名词性成分转化为处所,起维向作用,还可表示更抽象的意义,如群体、方式、方面、时间等,句法搭配广,且具有强制性。如,

(124) 苏州土白: a. 俚手里拿子簸箕,也要拉场上簸麦。他手里拿着簸箕,要扬净他的场。(马太 3:12,1879)

b. 拉犹太国个荒野里传教咾说。在犹太的旷野传道。

(同上 3:1,1879)

（125）上海话：a. 现银子我身边勿_没带，请侬上垃_在帐<u>上</u>。（《集锦》1862：31）

　　　　　　　b. 垃拉_在客堂<u>里</u>有客人。（同上：7）

（126）台州话：a. Ng-he ng-to su t'ing-djôh-keh, ze oh-pe-zông hao djün-yiang c'ih-k'e. 你许耳朵所听着个，在屋背<u>上</u>好传扬出去。_{你们耳中所听得，要在房上宣扬出来。}（马太福音10：27，1880）

　　　　　　　b. Væn-pah feh kyih hao ko-ts keh jü, zu iao tsôh-lôh, tön ze ho-<u>li</u>. 万百弗接好果子个树，就要剁落，□在火<u>里</u>。_{凡不结好果子的树，就砍下来，掼在火里。}（马太福音3：10，1880）。

（127）宁波话：a. 好按来_{要放在}桌凳<u>上</u>。（《便览》1910：7）

　　　　　　　b. 葛_这个脚桶<u>里</u>倒点水的。（同上：25）

（128）金华话：a. Geo zæ shiæ-ga-<u>shông</u>, shiæ-ga z Geo zao-c 'üeh-lih-go。渠在世界<u>上</u>，世界是渠造出来个。_{他在世界，世界也是藉着他造的。}（约翰1：10，1866）

　　　　　　　b. Shin-shü –<u>li</u> sæn feh kông, Kyi-toh z zong Da-bih' eo-dæ c'üeh Peh-li-'eng, ziu-teh Da-bih djü-geh hyiang-ts'eng ma? 圣书<u>里</u>生弗讲，基督是从大卫后代出伯利恒，就得大卫住个乡村吗？_{经上岂不是说："基督是大卫的后裔，从大卫本乡伯利恒出来的吗？"}（同上7：42，1866）

（129）温州话：a. 我要翻该个床<u>里</u>_{躺这个床上}，你快侬_点把被铺摊开。（《入门》1893：56）

　　　　　　　b. Gi-dà-ko shi-hüe gé-zé whai-doa-de, tù zaih-ż –lû² k'aó-de töé-köè, è nang ts'ż–djah. 渠大家喜欢徛在会堂<u>里</u>，搭十字路口<u>里</u>祷告，要人觑着。_{他们爱站在会堂里和十字路口上祷告，故意叫人看见。}（马太6：5，1892）

　　从例（124）至例（129）来看，苏州、上海、台州、宁波、金华等各方言都使用方位后置词"上"、"里"表示具体的方向，温州话方位后置词"里"包括了"上"和"里"的用法，"里"的表义范域宽泛，这种现象虽在温州话中最突出，但在上海、宁波、台州等方言中也存在。如，

（130）上海话：垃垃_在南京路<u>里</u>有一只顶大个_的庙叫保恩寺。

(《集锦》1862：140)

    (131) 宁波话：a. 其_他路<u>里</u>生病。(《便览》1910：22)

           b. 我樱桃树<u>里</u>有千万樱桃来的。(同上：18)

           c. 其拉_{他们}两个人睡来_在眠床<u>里</u>。(同上：38)

    (132) 台州话：a. Shü-li yiu sia-teh, 'Ngô tang-fæh Ngô-keh ts 'a-s ze Ng-keh min-zin. ' 书<u>里</u>有写得："我打发我个差使在你个面前。"_经

上记着说："我要差遣我的使者在你前面预备道路。"(马太 11：10, 1880)

           b. Wu-li yiu dong, t 'in-li – keh tiao yiu k 'o, dæn-z Nying-keh n m-yiu su-ze hao djü. 狐狸有洞，天<u>里</u>个鸟有窠，但是人个儿唲有所在好住。_{狐狸有洞，天上的飞鸟有窝，人子却没有枕头的地方。}(同上 8：20, 1880)

    例 (130) 至例 (132) 官话一般用"上"，而 19 世纪吴语上海、宁波、台州等方言均用"里"，看来，吴语"里"的义域显然要比官话更广。

    "上"、"里"在 19 世纪吴语中不仅可以起维向作用，在苏州、上海、宁波等方言中还常用来介引时间和方式，用做表时间和方式的后置词。如，

    (133) 苏州话：a. 有人就问耶稣说，拉安息日<u>上</u>，医病阿可以个吤。_{有人问耶稣说："安息日治病，可以不可以?"}(马太 12：10, 1879)

           b. 人随便说啥虚空个说话，拉审判个日脚<u>上</u>，个个说话将要句句受审判。_{凡人所说的闲话，当审判的日子，必要句句供出来。}(同上 12：36, 1879)

    (134) 上海话：a. 一日<u>上</u>跑勿到只得去借寓_{借宿}。(《集锦》1862：110)

           b. 端午节<u>上</u>各人家里粽子吃。(同上：148)

           c. 热天<u>里</u>蚊帐罢勿得。(同上：8)

           d. 第只船要涨潮<u>里</u>开，落潮<u>里</u>勿能个_{能够}开。(同上：18)

    (135) 上海话：a. 第_这觉丝<u>上</u>赚着几化_{多少}银子? (《集锦》1862：22)

　　　　　　　　b. 算盘<u>上</u>毫厘丝忽_{丝毫}勿错个。（同上：SEC-
TION XVIII.）

　　（136）宁波话：a. 在二月<u>里</u>我看见其_他，以后再呒呶_{没有}看见
其_他。（《便览》1910：56）

　　　　　　　　b. 我一日<u>里</u>两遭涅肉_{一天洗两次澡}。（同上：10）

　　（137）宁波话：a. 算盘<u>上</u>毫厘丝忽弗错个。（同上：161）

　　　　　　　　b. 市面<u>上</u>要儕价钱一石？（同上：162）

　　　　　　　　c. 人要人<u>上</u>磨，刀要石<u>上</u>磨。（同上，139）

　　例（133）苏州话"上"、例（134）上海话"上"、例（136）宁波
话"里"用在表时间的名词性成分如节日、季节、月份后，将这些时间
名词介引给谓词，特别是例（134）d句将动宾词组"涨潮"、"落潮"转
化为时间范畴，凸显了动宾组合中所蕴含的时间，而这种时间关系靠方位
词"里"来实现，体现了方所主义的认知方式。

　　例（135）、例（137）上海话、宁波话"上"都表示凭借、方式等抽
象意义，如例（135）a句"第觉丝"是"赚着银子"的工具或凭借，例
（137）c句"人要人上磨"中"上"并不表示具体的空间位置居上或者
更抽象的社会等级关系，而只是表示"用或靠着人（来磨炼）"的意思，
可以看作方式或凭借。

　　在句法上，由方位后置词介引的短语，常做话题，即由方位后置词引
介话题，这类结构在吴方言中十分常见。如，

　　（138）上海话：a. 我伲_{我们}蚊帐<u>上</u>要做两个青铜圈。（《集锦》
1862：90）

　　　　　　　　b. 第_这个火炉<u>里</u>要生火。（同上：SECTION V）

　　　　　　　　c. 教会<u>里</u>要照书行事。（同上：SECTION XX-
VII）

　　　　　　　　d. 中国开财场_{赌场}衙门<u>里</u>要开销使费_{贿赂}。（同
上：SECTION XXXVI）

　　（139）宁波话：a. 地毯<u>上</u>灰尘担点掉_{弹掉点}。（《便览》1910：
Section VIII）

　　　　　　　　b. 火炉<u>里</u>加点煤炭的。（同上：Section XXII）

（140）温州话：Ts'I-bung-de höé tsah bû-döe fú? Hú-ts'i-de höé tsah vu-ho kú-tsƶ fú? 刺篷里好摘葡萄弗？火刺里好摘无花果子弗？_{荆棘上岂能摘葡萄呢？蒺藜里岂能摘无花果呢？}（马太 7：16，1892）

例（138）至例（140）句首名词成分由方位后置词引介，为所在句子的信息的开端，这些短语虽然都表示具体的位置或方向，但一般不用表处所的前置介词，应看作话题。

19 世纪吴语各方言方位后置词"上"、"里"具有比官话更明显的句法强制性。官话不用方位后置词，吴语都得用。如，

（141）上海话：a. 侬_你要到船厂里去叫一只船，我要出门。（《集锦》1862：SECTION XXXV）

b. 藕垃拉_从湖州路里出个_的要算顶高。（同上：SECTION XXXV）

c. 海关上查验出进个_的客商船。（同上：SECTION XXI）

（142）宁波话：a. 其拉_{他们}两个来_在书房里看书。（《便览》1910：39）

b. 海关上是查进出个_的客商船。（同上：139）

例（141）a 句"船厂"、例（142）a 句"书房"既可以看作普通名词，也可看作处所名词，"湖州路"为命名性处所词，官话可加也可不加方位后置词，上海话、宁波话一般则以加方位后置词为常；"海关"为行政机构名词，也可表处所，带上方位词，只表处所。不过，例（141）c句、例（142）b 句从表义来看，应为表机构的名词，但都用了方位后置词，应该是这两个方言中方位后置词句法强制性作用的结果。

方位后置词还可充当定语标记。如，

（143）上海话：a. 犹太国人打发祭祀老师，搭之利未支派上人，打耶路撒冷来问约翰话："侬是啥人？"_{犹太人从耶路撒冷差祭司和利未人到约翰那里，问他说："你是谁？"}（约翰 1：19，1847）

b. 一具锁上钥匙失脱哉_{丢掉了}，要叫铜匠来开一

开。（《集锦》1862：89）

例（143）上海话 NP 之后的"上"直接连接修饰语和核心名词，兼做定语标记。

"上"、"里"于 19 世纪吴方言内部在功能上也存在方言差异，上海、宁波等方言中功能活跃，而金华方言中方位词多用做名词，以双音节为主。如，

（144）金华土白：a. Wa-yiu Jing-geh t'ia-s zæ nying-geh Ng shông-deo, shông-lôh. 还有神个天使在人个儿上头，上落。神的使者上去下来在人子身上。（约翰 1：49，1866）

　　　　　　　b. Mo-siæ-geh lih-for li-deo'ông sia-kyü-nyin sör kyi-lôh-lih-geh nyin,'A-nong yi-kying bang-djoh Geo。摩西个律法里头亨先知人所记落来个人，我侬已经碰着渠。摩西在律法上所写的和众先知所记的那一位，我们遇见了。（同上 1：45，1866）

　　　　　　　c. Wæ-yiu jong t'in yiu sing-hyiang z-t'ih kông, Keh-z ngô su e-keh N, Ngô ting dzih-din-keh. 还有从天有声音是替讲："个是我所爱个儿，我顶□□个。"从天上有声音说："这是我的爱子，我所喜悦的。"（同上 3：17，1866）

　　　　　　　d. Kyih-tao z-tsia cong-yiang, Yæ-su jông dia kao-hyüing. 直到时节中央，耶稣从殿教训。到了节期，耶稣上殿里去教训人。（同上 7：14，1866）

例（144）a、b 句均用双音节形式的"上头"、"里头"方位词表达，c 句"t'in"（天）、d 句"dia"（殿）后甚至不需要方位词或方位后置词，只用前置词"jong"（从）介引处所题元。

2. 宁波话"下"、"外"

宁波话使用方位后置词"下"、"外"，只是远不如"上"、"里"功能活跃，表义也不及"上"、"里"丰富。如，

（145）宁波话：a. 阿拉我们葛这株树下坐坐兑。（《便览》1910：28）

  b. 鞋刷好放來_{在桌登}下。（同上：158）

  c. 我屯来_{住在}东门外。（同上：38）

  d. 米现在要买到六千外_多一担。（同上：157）

  例（145）宁波话 a、b、c 句中"下"表处所，起着转化和维向作用，d 句则表示数量超出义，这种意义由表某个处所之外的空间范畴义通过隐喻方式发展而来。

  3. 温州话"上"、"下"

  温州话"里"是文献中搭配面最广，使用最活跃的方位后置词，但文献中也见使用方位后置词"上"、"下"，不过，一般只限于构成最常见的方所短语，如"楼上"、"楼下"、"地下"（on the ground）、"天下"等少数短语，"上"、"下"主要构成方位词"上转"、"下转"。如，

  （146）a. 茶壶阅是狃宕_{藏在哪里}，阅是间里桌上转_{藏在房间里的桌子上。}（《入门》1893：69）

    b. Nang tié tang, ah fú whai pó gi k'oà foa-taó 'ó-chüé, tsúng k'oà tang-de ziè-chüé; ziuh whai chiæ-djah t'úng-ko-ge nang. 人点灯，也弗会把渠园方斗下转，总园灯台上转，就会照着通家个人。_{人点灯，不放在斗底下，是放在灯台上，就照亮一家的人。}（马太5：15，1892）

  从文献来看，方位后置词"上"、"下"在 19 世纪温州话中很不发达，这种功能表现与"里"形成对立，说明它们用做后置词很不成熟。方位后置词在 19 世纪吴方言中的功能表现及表义具体见表 5－11。

  从表 5－11 可见，"上"、"里"在吴方言中分布最广，表义多样。不过，"上"、"里"在功能上也呈现出方言差异，如温州话"里"十分活跃，而方位后置词"上"用得较少，"里"的义域十分宽广，覆盖了"上"的方向义；金华方言方位后置词"上"、"里"的使用不及其他方言；而宁波话除了"上"、"里"常用外，"下"、"外"也用做方位后置词。

  从单个方言方位后置词类型及功能表现来看，宁波话应该是吴语中方位后置词使用最多的，其次是苏州、上海、台州、温州等方言，而最不发达的是金华方言。

表 5 – 11　　　　　　　　　　**一百多年前吴语方位后置词及功能**

方位后置词 \ 搭配及表义		指物 NP 后	表空间	表方式	表群体	时间词	数量
用例		天/地				一日	六千
上	苏、上、宁、台	+	+	+	+	+	-
	金华	+	+	-	-	-	-
	温州	+	+	-	-	-	-
里	苏、上、宁、台	+	+	+	+	+	-
	温州	+	+	+	+	+	-
	金华	ˎ+	+	-	-	-	-
下	宁波	+	+	-	-	-	-
	温州	+	+	-	-	-	-
外	宁波	+	+	-	-	-	+

从吴语处所后置词和方位后置词的类型及功能来看，19 世纪吴语各方言中的方所类后置词不仅类型丰富，分布广，覆盖名词各次类，且功能活跃。处所后置词不仅表处所，还可表示特定处所即"家"，如温州话"搭"，如例（121）d、e 句，方位后置词可表方式，如例（135）、例（136）等，还可做时间后置词，如例（133）、例（134）、例（136）等，宁波话"外"还可表数量超出义，如例（145）d 句等。

不过，方所后置词在吴方言内部存在细微差异，从类型和功能来看，宁波话最丰富也最活跃，不仅有双音节的"地方"、"坞埕"，还有出现频率非常高的单音节形式"坼"，同时，方位后置词最多，如"上、里、下、外"等；其次是上海话，有"地方、场化、喊头、荡、搭、拉"以及方位后置词"上、里"等；再次是台州话和温州话，有双音节处所后置词，如"地方、所在"与"旁搭"等，方位后置词功能较活跃，如"里"等。从文献来看，类型相对较少的是金华方言。

二　时间后置词

19 世纪吴语苏州、上海、宁波、温州等方言中，表时间的词"辰光"、"时候"虽常用做关系名词或用来介引时间状语从句，也偶用在表时间的名词后，做时间后置词。如，

（147）上海话：a. 鸡叫个<u>辰光</u>_{的时候}，贴正_{正好}天亮。（《松江话》1883：79）

b. 勿是告侬拉白相<u>辰光</u>_{跟你在玩时候}，响也勿响，动也勿动，呆橙橙能_地立拉_{站着}，实盖能_{这样子}也是勿_不好个。（同上：312）

（148）温州话：Pah-sìng tà töè Po-pí-lang-ge z-'aò, Iah-si-ò sæ Yi-ku-nyie-ò tà gi shung-dí. 百姓带到巴比伦个<u>时候</u>，约西亚生耶哥尼雅搭渠兄弟。_{百姓被迁到巴比伦的时候，约西亚生耶哥尼雅和他的弟兄。}（马太1：11，1894）

台州话：Su-i 'ang hao-z z-'eo, feh iao ze ng min-zin c 'ü 'ao deo……所以行好事<u>时候</u>，弗要在你前面吹号头……_{你施舍的时候，不可在你前面吹号……}（马太6：2，1880）

例（147）上海话a句"辰光"、例（148）温州话"辰光"、"时候"皆用做关系名词，例（147）上海话b句、例（148）台州话则用来介引时间状语从句。这两种用法是19世纪吴语中"辰光"、"时候"最常见的用法。但它们也偶用在时间词后，并不添加更具体的词汇意义，应看作时间后置词。如，

（149）上海话：a. 现在<u>辰光</u>古玩打_从宋朝传下来个_的还有否？（《集锦》1862：111）

b. Tü-sż nùng liâ ka hò tsià tóku h 'Ĭ zâng-kwōng lǒ nō ch 'ă－lê ya. 独是侬留介好酒到故歇<u>辰光</u>咾拿出来呀。_{你倒把好酒留到如今!}（约翰2：10，1853）

（150）宁波话：Keh-go z-'eo yiu-t 'a nying teng yiæ-su-kyiao n-ying læ Cng-koh tu feh- siao. Dzing-fu-ts. Cü-fu-ts. tu z Song-dziao z-'eo-go. 葛个时候犹太人等耶稣教人来中国都弗少。程夫子、朱夫子，都是宋朝<u>时候</u>个_的。（《初学》1868）

（151）金华话：ziu-teh' A Pah-sah tsia z-'eo pih-ding fông ih-geh va-nyin ioh-teh ng-da? 就得我罢杀节<u>时候</u>必定放一个犯人要得你搭。_{在逾越节要给你们释放一个人。}（约翰18：39，1866）

例（149）中"辰光"用在"现在"、"故歇"等时间词之后，例

（150）宁波话"时候"用在朝代（"宋朝"）名词后，例（151）金华话"时候"则用在节日名称之后，这时"辰光"、"时候"并不表实在的词汇意义，主要起句法标记之用，即做时间后置词。不过，从文献分布来看，这种用法远不及它们用做关系名词和介引时间状语的附缀。

三　表等比或比喻的框式附置词

19 世纪吴方言中这类后置词，常与前置词"像"构成框式附置词，共同引介谓词的比较基准题元或表喻体的题元，充当状语，它们与表方式或程度的指示词同形。

（一）上海话、温州话、苏州话等"像……能"

19 世纪文献中上海话、温州话、苏州话都存在多功能词"能"，三方言文献中记音接近。传教士上海土白文献中记音为"nung"（1862）、罗马字版《圣经》中记为"nâng"（约翰福音 1853）、《温州话入门》（1893）记为"nang"。"能"在温州话、上海话中可直接修饰谓词，也可与指示词构成复合式使用，表示方式或程度。如，

（152）温州话：a. 外转_面是何也（ga-nyie）_{什么}人能_{这么}吵？（《入门》1893：119）

b. 该能_{这样}大。许能_{那样}小。（同上：33）

c. 该能_{这样}款式。（同上：225）

例（152）a 句"能"可直接修饰谓语，表示吵闹的程度，b 句与指示词构成复合词修饰形容词，表程度；c 句"该能"修饰名词，用做形容词，表方式。

19 世纪上海话"能"可直接修饰形容词表程度，也常与助词"个"构成复合词"能个"修饰谓语，表程度。如，

（153）上海话：a. 第_这只厅，花作雕刻来_得能_{这样}细，啥所司务_{什么地方的师傅}做个_的。（《松江话》1883：123）

b. 从古以来佛教勿会有歇_过元朝能个_{那么}盛。（《集锦》1862：183）

c. 中国盆盎上个_的山水咾_和花卉吭得_{没有}英国能

<u>个</u>_{那样}细腻。(同上：99)

但"能"在温州、上海与苏州等方言中一般不能单独做谓语，只构成复合词充当谓语，如上海话文献中有"实介能"、"实盖能"等做谓语；"能"常与表示相似义词"像"、"如同"、"仿佛"等共现，表比较或比喻，或与"没有/有"共现表不及比较或平比，构成"像+NP+能"、"没有+NP+能"框式结构，这种结构后常接谓语，构成"像+NP+能+VP"、"没有+NP+能+VP"，在句法上，该框式结构是充当其后 VP 的状语，停顿落在"能"后，"像/没有……能"起着将比较基准或比喻对象介引给 VP 的作用。如，

(154) 苏州话：a. 喏，我差唔笃像羊到豺狼当中去，所以唔笃应该<u>像</u>蛇<u>能</u>乖巧，<u>像</u>鸽子<u>能</u>忠厚。_{我差你们去，如同羊进入狼群，所以你们要灵巧像蛇，驯良像鸽子。}(马太 10：16，1879)

　　　　　b. 个个时候圣灵感动俚笃，也有火炎分开来，<u>像</u>多化舌头<u>能</u>，登拉学生子个头上。_{那时圣灵感动他们，又有舌头如火焰显现出来，分开落在他们各人头上。}(同上，注释，1879：3)

　　　　　c. 唔笃个相信，若有芥菜子<u>能</u>大，就可以吩咐个座山，从此地搬到归搭，山必定搬个。_{你们若有信心像一粒芥菜种，就是对这座山说："你从这边挪到那边，它也必挪去。"}(同上 17：20，1904)

　　(155) 上海话：a. Ngö k'öⁿkíⁿ Séng-Lîng <u>siäng</u> kǐ-tsż <u>nâng</u>, tang t'în-lòng hö lê, tang-lá ī sān-lòng yä. 我看见圣灵<u>像</u>鸡子<u>能</u>，打天浪下来，登拉伊身浪也。_{我曾看见圣灵仿佛鸽子从天降下，住在他的身上。}(约翰 1：32，1853)

　　　　　b. 媳妇孝敬公婆<u>像</u>自家爷娘<u>能</u>_{那样}。(《集锦》1862：126)

　　(156) 温州话：江里个_的水浅，唔冇<u>没有</u>海水<u>能</u>_{那样}深。(《入门》1893：88)

例 (154) 至例 (156) "能"与"像"、"有"、"呒有"等构成的框式结构皆用来修饰后面的谓语，"像……能"结构还可做后置状语，如例 (155) b 句，框式结构中的 NP 是谓词的间接题元，"能"在 NP 之后起介

引或连接作用，是一个较典型的后置词。

　　用来引介间接题元的"能"在句法上比前置词"像"更为重要，这表现在"能"可以单独介引，表示"像……样"的意思。尽管这种情况远不及两者共现频繁。如，

　　　　（157）上海话：跑得来瘫子能_样。（《松江话》1883：156）

　　19 世纪上海话中"能"也用来介引直接题元。如，

　　　　（158）上海话：a. 样色要照第_这件能_样个。（《集锦》1862：79）
　　　　　　　　　　　b. 拿_把肉斩细之_了，少须放个一眼_点馒头肉，用盐、胡椒、酒、葱、酱油，一淘_{一起}拌和，做一个一个圆子能_样，或烧或烘，或煎，随便吃客拣中。（《松江话》1883：216）

　　例（158）"能"加在 NP 之后，用来引介谓词直接宾语，"能"表"像……样"的意思，在"NP 能"中的"NP"为核心名词，"能"在追加词汇义的同时，起介引 NP 的作用。

　　可见，表样式义的"能"在 19 世纪上海、苏州和温州等方言中有不同的功能，这些功能是其语法化处于不同阶段的具体表现。作为后置词来说，它可以引介直接题元和间接题元，这种功能应该是由名词义虚化而来的，《温州话入门》（1893）记载"nang：manner, way, kind."即"能"表示样式、方式等意思。而在世界语言中由表方式义名词演变出相似义用来表比较，并不少见。海涅和库特夫（Bernd Heine & Tania Kuteva, 2007：210）指出，泰语中 yàa（表方式、样式义）可构成表等比的标记"yàa-kàb"（way-with），还发展为比较标记，与英语 as if 相当，此外，肯尼亚的洋泾浜 Swahili 语中 namana（ile）也演变为连词，相当于 as，表示"以……的方式"、"如同……那样"的意思。如，

　　　　（159）fanya　　namna（ile）　　wewe　　na-　　taka.
　　　　　　　　do　　　　manner（DEM）　　you　　PRES-　want
　　　　　　　　do it as you like.

吴语表样式义的名词或语素"能"发展为后置词,与这些语言中表样式或方式义名词发展为等比或比较标记的后置词或连词,应具有共同的语义或认知基础。比较是人类最重要的思维活动之一,而在人们认识某一对象或行为性状时,该对象或行为性状的样式或方式是认识的重要内容,当两对象或行为性状具有相似性时,则借助其一来描述或陈述其二,即借助已知或熟悉的对象或行为性状来描述或陈述与之具有共同特征(样式或方式)的新的或陌生的对象或行为性状,这样语言中表样式的词也就可能获得相似义,表"如同……一样"的意思。在意义演变的同时,它们也由关系名词开始语法化历程,即演变为后置词或连词。但句法位置并未改变,仍然在 NP 或 VP 之后,不过,在句法上只能分析为后置词,如吴语"能",或连接两种具有相同方式的动作,如例(159)肯尼亚洋泾浜 Swahili 语中 namana(ile)。

(二)台州话"像……替"、宁波话"像……介"、金华话"像……生"

台州、宁波和金华等方言 19 世纪表示方式或程度的单音节指示词,也用做等比或比喻的后置词,构成"像 + NP + 后置词"的结构。三者读音不同,台州话罗马字版《圣经》中记作"t'ih",宁波话记作"ka",金华话记作"sæn",用同音字分别记作"替"、"介"和"生",三者应来源不同。

它们用做指示词可直接修饰谓语,也可构成复合词使用。如,

(160)台州话:a. Keh-pæn nying mông-djôh tu hyi-gyi; ziu ts'ing-tsæn Zông-ti, ing-yü Ge yiu t'ih do gyün-ping s-peh nying. 格班人望着都稀奇,就称赞上帝,因为渠有替大权柄赐拨人。_{众人看见都惊奇,就归荣耀与神。因为他将这样的权柄赐给人。}(马太 9:8,1880)

b. Ng-he t'ing-djôh ku-z-tsih nying yiu t'ih kông, "Feh-k'o kæn-ying." 你许听着古时节人有替讲:"弗可奸淫。"_{你们听见有话说:"不可奸淫。"}(同上 5:27,1880)

c. Jong keh z-'eo yia-su k'e djün kao, z-t'ih kông, "Ng-he ing-ke we-sing-cün-i; ing-yü t'in-koh z gying-gao." 从格时候耶稣去传告,是替讲,"你许应该回心转意,因为天国是近告"。_{从那时候,耶稣就传起道来,说:"天国近了,你们应当悔改!"}(同上 4:17,1880)

(161)宁波话:a. 我弗是介忙这样想。(《便览》1910:20)

b. 唔寨为来介_{你怎么来这么}迟?（同上：22）

c. 其_他呒啥_{没有}亲眼看见，还敢是介_{这样}讲吗?（同上：42）

（162）金华话：Kwu-ts Yiu-t'a-nyin ing Geo kông, Ng kyiang-sæn tsör, young da-lih jing-tsih tsör' a—da mong ni? 故之犹太人应其讲，你<u>样生</u>作，用淡里神迹作我搭望呢?_{因此，犹太人问他说，你既做这些事，还显什么神迹给我们看呢?}（约翰2：18，1866）

例（160）、例（161）台州、宁波两方言中单音节指示词可直接修饰谓词，也可与指示词"是"构成复合词修饰谓语，如例（160）c句和例（161）c句，而金华话"生"一般与"样"构成复合词"样生"修饰谓词。如例（162）。

它们与"像"构成框式结构引介谓词间接题元。如，

（163）台州话：a. Ge-keh siang-mao ziang sin-din t'ih liang; I-zông ziang shih t'ih bah。渠个相貌<u>像</u>闪电<u>替</u>亮，衣裳<u>像</u>雪<u>替</u>白。_{他的相貌如同闪电，衣服洁白如雪。}（马太28：3，1880）

b. Su-I ng-he tso nying ke jün-bi, ziang ng-he T'in-Vu t'ih jün-bi. 所以你许做人该全备，<u>像</u>你许天父<u>替</u>全备。_{所以你们要完全，像你们的天父完全一样。}（同上5：48，1880）

（164）宁波话：a. 长叹一声，眼泪<u>像</u>雨<u>介</u>那样落下来。屯一晌工夫。就气呒啥_{没有。}（《便览》1910：228）

b. Ah-lah yia ts'ing-ngæn k'en-kyin Gyi-go yüong-wô, z ziang T'in-Vu doh-yiang Ng-ts ka young-wô. 阿拉也睁眼看见其个荣华，是<u>像</u>天父独养儿子<u>介</u>荣华。_{我们也见过他的荣光，正是父独生子的荣光。}（约翰1：14，1853）

（165）金华话：Ziu ziang yia sæn, eo-sing s-nyin s-teh geo-da tsæ wör, Ng yia kyiang-sæn zæ-i s-teh wör ziu wör. 就<u>像</u>爷生，讴醒死人使得渠搭再活，我也样生随意使得活就活。_{父怎样叫死人起来，使他们活着，子也照样随自己的意思使人活着。}（同上5：21，1866）

例（163）至例（165）单音节指示词与"像"构成框式结构，介引

喻体或比较基准，韵律上与前面的 NP 成分构成一个音节词，停顿在其后，句法上，它们不是直接修饰谓词，而是构成附置词短语修饰动词。

四 NP 淘里

19 世纪苏州话、上海话、宁波话等方言后置词"淘里"，常用在指人的名词后，这些名词所指一定是复数或多数，在这样的名词后表示"某某中间/之间"的意思，文献中它对译为英语 amongest，不过，在句法位置上，它是附着在 NP 之后，而 amongest 则在名词之前。如，

（166）上海话：a. 单单俪淘里有一个人，俪勿认得个，伊勒吾后头来，但是实在勒吾前头。我是用水施洗，但有一位站在你们中间，是你们不认识的，就是那在我以后来的。（约翰 1：26，1847）

b. 耶稣话，吾有物事吃，俪晓得个拉。徒弟淘里介多话，有人请伊吃饭么？耶稣说："我有食物吃，是你们不知道的。"门徒就彼此对问说："莫非有人拿什么给他吃吗？"（约翰 4：32，1847）

c. 因为救世界上个道理，出勒拉犹太人淘里拉。因为救恩是从犹太人出来的。（同上 4：22，1847）

d. 故个辰光，众人淘里有多好相信个话。但众人中间有好些信他的。（同上 7：31，1847）

e. 夫妻淘里应该要和睦。（《集锦》1862：127）

（167）宁波话：兄弟道理要和和睦睦，弗好有争斗。（《便览》1910：166）

例（166）上海话"淘里"、例（167）宁波话"道理"用在指人 NP 之后表某些人中间的意思，不过，上海话"淘里"还可用在其他有生 NP 之后。如，

（168）a. 一只蝙蝠是做中立，伊他想不过要归拉在得胜个的一面。后首看见野兽将要得胜咾，所以走进野兽淘里去。（《练习》1910：230）

b. 难末然后蝙蝠从走兽个的一面避开之咾，去背拢拉在树顶个丫树上，伊他想好轧拉混在鸟淘里，鸟看见之了末，喊咾话，"看

伊_他只兽类，看伊_他个_的身上个_的毛，嘴里个_的牙齿，伊_他实在勿_不是我侬_{我们}个_的同类，侬_{我们}来啄杀死伊_他。"（同上：231）

例（168）a、b 句中"野兽、鸟"为动物名词，"淘里"用在其后表示中间的意思。可见，"淘里"的用法在上海话中得到扩散。

刘丹青（2003：215—217）指出，"淘"由表示伙伴的名词发展为表副词的"一淘"，即一起、一道的意思，副词"一淘"可以省略为"淘"，构成"搭 NP 淘 VP"使用时，"淘"由副词演变为"NP 淘"，即成为后置词。"淘里"表伙伴之间的意思，但已虚化为表任何人"之间"的复合后置词。即后置词"淘里"是由名词用法发展而来。至于这个过程如何，未做分析。下面我们尝试进行分析。

"淘"在明清吴语（宫田一郎、石汝杰等，2005）以及上海话西儒文献中主要用做名词性语素或名词，表示伙伴、同伴、人群等意思。如，

（169）a. 价末让冠香一淘到梨花院落来，讲讲闲话有<u>淘伴</u>，起劲点。（《海上花列传》第 52 回）

b. 倘然马夫驾着著名快马到这几段地方，不跑快马，<u>同淘里</u>人就要嘲笑他胆怯怕罚，不好算英雄好汉。（《十尾龟》第 1 回）（同伴）

c. 个_这个人脾气怵_坏咾，勿好<u>做淘</u>个。（《松江话》1883：46）（做伴）

d. 君子末必定搭_跟君子做朋友咾小人必定搭_跟小人<u>轧淘</u>。（《课本》1923：第 53 课）（结交朋友）

e. 男有男<u>蜪</u>，女有女<u>蜪</u>，萝卜不可轧菜<u>蜪</u>。（原注：男女不可混杂。）（沪谚）（伙伴）

f. 混在<u>淘里</u>，东边望望，西边看看。（《新天地》第 14 章）又作"蜪"（人群里面）

例（169）中"淘"与"伴"、"同"构成并列式复合词，表示"伙伴"的意思，如 a、b 句；c、d 句中"淘"在动词性语素后构成述宾结构的复合词；e 句"淘"出现在对偶句中，可看作单音节名词，仍表"伙伴"、"同伴"的意思；f 句"淘"表人群的意思，为单音节名词，后带

附置词"里"。

"淘"还用做量词，构成"一淘"、"一大淘"等数量短语，见于明清吴语和西儒文献。如，

（170）a. 昨日赵伯将相公领着宅上一淘大叔，说老爷教他来毁拆房屋。（《六十种曲·西楼记》第 13 出）（又作"涛"）。

b. 只见来了一涛人，七嘈八杂说道："阿哥，那间走路多要当心的。"（《金台全传》第 28 回）

c. 勿，个_这是无得_{没有}瘾头个，因为尝怕其喫成功，所以情愿到第块_{这里}来做生活，守本分，离开一淘老朋友。（《松江话》1883：98）

d. 侬_你孙子养之_了一大淘，真正有福气。（同上：142）

e. 伊_他孙子孙因_女一牢淘_{一大队}有福气得极。（《集锦》1862：126）

当表示群体意义的"淘"黏附在表集群义的 NP 之后时，其群体义已由前面的 NP 包含了，所以表群体义的"淘"成为语义冗余成分，若要避免这种冗余，只能通过虚化为其他意义来调节，所以它发展出表复数的范畴义。如，

（171）a. 侬_你有几个弟兄淘？（《集锦》1862：125）

b. 而且奶奶若愁寂寞，我们那里小姊妹淘很多，又麻雀_{搓麻将}要凑搭子，十分容易。（《歇浦潮》第 88 回）

当表伙伴或人群中的附置词短语"淘里"出现在表集群义的 NP 之后时，与"淘"出现在表集群义的 NP 之后一样，它必须通过语义虚化来满足句法要求，所以"淘里"经语义漂白，只剩下"某某中间"的意思了。这就是"淘里"可分析为复合式后置词的语义基础，在"NP_[＋集群义]淘里＋VP"结构中，"淘里"是附着在 NP 之后的，将 NP 介引给 VP 充当非直接题元，也就重新分析为复合词式后置词。

五　一百多年来上海话处所后置词的类型演变

游汝杰（2006）借助三本早期上海话文献，从表义和句法等角度考

察了 19 世纪中期上海话的后置处所词"场化（dzang hau）、壜头（ha^n du/han deu）、荡（dong/daong）、拉"等，这些处所词或语素，表处所义，但都不能独立使用，只能后置于代词或名词。这些后置处所词，即本文所说的处所后置词。钱乃荣（2003：181—183）逐一列举了"搭、拉、荡、荡搭、拉搭、喊头"等后置词在文献中的用法以及它们的消变。不过，钱文的描写并没有梳理出这些后置词的兴替过程，只是介绍了它们何时消退。下文将借助早期上海话文献，描写和梳理一百多年来上海话处所后置词的类型演变。

（一）19 世纪中叶至 20 世纪中叶上海话处所后置词

这期间上海话处所后置词，主要有双音节的"户堂/荡、地方、场化、喊头/壜头"等，单音节的"荡、搭、拉"等。

1. 户堂/荡

《约翰传福音书》（1847）中记作"户堂"，1850—1910 年，其他文献则均记作"户荡"。"户荡"一般不能接在人称代词、指人名词、指物名词等普通名词后，但它可以加在专职处所词、命名性处所词后。如，

　　　　　（172）a. 拿但以利话拿撒勒<u>户堂</u>有啥好人物出来么？_{拿但业对他说："拿撒勒还能出什么好的吗?"}（《约翰》1847：4）

　　　　　　　　　b. 盌窰垃_在垃_在山西<u>户荡</u>要算顶有名。（《集锦》1862：99）

　　　　　　　　　c. 初时_{原始社会}人吭_不要房子住，纔_全登拉_{住在}地窟里咾_和荒野<u>户荡</u>。（同上：175）

　　　　　　　　　d. 勿要客气，尽管放心，不过第搭_{这里}<u>户荡</u>苦恼点。（《松江话》1883：297）

例（172）a 句"拿撒勒"、b 句"山西"、c 句"荒野"等皆为命名性处所词，这些词"大部分应该看成是名词兼处所词"（朱德熙，1985），从例（172）来看，它们很显然是处所词，专职处所词如 d 句"第搭"，也附加"户荡"。这些用法并非表义需要，而只是起着句法标记作用。

2. 地方

"地方"在文献中作为处所后置词的功能表现与"户荡"完全一致。即用在命名类处所词和专职处所词后。如，

（173）a. 伊块地方_{那里}生意好做否？（《集锦》1862：28）

b. 讲到伊_他个_的行路走拉_在吭没_{没有}水咾_和泥咾_和草个_的沙漠地方是勿碍啥_{没关系}。（《练习》1910：249）

c. 上海地方死之_了几化_{多少}人呀？（同上：14）

d. 箇搭地方寻勿着啥人。_{那个地方又雇不出什么人来。}（《土话》1908：39）

例（173）a句"伊块"、d句"箇搭"都为专职处所词，b、c句皆为命名性处所词，"沙漠"是自然地名，而"上海"是区划名，这些处所词后的"地方"只起处置标记作用。

与"户荡"、"地方"的标记作用不同的是，"场化"、"喊头/墙头"作为处所后置词时可以用在处所词后，也可用在指人和一般事物名词后。

3. 场化

"场化"一般在人称代词、指人和指物NP之后，表处所，具有将普通名词转化为处所词的功能；此外，也可分布在专职处所词和地名之后。如，

（174）a. 垃拉_在我场化_{这儿}/垃拉_在伊_他场化_{那儿}。（《功课》1850：227）

b. 伊_他个_的娘就抱小囝_{小孩}到东洋医生场化_{那儿}去看。（《沪语开路》1915：30）

c. 小囝_{小孩}真正看到一只豺狼从树林里出来跑到羊群场化_{那儿}。（《练习》1910：206）

d. 拉拉_在塔场化_{这儿}做点啥事体。无啥做。（《开路》1915：8）

e. 像苏州、杭州场化末，山多，格咾_{所以}野鸡野鸭伊套野货美多个。（《会话》1939：115）

例（174）a、b、c句"场化"在指人或物的体词后表处所义，将它们转化为所在的位置。不过，"场化"本身所表处所义并不具体，如a句中"我场化、伊场化"虽然所表处所距离说话人有远近差别，但"场化"并不带有这种更具体的含义，所以它可接在不同人称后表示不同的距离

义。可见其处所义已虚化，比普通话"这儿、那儿"表义更模糊，这在d、e句专职处所词和地名之后更明显，可看作一种处所标记。

4. 喊头/墙头

《约翰传福音书》（1847）记作"喊头"，《上海话功课》（1850）记作"墙头"，此后的文献记作这两者各有之。该词也是19世纪中叶至20世纪中叶文献中与"场化"功能相当的处所后置词。如，

(175) a. 侬_你可以领我到伊墙头_{他那儿}去否？（《功课》1850：540）

b. 全到约翰喊头话。_{到约翰那里，问他说。}（约翰1：19，1847）

c. 侬_你肯差伊到我爷墙头_{那儿}去否？（《功课》1850：254）

d. 只见两个天臣着白衣裳个坐拉，一个坐拉头喊头，一个坐拉脚喊头。_{就见两个天使，穿着白衣，在安放耶稣身体的地方坐着，一个在头，一个在脚。}（约翰20：12，1847）

e. 所以枱子喊头走出来，脱之衣裳，担手巾束之腰。_{就离席站起来脱了衣服，拿一条毛巾束腰。}（同上13：4，1847）

f. 伲_{我们}走到招商局轮船公司墙头末为之人扎咾扎散之。（《练习》1910：113）

g. 拉_在上海西门外南墙斜桥墙头有一个花园。（同上：44）

例（175）a、b、c、d句中"喊头"附加在人称代词、人名、指人名词以及身体部位义名词后，将这些普通名词所指转化为所在的处所；e句则加在一般事物名词后表位置；f、g句中"喊头"接在命名性处所词之后。

与"场化"不同的是，"喊头"并没有发现分布在专职类处所词之后；不过，这并不表明"喊头"的标记功能弱于"场化"，相反，从文献中来看，"喊头"广泛使用于各类命名类处所词之后，而"场化"只是偶尔用于专有地名后，如（174）e句。再看"喊头"的用例。

(176) a. 垃拉法兰西隔界个爱多亚路墙头要换一部到徐家汇去个电车。（《短语》1926/7：103）

b. 还有西藏路拉_在跑马厅喊头。（《增补》1939：33）

  c. 大马路小菜场喊头有条广西路。（同上：42）

  d. 英国巡捕拉住伊_他咾_并送到按擦司墙头去。（《练习》
1910：167）

  例（176）a、b、c、d 句命名类处所词后均用"喊头"来标记，而
不用"场化"。

  也正是这种活跃的标记功能，使它在 20 世纪三四十年代，仍在使用，
而别的后置处所词都逐渐消失。

  5. 荡

  单音节后置处所义成分"荡"、"搭"均可构成表处所的指示词，如
"第荡"、"第搭"等，它们也可附加在人称代词、指人名词后，甚至个别
指物名词和处所词后。先看"荡"。

  （177）a. 我伲荡_{我们这里}生意扎实_{诚实}个_的。（《集锦》1862：26）

    b. 长毛荡_{叛军那里}肯通商否？（同上：30）

    c. 第块一個窗荡_{这个窗户地方}要砌没伊。（同上：91）

    d. 登拉此地荡_{呆在这里}。（《功课》1850：23 课）

    e. 竹头垃垃_{从啥所荡_{哪里}}出来最多。（《集锦》1862：100）

  例（177）a、b 句"荡"在人称代词和指人名词之后表处所，这是
"荡"在文献中的最基本用法，1850—1908 年"荡"所出现的四种文献
中有三种都有这种用法，c 句用在一般事物名词"窗"之后，d、e 句用
在处所词后，这两种用法主要见于《上海话功课》（1850）、《短语集锦》
（1862），此后这些用法基本消失，一直到 20 世纪初"荡"消失。我们相
信，"荡"用做后置处所成分的功能消退可能是先从处所词后开始，直到
最后在人称代词和指人名词后也被其他功能相同的成分取代。

  6. 搭

  与"荡"功能最相似的是"搭"，虽然"搭"构成处所代词"故
搭"、"第搭"等出现较早且一直使用至今，如《约翰传福音书》（1847）
中"故搭"出现频繁，但"搭"作为后置处所成分则始见于《土话指
南》（1908），用在人称代词和指人名词之后表处所。如，

（178）a. 到我<u>搭</u>来有啥正经？_{到我这儿来做什么？}（1908：68）

　　　　　b. 伊拉就去两个人，到<u>财主人搭</u>担铜钱去。_{他们就去了两人，到那}

_{个财主家取钱去了。}（1908：68）

例（178）a、b 句分别为人称代词和指人名词后接"搭"表示处所。

7. 拉

"拉"一般黏附在指人名词后，表处所义或复数意义。1850 年至今它
在上海话中的句法功能和表义都十分稳定。如，

（179）a. 侬_你是要到我场化_{这里}来否？勿_不到侬_你场化_{那里}来，到邻
舍<u>拉</u>_{那里}去。（《功课》1850：第 24 课）

　　　　　b. 伲个小团是比邻舍<u>拉</u>_家个好否？是好点。（同上：第 29
课）

　　　　　c. 弥撒前，<u>教友拉</u>_{他们}要念经。（《松江话》1883：169）

例（179）a、b 句"拉"都接在"邻舍"后，不过，a 句中"拉"
与"场化"相对应，均表处所义，做介词"到"的宾语；而 b 句则为比
较客体，意思为"邻居家"；c 句"拉"加在指人名词后，标记该名词所
指的复数意义。

19 世纪中叶至 20 世纪中叶上海话后置处所词及其功能，见表 5 – 12。

表 5 – 12　　　　　　　1847—1942 年上海话处所后置词及其功能

类型＼搭配	人称代词	专名和指人 NP	身体部位义 NP	指物 NP	命名性处所词		专职方所类处所词
					类名	专名	
用例	我/伊	约翰/伊爷	脚/头	火炉	公司	上海	故搭/伊块
户堂/荡	-	-	-	-	+	+	+
地方	-	-	-	-	+	+	+
场化	+	+	-	+	-	+	+
喊头	+	+	+	+	+	-	-
荡	+	+	-	+	+	-	+
搭	+	+	-	-	-	-	-
拉	-	+	-	-	-	-	-

由表 5 – 12 各处所后置词的搭配来看，最突出的特点是：一百多年来上海话后置处所词可分布于各类体词后，包括专职的处所词在内。但很显然这种标记并非是由某单个后置词统一实现，而是各处所后置词相互配合，或互补分布，或功能同一。如"户荡"、"地方"只用来标记命名类和专职方所类，而"荡"、"搭"则主要用来标记人称代词、指人名词等，"场化"、"喊头"则功能比前两类更活跃。

（二）一百多年来上海话处所后置词的演变

由表 5 – 12 可发现，有些处所后置词标记功能相同，但从历时角度来看，它们并非是真正的长期共存，即功能接近的处所后置词之间实际上存在着兴衰更替的关系，而我们可以从这种兴替中观察到上海话百年间处所后置词的演变过程和动因。

1. "户堂/荡"和"地方"的更替

这对双音节后置处所词在功能上十分接近，都可以出现在命名性处所词和专职方所类处所词后。从文献来看，它们实际上存在着更替关系。

"户荡"在 19 世纪中叶很常见，《约翰传福音书》（1847）中它是很常见的处所后置词，如"离开犹太户堂"、"勒拉哀嫩户堂"（1847：8）等，《松江话课本》（1883）仍用做后置处所词。不过，《短语集锦》（1862）中开始出现"地方"用做地名类专名标记，这种功能在《上海话练习》（1910）中尤为突出，如"香港地方"、"青岛地方"、"山东地方"等，而"户荡"自 1883 年之后不见用做后置处所词，直到 1910 年以后，连处所名词的用法也消失了。

我们推测，"户荡"与"地方"用做处所后置词经历了近二十年的并用期之后，"地方"取代了"户荡"，使"户荡"基本消失。

2. "荡"与"搭"的更替

处所后置词"荡"与"搭"的功能十分相似，即主要用在人称代词和指人名词后表处所，它们在文献中的出现前后相继。"荡"主要见于《上海话功课》（1850）、《短语集锦》（1862）、《松江话课本》（1883）和《土话指南》（1908）等，而后基本消失；而"搭"虽然用做方所指示代词构词语素，构成"第搭"、"故搭"、"箇搭"等出现较早，但单独用做处所后置成分则始见于《土话指南》（1908）。从"荡"与"搭"用做处所后置成分来看，两者的更替应发生在 20 世纪初。

从《土话指南》（1908）中"荡"、"搭"的使用情况，可对它们

"你衰我兴"的过程窥见一斑。"搭"在前四十章中用做处所后置成分出现了17次,而"荡"只出现了3次,不过,它们还构成"荡搭"表处所,可独立使用。如,

　　(180) a. 荡搭公馆里㑚前头货色来卖歇否?箇个公馆里前头勿曾卖过歇个。你们先头里也来这公馆卖过东西么,我们先头里没来这公馆卖过东西。(1908:22)
　　　　　b. 因为小的拉荡搭,买之一个妾,就拉镇上灯笼街上,租之两间住房。因为小的去年在这儿买了一个妾……(1908:88)
　　　　　c. 打算荡搭来看病,请先生明朝早晨头等拉屋里。打算上您这儿瞧病来,请您明儿个早起在家里等着。(1908:93)

　　"荡搭"在前四十章中出现5次,相当于处所指代词"这儿",可单独充当句子成分,可以在方位短语之前,"荡搭"提供空间义,而紧随其后的方位短语往往提供一个更具体的位置,如a句;也可做介词"拉在、到"的宾语,如b句;或做动词"来、去"的宾语,如c句。"荡搭"应看作是"搭"对"荡"的强化。不过,这种强化形式也仅出现在20世纪初,被上海话中一直稳定地广泛使用的"箇搭"等成分取代。
　　"荡"在20世纪初即被"搭"取代,钱乃荣(2003)认为:"'荡'在开埠时很多用,今在郊区也常见。城区在30年代已不用了。改为'搭',今也是用'搭'。"实际上"荡"被取代应该更早,即20世纪初就已不用了。"搭"成为赢家,直到20世纪中叶,不过,它的命运也不容乐观,今上海话"搭"在老派中也只用在人称代词之后,而在指人名词后则需用"辫搭"等指示代词了,这不仅与普通话的影响有关,也与由"搭"构成的指示代词一直长期且稳定地使用在上海话中有关,它的稳定性和广泛使用上的优势使它排斥表义和功能皆相似的对等成分。
　　3. "场化"和"喊头"的共存
　　"场化"、"喊头"功能有一致的地方,如它们均可用在人称代词、指人名词、指物名词等后,但它们在处所词后的分布呈现出互补性。"场化"一般可用在专名类和专职方所类等处所词后,而"喊头"不能,"喊头"常用在类名类处所词后。
　　这对后置处所词在百年间上海话文本中分布广,使用最稳定,它们之间也未出现更替。《约翰传福音书》(1847)至《ポケット上海语》

（1942）"喊头"分布于各课本中，"场化"在不同时期课本中的分布情况与之接近。今上海话老派仍使用"喊头"。

4."拉"的稳定

"拉"只用在指人名词后，表示处所或集群义，在19世纪至20世纪文献中用法和表义都较稳定。

以百年间上海话文献来看，上海话处所后置词之间或更替或共存，往往与其句法功能直接相关。"户堂/荡"与"地方"、"荡"与"搭"两两功能相似，为后者各自取代前者提供了必要条件，而"喊头"、"场化"功能有一致的地方，但它们之间的互补性决定了共存合作的关系，"拉"没有与之相竞争的对象，所以它一直相对稳定。

从处所后置词功能来看，"地方"只能取代"户堂/荡"而不是"场化、喊头"或"荡、搭"等，不仅是因为它们在功能上不同，更重要的是，若这种取代发生的话，从系统来看，处所后置词就不能做到对各类体词进行有效的标记。所以这种更替关系同样也受到上海话处所后置词功能配合的制约。

当然，缘何是"地方"、"搭"分别取代"户堂/荡"和"荡"，而不是相反呢？显然并不是前者在功能上更活跃或更强势，而是与语言接触相关。在一百年中，特别是19世纪末至20世纪初期，苏州话对上海话产生了一定的影响，这种影响不一定非要借用某个功能词，而有可能是强化了与之相同的语法现象，如"地方"在《上海话常用短语集锦》（1862）中即用做地名类处所标记，但并不常见，而《上海话练习》（1910）中"地方"用做后置处所词则十分常见，而"地方"作为后置处所词也是19世纪苏州话中常见形式，甚至可以用在人称代词之后，如例（112）。

上海话20世纪初用做处所后置词的"地方"变得十分常见，估计与苏州话"地方"的推波助澜不无关系。

"荡"被"搭"取代也属同类现象。"搭"作为处所指代词构词语素一直使用在上海话、苏州话中，而20世纪初，由于苏州话"搭"对上海话固有"搭"的强化作用，其功能得到发展，变成接在人称代词和指人名词后的处所词，并取代"荡"；不过，"搭"并不是最后的赢家，最后被一直稳定使用的指示代词"箇搭、弇搭"等取代。

据此可见，19世纪中叶至20世纪中叶，上海话处所后置词系统发生过变迁，这种变迁既可能受到处所后置词系统内部的制约，特别是受到它们各自句法功能的制约，也受到语言接触的影响，即苏州话对它的推波助澜。正是这两种力量相互作用，才形成了百年间上海话处所后置词的复杂系统。

六　结语

一百多年前吴语后置词类型较为丰富。特别是处所后置词，词汇形式多样，功能活跃，虽然仍表达一定的处所义，但从句法功能来看，它们起着将 NP 转化为处所题元的功用。从一百多年来上海话处所后置词来看，同功能的处所后置词在一定时期内形成共存局面，不过，这种局面会随着语言接触和后置词系统内部的调整而走向归一，但归一的前提是不影响各后置词功能之间的有机配合。

苏州话、宁波话、温州话等吴方言中不管是处所后置词还是其他各类后置词，一百多年来仍一直处于活跃中，并未出现消变的迹象。如苏州话"地方、辰光"、宁波话"坿"、温州话"搭"等，吴语各类后置词功能活跃和长期使用，说明了吴语后置词在句法系统中的重要性和稳定性。

第六章

一百多年来吴语"拉（勒）/来X"结构及演变

　　吴语"拉（勒）/来X"结构，其中"拉（勒）/来"为"在"义词，"X"为表方所的后置词或指示语素。自吕叔湘（1941）以来，对吴语该类结构的研究成果颇多，主要集中在：第一，描写吴语各方言点该类结构的类型及功能（许宝华、汤珍珠，1988；平悦铃，1997；徐烈炯、邵敬敏，1998；石汝杰，1996；潘悟云，1996；游汝杰，1996；陶寰，1996；曹志耘，1996；刘丹青，1996）。第二，讨论其形成过程。巢宗琪（1986）指出吴语"勒X"结构由"勒NPX"结构缩合而来，刘丹青（2003）进一步指出苏州话"勒X"复合词的缩合过程为：存在动词/前置词＋NP＋后置词/处所后缀→存在动词/前置词＋后置词/处所后缀。第三，探讨吴语内部该类结构的类型、句法功能及语法化路径的差异。王福堂（1998）、刘丹青（2003：256—269）指出绍兴话"来X"与苏州话、上海话等对应形式在句法功能上的同异，钱乃荣（2003）利用明清吴语讨论了苏州话"勒浪"的虚化历程是"动词—介词结构—介词—体助词—语气词"，而李小凡（2014）指出苏州话"勒海"和绍兴话"来东"用做体标记不是从实词型的动词语法化而来的，而是属于结构型语法化，即由方所介词结构经过去结构化（结构式的缩减和结构关系的消除）发展为体标记，而这两个方言方所介词结构在去结构化阶段可按照减缩对象的差异而分为两条路径。即苏州话"勒海"型（减除方所宾语中的指示成分）和绍兴话"东"型（减除介词）。不过，该研究并没有结合共时语料或历史文献对类型差异的语法化过程进行具体分析。综上可见，虽然关于此类结构的研究成果颇丰，但仍有待深入研究。特别是需要加强对其演变过程的研究。石汝杰（2007）利用《山歌》《缀白裘》《九尾狐》以及现代江苏、上海、浙江各地的现代口语材料考察明代到近现代北部吴语中表存在的动词和表进行等的副词"来"和复合式"来＋X"的各种形式、用法及演变。该文虽从历时角度考察“来 X”的具体形式及整体句法功能，但并未探讨“来 X”在吴语内部的差异以及形成差异的原因。

我们将在本章中梳理一百多年前上海话、金华话、台州话、宁波话、温州话等文献中的“拉/来 X”及“X”的各类句法功能，并探讨其语法化过程，在此基础上对比分析吴语内部此类结构的功能及其语法化的差异，为共时吴语“拉/来 X”研究中未解决的问题提供帮助，也为考察该类词在吴语中的演变服务。

第一节　一百多年前上海话“拉 X”及“X”

19 世纪中叶以来上海话“拉 X”（“拉”也写作“垃”）比较丰富，主要有“垃拉”、“垃荡”、“垃壗”、“拉搭”、“拉里”、“拉上”、“拉去”等，“拉/垃”为“在”的音变，而“X”词源各异，主要为表处所或方向的后置词，“X”的相关用法可参见第五章，“拉去”中“去”（原文用字），本字仍待考证。

“拉 X”在一百多年前上海话文献中功能丰富。下面我们逐一介绍各“拉 X”及“X”的用法。

一　“垃拉”和“拉”

上海话“垃拉”可做存在动词，也可做介词和进行体标记。如，

（1）a. 先生垃拉$_{\text{在}}$否？垃拉$_{\text{在}}$。（《松江话》1883：PRÉPOSITIONS）

b. 垃拉$_{\text{在}}$此地有啥人？（同上）

c. 若使我垃拉$_{\text{正在}}$吃。（《中西译语》1899：IMPRESENT TENSE）

“拉”可单用做动词、介词和体标记，甚至语气词。如，

（2）a. 我个房间，拉$_{\text{在}}$第三层上。（《松江话》1883：LEÇON XV）

b. 垃拉_在下底有人拉_在寻侬_你。（同上）

c. 扫之_了地阁板，窗要开之_着咾_并撑拉_着。（《松江话》1883：56）

d. 快拉！（《集锦》1862：SECTION ⅩⅣ）

e. 侬_你要买末_{的话}，安_放点定头钱拉。（同上：SECTION XVI）

f. 个_这家人家相帮人多。男相帮女相帮齐_全有拉。（《松江话》1883：SECONDE LEÇON）

例（2）a 句"拉"做谓语动词，b 句用做进行体标记，c 句在动词后表结果状态的持续，d—f 句在句尾表要求或对现状的肯定或确认等语气，为语气助词。其介词用法可参见第五章。

从例（1）与（2）对比来看，用做动词、动前介词和进行体是"垃拉"和"拉"共同的功能，不过，动词后用做前置介词或语气词，则只用"拉"。"拉"为"垃拉"的脱落形式，即单独用处所后置词来介引处所和表体意义。

二 "拉荡"

"拉荡"（也写作"垃荡"）在早期上海话文献中一般用做动词表存在，做介词短语表"在那儿"的意思。如，

（3）a. 我买拉个_的地皮要竖一块石界垃荡_{在这里}。（《集锦》1862：SECTION XXXIII）

b. 长凳末摆拉荡_{在这里}做啥，去换椅子来。（《松江话》1883：LEÇON XVI）

c. 官府审事起来总有传话个立垃荡。（《集锦》1862：SECTION XXXVI）

例（3）a 句"垃荡"表示"在这里"的意思，不过，处所义较模糊，所指为句中 NP 所处位置；b 句中"拉荡"用做介词短语，做动后补语；c 句"垃荡"在姿态动词"立"后进一步虚化，并不需要表达某个处所，而侧重于表时间；全句可理解为"官府审理事情的时候总有传话的人立着"，可见，"垃荡"在谓词后表动作状态的持续，用做持续体

标记。

与"垃拉"不同的是,"拉荡"未见介词用法,不能在动词前介引处所题元,只见用做介词短语和动后处所补语,这种区别也就决定了它们由空间演变为时间范畴的区别,"垃拉"在动词前演变为进行体标记,而"拉荡"则在动词后演变为持续体标记。

三 "拉搭"

"拉搭"一般可做动词短语,或者做介词短语,充当状语和补语,未见做介词及更虚的用法。如,

(4) a. 无啥外势人拉搭,侪是认得个。_{都不是外人,都是他认得的。}(《土话》1908:第 26 章)

　　b. 所以我拉搭等自家转来。_{所以我在这儿竟等着您回来。}(同上:第 11 章)

　　c. 若使有个典史拉搭听见之末,只好饶侬。_{今儿个若有典史听见,只要饶得了你。}(同上:第 39 章)

　　d. 嗳,痰盂满拉起者,担去倒脱之,弄弄干净,再放拉搭。_{哼,现在这痰盒儿里的吐沫都满了,你拿出去刷干净了再拿来。}(同上:104)

"拉搭"主要见于《土话指南》(1908),从表义来看,仍比较实在,皆表示"在这里"的意思,a 句做谓语,b、c 句皆做状语,d 句做补语,文献中未见到做体标记的。

四 "垃墙"和"墙"

"垃墙"一般表示"在内"或"在里面"的意思,常用在动词后。如,

(5) a. 包皮勿算垃墙_{在内},有十斤。(《集锦》1862:SECTION XXVII)

　　b. 第_这双鞋子脚着垃墙_{穿在里面}勿自在。 (同上:SECTION XXXIII)

　　c. 水缸里加点矾垃墙_{在里面}。(同上:SECTION Ⅷ)

　　d. 有巢氏教人担_用木头做仔窠巢咾_并住垃墙_{在里面}。（同上：SECTION XLVI）

　　e. 第只缸有一条碎路，因为摆水垃墙_{在里面}，漏。（同上：SECTION XXXV）

　　从例（5）来看，"垃墙"可用在动词后，如 a—c 句，也可用在整个述宾结构之后，如 e 句。各句皆可大体对译为"在里面"、"在其中"，如 a 句"包皮勿算在内有十斤"，b 句"水缸里加点矾进去"，从表义来看，"垃墙"的处所义仍比较实在。不过，c—e 句"垃墙"也可表该动作形成的状态的持续，如 d 句"住垃墙"，e 句表示"摆水"这种情况的存在或持续，可见，"垃墙"在动词或 VP 后开始虚化，演变为持续体标记。

　　在述宾结构后只用"墙"，比较常见。如，

　　（6）a. 匣子里有啥墙_{在里面}。（《集锦》1862：SECTION IX）

　　　　b. 马槽里多放点草料墙_{在里面}。（同上：SECTION XXII）

　　　　c. 茶壶里再充点滚水墙_{在里面}。（同上：SECTION VII）

　　　　d. 单墙薄壁勿好放重物事墙_{倒塌}，恐怕滩脱_{倒塌}。（同上：SEC-TION XXXIII）

　　例（6）中句首一般为方位短语，表示方所，如 c 句"茶壶里"，"墙"用在整个述宾结构之后，表"在/到里面"的意思，这种用法应该是"垃墙"脱落的结果，表"里面"义也开始模糊，如 d 句，并不能译为"墙壁里面"。从句法位置来看，它们都出现在句尾，且一般多出现在带有祈使或命令语气的句尾，可以看作语义虚化程度不高的语气词。

　　20 世纪 30 年代"垃墙"（记作"拉喊"）也用做语气词。如，

　　（7）a. 伊爿店，上个礼拜起头，减价拉喊。_{那个铺子上个礼拜起就减价的。}（《会话集》1936：第 56 课）

　　　　b. 地只留声机器，坏拉喊者。_{这个留声机坏了。}（同上：第 43 课）

　　　　c. 头等里空拉喊_{空着呢}。（同上）

　　　　d. 快一眼_点拉喊。（同上：第 21 课）

例（7）中各句并不表示"在里面"的意思，而只表达对某种现状的肯定或确认，如 a—c 句；或者表达对某种情状的要求或命令，如 d 句。

可见，用在句尾的"垃墶"（拉喊）处所义已经完全虚化，成为一种复合词式的语气词。

五　"拉化"

"拉化"表示"在里面"的意思，表义较实在，主要见于 20 世纪初的文献中，多用做动后处所补语。如，

(8) a. 家生啥啥，侪垃拉化否?_{连家具包在内吗?}（《土话》1908：25）

b. 拉第个辰光_{在这个时候}乡下种田人要做一椿顶可恶个事体_{的事情}，就是要用滚水去喷咾挳拉_在天生个雪白个棉花里，另外末再要用石膏，面粉沙泥去拌拉化_{在里面}，巴望拉_在称个辰光_{的时候}可以斤两重点咾，多卖几个铜钱也。（《课本》1923：第 75 课）

c. 病人看见果子壳当中有蛛蛛伴拉化_{在里面}，第_那个生病人个_的病就会好者。（同上：第 22 课）

d. 但是电车是车子当中顶大个_的，只好伊_它去撞别部，咾别个_的车子勿_不能来撞倒伊，实盖能末_{这样么}，又稳咾又便宜，而且坐拉化_{在里面}/着冬熳夏凉，好像一部公共个_的汽车。（同上：第 34 课）

例（8）句中"拉化"都可译为"在里面"的意思，如 a、b、c 句，不过 d 句也可表动作状态处于持续中。

六　"拉去"和"去"

"拉去"用在动词或整个述宾结构之后，表"在里面"的意思，表义较具体。如，

(9) a. 有几亩宅基拉去_{在里面}? 周围_{大约}六七亩。（《松江话》1883：LEÇON XXV）

b. 花田沟里，种点大豆拉去_{在里面}。（同上：LEÇON XXXVI）

c. 担_把牛肉摆拉_在锅子里，要舀一小提桶冷水拉去，摆拉_在灶面上，烧滚个_的前头，顶要紧劈脱_掉血沫。（同上：LEÇON XXXII）

d. 后门勿_不好出进个，因为有女眷住拉去_{在里面/着}个_的咾。（同上：LEÇON XV）

例（9）表示"在其中"的意思，不过，d 句"里面"义模糊，可翻译为"在那儿"，这种处所义也可解读为动作状态持续的时间义，可理解为"住着女眷"，用做持续体标记。

句尾"拉去"还具有虚化程度更高的用法。如，

（10）a. 圣囊里九尺布有<u>拉去</u>否？有<u>拉去</u>者。（《松江话》1883：LEÇON XXIX）

b. 因为热咾棉袄脱脱之，换之_了一件薄布袄<u>拉去</u>。（同上：LEÇON XXII）

例（10）a 句中"拉去"在存在动词后，不能再分析为介词短语做处所补语，表义模糊，可分析为语气助词，表示对现状的确认或肯定。b 句也表确认语气。

整个谓语之后或句尾也可只用"去"，罗马字记音为 k'i。如，

（11）a. 袋里摸摸看，有啥<u>去</u>否？（《松江话》1883：LEÇON XIV）

b. 香船里香有<u>拉去</u>否？无没末，加点<u>去</u>。（同上：LEÇON XXIX）

c. 砚子里安点水<u>去</u>。（同上：LEÇON XVI）

句尾"去"可表"在里面"的意思，如 a 句，不过，b、c 句中可做两解，一是表方位义；二是表请求或命令的语气，用做语气词。

七 "垃里"

"垃里"（也写作"拉里"）并不表示"在里面"的意思，只表示"在这里"的意思，可做动词短语和体标记。艾约瑟（Edkins，1868：164，167）记载："勒里 leh'li"相当于"在"，可接处所名词和进行体标记。19 世纪其他文献中也有这些用法。如，

（12）a. 我<u>垃里</u>_{在这里}。（《中西译语》1899：INDICATIVE MOOD）

b. 伊屋里还有啥人否？娘末，老早死拉者，爷末，还拉<u>拉</u><u>里</u>。_{他母亲早死了，现在就是他父亲还活着了。}（《土话》1908：第17章）

c. 侬<u>拉里</u>_{正在}吃。（同上）

d. 纺得勿多几只筒管<u>拉里</u>咾，勿好经<u>拉里</u>。（《松江话》1883：LEÇON XXXVII）

例（12）来看，"拉里"可做谓语，表"在这里"或存在，如 a、b 句；也可用做进行体标记，如 c 句；甚至用来表语气，如 d 句，表示对现状的确认。

八　"拉上"和"上"

"拉上"为"拉"和方位后置词"上"词汇化而成，仍带有"在上面"的意思。如，

（13）a. 俉_{你们}着拉个_{穿的}衣裳_{衣服}也有汗<u>拉上</u>。（《课本》1910：第53课）

b. 坐<u>拉上</u>。（《中西译语》1899）

c. 领之五百个童男咾，五百个童女，一淘_{一起}过之_了海洋咾_{然后}到一个海岛，就是现在个_的日本岛，伊拉_{他们}就上岸咾_并设法住<u>拉</u><u>上</u>。（《课本》1923）

d. 随便自家瞎划，钩起来心要摆<u>拉上</u>，勿然总钩勿好。（《松江话》1883：LEÇON XLI）

e. 伊_他终归拿_用两只手去遮<u>拉</u>_在木箱个_的圆筒上，勿_不用手末，就用一块板遮<u>拉上</u>。（《课本》1923：第79课）

从例（13）来看，上海话"拉上"表义和用法要较"拉里"更实在，它一般用做谓语或处所补语。19 世纪至 20 世纪未见它用做体标记的。

"拉上"用在述宾结构之后常省略为"上"。不过，方位义仍较实在。如，

(14) a. 用铅笔写个记认_{记号}上。(《松江话》1883：LEÇON XVI)

　　b. 担_用鑽来鑽个眼上。(同上：LEÇON XXIV)

　　c. 钉一只钉上。(同上：LEÇON XXIV)

　　d. 打个_这图书上。(同上)

　　e. 第_这个表里向发条断脱哉_{掉了}，要配一根新个_的上。(《集锦》1862：SECTION XXXIII)

例(14)中"上"皆出现在述宾结构之后，同时也在句尾位置上。不过，从表义来看，仍表示"在上面"的意思。从文献来看，不管是在动词后的"拉上"还是整个谓词后句尾位置上的"上"，表方位义仍是它存在的主要理由。未见用做体标记或语气词的。

表6-1　　　　　　　　上海话"拉 X"结构与"X"的用法

	垃拉	拉	拉荡	拉搭	垃墙	墙	拉化	拉去	去	垃里	拉上	上
存在动词	+	+	-	-	-	-	-	-	-	-	-	-
动词短语	+	-	+	+	+	-	-	-	-	+	+	-
介词	+V前	+V前后										
介词短语	-	-	V后	+V前后	V后	S尾	V后	V后	S尾	V后	V后	S尾
进行体	+	+	-	-	-	-	-	-	-	+	-	-
持续体	-	+	+	+	-	-	-	-	-	-	-	-
语气词	-	+	-	-	+	+	-	+	+	+	-	-

注："V前后"指可在谓语动词前或后，"S尾"表示在句子末尾。

由表6-1可见，19世纪上海话中只有"垃拉"可单独做动词和介词，也可构成介词短语修饰谓语，这种用法进一步虚化，即发展为进行体标记。"垃拉"也常脱落成"拉"使用，且功能更加活跃，可在动词前后介引处所，表进行和持续，也可做语气词。

文献中其他"拉 X"结构实际上都为介词短语，表义较实在，如"拉荡"、"拉搭"、"拉里"表示"在这里"的意思，而"垃墙"、"拉化"、"拉去"等皆可表"在其中"或"在里面"的意思，"拉上"则表示"在上面"的意思，它们未见介词用法，包括其省略形式，也不能单独用来介引处所，也就是说，因为这些短语中的处所或方位义未完全虚化，这样，即使是省略形式"上"、"墙"、"化"等仍带有处所义，所以都不能用来介引其他处所成分。不过，它们常用在动后做处所补语，有些演变为表动作状态持续的体标记，如"拉荡"、"垃壒"、"拉化"等。它们的虚化程度也不完全一样，"拉搭"、"拉上"未见体标记用法，表义和用法最实在，而"拉里"则可用做进行体标记和语气词，"拉去"做持续体标记和语气词，语法化程度最高。

它们的省略形式，"壒"、"去"未见用做持续体，但出现了语气词的用法，而"上"与"拉上"一样，都没有更虚的用法。总体来看，这些"拉X"结构中表处所或方位的"X"的功能并不发达，最常见的是因在句尾而演变为语气词，而其他用法皆不如"拉X"结构本身。

第二节　一百多年前金华话"在那"与"在安"

金华话《圣经》译本中表处所的"næn"（记作"那"）功能十分活跃，不仅可以构成"在那"结构使用，也可单独做动词、前置词、处所后置词、体标记等。

一　"在那"和"那"

"那"与存在动词"在"构成处所短语"在那"可以做谓语和状语。如，

　　（15）a. Kyih-teh Yæ-su zi zæ-næn, shü-nyin-ts gæ cong-yiang. 只得耶稣自在那，□人子徛中央。只剩下耶稣一人，还有那妇人仍然站在当中。（约翰 8：9，1866）

　　　　　b. Zæ-næn geo-da ting geo zæ jih-z-kwor jông, yi-yiu da-kwor ting næn liang-geh nyin. 在那渠搭钉渠在十字架上，又有大家钉那两个人。他们就在那里钉他在十字架上，还有两个人和他一同钉着。（同上 19：18，1866）

"那"的功能十分活跃，从它丰富的功能可窥见其演变轨迹。

　　（16）a. Kwu-ts zæ næn-deo geo-da t'i Geo pa tsiu-zih. 故之在那头渠搭替渠摆酒席。有人在那里给耶稣预备筵席。（约翰 12：2，1866）

　　　　　b. Kyü, 'a-da k'eo tao la-geh næn k'eo ni? 主，我搭去

到哪个那去呢?_{主啊,我们还归从谁呢?}(同上 6：68，1866)

    c. Sia ka Geo tao Üa-nor <u>næn</u>. 先解渠到亚那<u>那</u>。先带到亚那面前。

(同上 18：13，1866)

    d. Yiu-t'a-nyin kying-iao yüong jih-deo nang Ng, Ng wa iao tsæ tao <u>næn</u> k'eo ma? 犹太人将要用石头打你,你还要再到<u>那</u>去吗?_{拉比,犹太人近来要拿石头打你,你还往那里去吗?}(同上 11：8，1866)

    e. Shü-nyin-ts-geh shü-bing ziu fông-<u>næn</u>, tseo-tsing jin-li k'eo- boh. □人子个水瓶就放<u>那</u>,走进城里去罢。那妇人就留下水罐子,往城里去。(同上 4：28，1866)

    f. Geo yi tsæ tao Iah-dæn wör-ā, ziu-teh ky'i-deo Iah-'æn'ang tsing-li di-fông, djü-<u>næn</u>. 渠又再到约旦河外,就得起头约翰行浸礼地方,住<u>那</u>。耶稣又往约旦河外去,到了约翰起初施洗的地方,就住在那里。(同上 10：40，1866)

从例(16)来看,"那"可构成处所名词"那头",如 a 句,也可在处所名词和指人名词后表处所,但并不表具体处所义,对前面的题元进行标记或处所化,是处所后置词的典型用法,如 b、c 句,另见第五章例(122)c、d 句。而例(16)d 句"那"则直接做终点前置词的处所宾语,e、f 句中"那"在动后做处所补语。当处所义进一步虚化,"那"在动词后发展为持续体标记。如,

    (17) a. Yæ-su mong-djoh geo kweng-<u>næn</u>, hyiao-teh keh-geh bing djiang-kyiu。耶稣望着渠睏<u>那</u>,晓得格个病长久。耶稣看见他躺着,知道他病了许久。(约翰 5：6，1866)

    b. Yæ-su dör-leh ping, c'oh-zia-kyiæ feng-teh ôh-sæn；ôh-sæn'ông zör <u>næn</u>-geh nyin. 耶稣驮来饼,祝谢讫分得学生,学生亨坐<u>那</u>个人。耶稣拿起饼来,祝谢了,就分给那坐着的人。(同上 6：11，1866)

    c. Si-meng pe-teh gæ-<u>næn</u> hong-hwör. Kwu-ts geo-da'ông geo kông, ng feh teh geo-geh ôh-sæn ma? 西门彼得倚<u>那</u>烘火,故之渠搭亨渠讲："你弗得渠个学生吗?"西门彼得正站着烤火,有人对他说："你不也是他的门徒吗?"(同上 18：25，1866)

    d. Keh feh-teh zör-<u>næn</u> t'ao-va-geh nyin ma? 格弗得坐<u>那</u>讨

饭个人吗？_{这不是那从前坐着讨饭的人吗？}（同上 9：8，1866）

　　e. Üa-nor yi-kying ka geo tao tsiæ-s-deo Kæ-üor-fah jin-gyiu boh-<u>næn</u>. 亚那已经解渠到祭祀头该亚法仍就绑那。_{亚那就把耶稣解到大祭司该亚法那里，仍是捆着解去的。}（同上 18：24，1866）

　　f. Zæ-næn geo-da ting geo zæ jih-z-kwor jông, yi-yiu da-kwor ting <u>næn</u> liang-geh nyin. 在那渠搭钉渠在十字架上，又有大伙钉那两个人。_{他们就在那里钉他在十字架上，还有两个人和他一同钉着。}（同上 19：18，1866）

"那"在各类动词后表动作或动作的结果处于一种静态的持续状态中，发展为一百多年前金华话中成熟的持续体标记。

除了这些句法功能以外，"那"还用做存在动词，表处所、终点等的前置介词，并虚化为动词前的进行体标记。如，

　　（18）a. Kwu-ts geh-seh nyin mong-djoh Yæ-su ' ông Geo-geh ôh-sæn tu feh-<u>næn</u>. 故之格些人望着耶稣亨渠个学生都弗那。_{众人见耶稣和门徒都不在那里。}（约翰 6：24，1866）

　　b. Geo-da mong-djoh Yæ-su <u>næn</u> hæ mia-jông tseo。渠搭望着耶稣那海面上走。_{门徒看见耶稣在海面上走。}（同上 6：19，1866）

　　c. Fong zæ i-s ky ' ü , ng t ' ing geo-geh shin, feh hyiao-teh <u>næn</u> la-' æn li la-' æn k ' eo. 风随意思吹，你听渠个声，弗晓得那哪安来哪安去。_{风随着意思吹，你听见风的响声，却不晓得从哪里来，往哪里去。}（同上 3：8，1866）

　　d. Ing-teh ' A-zi hyiao-teh zong la-' æn li, <u>næn</u> la-' æn k ' eo; ng-da feh hyiao-teh ' A zong la-' æn li, <u>næn</u> la-' æn k ' eo。因得我自晓得从哪安来，那哪儿去；你搭弗晓得我从哪安来，那哪安去。_{因我知道我从哪里来，往哪里去；你们却不知道我从哪里来，往哪里去。}（同上 8：14，1866）

　　e. Diæ-liang nyih Iah-' æn tsæ ' ông liang-geh ôh-sæn ih-ziæ gæ-næn; Mong-djoh Yæ-su <u>næn</u> tseo seo-kông, No! Mong Jing-geh Siao-yiang lo. 第两日约翰再亨两个学生一直偒那，望着耶稣那走随讲，咃，望神个小羊咾。_{再次日，约翰同两个门徒站在那里。他见耶稣行走，就说："看哪，这是神的羔羊！"}（同上 1：35—36，1866）

从例（18）a 句来看，"那"可受否定副词"弗_不"修饰，在句中充

当谓语，b 句"那"可带处所宾语修饰谓语，"那海面上走"意思是"在海面上走"的意思，用做表处所的前置词，也可做源点的前置词，如 c 句，表终点/方向的前置词，如 d 句。刘丹青（2003：279）指出，方所前置词按照题元种类排列的基本序列为：I 场所 > II 终点/方向 > III 源点 > IV 经由。等级越高的题元，有以本题元为原型的专用介词，并扩展至等级较低的题元。金华话"那"应该也经历了"场所 > 终点/方向 > 源点"的演变过程。而表处所题元的"那"应该来自动词"那"的虚化。"那"进一步演变为体标记，如 e 句，在动词前表动态进行。

从一百多年前的文献来看，金华话"那"的功能十分丰富。它可以构成"在那"用做动词短语或介词短语，不过，它单独充当句法成分更常见，用做动词、前置词、后置词、进行体和持续体标记等。具体见表 6 - 2。

表 6 - 2　　　　　　　　一百多年前金华话"在那""那"的功能

功能	指示语素	动词（短语）	前置词（短语）	处所后置词	进行体标记	持续体标记
在那	-	+	+	-	/	/
那	那头	-	+	+	+	+

注：符号"+"表示具有，"-"表示不具备，"/"表示不详。

"那"的不同用法是其语法化发展不同阶段的功能表现，通过这些用法，可勾勒其语法化的大体过程。

"那"为表远指的指示语素，构成处所指示词"那头"，而当"那头"与存在义动词"在"共现构成述宾结构时，表处所的语素"头"脱落，构成"在那"结构的述宾短语，当出现在连动结构前项位置时，可分析为介宾短语；"那头"后置其他名词之后表处所时，也以脱落"头"的"那"单独来表示，从处所指代词发展为语法化程度更高的处所后置词；而从"那头"中脱落出来的"那"还可以做其他介词的处所宾语。而述宾组合"在那"脱落"在"，由"那"单独用做处所的存在动词，该动词在连动结构中发展为前置词表处所、终点/方向源点，由表处所的前置词发展为进行体标记，而"在那"在动词后也脱落"在"，"那"从处所义补语发展为持续体标记。可见，在"那"的演变过程中，脱落成为它进一步语法化的重要环节。其过程可描写为：

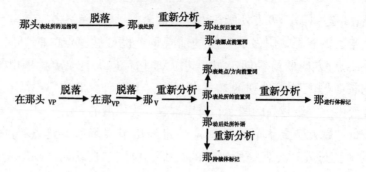

二　"在安"与"安"

"安"罗马字记音为："＇æn"，它与"那"在远近上是对立的，"安"一般表近指，构成"安头"表"这里"的意思，也常做构词词缀，构成"哪安"（哪里）、"那安"（那里）、"格安"（这里），还可在 NP 后做处所后置词、动后持续体标记，不过，从文献来看，"安"用做后置词和持续体标记等用法都远不及"那"常见。如，

（19）a. Ng da z-tsia tao＇æn-deo-go？你淡时节到<u>安头</u>个？_{是几}
时到这里来的？（约翰 6：25，1866）

　　　　b. Ing-teh heh-li-deo tseo-go nyin，feh hyiao-teh la＇æn k
＇eo. 因得黑里头走个人，弗晓得<u>哪安</u>去。那在黑暗里行走的，不知道往何处去。（同上 12：35，1866）

　　　　c. Kwu-ts ih-teng Yiu-t＇a nyin hyiao-teh Geo zæ-nah-＇æn，
geo-da li feh kyih-teh we-teh yæ-su。故之一等犹太人晓得渠在<u>那安</u>，渠搭来弗只得为得耶稣。有许多犹太人知道耶稣在那里就来了，不但是为耶稣的缘故。（同上 12：9，1866）

　　　　d. jioh-z Ng zæ-teh keh＇æn，＇A-geh kwör-diæ feh s-loh. 若是你在得<u>格安</u>，我个兄弟弗死了。你若早在这里，我兄弟必不死。（同上 11：32，1866）

　　　　e. Ing-teh ng-da z-djiang yiu gyüong-kw＇u-geh nyin zæ-＇æn，＇A feh-teh z-djiang zæ-＇æn. 因得你搭时常有穷苦个人<u>在安</u>，我弗是时常<u>在安</u>。因为常有穷人和你们同在，只是你们不常有我。（同上 12：8，1866）

　　　　f. Geo-da ing yia＇ông geo kông. Geo jioh-z feh tsör ôh-geh ny-in，＇a-da feh ka Geo tao ng＇æn li-loh。渠搭应也亨渠讲，渠若是弗做恶个人，我搭弗解渠到<u>你安</u>来了。他们回答说："这人若不是作恶的，我们就不把他交给

你。"（同上 18：30，1866）

g. Diæ-liang nyih Iah-' æn mong-djoh Yæ-su tao geo-zi ' æn li. 第两日，约翰望着耶稣到渠自安来。次日，约翰看见耶稣来到他那里。（同上 1：29，1866）

h. Geo yia-deo tao Yæ-su ' æn li kyiang kông……渠夜头到耶稣安来样讲……这人夜里来见耶稣，说：……（同上 3：2，1866）

i. Tao' A' æn li-geh nyin yüin-nyün fiæ du-kyi. 到我安来个人永远勿肚饥。到我这里来的，必定不饿。（同上 6：35，1866）

j. Va-pah wör-' æn yi siang-sing ' A-geh yün-nyüa feh s. ng siang-sing keh-geh feh? 万百活安又相信我个永远弗死。凡活着信我的人必永远不死。（同上 11：26，1866）

从例（19）来看，"安"在早期文献中的用法与"那"相似，可构成"安头"、"在安"，或做处所后置词，如 f—i 句，还可在动词后做持续体标记，如 j 句，我们推测"安"的语法化过程与"那"应该类似，不过，在文献中它的使用频率远远低于"那"。

第三节 一百多年前台州话"在得"与"在间"

一百多年前台州话《马太福音》（1880）、《新约书》（1897）土白译本中，常用"在得"、"在间"做存在动词和体标记。"在得"罗马字记音为 ze-teh，"在间"记作 ze-kæn。从读音上来看，"在"声母还未弱化为流音。"在得"做存在义动词，距离意义模糊，可指近，也可指远，"在间"则只能指远。它们在更虚化的用法上也存在明显的差异，"在得"主要用来表动作进行，而"在间"及其省略形式"间"则主要用做持续体标记。下面我们先描写其句法功能，并尝试分析其来源。

一 "在得"和"得"

（一）动词"在得"

（20）a. Ing-yü ng-he yiu gyüong-nying dziang-z jü-de ze-teh；dæn-z

Ngô feh dziang-z ze-teh. 因为你许有穷人常时聚队<u>在得</u>，但是我弗常时<u>在得</u>。因为常有穷人和你们同在，只是你们不常有我。（马太 26：11，1880）

b. Keh yia-ts 'ao, kying-nying wæ ze-teh, t 'in-nyiang ziu tön ze ho-lu-li, Zông-ti ah we keh-t 'ih tang-pæn ge。格野草，今日还<u>在得</u>，天亮就□在火炉里，上帝也会格替打扮渠。野地的草，今天还在，明天就丢在炉里，神还给他这样的妆饰。（同上 6：30，1880）

c. Ge-he ngæn hyiang-zông feh mông-djôh bih-nying ze-teh, tsih-yiu yia-su. 渠许眼向上弗望着别人<u>在得</u>，只有耶稣。他们举目不见一人，只见耶稣在那里。（同上 17：8，1880）

d. Ng yü zah-m mông-djôh hyüong-di ngæn-li yiu ts ', feh ts 'eng-tao z-keh ngæn-li yiu tong-liang ze-teh? 你为什么望着兄弟眼里有刺，弗忖到自个眼里有栋梁<u>在得</u>？为什么看见你兄眼中有刺，却不想自己眼中有梁木呢？（同上 7：3，1880）

例（20）a、b 句中"在得"表存在，无须明确处所义，用做谓语，可受副词修饰；c 句表远指，也用做谓语，但从表义来看，可看作述宾结构的复合式动词；而 d 句用在"有"字存在句句尾，这里的"在得"已虚化，可分析为表"申明有"的语气词（吕叔湘，1955）。

（二）进行体标记"在得"

（21）a. Yia-su yih tseo ku k 'e, mông-djôh yiu liang hyüong-di, ……teh ge pang Si-pi-t 'a jü-de ze jün-li <u>ze-teh</u> pu-mông; ziu ao ge-he. 耶稣又走过去，望着有两兄弟，……搭渠父西庇太聚队在船里<u>在得</u>捕网，就讴渠许。从那里往前走，又看见弟兄二人，……同他们的父亲西庇太在船上补网，耶稣就招呼他们。（马太 4：21，1880）

b. Ing-yü ge-he pin-wön min-seh, hao peh nying mông-djôh ge ze-teh kying-zih. 因为渠许变换面色，好拨人望着渠<u>在得</u>禁食。因为他们把脸弄得难看，故意叫人看出他们是禁食。（同上 6：16，1880）

c. Ze Leh-mô di-fông t 'ing-djôh k 'oh-sing, ting pe-siang keh sing-hyiang; ziu-z leh-kyih <u>ze-teh</u> k 'oh ge n. 在拉玛地方听着哭声，顶悲伤个声响，就是拉结<u>在得</u>哭渠儿。在拉玛听见号啕大哭的声音，是拉结哭她儿女。（同上 2：18，1880）

d. Ng-he z feh tseo-tsing, <u>ze-teh</u> tseo-tsing cü-ts ng-he yi feh hyü ge tseo-tsing. 你许自弗走进，<u>在得</u>走进主子你许又弗许渠走进。<small>自己不进去，正要进去的人，你们也不容他们进去。</small>（同上 23：13）

e. Mông-djôh Yia-su, ziu pa Ge: dæn-z yiu-sih <u>ze-teh</u> nyi-'ôh. 望着耶稣，就拜渠，但是有些<u>在得</u>疑惑。<small>他们见了耶稣就拜他，然而还有人疑惑。</small>（同上 28：17，1880）

例（21）中"在得"皆已用来表示后面的 VP 正处于进行中，用做进行体标记。而从一百多年前的文献来看，"在得"是台州话中基本的进行体标记，虽然"在间"也偶见可分析为进行体标记用法的。

（三）持续体标记"得"

"在得"未见在动后做持续体的，动后表动作结果状态处于持续中的标记为"得"。如，

（22）a. Ze Ge deo-zông t'ih ih-da z yiu Ge ze-ming sia-<u>teh</u>, ziu-z kông："KEH Z YIA-SU，YI-T'A NYING-KEH WÔNG-TI." 在渠头上题一沓字有渠罪名写<u>得</u>，就是讲："格是耶稣，犹太人个皇帝"。<small>在他头以上安一个牌子，写着他的罪状说："这是犹太人的王耶稣。"</small>（马太 27：37，1880）

b. Hao-nying, jong ge sing-li k'ông-<u>teh</u>-keh hao-c'ü, fæh-c'ih hao z-kön le；ôh-nying, jong ge sing-li k'ông-<u>teh</u> – keh ôh-I, fæh-c'ih ôh z-kön le。好人，从渠心里阒<u>得</u>个好处，发出好事干来；恶人，从渠心里囥<u>得</u>个恶意，发出恶事干来。<small>善人从他心里所存的善就发出善来，恶人从他心里所存的恶就发出恶来。</small>（同上 12：35，1880）

c. Jong-zin bi ying kyü su vu-keh nying, zo-kæn, yiu i-zông tsiah-<u>teh</u>, sing-li ming-bah。从前被群鬼所附个人，坐间，有衣裳著<u>得</u>，心里明白。<small>就是从前被群鬼所附的、坐着、穿上衣服、心里明白过来，他们就害怕。</small>（同上 6：15，1897）

从例（22）可见，"得"可以单独黏附在动词后表动作结果状态处于持续中，不过，相比"间"来看，"得"一般用于非状态动词后表结果状态的持续。如 a 句"写得"、b 句"囥得"等。从《圣经》土白译本来看，"得"做持续体标记并不常见。整个马太福音（1—28）节（1880）

中，我们只搜集到 9 例，其中 7 例为"写得"，可见，其句法搭配面并不广泛，不过，从用法来看，它已经是一个很成熟的持续体标记了，语义已虚化。

"得"在动词后表持续，应该是"V 在得"的省略形式。文献中"在得"可以出现在动词后，不过，表义更实在，相当于介宾结构做补语。如，

（23）Nying ziah-z ts-tin t'in væh-tsiu, keh z ts-tin Zông-ti-keh zo-yü, lin zo ze-teh Cü-ts……人若是指点天发咒，格是指点上帝个座位，连坐在得主子……人指着天起誓，就是指着神的宝座和那坐在上面的……（马太 23：22，1880）

例（23）"在得"在体态动词"坐"后面做处所补语，表义较实在。

二 "间"和"在间"

"间"在早期文献中常构成表远指的处所指代词"间面/边"，与表近指的"已面/边"相对，可见，"间"应为表远指的指示语素。"间"也可单独充当处所指代词，这是"间面"中表处所的本体语素脱落的结果，而其处所义由"间"独立承载，也正如此，它可以单独充当存在义动词的处所宾语，构成述宾结构的"在间_{在那儿}"，不过，"在间"并没有停留在述宾式短语阶段，而是词汇化为存在义动词，并进一步语法化为进行体标记和持续体标记。梳理"间"的各种用法，我们可以看到其发展的不同阶段。

（一）指示语素"间"

（24）a. Jong t'in-'ô I-pin zing-deo ih-dzih tao kæn-pin zing-deo, k'e jü-zih s-fông t'iao-shün-keh nying. 从天下已边尽头一直到间边尽头，去聚集四方挑选个人。将他的选民从四方，从天这边到天那边，都召聚了来。（马太 24：31，1880）

b. Ngô kæn-min k'e tao-kao；ng-he zo-I teng. 我间面去祷告，你许坐已等。你们坐在这里，等我到那边去祷告。（同上 26：36，1880）

c. Yi mông-djôh yiu nying gyi-kæn m-kao tso, ziu teh ge kông,

'Ng-he tsa-sang tsing-nyih gyi-I m-kao tso?' 又望着有人徛<u>间</u>吭告做，就搭渠讲："你许咋生整日徛<u>已</u>吭告做？"看见还有人站在那里，就问他们说："你们为什么整天在这里闲站呢？"（同上 20：6，1880）

　　d. Keh z-'eo ziah yiu nying teh ng-he kông, 'Kyi-toh <u>ze-I</u>；' 'ôh-tsia 'Ze kæn；' feh iao siang-sing ge. 格时候若有人搭你许讲："基督<u>在已</u>"，或者"<u>在间</u>"，弗要相信个。那时，若有人对你们说"基督在这里"，或说"基督在那里"，你们不要信。（同上 24：23，1880）

　　e. Ze-kæn yiu ih-ke nying ge ih-tsih siu fong-gao. <u>在间</u>有一个人渠一只手痪告。那里有一个人枯干了一只手。（同上 12：10，1880）

　　f. Ge tseo-zông sæn, s-'ô k 'e tao-kao. Yi-kying æn-gao, Ge doh-ke ze-kæn. 渠走上山，私下去祷告，已经晏告，渠独个<u>在间</u>。他就独自上山去祷告。到了晚上，只有他一人在那里。（同上 14：23，1880）

例（24）a—d 句中，"间"与"已"对照出现，前者表远指，后者表近指；a、b 句中"间"用做指示语素，而 c—f 句中"间"脱落处所语素，单独做动词的处所宾语，其中 e、f 句与"在"高频组合，构成"在间"的述宾短语，表示"在那里"的意思，可以做状语和谓语。

（二）进行体标记"在间"

"在间"高频组合，导致词汇化，常作为整体充当句法成分，已演变为述宾结构的词。表义虚化，演变为在动态动词前表进行的标记。如，

　　（25）a. Yün su-ze yiu ih-do-pæn ts <u>ze-kæn</u> ky 'üoh. 远所在有一大班猪<u>在间</u>喫。离他们很远，有一大群猪吃食。（马太 8：30，1880）

　　b. YIA-SU tseo-tsing sing-din, k 'eo-k 'eo <u>ze-kæn</u> kông dao-li, keh-pæn tsi-s-deo teh pah-sing-keh tsiang-lao tseo-c 'ih-le. 耶稣走进圣殿，扣扣<u>在间</u>讲道理，格班祭祀头搭百姓个长老走出来。耶稣进了殿，正教训人的时候，祭司长和民间的长老来问他说。（同上 21：23，1880）

例（25）"在间"的处所义已虚化，如 a、b 句，上文已经明确具体处所，无须"间"来提供处所义，所构成的"在间"已虚化为表其后动作的进行状态。不过，与同时期的进行体标记"在得"相比，"在间"的使用频率要低得多。而与"在间"的述宾组合相比，进行体标记的"在

间”也要少得多，可见，一百多年前“在间”在动词前仍处于从介宾结构的副词发展为进行体标记的初期阶段。

（三）持续体标记“间”

与动前“在间”少用做进行体标记不同的是，“间”在动后做持续体标记则高频使用，比另一个持续体标记“得”的使用要常见得多，不过，其词源义仍依稀可见。先看持续体标记“间”的用例。如，

（26）a. Ge tsih hao t'iao lôh jün zo-kæn，keh-pæn nying tu gyi ze 'ön-zông. 渠只好跳落船坐间，格班人都倚在岸上。他只得上船坐下，众人都站在岸上。（马太 13：3，1880）

b. Yiu hyü-to nyü-nying yün-yün mông-kæn. 有许多女人远远望间。有好些妇女在那里，远远地观看。（同上 27：55，1880）

c. Ge-he hwön-hyi ze jü-we-dông teh do-ka-zông s-ts'ô-lu-k'eo gyi-kæn tao-kao. 渠许欢喜在聚会堂搭大街上十叉路口倚间祷告。爱站在会堂里和十字路口上祷告。（同上 6：5，1880）

d. Teh Ge dong-de ting-kæn-keh gyiang-dao ah z tso-yiang shih-wa zæh Ge. 搭渠同队钉间个强盗也是□样说话□渠。那和他同钉的强盗也是这样地讥诮他。（同上 27：44，1880）

e. Su-I ngô hôh-mang，peh ng-keh nying-ts di-'ô k'ông-kæn. 所以我慌忙，拨你个银子地下园间。我就害怕，去把你的一千银子埋藏在地里。（同上 25：25，1880）

f. Ziu-z tseo-tsing Zông-ti-keh oh，ky'üoh pa-kæn-keh ping。就是走进上帝个屋，喫摆间个饼。他怎么进了神的殿，吃了陈设饼。（同上 12：4，1880）

g. Hyü-to kw'eng-kæn sing-nying-keh s-siu yi nang-ky'I。许多眍间圣人个尸首又□起。已睡圣徒的身体，多有起来的。（同上 27：52，1880）

h. YIA-SU tseo-tsing Pi-teh-keh u-li，mông-djôh ge lao-dziang-m kyi-sing fæh nyih tao-kæn. 耶稣走进彼得屋里，望着渠老丈姆几身发热倒间。耶稣到了彼得家里，见彼得的岳母害热病躺着。（同上 8：14—15，1880）

从例（26）可见，“间”是一个十分成熟的持续体标记，可与状态动词，如表姿态的“坐”、“眍”，表状态的“摆”、“园”等组合，也可与

动态动词,如"望"、"钉"等组合,表示状态或动作本身的持续。马太福音(1880)中"间"表持续多达20处。因此,从"在间"和"间"的使用来看,动前的"在间"表义较实在,语法化程度低,而动后的"间"虚化程度高,主要做体标记。不过,"间"一般都用在动词后,而非句尾,所以未发现它有语气词的用法。

与表远指的指示语素"间"的用法不同的是,表近指的指示语素"已"虽可单独表处所,也构成述宾组合"在已"使用,但并未见到"在已"和"已"做体标记的。如,

(27) a. Bong-yiu, ng tao I le, tsa-sang feh tsiah 'o c 'ü-ts 'ing keh do-I? 朋友,你到已来,咋生弗穿婚娶亲个大衣?_{朋友,你到这里来,怎么不穿礼服呢?}(马太 22:12,1880)

b. Hao ta ge tao Ngô I le. 好带渠到我已来。_{把他带到我这里来吧!}(同上 17:17,1880)

c. Ngô-he ze-I tsih yiu ng-ke mæn-deo liang-kwang ng. 我许在已只有五个馒头两根鱼。_{我们这里只有五个饼、两条鱼。}(同上 14:17,1880)

d. Gyi ze-I yiu nying, vong s ts-zin we mông-djòh Zông-ti-keh koh yiu gyün-ping le. 倚在已有人,未曾死之前会望着上帝个国有权柄来。_{站在这里的,有人在没尝死味以前,必要看见神的国大有能力临到。}(马可 9:1,1897)

e. Yi mông-djôh yiu nying gyi-kæn m-kao tso, ziu teh ge kông, 'ng-he tsa-sang dziang-nyih gyi-I m-kao tso? 又望着有人倚间呒告做,就搭渠讲:"你搭咋生整日倚已呒告做。"_{看见还有人站在那里,就问他们说:"你们为什么整天在这里闲站呢?"}(马太 20:6,1897)

例(27)"已"可单独表处所,如 a 句;可在人称代词后表处所,充当处所后置词,如 b 句;也常构成"在已"结构作状语或补语,如 c、d 句;甚至单独在动词后做补语,如 e 句;句中"已"的处所义并没有虚化,不像"间"那样可以广泛使用于各类动词后表动作持续。

第四节　一百多年前温州话"是搭"及"搭"

温州话"是搭"中"是"为存在义动词,"搭"为表处所的后置语

素，见第五章例（121）。"是搭"在一百多年前文献中的功能也较丰富。

（一）动词"是搭"

（28）a. Ts 'ź-dì pí Iah-na wha dù-le-ge ź-ta. 觇地比约拿还大傸个<u>是搭</u>。看哪，在这里有一人比约拿更大。（马太 12：41，1894）

b. Sa-de-ge ts 'öé, keh-neh ź-ta, mang-chiæ ziuh gwà hú-lû-de goa. 山里个草，该日<u>是搭</u>，明朝就掼火炉里爻。野地里的草今天还在，明天就丢在炉里。（同上 6：30，1894）

例（28）a 句"是搭"表示"在这里"的意思，做动词短语，b 句表"存在"，做动词。

（二）介词短语"是搭"

"是搭"常做介词短语，表示"在那里"的意思，用在单音节动词后，如例（29）a 句，不过，介词"是"也常省略，直接在动词后接"搭"表处所，做处所补语。如 b—f 句。

（29）a. Yih ts 'ż – djah 'a-nang gé-ź-ta; ziuh taì gi-dà-ko koá: "Nyí-dà-ko tsz-nah-whaì t'úng neh gé-ź keh-li 'a ne?" 又觇着人徛<u>是搭</u>；就对渠大家讲："你大家甞那会通日徛<u>是该里</u>呢？"看见还有人站在那里。就问他们说："你们为什么整天在这里闲站呢？"（马太 20：6，1894）

b. Ts 'ź-dì yaó nang gé-ta, wha-mì chiè sź yí-zie whaì ts 'ż-djah Nang-ge N-tsź zé Gi kwaih-chung li-töè. 觇地有人徛<u>搭</u>，还未喫死以前会觇着人个儿子在渠国中来到。站在这里的，有人在没尝死味以前，必看见人子降临在他的国里。（同上 16：28）

c. Gi-dà-ko ziuh zó-ta k'ö-siú Gi. 渠大家就坐<u>搭</u>看守渠。他们又坐在那里看守它。（同上 27：36，1894）

d. Yaó-le gé-ta-ge nang t'ing-djah ziuh koá, Keh-kaih nang chiæ Yí-lì-ò. 有傸徛<u>搭</u>个人听着就讲："该个人叫以利亚。"站在那里的人，有的听见就说："这个人呼叫以利亚呢！"（同上 27：47，1894）

e. Wha-yaó shú-tu nyú-zang yüé-nang gé-ta ts 'ż. 还有许多女人远能徛<u>搭</u>觇。有好些妇女在那里，远远地观看。（同上 27：55，1894）

f. Tsaó töè ih-kaì zing-tí, chiæ Na-sà-leh, ziuh djì-ta. 走到一个城底，叫拿撒勒，就住<u>搭</u>。到了一座城，名叫拿撒勒，就住在那里。（同上 2：3，

1894）

（三）进行体标记"是搭"

"是搭"在谓词前，表动作正在进行，如例（30）a、b 句。

（30）a. è nang ts 'ż – djah gi-dà-ko ź-ta chàng-zih。要人觑着渠大家是搭禁食。_{故意叫人看出他们是禁食。}（马太 6：16，1894）

　　b. Tsìng ź-ta sié keh-leh ź-kuè, Chí-ge t 'ie-sź mùng toa-chung yiè-ch 'üeh, taì gi koá。正是搭想该俫事干，主个天使梦当中显出，对渠讲。_{正思念这事的时候，有主的使者向他梦中显现说。}（同上 1：20，1894）

（四）持续体标记"是搭"及"搭"

"是搭"在动后表动作状态的持续，如例（31）a—d 句，而 e、f 句动词后直接用"搭"表动作结果状态的持续，"搭"有 ta 和 da 两读。

（31）a. Ng-dà-ko chì-löe hé-kaì p 'iè nang-ge, wha 'oh ź-ta yaó koá，……你大家记牢许个骗人个，还活是搭有讲："……"_{我记得那诱惑人的还活着的时候，曾说："……"}（马太 27：63，1894）

　　b. Hé toa-chung hüeh-zie yaó dù fung tsoh-ch 'í, sź-teh jüe k 'à loà mó-goa; Gi-ż k 'üè ż – ta. 海当中忽然有大风吹起，使得船句浪没爻，渠自睏是搭。_{海里忽然起了暴风，甚至船被波浪掩盖。耶稣却睡着了。}（同上 8：24，1894）

　　c. Tsaó-töè-bá, ts 'ż-djah gi k 'ung ź-ta, tá-söè-goa, chang-lí-ch 'í höé。走到罢，觑着渠空是搭，打扫爻，□来几好。_{到了，就着见里面空闲，打扫干净，修饰好了。}（同上 12：44，1894）

　　d. Yi-sû tsaó-tsàng Pí-teh-ge uh, ts 'ż – djah gi-ge dzié-mú s nyieh-bìng töé ź-ta. 耶稣走进彼得个屋，觑着渠个丈母□热病躺是搭。_{耶稣到了彼得家里，见彼得的岳母害热病躺着。}（同上 8：14，1894）

　　e. Yi-sû ge-ta, chiæ gi-dà-ko, koá, Nyí-dà-ko è Ng dè nyí tsù ga-nyie? 耶稣徛搭，叫渠大家，讲："你大家要我代你做何乜？"_{耶稣就站住，叫他们来，说："要我为你们做什么？"}（同上 20：32，1894）

　　f. Ziuh tsaó tí-chüé k 'ì, k 'oà ts 'a-nang sie-bó zó-ta. 就

走底转去，伉差人相伴坐<u>搭</u>，要觌该起事干个结局。进到里面，就和差役同坐。（同上 26：58，1894）

      g. Nang 'oh-<u>da</u> fi-dà-tsz k 'öè-djah ping. 人活<u>搭</u>非但只靠着饼。人活着，不是单靠食物。（马太 4：4）

从温州话"是搭"的功能来看，"是搭"所经历的语法化历程为：

是搭$_{VP}$ > 是搭$_{PP}$ { > 进行体标记"是搭"（动词前）
      { > 搭（脱落"是"）（动后处所补语）> 持续体标记"搭"

  介词短语"是搭"是它演变为体范畴的重要阶段，而在这个阶段中，介词短语出现在动词前后具体的结构形式不同，在动词前采用"是搭"，而动词后更易弱化，处于连接项位置上的前置介词"是"脱落，留下处所语素"搭"，主要以"V 搭"构成述补结构。这样，在动词前后由介词进一步虚化为体标记时，基本结构也不一样，即"是搭"表进行，而"搭"在动后表持续。这种演变过程与上海话十分相似，它们语法化的源头皆为表存在的动词与处所后置词的组合结构。

第五节　一百多年前宁波话"来 X"及"X"

  一百多年前宁波话课本、《圣经》土白译本等文献中"来 X"及其对应的"X"主要有三种："来东"和"东"、"来间"和"间"、"来的"和"的"。这些"来 X"仍带有距离义，"来东"表近指，"来间"表远指，而"来的"则不分远近，还可表"在里面"、"在上面"。它们不仅可做动词，还可做副词及体标记，下面根据文献中的用法逐一介绍"来 X"及"X"的用法。

一　"来东"和"东"

  "来东"，罗马字记音为"læ-dong"，表示"在这里"的意思，虽然"来"可以单独做介词，但"东"只是构词语素，"东"与上海话、温州话"搭"等可做处所后置词不同，它只能与"来"组合，该组合之间不能插入别的成分，表义虽与官话"在这里"或上海话"拉搭"相当，但在句法上，跟它们很显然并不一样，它不能构成"来 NP 东"使用，所以我们将"来东"等看作述宾结构的复合词，与普通话中"在这里"、上海话"来搭"的句法性质有差异。当"来东"并不需要指明对象的具体位置时，处所义弱化，只表存在，这种处所义模糊的存在义动词"来东"还可与表人或事物存在的具体处所共现，不过这些处所名词必须由介词"来"引介做状语或直接前置于动词。该复合词可做动词、副词等。

（一）动词"来东"

"来东"做谓语动词，表"在这里"或"存在"的意思。

（32）a. <u>来东</u>。在这里。（《便览》1910：2）

　　　b. 其才始<u>来东</u>。他刚刚在这里。（同上：colloquial phrases）

　　　c. 其不常<u>来东</u>。他不常在这里。（同上）

　　　d. 侬搴为<u>来东</u>?你为什么在这里?（同上）

　　　e. 某先生吥呐<u>来东</u>没有在家。（同上）

　　　f. 奶娘已经有一个<u>来东</u>兑。（同上：Section XXIII）

例（32）各句皆用做谓语，a句"来东"单独成句，表示"在这里"的意思；b—d句"来东"也皆表示距离言者较近的地方，做谓语，受各类副词修饰；e句则特指在家，这与说话人的位置有直接关系，即说话人此时在家中，这里的"来东"为"在这里"的特指。f句"来东"出现在存在句"有"字述宾结构之后，虽可理解为"在这儿"的意思，但全句的信息焦点在"有+NP"上，并不在"来东"上，这为"有"字连动句中的"来东"虚化为表存在的状态提供了句法和语用条件。

"来东"中处所义常弱化，用做存在义动词。如，

（33）a. 我个阿娘还<u>来东</u>在世。（同上：Lesson VI）

　　　b. 旷野田返个的草即密今天还<u>来东</u>在，明朝就要丢来在火炉里。（同上：Lesson XVI）

　　　c. Ziah feh-z Jing-ming dô-kô <u>læ-tong</u>, m-nying we tso. 若弗是神明道大家<u>来东</u>，吥人会做。若没有神同在，无人能行。（约翰3：2，1853）

　　　d. 我爷爷<u>来东</u>在世个的时候极大名声。（《便览》1910：Section XXVII）

　　　e. Eo-jü ngô <u>læ-go</u> pi ngô wa tseng-djong, ing-we sin-jü ngô læ-tong-go, ziu-z Gyi. 后于我来个比我还珍重，因为先于我<u>来东</u>个，就是其。<small>那在我以后来的，反成了在我以前的，因他本来在我以前。</small>（约翰1：15，1853）

   f. Gyi læ shü-kæn-zông <u>læ-tong</u>, shü-kæn-zông z Gyi zao-c 'ih-læ, shü-kæn-zông wa feh nying-teh Gyi. 其来世界上<u>来东</u>，世界上是其造出来，世界上还弗认得其。<small>他在世界，世界也是藉着他造的，世界却不认识他。</small>（同上1：10，1853）

  例（33）中 a—f 句表存在，做谓语，"来东"不表示具体的处所，其中 a—c 句"来东"受副词修饰，d 句"来东"做谓语出现在关系小句中，而 e、f 句还可受介词短语修饰，句中"来东"的处所义已高度虚化，"来东"类似于偏义复合词，即只有"来"的存在义了，但在句法上"东"仍为"来"的宾语，其他表处所的词不能再出现在后面，所以由存在义动词"来东"构成的谓词句中处所宾语往往需要构成"来 + NP"结构做状语或直接放在谓词前。如，

  （34） <u>侬塘头来东</u>多少时节？<small>你在这里多长时间了？</small>（《便览》1910：colloquial phrases）

  例（34）中"来东"做存在义动词，"塘头"表示"这里"的意思，从语义上来看它是"来东"的处所宾语，宁波话中只允许放在谓词"来东"前。

（二）副词"来东"

"来东"由复合式动词演变为副词，在谓词前做状语。这类结构在早期文献中并不常见，但其虚化为表动作进行的体标记用法中仍带有处所义。如，

  （35） a. <u>侬来东</u>做啥？<small>你正在这里做什么？</small>（《便览》1910：colloquial phrases）

   b. 我<u>来东</u><small>正在</small>结网。（同上）

  例（35）中"来东"表示动作在距离言者较近的地方进行，但因所表处所处于当前语境，为言谈双方所已知，并非信息焦点所在，所以实际

上 a 句"来东"更应分析为进行体标记，只不过，它仍残留着处所义。
而 b 句则只能分析为进行体标记了。

（三）"东"

"东"只用在动词后，有时候"东"仍带有处所义，但大多已虚化为
持续体标记，甚至在祈使句尾发展为表命令的语气词。

1. 带处所义的动后补语"东"

接在单音节动词后，"东"成为接在动词上的附着成分，主体存在的
处所由动词前的处所名词表示，不过，处所词一般只限于近指，这与
"来东"中"东"表近指是一致的。如，

（36）a. 其葛遭塘头吭恼住东。他现在不住在这里。（《便览》1910：col-
loquial phrases）

b. 塘头按东。放在这里。（同上）

c. 俉塘头等东你在这里等着，等到我转来回来。（同上）

d. Keh-go liang-kwông læ en-go u-sen tsiao-tong；tsih-z en-go
u-sen feh teh-cü. 葛个亮光拉暗个坞垰照东，只是暗个坞垰弗得出。光照
在黑暗里，黑暗却不接受光。（约翰 1：5，1853）

例（36）中"东"黏附在单音节动词后，常与表近指的处所词"塘
头"共现，如 a—c 句。这些例句中的"东"还不能视为持续体标记，只
是充当了动后补语。动后补语应由介宾结构"来东"减缩而来，结构虽
然简化，但从语义上来看，"东"仍没有完全虚化，所以仍制约着句中动
词前处所 NP 的表义，同时在句法上，也制约了"东"之后再出现其他的
处所 NP，导致其他处所 NP 只能话题化或状语化。因此，我们认为，这
些例句中的"东"是表处所义的补语成分，尽管"东"的处所义已经开
始虚化。

2. 持续体标记"东"

在谓词后表动作或动作结果状态的持续，做持续体标记，此时不要求
与表近指的 NP 共现。如，

（37）a. 俉啥干等东你在等什么？（《便览》1910：colloquial phrases）

b. 应该让先生来在前头走，俉你拉来在后头跟东着。（同上：

Lesson XXVI)

> c. 我个_的眼镜都是随身带<u>东</u>_着。（同上：Lesson XXXV）
>
> d. 弗能够拨<u>俉</u>_{给你}，我自留<u>东</u>_着用个。（同上：Lesson XXI）
>
> e. 单只有限剩落<u>东</u>。（同上：colloquial phrases）
>
> f. 我个阿娘死兑_了，把我错落<u>东</u>。（同上：Lesson XXVIII）

"东"用在静态动词后表持续，如例（37）a—d句，也可以表示动作结果状态的存续，如e、f句。这种用法应为"V东"中补语成分"东"演变而来的。随着"东"的处所义淡化，附着在V或VP之后的"东"重新分析为表动作或其结果状态处于持续中的体标记。

3. 表祈使或命令语气的"东"

在祈使句句尾，"东"发展为语气词。如，

> （38）a. 听<u>东</u>！葛_那是啥西_{什么}？（《便览》1910：colloquial phrases）
>
> b. 好好坐<u>东</u>！（同上）
>
> c. Ng-lah kæ be-bæn hao-tong；ing-we nying-go Ng-ts læ-go z-'eo，z ng-lah ts'eng-feh-tao-go. 你拉该备办好<u>东</u>，因为人个儿子来个时候，是你拉忖弗到个。_{你们也要预备，因为你们想不到的时候，人子就来了。}（《土话初学》Lu-kyüô 12：40，1868）
>
> d. 你要买，来放点定钱<u>东</u>。（《便览》1910：Section XVI）

例（38）为祈使句，说话人要求听者保持某个动作状态或某种结果，这种用法是持续体标记在特定语境中进一步发展的结果。如b句仍可理解为"坐着"。

二 "来间"和"间"

一百多年前宁波话"来间"，罗马字记音为"læ-kæn"一般表远指，表示"在那里"的意思。可做谓语，也可在动词前做状语，或做进行体标记。"间"只能出现在谓语动词后，表处所、持续等。

（一）动词"来间"

"来间"做谓语动词，表示"在那里"的意思，述宾组合中的处所义

开始弱化,与"来东"一样,也做存在义动词。如,

(39) a. Læ Kyüô-li-li-go Kyüô-nô di-fông, yiu ih-veng nying-kô hao-nyih; Yiæ-su-go ah-nyiang <u>læ-kæn</u>. 来加利利个迦拿地方,有一房人家好日,耶稣个阿娘<u>来间</u>。在加利利的迦拿有娶亲的筵席,耶稣的母亲在那里。(约翰 2:1, 1853)

b. Tsih-yiu dzong t'in kông-lôh-læ-go, ziu-z Nying-go Ng-ts, dzing-gyiu læ T'in-zông <u>læ-kæn</u> – go. 只有从天降落来个,就是人个儿子,仍旧来天上<u>来间</u>个。除了从天降下仍旧在在天的人子。(同上 3:13, 1853)

c. Ziah-yiu liang-sæn-go nying, we-leh Ngô-go ming-deo jü-long-kæn, Ngô yia læ gyi-lah cong-niang <u>læ-kæn</u>. 若有两三个人,为了我个名头聚拢间,我也来其拉众人<u>来间</u>。有两三个人奉我的名聚会,那里就有我在他们中间。(《土话初学》Mô-t'a 18:20. 1868)

d. Peng-læ z teng T'in-Vu dô-kô <u>læ-kæn</u>, yi hyin-c'ih-lô peh ah-lah-go。本来是等天父大家<u>来间</u>,已显出落拨阿拉个。将原与父同在,且显现与我们那永远的生命传给你们。(约翰一书 1:2, 1853)

例(39)a 句"来间"做谓语,表示"在那里"的意思;b、c 句"来间"前用介词"来"介引处所,可见,"来间"结构中的处所义已虚化;d 句直接做存在义动词。从文献来看,"来东"做存在动词的用法远远超过"来间",这应该与两者所指的处所义不无关系。"来东"指近,在认知上距离自我较近,也存在于当前语境中,因此其处所义无须特别明确,反而容易淡化,而"来间"指远,对言谈双方来说不仅距离较远,还有可能是视野范围之外的,所以不易模糊化。

(二)副词"来间"

"来间"常用在谓词前,表示动作发生的场所。如,

(40) a. Yiæ-su teng Gyi-go meng-du tseo-tao Yiu-t'a di-fông; teng gyi-lah dô-kô deng-lôh keh-deo, <u>læ-kæn</u> 'ang-si-li. 耶稣等其个门徒走到犹太地方,等其拉大家登落葛头,<u>来间</u>行洗礼。耶稣和门徒到了犹太地,在那里居住施洗。(约翰 3:22, 1853)

b. Iah-'en teng liang-go meng-du dô-kô lih-kæn:K'en-kyin Yiæ-su læ-kæn tseo, ziu wô······约翰等两个门徒大家立间，看见耶稣<u>来间</u>走，就话······_{约翰同两个门徒站在那里。他见耶稣行走，就说······}（同上 1：35—36，1853）

　　　　c. Keh-tsao Iah-'en-go meng-du teng Yiu-t'a-nying dô-kô læ-kæn pæn-poh gyiang-nyüoh-go kwe-kyü. 葛遭约翰个门徒等犹太人大家<u>来间</u>盘驳涾浴个规矩。_{约翰的门徒和一个犹太人辩论洁净的礼。}（同上 3：25，1853）

"来间"可用在动态动词前表进行，由副词"来间"处所义进一步虚化形成，表动作动态进行的时间义凸显，发展为进行体标记。如，

　　（41）a. Iah-'en læ Æ-neng teng Sah-leng siang-gying <u>læ-kæn</u> 'ang-si-li, ing-we keh-deo shü to. 约翰来哀嫩等撒冷相近<u>来间</u>行洗礼，因为葛头水多。_{约翰在靠近撒冷的哀嫩也施洗，因为那里水多。}（约翰 3：23，1853）
　　　　b. 有介一日，华佗来_在路上<u>来间</u>_{正在}走。（《便览》1910：摘自《三国志》）
　　　　c. 下底_{下面}有人<u>来间</u>_{正在}寻_找你。（同上：Section XXV）
　　　　d. 看见三只马做槽<u>来间</u>_{正在}吃东西。（同上：摘自三国志）
　　　　e. 你个姊夫<u>来间</u>_{正在}做僜_{什么}行业_{生意}。（同上：Section XX-VII）
　　　　f. Z ts-tin keh-sing <u>læ-kæn</u> ta-diao ng-lah-go cü-kw. 是指点葛星<u>来间</u>带掉你拉个主顾。_{是指着那引诱你们的人说的。}（约翰一书 2：26，1866）

（三）动后补语"来间"
"来间"与"来东"不同的是，文献中仍可看到"来间"用做处所补语的。如，

　　（42）其<u>屋瓦头</u>登<u>来间</u>_{他正在屋顶上。}（《便览》1910：colloquial phrases）

做处所补语的"来间"，比动前副词中"间"的处所义虚化更高，所以语义表达上，还可以出现其他的处所 NP，如例（42）中"屋瓦头"，不过，"来间"在句法上仍为介词短语做补语。
（四）"间"
"间"与"东"一样只能用在动词后，可表处所、持续等。

1. 表处所的"间"做宾语和补语

表处所的"间"在动词后可直接充当处所宾语,相当于"那里"。如,

（43） a. Yiæ-su teng Gyi meng-du, yia ts'ing-ky'I-kæn, ky'üoh hao-nyih-tsiu. 耶稣等其门徒,也请去<u>间</u>,喫好日酒。_{耶稣和他的门徒也被请去赴席。}（约翰2：2,1853）

　　b. Læ keh-deo yiu loh-k'eo zah-shü-kông en-kæn, me-k'eo hao tsi liang-sæn-tæn shü. 拉葛头有六口石水桶按<u>间</u>,每口好积两三担水。_{有六口石缸摆在那里,每口可以盛两三桶水。}（约翰2：6,1853）

　　c. Læ Sing-din-li k'en-kyin yiu ma ngeo, yiang, beh-keh, wa-yiu de dong-din cü-kwu zo-kæn. 来圣殿里看见有卖牛、羊、白鸽,还有兑铜钿主顾坐<u>间</u>。_{看见殿里有卖牛、羊、鸽子的,并有兑换银钱的人坐在那里。}（约翰2：14,1853）

　　d. Gyi-lah teng Gyi wô, Lah-pi, Ng'ah-li deng-kæn? 其拉等其话:"拉比,你阿里登<u>间</u>?"_{他们说:"拉比,你在哪里住?"}（约翰1：38,1853）

例（43）各句选自1853年约翰福音宁波话译本,"间"在动词后表处所,不过,"V间"结构前已出现表主体存在的其他处所,表明动后"间"的处所义虚化。如 d 句,"登间"就不能再译为"住那儿"了。而对比例（42）与（43）d 句可知,很显然"登间"应是"登来间"的减缩形式。

2. 持续体标记"间"

动后"间"由补语发展为表动作状态持续的标记。如,

（44） a. 摊头里,摆<u>间</u>_着五只山鸡、十只兔、两只鹿。（《便览》1910：Lesson XXXVIII）

　　b. 葛两挂<u>间</u>个犯人一个亵渎耶稣,话……_{那同钉的两个犯人,有一个讥诮他说……}（同上：路加23：39）

　　c. 栈里装<u>间</u>_着个_的货色_{货物}呒俦消仗_{没有销路}。（同上：Section XVI）

例（44）"间"可在主句或从句静态动词谓语后表持续，若动词带普通宾语，如 a 句"五只山鸡、十只兔、两只鹿"，整个宾语仍可接在谓词后，而无须前置，这表明，"间"已演变为体标记，而不再是处所义高度虚化但仍占据处所宾语位置的成分。

"间"用在动词后还可表动作结果实现或完成。如，

（45）为僧买闰个货色_{为什么买了的货物}失约，弗_不抟_拿来。（《便览》1910：Section XVII）

三　"来的"和"的"

文献中"来的"，罗马字记音为"læ-tih"，可作动词、副词、体标记等，"的"则只能做体标记和语气词。

（一）动词"来的"

"来的"未见单独做谓语的，而常与存在义动词"有"、"呒告"构成连动结构，充当连动结构后项，表示距离义和方位义，可表"在这里"、"在那里"或"在里面"等，具体依语境而定。如，

（46）a. 华佗话："葛_这里向有飞个_的东西来的_{在里面}。"（《便览》1910：《三国志》）
　　　　b. 葛里头有胡椒来的_{在里面}。（同上：Section IV）
　　　　c. 我樱桃树里有千万樱桃来的。（同上：colloquial phrases）
（47）a. 有千万蚂蚁来的_{在这里}。（同上）
　　　　b. 头遭之塘头_{过去这里}有一进屋来的_{在这里}。（同上）
（48）葛点呒告_{没有什么}来的_{在那里}。（同上）
（49）a. 有两样讲究来的_{有两个原因}。（同上）
　　　　b. 桌登布有汁来的_{在上面}。（同上）

例（46）各句表示"在里面"的意思，例（47）表近指，例（48）表远指，而例（49）a 句可理解为"其中"，而 b 句应为"在上面"的意思。从表义来看，虽然"来的"主要表示"在里面"的意思，表义未完

全虚化，但已模糊，可随语境做多种理解。从句法结构来看，动词"来的"常用在存在句的句尾，其后不能再带其他处所宾语，表处所的 NP 常以话题或状语形式出现在句首。如例（46）、例（47）b 句、例（49）b 句。

（二）副词"来的"

"来的"在动词前表进行。如，

（50）a. Ziah-z læ liang-kwông li-hyiang <u>læ-tih</u> tseo，ziang Gyi læ liang-kwông ka-go。若是来亮光里向<u>来的</u>走，像其来亮光垓个。_{我们若在光明中行，如同神在光明中。}（约翰 1：7，1853）

　　b. Ah-lah ziah wô z teng dô-kô yiu-veng，yi dzing-gyiu læ en li-hyiang <u>læ-tih</u> tseo，z shih-hwông. 阿拉若话是等大家有分，又仍旧来暗里向<u>来的</u>走，是说谎。_{我们若说是与神相交，却仍在黑暗里行，就是说谎话。}（约翰一书 1：6，1868）

　　c. 来象山海岛南边有两只船<u>来的</u>_{正在那里}捉鱼。（《便览》1910：Lesson XXXVIII）

　　d. Wa-yiu Jing-ming-go T'in-s læ nying-go Ng-ts u-sen <u>læ-tih</u> zông-zông lôh-lôh. 还有神明个天使来人个儿子坞埤<u>来的</u>上上落落。_{神的使者上去下来在人子身上。}（约翰 1：51，1853）

与例（49）"有"字存在句句尾的"来的"相比，例（50）中的"来的"不再出现在句尾，而是出现在其他 VP 之前，从表义虚化的复合词发展为进行体标记。"来的"表进行在一百多年前文献中十分常见，使用频率远远高于表进行的"来间"，更高于"来东"。如，

（51）a. 其<u>来的</u>取叫比_{他正在吹哨}。（《便览》1910：colloquial phrases）

　　b. 倷寨<u>来的</u>写_{你为什么正在写}？（同上）

　　c. 黄狗<u>来的</u>_{正在}叫。（同上）

　　d. 倷<u>来的</u>做僖西_{你正在做什么}？（同上）

　　e. Ziah-yiu nying wô z læ liang-kwông li-hyiang，wa <u>læ-tih</u> u-su gyi hyüong-di，gyi jih z Dzing-gyiu læ heh-en li-hyiang. 若有人话自来

亮光里向，还<u>来</u>的污诉其兄弟，其又是仍旧来黑暗里向。_{人若说自己在光明中，却恨他的弟兄，他到如今还是在黑暗里。}（约翰 2：9）

      f. Ah-lah <u>læ-tih</u> kông-go z-ken，z ah-lah hyiao-teh-go，<u>læ-tih</u> te-tsing-go z-ken z ah-lah k'en-kyin-ko-go. 阿拉<u>来</u>的讲个事干，是阿拉晓得个，<u>来</u>的对证个事干是阿拉看见过个。_{我们所说的，是我们知道的；我们所见证的，是我们见过的。}（同上 3：11，1853）

（三）持续体标记和语气词"的"

"的"与"东"、"间"一样，在动后做补语、持续体标记，还可在句尾表命令语气。如，

    （52）a. 王老三来_在东衔直直里头葛_那个门里住<u>的</u>。（同上）

        b. 船舱里装<u>的</u>傍个_{装着什么}东西？（同上：Section XIV）

        c. Yiæ-su nyin-cün k'en-kyin gyi-lah keng-<u>tih</u>. 耶稣扭转看见其拉跟<u>的</u>。_{耶稣转过身来，看见他们跟着。}（约翰 1：38，1853）

        d. Keh-go dao-li teng gyi z-t'i，tu læ leng-nyü-li sia-lôh-<u>tih</u>. 葛_这个道理等_和其事体_{他事情}，都来_在论语里写落<u>的</u>。（《土话初学》1868）

    （53）a. 茶壶里冲点滚水<u>的</u>。（《便览》1910：Section VII）

        b. 水缸里加点明矾<u>的</u>。（同上：Section VIII）

        c. 火炉里加点煤炭<u>的</u>。（同上：Section XXII）

        d. 水呒呐_{没有}，呕_叫人挑点<u>的</u>。（同上）

例（52）"的"在动词后由补语发展为持续体标记，而例（53）句尾"的"表命令语气。

从一百多年前宁波话文献来看，"来X"及"X"在句法功能上有相似之处，但差异仍十分显著。首先，"来东"、"来间"、"来的"皆做述宾式复合动词，但"来东"、"来间"可直接构成动词谓词句，"来的"则只能用在"有"字存在句的句尾，前两者还可用做存在义动词，而"来的"未见此用法；其次，它们虽皆用作进行体标记，但"来的"使用频率最高，语法化程度也最高，接着是"来间"，而"来东"则少见进行体标记用法，主要用做动词谓语。从"X"的句法功能和表义来看，

"东"、"间"和"的"虽只出现在动词后，构成"V + 东/间/的"结构，在该结构中它们的处所义虚化，用做处所补语，"间"的虚化程度最低，所以有些例句中它似乎仍可看作处所宾语，而做处所补语时，"东"最多见，"的"用得最少；动后"X"虽都发展为持续体标记，但"间"分布最多，而"东"、"的"都可以做语气词，"间"则未见这种用法。其用法见表 6 - 3。

表 6 - 3　　　　　一百多年前宁波话"来 X"及"X"的功能表

	来东	来间	来的	东	间	的
述宾结构的动词	在这里/在家	在那里	在 + 方位	/	/	/
存在义动词	+	+	-	/	/	/
副词作状语和进行体标记	+	+	+	/	/	/
动词后补语	-	+	-	+	+	+
持续体标记	/	/	/	+	+	+
完成体标记	/	/	/	-	+	-
表命令语气	/	/	/	+	-	+

注："+"表示具有；"-"表示未见该用法；"/"表示没有该用法。

三者在用法上的相似表现反映了它们语法化途径的一致性。第一，"来 X"虽然可理解为述宾组合的短语或结构，但"X"只是语素，"来 X"已经词汇化为述宾结构的复合词，但其虚化程度并不高，表现在其意义仍为"来"与"X"意义的组合，仍带有不同距离的处所义，句法组合痕迹仍十分清晰。这些词出现在动词前可表动作发生的场所，并进一步发展为表动作进行。第二，"VX"中"X"的语法化应始于"V 来 X"。从例（42）与例（43）d 句可见，两者同构成"NP$_{处所}$ + V 来间/间"结构，不过，同时期文献中，"V 间"的用法远远超过"V 来间"，可见这个缩减过程已完成。而由"V 来 X"缩减来的"VX"中"X"应仍看作补语，在此基础上发展为持续体标记和语气词。其过程为"V 来 X$_{处所补语}$ > VX$_{处所补语}$ > VX$_{持续体标记}$ > SX$_{语气词}$"。

第六节　一百多年前宁波话"来 X"及"X"的来源

巢宗琪（1986）指出，苏州、无锡一带方言"勒"跟一个双音节表处所的词缩合成"勒 X"时，略去这个表处所词中的指示语素，而宁波、绍兴方言里缩合成"来 X"，是丢掉了表处所词中的方位语素。如，宁波话"来该里">"来该"。刘丹青（2003）指出，老苏州话中"勒 X"等复合词的形成过程为：前置词 + NP + 后置词/处所后缀 > 前置词 + 后置词/处所后缀。将它们分析为后置词，这样可以突出吴语中后置词的发达程度和吴语的句法类型特征。而早期宁波话"来 X"中的"X"应看作什么呢？与其来源有着密切关系。下面将根据文献讨论其来源。

西儒文献中，"东、间、的"是表处所的语素。它们只是作为语素与"来"构成述宾结构的复合词，它们并不能进入句法组合。尽管"VX"结构中的"X"虽可单独出现在动词后，但它们只是"来 X"的省略形式或弱化形式，并非单独入句。因此，在一百多年前的文献中，"东、间、的"只是作为构词语素存在。

作为表处所的语素"东、间、的"，与处所词有什么关系呢？据钱乃荣（2003）指出，北部吴语中"来搭"，又作"来笃、来朵、来带、来东、来拉"等，其中"来东"从"来搭"音变而来，其过程为"［ta］>［toʔ］>［toŋ］"，即"来搭 > 来朵（儿化）> 来东"。那么宁波话"东"是否为处所词构成的"来 X"结构，如同早期上海话"拉搭、勒拉"一样呢？不过，一百多年前文献中未见到"东"用做处所后置词的，这与上海话"搭"用做处所后置词、可构成"辂搭"、"第搭"等处所指示词存在显著差异。这种功能上的显著差异表明，"来东"很可能并非直接来自"来 + 指示语素/NP + 东"的省略，与上海话"来搭"等的形成过程不同。那么表处所的语素"东"到底是如何形成的呢？潘悟云、陶寰（1996）论证了温州话"搭"、苏州话"笃"等来自处所词"埭"，且认为"埭"与"荡"之间的"语源关系是显而易见的"。而"荡"在早期宁波话中记作"塘"，为表近指的指示词，可与表处所的本体语素构成处所指示词。如，

(54) a. 塘头_{这里}来过弗？ Has he been here？ （《便览》1910：Section XXIII)

b. 明朝_{明天}到塘头_{这里}来。（同上：Section III）

c. 来葛头_{那儿}弗好讲闲话。（同上：Lesson IX）

d. 侬_你葛星家伙_{这些工具}好要放来_在塘头_{这里}。（同上）

e. 塘头_{这里}热，葛头_{那里}冷。（同上）

f. 侬_你勿要指点塘个_{这个}，话葛个_{那个}。（同上：Lesson XX）

g. 塘边_{这边}阔，葛边_{那边}狭。（同上：Lesson XXXII）

h. 塘面_{这面}朝上，葛面_{那面}朝下。（同上）

i. 塘_这是正面，葛_那是反面。（同上）

　　根据潘悟云、陶寰（1999）和钱乃荣（2003）的研究，我们认为早期宁波话"东"、"塘"同源。而"东"用在"来 X"结构中表处所，很可能是由"来塘头"缩减而来。"来塘头"高频组合，表处所的本体语素处于弱读位置，在语流中弱化为"来塘"，同时将处所义转移到"塘"，形成"来塘"，而为了区别指示语素的读音形式，音变为"来东"。音变后的"来东"仍受到"塘头"义的限制，只能表近指。这个形成的过程是在一百多年前就已完成，所以我们只能推测其大体过程。

　　"间"来源于指示词"葛"。"葛"在早期文献中可指近也可指远，不过，当与"塘"对照出现时，则只能指远，从指示距离来看，与"间"一致。其读音上的差异应是儿化造成的。"间"读 kæn，而"葛"读 keh，这种差异应该是儿化形成的。徐通锵（1985）利用《字语汇解》（1876）和宁波周边方言的语料解释宁波话"鸭"、"伯"类词的演变时指出，"儿化"在早期宁波话中为构词语素，读-n 和-ŋ。我们相信"儿化"不仅发生在名词或名语素之后，使用频率高的指示语素之后也曾发生过儿化。由于受"东"读音的类推，"葛"儿化后读作"间"，也与其指示词读音形式区别开来，明确其新的句法功能。不过，今天随着儿化的脱落，又读成"该"，记作"来该"。至于"的"的词源，其虚化程度较"东、间"高，我们只能推测它可能也来自指示词，但在音韵和词源上仍没有充分的证据，故暂时无法讨论。据此看来，早期宁波话中"来东、来间"等经历"来东/间头"的缩合过程，演变为"来＋指示语素"的缩合形式。也正因为它们是指示语素，所以不能像上海话、苏州话"搭"、"浪"等那样可做后置词，宁波话中有专职的后置词"垰"。参见第五章。

　　因此，从早期宁波话"东"、"间"的词源来看，宁波话"来东、来间"等也经历过缩合的过程，它们是"在"义动词与指示语素构成的，而不是"在"与后置词或处所后缀构成的，与上海话、苏州话等来源不同。语法化源的差异也决定了它们在句法功能上的不同。

第七节　宁波话"来 X"与苏州话"勒 X"、绍兴话"来 X"比较

老苏州话有"勒笃、勒浪、勒里、勒化"等"勒 X"复合词，它们的句法功能基本相似，做动词、介词短语、介词、体标记、语气词等，下面以苏州话"勒浪"为例，参考钱乃荣（2003）列举其句法功能。如，

(55) a. 阿金道："勒浪第几号房间里介?"（《九尾狐》第 9 回）（动词）

b. 买尺白绫来铺底，只要我郎来上帮，心肝莫说短和长。（《山歌》卷 10 第 441 页）（介词短语）

c. 倪自办菜烧好来浪，送过来啊好?（《海上花列传》第 42 回第 358 页）（介词短语）

d. 昨日仔格个客人，吃醉仔酒，坐勒浪格间房间里，一动才勿肯动。（《九尾龟》第 133 回第 892 页）（介词）

e. 耐搭仔俚笃三位来浪倪搭坐歇，大家讲章讲章。（《九尾龟》第 132 回第 886 页）（介词）

f. 倪勒浪讲正经闲话，耐咿要来瞎三话四哉。（《九尾龟》第 19 回 148 页）（进行体）

g. 连搭自家撒出来格屎，也要留勒浪做肥料格来。（《九尾狐》第 13 回）（持续体）

h. 俚乃勿肯叫，勿是个吃醋，总寻着仔头寸来浪哉，想叫别人，阿晓得?（《海上花列传》第 19 回）（存在语气）

对比宁波话"来 X"的用法可得，两者最明显的差异在于宁波话"来 X"做动词时，不能直接带处所宾语，处所宾语必须前置或者状语化，这也就决定了"来 X"不能演变为介词。因此，宁波话"来 X"的演变与钱乃荣（2003）提出"勒浪"的语法化路径"动词—介词结构—介词—体助词—语气词"应该有所不同。

宁波话"来 X"演变为体助词，根据第五节中的描写和分析，我们

认为其过程如下：

常见句型 1：NP$_{处所}$ + 来 X（"来 X"为动词）

常见句型 2：NP$_{处所}$ + 来 X + VP（"来 X"既可以分析为连动结构前项，也可以分析为副词表时间范畴，处于重新分析阶段）

常见句型 3：NP$_{处所}$ + 来 X + VP（"来 X"分析为进行体标记）

可见，宁波话"来 X"在连动结构中从动词前项演变为表 VP 动作发生的时间意义的体标记。

苏州话"勒浪"从动词演变为体助词则需要经历介词阶段。根据例（55）可推测其过程为：

常见句型 1：勒浪 + NP$_{处所}$（"勒浪"为动词）

常见句型 2：勒浪 + NP$_{处所}$ + VP（可分析为连动结构，"勒浪"为动词；也可分析为状中结构，"勒浪"为介词）

常见句型 3：勒浪 + VP（"勒浪"为介词，也可分析为表时间范畴的体标记）

宁波话"来 X"和苏州话"勒浪"在语法化上的差异，应该源于其语法源结构的不同。"勒浪"等复合词为前置词 + 后置词/处所后缀（刘丹青，2003）的组合形式，"勒"及相应的"X"成分语法化程度高，所以从动词演变为介词是顺理成章的，因为前后置词本身就是在执行介引的功能；而宁波话"来 X"为存在义动词和指示语素的组合，语法化程度低。早期宁波话中"来"也可单独做存在义动词构成谓词句。如，

（56）a. 我来$_{在}$里头，其他$_{他}$来$_{在}$外头。（《便览》1910：Lesson XX-VI）

　　　b. 吉密$_{今天}$倍$_{你}$一定要来$_{在}$屋里。（同上：colloquial phrases）

而指示语素相对前后置词表义更实在，其语法化程度也低。

因此宁波话"来 X"复合词并没有经历介词或介词短语阶段而直接在连动结构中演变为表时间范畴的进行体标记。

　　刘丹青（2003：256—269）指出，绍兴话 PPC（即本文的 "来 X"）类型，PPC 前字没有虚化，句法功能受限，基本上是个黏着的动词性语素，不能单独充当处所前置词，如例（57）；同时整个 PPC 句法功能上也与苏州等方言不同，它只用做动词，不能做介词，如例（58）；但它们可以在动词前表进行，如例（59）；而来自名源后置词的后字 "埭_近、坰_{不分远近}、亨_远" 则发展出类似前置词的作用及其他更虚化的功能，如例（60）；但它们并不是真正的介词，而是用做存在体和联系项，后字在动词后表示的主要是持续体或成续体，是一个体标记，只是其具体句法作用在不同句式中可以有所不同。

（57）a. 小张来勿来＊（坰）？

　　　b. 伊来＊（亨）图书馆里。（他在图书馆里）

（58）a. 小张（＊来亨）黑板高头写字。

　　　b. ＊小张坐来床高头。

　　　c. ＊小张坐来亨床高头。

　　　d. ＊小张坐来亨。

（59）a. 舞台高头学生来亨表演话剧。

　　　b. 我来埭吃饭，伊来亨孵手。

（60）a. 伊个首饰摆埭我里。

　　　b. 伊个首饰我里摆埭。（以上转引自刘丹青 2003：256—269）

　　对比绍兴话 "来 X" 的句法表现可知，绍兴话、宁波话 "来 X" 皆不具有介引功能，但皆用做进行体标记，它们语法化的过程相似，即 "来 X" 在连动式中充当前项直接语法化为进行体标记。与苏州话、上海话等方言不同。

　　动词后的 "X"，绍兴话的句法功能与宁波话稍有差异。王福堂（1998）详细描写了绍兴话 "来带、来亨、来东" 及 "带、亨、东" 的各种用法，特别分析了动词后的 "带、亨、东" 表 "在" 义的用法和来源。它们是 "来 X" 失落 "来" 的结果，失落以后原来的意义和功能转移到后边的 "X" 上，使得 "X" 具有介引的功能，但它们仍不能离开 "来" 独立组成介词结构。宁波话动词后的 "东、间、的" 似乎也具有介引处所题元的功能，但在"VX"谓词句中，处所题元前置，可见它们也不是介词，分析为补语和持续体标记更合适，但它们未见用做联系项，如例（61）a 句"VX＋处所名词"结构在早期宁波话不能成立。不过，宁波话中"来"的功能较绍兴话更发达，动词后介词功能主要交给了"来"。如例（61）。

（61）a. 倍你住来在阿里哪里？（《便览》1910：colloquial phrases）

　　　　b. 葛个钉株那个钉子倍你等帮我抈拿来按来在窗头上。（同上：Lesson XXV）

　　　　c. 塘这个玻璃瓶里个的水好倒来在葛那把壶里。The water in this bottle you may pour into that pitcher. （同上：Lesson XXVII）

通过比较苏州话"勒浪"、绍兴话和宁波话"来 X"的句法功能和语法化过程，可以得知，绍兴话和宁波话"来 X"的用法和语法化过程十分相似，而苏州话"勒浪"应属于另一种类型。这种类型上的同异与其语法化源结构不无关系。苏州话"勒浪"等为"存在义动词/前置词＋后置词/处所后缀"构成，与介引功能自然相关，而宁波话"来 X"则由"存在义动词＋指示语素"构成，并不具有介引功能，它们在连动结构中直接由动词发展为进行体标记。

第八节　一百多年来吴语"拉（勒）／来 X"结构的演变

一百多年来"拉（勒）／来 X"结构仍活跃在上海话、台州话、金华话、温州话和宁波话等吴方言中，只是其具体词汇形式和句法功能有些变迁。今上海话"辣、辣辣、辣海"（许宝华、汤珍珠，1988；钱乃荣，1997）、台州话"在得"（刘春宁，2008）、温州话"着搭［ʐŋta］、搭"（潘悟云，1996）、宁波话"来的、来该"（汤珍珠、陈忠敏等，1997），今吴语中"拉（勒）／来 X"复合词，相比一百多年前词汇化程度似乎更高，句法功能更发达。如，

（62）普通话：他正在吃饭。

　　　　　a. 上海话：伊正辣海吃饭。

　　　　　b. 宁波话：渠来盖吃饭。

　　　　　c. 温州话：渠正好是大吃饭。

　　　　　d. 金华话：渠改葛达/末达吃饭。（钱乃荣，1992：1029—
1030）

　　　　　e. 台州话：其在得吃饭。

　　（63）普通话：门开着。

　　　　　a. 上海话：门开辣海/盖。

　　　　　b. 宁波话：门开盖/的。

　　　　　c. 温州话：门开大。

　　　　　d. 金华话：门开得末达/末里/葛里/葛达。　（钱乃荣，
1992：1026）

　　　　　e. 台州话：门开得。

　　今吴语进行体和持续体标记皆用"拉/来 X"复合词或其省略形式
"X"标记。其中上海话"辣辣、辣海"应直接沿用百年前的"垃拉、垃
喊"（儿化韵尾脱落）、宁波话"来的、来盖"分别对应"来的、来间"
（儿化韵尾脱落）、温州话"是大、大"即为"是搭、搭"，台州话"在
得、得"与早期用法一致。

　　从演变来看，一百多年来各方言"拉（勒）/来 X"结构的类型及其
具体功能也在调整，这种调整体现出较强的规律性。

　　从文献来看，一百多年前的上海话"拉 X"组合类型十分丰富，不
仅有"拉"与处所后置词的组合，也使用"拉"与方位后置词的组合。
如"拉上"、"拉里"等，而"拉上/里"等组合一般仍带有较实在的词
汇意义，语法化程度较低，在一百多年的发展中，它们的词汇化和功能皆
赶不上"拉"与处所后置词的组合，今上海话"拉"与处所后置词的组
合演变为复合词，用做进行体和持续体标记。

　　宁波话"来东"在一百多年前文献中十分活跃，不过，其语法化程
度并不高，仍带近指义，今则少用，"来的"则虚化程度高，功能活跃，
今宁波话"来的"与"来东"合并，只用来表近，与从"来间"脱落儿
化韵尾来的"来该"形成对立。

　　台州话"在间"与"在得"在百年前文献中皆用做进行体标记，

"间"比"得"更常用做持续体标记，不过，今台州话中"得"用做持续体标记更常见。

变化最大的应该是金华话中"在那"与"那"，特别是"那"，表远指，在一百多年前文献中功能十分活跃，动词、介词、处所后置词、体标记等，与上海话"拉"功能相似。不过，功能如此活跃的"那"在今金华话中却已不用了。具体原因仍有待探讨。

第九节　结语

从文献来看，一百多年前吴语"拉（勒）/来 X"主要可分为两大类：第一类是由存在义动词"在"与处所、方位后置词组合经词汇化而成的复合词；第二类是由存在义动词与指示语素构成的复合词。在组合的过程中，都经历了脱落或减缩的过程。

第一类

在 + NP + 处所/方位后置词（述宾短语）————脱落————→在 + 处所/方位语素（述宾结构的复合词）

如，上海话"垃拉、拉搭、拉化、拉喊、拉里、拉上"等、温州话"是搭"、台州话"在得"

第二类

在 + 处所指示词（述宾短语）————脱落————→在 + 指示语素（述宾结构的复合词）

如，金华话"在那、在安"、宁波话"来东、来间"、台州话"在间"

第一类和第二类之间可能存在关联。即处所指示词中指示语素可能来自处所词，与第一类中的处所后置词同源。以宁波话"东"为例，"东"与上海话"搭"词源相同，来自表处所的"埭"，不过，"东"在早期宁波话中只用做表近指的指示语素"塘"了，这是因为"指示语素 + 搭"组合中指示语素脱落后，"搭"获得指示功能，成为近指示词。迪塞尔（Diessel，1999：150）指出，无指示义的词汇性成分作为指示词的组成部

分，如果指示语素脱落了，那么这个词汇性成分就具有指示功能。盛益民
（2014）指出，吴语绍兴话"里〔li^{53}〕"、天台话"埭〔tE^{31}〕"、金华话
"汏〔da^{24}〕"本来是无指示义的词汇性成分，由于指示语素脱落而获得指
示功能，如今用做近指示词。宁波话中表处所的"搭"获得指示词功能
之后儿化为"塘"，构成"塘头"，进入"来塘头"组合中重新脱落，就
形成了复合词"来东"。

这些复合词以动词为语法源，在连动结构前项位置上重新分析为进行
体，不过，其中的处所义仍隐约可见，而在动词后分析为补语，并表示前
面动作或动作结果状态的持续，语义虚化程度更高，动后功能的演变也带
来形式的简化，只用"X"表示，如金华话"那"、台州话"得、间"、
宁波话"的、间、东"等。

一百多年来虽然吴语"来 X"组合较稳定，但演变依稀可见，演变
的主要特点是类型归并和功能更发达。

第七章

一百多年来吴语动词句类型及演变

谓语动词与句中论元的词序直接关系着一种语言小句的语序类型。本章将主要介绍双及物句、述补结构带受事结构、处置结构、"VP＋副词"词序、"有＋VP"结构等，这些句型或结构的词序与语序类型直接相关，可反映吴语句法类型特征。其中双宾动词句、述补结构带受事句为动词带句法性论元，处置句则带额外论元，且与受事前置等有着密切关系，而副词后置修饰谓词、"有＋VP"句也与语序类型相关。

第一节　一百多年来吴语给予义双及物句类型及演变

由给予义动词构成的双及物句存在"与者"、"受者"（间接宾语，用O_i表示）、"与者所与亦即受者所受的事物"（直接宾语，用O_d表示）（朱德熙，1979）等语义或句法成分。以上海话为例。如，

（1）A：侬_你肯拨一件马褂拨伊_他否？B：肯个（《功课》1850：第二十课）

（2）侬_你要拨啥物事_{东西}拉第个小囝_{小孩}否？（同上）

（3）A：侬_你个_的书借拨拉啥人？B：借拉我朋友。（同上：第二十四课）

（4）A：先生拨啥物事拉小囝_{小孩}白相_玩？B：拨伊_他一幅画。（同上：第二十七课）

（5）A：侬_你拨啥个衣裳拉小囝_{小孩}着_穿？B：我要拨马褂伊_他着_穿。（同上）

例（1）"拨"可做给予义动词和与格标记，而例（2）中"拉"在早期上海话中可用做与格标记，例（3）"拨拉"做与格标记，表物的 O_d 前移，使 O_d 和 O_i 分置谓语动词两侧，例（4）两个宾语皆在动词后，采取"VO_iO_d"词序，例（5）则使用"VO_dO_i"结构，不过该句型的独立性较弱，O_i 后需要动词构成双宾句套接主谓句的复杂形式。尽管在词序或与格介词使用上不同，但以上结构皆为双及物结构。钱乃荣（2003：305—316）描写了上海话中给予类双及物结构多达 11 种类型，并指出由于受强势的北方话或普通话影响，优势句从"V 拉 O_i"变为"V 拨 O_i"、从话题前置式演变为"VO_iO_d"式。也就是说，是语言或方言接触造成吴语上海话给予类双及物结构朝着与普通话一致的方向演变。那么语言接触是如何作用于这些方言中的给予类双及物结构而导致其类型格局逐渐发生变化，或者说，上海话给予类双及物结构类型格局的调整过程仍不清晰，而这个演变过程相比演变结果，对于语言历时发展更有意义。下文将利用统计、对比观察等基本方法，探讨上海话乃至吴语双及物结构类型的发展演变过程。

一　上海话双及物结构的类型及相关问题

以《上海话功课》（1850）为语料，我们列举了例（1）至例（5），其中例（1）、例（2）为介宾补语式，例（3）为直接宾语话题化结构，例（4）为普通双宾句，例（5）则为倒置双宾句。[①]

除此之外，一百多年间上海话双及物结构在实际话语或语篇中往往与其他结构构成更为复杂的形式，那么是什么因素在影响上海话双及物结构的使用呢？我们将在统计中理出小类，并探讨其原因。

首先，双及物结构还可以用"V 拨 O_iO_d"来表达。如，

（6）a. 我是要管账个的 付拨我前月个的 捐钱。（《练习》1910：Exercise No. 71）

　　b. 我要交拨侬你 二只箱子，此地这儿 是我个票子。（《常用短语》1927：New Terms for Railways and Tramways.）

------

① 不少学者将"VO_dO_i"结构的双宾句称为"倒置式"，并认为它是南方方言的特征（余霭芹，1993），本文沿用该术语。

例（6）"拨"引介间接宾语紧邻给予义动词后，而直接宾语则放在距离给予义动词更远的位置上。这类结构中的"拨"常与前面的给予义动词构成一个音步，同时体标记只能加在"V拨"后面，它们可视为一个复合词（刘丹青，2001）。比较普通话或官话该结构中"给"引介间接宾语，而上海话"拨"还可在给予义动词后引介直接宾语。如，

（7）a. 我又<u>借拨</u>银子伊做生意。_{我又借给他银子做买卖。}（《土话》1908：79）

b. <u>卖拨</u>箇只马拉姓赵个。_{就把那匹马卖给姓赵的了。}（同上：82）

例（7）中"拨"似乎旨在突出前面动词的给予义而已，句法功能更弱，从结构上来看，若它是一个独立的给予义动词，很显然要造成语义冗余，若为介词，当介引的是指人的间接宾语，但它却后接直接宾语，因此只能将它看成一个构词语素，与前面的给予义动词构成联合式，尽管这种用法不常见，也说明上海话"V拨"可以分析为复合词。

其次，在上海话双及物结构类型中，除例（5）所代表的倒置双宾句独立性不强之外，介宾补语式与连动式相似，介宾补语式和普通双宾句后可套接其他的谓语构成复杂结构，双及物结构也可与存在句套接，形成直接宾语话题化结构，而倒置双宾句也可出现在话题化结构中。下面逐一讨论。如，

（8）A：写信<u>拨拉</u>_给啥人？B：<u>拨拉</u>_给裁缝。（《功课》1850：第二十九课）

（9）侬_你几时担_拿回信去<u>拨拉</u>_给我兄弟？（同上：第二十一课）

（10）A：<u>拨拉</u>_给伊拉_{他们}吃个啥物事_{吃的什么东西}？B：冰糖（同上：第二十七课）

例（8）中"拨拉"在问句中虽用来引进指人宾语，但从答句可见，它仍为动词，例（9）"拨拉"用在连动结构后项中，前项为单宾语动词，例（10）由"拨拉"构成的VP结构用做关系从句。例（8）至例（10）中的"拨拉"皆为动词。而例（3）中"拨拉"在给予义动词后引介间接宾语，从答句来看，它与"拉"相当，很显然应该是用做与格介词。

　　介宾补语式在话语或篇章中存在另一种变式，即介词引进的间接宾语可用做后面谓语动词的主语。如，

　　（11）a. 借部_辆风车拉_给我用一用。（《松江话》1883：LEÇON XXXVII.）

　　　　　b. 叫马夫拨点马料垃_给伊吃。（《集锦》1862：SECTION XXII）

　　例（11）a、b 句"拉"、"垃"所介引的由代词充当的间接宾语皆做后面动词的主语，形成双及物句与主谓结构的套接形式。
　　这种套接形式不仅发生在倒置式和介宾补语式之后，也可发生在普通双宾句之后，形成"$V_{[+give]}O_iO_d V_{[-give]}$"结构。如，

　　（12）a. 侬_你早眼_点拨我饭吃/拨饭拉我吃。（《沪语便商》1892：3）

　　　　　b. 所以一听得上海拨伊_他八块洋钱一个月，也拨伊_他房子住。（《练习》1910：Exercise No. 55）

　　例（12）中给予义双宾句后接非给予义动词，而双宾句中的直接宾语与后面的动词构成受事或处所等关系，而指人的间接宾语为后面动词的施事者。
　　直接宾语话题化结构也常以套接形式出现，只不过它常接在其他谓语动词后面，构成"$V_{[-give]}O_d V_{[+give]}O_i$"的复杂结构。其中前一动词的名词性宾语即为后面双及物句中的直接宾语，多为类指成分。如，

　　（13）a. 嫁因_{女儿}有嫁妆备拨垃_给侬_你。（《集锦》1862：SECTION XXXVII）

　　　　　b. 我无得铜钱借拨拉伊。_{我没钱借给他。}（《土话》1908：80）

　　例（13）前一动词表领有，带表类指的名词宾语，从语义上来看，该名词即为后面双及物动词的直接宾语，但对于双及物动词来说，它在上文中已出现，所指已知，所以我们将它看作话题化了的直接宾语。

话题化结构也可以出现在倒置双宾句中，句中直接宾语被分裂为前置的话题和宾语位置上的数量短语。如，

（14）a. 伊_{他个}个手套<u>拨</u>一副我。（《会话集》1936：76）

b. 伊_{他个}个袜子<u>拨</u>两双我。（同上：77）

例（14）句首位置上的表定指的名词性短语为话题，而它在语义上很显然是受后面直接宾语位置上的数量词修饰的，形成一种分裂式话题结构。

当然直接宾语前置还可用处置结构，尽管上海话处置式并不发达。如，

（15）a. 担样样物事交<u>拨</u>伊手里。_{已将万有交在他手里。}（约翰1847：12）

b. 担审断人个事体托<u>拨</u>拉圣儿子。_{将审判的事全交与子。}（同上：17）

c. 就拿房子田地侪拆<u>拨</u>伊拉。_{就把房产拆给他们。}（《指南》1908：67）

例（15）各句中直接宾语前置为处置介词宾语，从语义来看，这些宾语一般表示类指或定指，如 a、c 句中所指为表全称量的 NP，b 句"审断人个事体_{审判人的事情}"为带关系从句的名词性短语，这些 NP 所指确定，为后面给予义动词的直接宾语，但皆用处置介词"担"和"拿"前置。上海话各类双及物结构在三个不同时期（19 世纪下半叶、20 世纪初至中叶、20 世纪中叶至今）文献中的分布，见表 7-1。

表 7-1　　　　　　　　上海话双及物结构一百多年来的分布

类型 年代	介宾式		复合词式	双宾式		倒置式		处置式	TC
	VO_dPO_i	VO_dPO_iV'	V拨O_dO_i	VO_iO_d	VO_iO_dV'	VO_dO_i	VO_dO_iV'	PO_dVO_i	TVO_i
19 世纪 下半叶	拉 35 拨 9 拨拉 7	拉 11 拨 4	5	14	2	7	12	担 9 拿 2	拉 11 拨拉 4 拨 3
%	37.8%	11%	3.7%	10.3%	1.5%	5.2%	8.9%	8.1%	13.3%
20 世纪 上半叶	拉 24 拨 30 拨拉 4	拉 6 拨 5	3	50	2	16/T～2	8	担 4 拿 5	拨 16 拨拉 4

续表

类型年代	介宾式		复合词式	双宾式		倒置式		处置式	TC
	VO_dPO_i	VO_dPO_iV'	V拨 O_dO_i	VO_iO_d	VO_iO_dV'	VO_dO_i	VO_dO_iV'	PO_dVO_i	TVO_i
%	32.4%	6.1%	1.7%	27.9%	1.1%	10%	4.5%	5%	11%
20世纪下半叶	拨29 拉1	拨1	11	12	0	5	0	拿1	拨7
%	44.8%	1.5%	16.4%	17.9%	0	7.4%	0	1.5%	10%

注：文献同表 5 - 2。表中数字为出现次数，T 表示话题，P 表示介词"拉"、"拨"、"拨拉"以及处置介词"担"、"拿"等。

由表 7 - 1 大体可得出上海话双及物结构一百多年来的总体格局：首先，介宾补语式是各个阶段使用最常见的结构，且介宾补语式的简单形式是各个时期的基本结构，尽管复杂形式 VO_dPO_iV' 也见使用，但分布比例均不及简单式的 1/3，不影响介宾补语式在上海话中作为句型的独立性；其次，普通双宾句在上海话双及物句式中的分布也并不少见，甚至可以说它是较常用的双及物结构，不管是 19 世纪下半叶还是 20 世纪，分布都不低，仅次于介宾补语式，而倒置式双及物结构不及普通双宾句常见；最后，话题结构的分布在三个阶段中也皆超过 10%；最后，处置介词提宾式在上海话双及物句中并不常用，这大概与上海话处置介词本身的不发达直接相关。

二　一百多年来上海话双及物句式的演变

尽管以上句型构成一百多年来上海话双及物句式的总体格局，这个格局也相对较为稳定，但上海话双及物句在一百多年中的演变和调整仍是显而易见的。

首先，介宾补语式中的介词存在兴衰更替的过程，"拉"被替换为"拨"，而其中"拨拉"也短暂存在过；其次，复合词式的增多；再次，倒置式由复杂形式为主并逐渐消退。下面我们具体讨论这三个方面的演变。

（一）"拨"替代"拉"与"拨拉"

"拉"是 19 世纪中叶上海话中的表处所的介词，当用在动词后表处所时，实际上表示的不再是动作发生的场合，而是动作所实施的对象或事物达到的终点，词义进一步虚化，读音也存在弱化形式。如，

（16）a. 第个道成功之肉身，住拉伲当中。道成了肉身，住在我们中间。（约翰 1847：2）

b. 吾看见圣神像鸽子，打天上下来，住<u>勒</u>伊拉身上<u>拉</u>。<small>我曾看见圣灵仿佛鸽子从天降下，住在他的身上。</small>（同上：4）

c. 现在笘出来，<u>拨勒</u>撒酒个，就担去拨<u>拉</u>。<small>现在可以笘出来，送给管筵席的。他们就送了去。</small>（同上：6）

d. 就<u>传拨</u>故只井<u>勒</u>我个<u>拉</u>。<small>我们的祖宗雅各将这井留给我们。</small>（同上：12）

例（16）a 句"拉"在动词后表动作达到的终点，在动词后时也可弱读为"勒"，《上海话常用短语集锦》（1862）中"垃"记为"la"，"勒"记为"leh"，促音化，且韵母央化。表动作达到终点与双及物句中介词表义具有一致性，"SVO 给 X"句表示"惠予事物转移并达到某终点"（沈家煊，1999）。正是在这种语义相宜的基础上，处所介词可用于双及物结构中。c、d 句"勒"可用在给予义动词"拨"后引介间接宾语，而在 19 世纪中叶文献如《约翰福音》上海话译本（1847）、《上海话功课》（1850）、《短语集锦》（1862）、《松江话课本》（1883）等中基本上皆以"拉"引介间接宾语。

"拨"是上海话中典型的给予义动词，在 19 世纪文献中也用来介引间接宾语。如例（1）构成"拨 O_d 拨 O_i"结构，与介宾补语式不同的是，它还在由处置式、话题式、复合词式等双及物结构中出现，在这些结构中它常紧接在给予义动词后引介间接宾语。如，

（17）a. 耶稣担饼分<u>拨众人</u>。<small>耶稣拿起饼来祝谢了就分给那坐着的人。</small>（约翰 1847：21）

b. 我第_这票货色卖<u>拨侬</u><small>给你</small>。（《沪语便商》1892：26）

c. 圣爷赏<u>拨圣儿子</u>审断人个权柄。<small>因为他是人子，就赐给他行审判的权柄。</small>（约翰 1847：18）

例（17）a 句"担"在连动结构中可分析为处置介词，将直接宾语前置，而间接宾语则用"拨"引进，b 句直接宾语充当话题，"拨"也在其他给予义动词后介引间接宾语，c 句为复合词式，与其他两句一样，"拨"紧邻给予义动词介引间接宾语。

而"拨"紧邻动词引介间接宾语在文献中是一种较常见的形式。它

所黏附的动词可以是给予义的，也可以是非给予义的。如，

(18) a. 爷自家是活个，赏拨圣儿子也是盖活个拉。因为父怎样在自己有
生命,就赐给他儿子也照样在自己有生命。(约翰 1847：17)

b. 担塌饼祝谢之，分拨徒弟。耶稣拿起饼来祝谢了分给门徒。(同上：
20)

c. 我必过大略讲拨㑚你们听。(《练习》1910：第 56 课)

例（18）a、b 句引介间接宾语，而 c 句"拨"介引"讲"和"听"
的主语。

"拨"做介词从 19 世纪末开始逐渐超过"拉"的分布，成为上海话主要
的间接宾语介词。不过，"拨"与"拉"仍经历了数十年的相持阶段，约于
20 世纪二三十年代开始，"拨"基本上完成了取代"拉"的过程，无论是在
"V～O_i"结构中，还是在"VO_d～O_i"结构中。这个过程我们可以从表 7－2
"拨"、"拉"的分布较清晰地看到。1850—1883 年的四种文献中"拨"基本
上只在"VO_d～O_i"中引介指人宾语，而"拉"既可在"VO_d～O_i"中，也
可用在"V～O_i"结构中，介词"拨"和"拉"在不同结构中的分布，为
"拨"在上海话中由给予义动词发展为介词提供了一些线索。

表 7－2　　　　　　　　"拨"、"拉"和"拨拉"的分布

年份	拨					拉			拨拉			
	动词	介词 V～O_i	VO_d～O_i	让	被	介词 V～O_i	VO_d～O_i	～O_i	介词 V～O_i	VO_d～O_i	让	被
1850	37	0	13	1	0	12	30	21	1	5	0	0
1862	11	0	1	0	3	2	6	2	8	1	0	18
1868	9	0	0	0	2	0	4	1	0	0	4	2
1883	12	1	0	2	4	3	11	4	0	0	0	1
总计	69	1	14	3	9	17	51	28	9	6	4	21
1892	28	10	6	8	0	8	5	2	1	0	1	0
1906	3	3	0	5	3	0	0	0	0	0	0	2
1907	12	4	0	6	7	0	4	2	1	0	1	6
1910	24	17	7	24	34	7	10	17	3	0	0	18
总计	67	34	13	43	44	15	19	21	5	0	2	26

续表

年份	拨					拉		拨拉				
	动词	介词 V~O_i	VO_d~O_i	让	被	介词 V~O_i	VO_d~O_i	~O_i	介词 V~O_i	VO_d~O_i	让	被
1923	2	11	10	16	20	0	0	1	2	1	1	2
1936	16	14	12	6	14	0	0	3	0	0	0	0
1942	0	12	3	6	1	0	0	0	0	0	1	0
总计	18	37	25	28	35	0	0	4	2	1	2	2

　　"拨"应该是在"VO_d拨O_i"中经连动结构发展为动补结构的，也可以说，它用做介词首先发生在与它具有相同表层结构的连动句中。

　　《上海话功课》（1850）中"拨"的基本用法是动词，在句中做谓语，也构成"拨O_d拨O_i"结构使用。如例（1），再如，

　　　　（19）a. 甲：啥人拉_在写回信拨我？乙：做生意人_{做生意的人}拉_在写。（《功课》1850：第二十一课）

　　　　　　　b. 甲：俉_{你们}爷有啥回信拨我否？乙：有个。（同上）

　　从例（1）和例（19）a 句中的答句可见，句子的焦点信息在谓词上或句中疑问词上，而动宾结构后的"拨O_i"结构并非自然焦点所在，由代词充当的间接宾语指代一个双方皆已知的对象，成为"VO_d拨O_i"从连动结构演变为介宾补语式的语用条件。不过，当前面的动词不是给予义动词时，如例（19）b 句前一动词为领有动词"有"，该句后面的"拨"仍为动词，可以在它的前面添加能愿动词，如"有啥回信要拨我"，可见，由给予义动词构成的介宾补语式与连动式表层结构相似，而只有当给予义动词进入"VO_d拨O_i"结构时，"拨"存在虚化为介的可能性。

　　上海话本来就有固有的表处所的介词"拉"可引介间接宾语，为何仍要兴起介词"拨"呢？钱乃荣（2003）认为，上海话"拨"替代"拉"是"国语"（官话）渗透的结果。我们认为，一方面，可以肯定的是在这个替代过程中存在语言接触的影响，这种接触不限于官话，还有吴语内部语言接触的作用；另一方面，"拨"并非借自官话，相反它是吴语中最常用的给予义动词，它的高频使用以及所出现的句法环境为它演变为介词已经提供了充足的条件，自身的发展演变应该是主要原因，而官话只

是对它用做介词起着一定的推动作用。

当"拨"构成"V$_{[+give]}$ O$_d$ 拨 O$_i$"结构时，实际上已经重新分析为介词短语了。从语言接触来看，首先，是官话的间接促成作用。19 世纪中后期的两类文献可以给我们一些启发，一类是《圣经》上海话译本，另一类是上海话课本，《圣经》译本的作者虽然强调译文的口语性，但他们基本上皆熟知官话和当地方言，而这种文献中"拨"用做介词要稍多，例（17）、例（18）相关例句皆来自《约翰福音》（1847），而《上海话功课》（1850）、《上海话短语集锦》（1862）等课本中则极少见到。其次，从吴方言内部来看，20 世纪初叶，"拨"的介词用法在文献中增多，特别是出现在"V 拨 O$_i$"的结构中，基本上超过同时期课本中"拉"的分布，而这个时期相对 19 世纪来说，上海话处于语言接触更频繁的时期，大量苏南浙北的移民进入上海，他们的方言也给上海话注入了新的活力，而由给予义动词做介词，是当时吴语中较普遍的现象。如，

　　（20）宁波话：a. Nyiao nyiang-we peh Shing；Shing nyiang-we peh Yü-wông, ziu-z Yüô-dziao deo-ih-go wông-ti. 尧让位拨给舜，舜让位拨给禹王，就是夏朝头一个皇帝。（《初学》1868：36）

　　　　　　　b. 落雨兑了，借一顶伞拨给我。（《便览》1910：112）

　　　　　　　c. 外头有讨饭个的，好拨给其他两块冷山芋。（同上：102）

　　（21）苏州话：a. 拿天下万国搭子万国个荣耀，全拨俚看咾。将世上的万国与万国的荣华都指给他看。（马太4：8，1879）

　　　　　　　b. 就俯伏拉小干面前咾，拜俚，也开子宝匣咾，送礼物拨俚，就是金子、乳香、没药。就俯伏拜那小孩子，揭开宝盒，拿黄金、乳香、没药为礼物献给他。（同上2：11，1879）

　　（22）台州话：a. Ziu ao Ge zih-nyi-ke meng-du le, s-peh ge gyün-ping hao kön-c 'ih 'ôh-t 'ôh kyü. 就呕渠十二个门徒来，赐拨渠权柄好赶出龌龊鬼。耶稣叫了十二个门徒来，给他们权柄，能赶逐污鬼。（马太10：1，1880）

　　　　　　　b. Ziah-z ge n le t 'ao ih-ke mæn-de, we côh ih-kw 'e zih-deo peh ge? 若是渠儿来讨一棵馒头，会捉一块石头拨渠？谁有儿子求饼，反给他石头呢。（同上7：9，1880）

（23）温州话：a. Djah-ź gi n-tsź djao ping, fá k'à ih-löh zih-diu gi ne? 若是渠儿子求饼，反句一粒石头渠呢？（马太 7：9，1894）

　　　　　　b. Só-yí Ke-sà-ge mû-ż kwai-k'à Ke-sà; Ziè-tì-ge mû-ż kwai-k'à Ziè-tì. 所以凯撒个物事归句凯撒，上帝个物事归句上帝。（同上 21：21，1894）

从文献来看，一百多年前的吴语宁波话、台州话等只用"拨"为给予义动词和与格介词，温州话虽然词源不同，但也是给予义动词和与格标记同源，苏州话虽然也见用"拉"为介词，但"拨"的用法也很常见。

而在移民大潮中的上海话应该也受到了"拨"或者给予义动词做与格介词的这种吴语共性的影响，进入 20 世纪三四十年代，随着上海话逐渐稳定，"拨"取代了"拉"。所以我们更倾向于认为上海话"拉"的退出和"拨"的取胜的外因也有其他吴方言影响的痕迹。

"拨拉"在文献中既可用做动补式短语，也可用做介词。做动补结构的"拨拉"是给予义动词"拨"与介词"拉"的组合，而做介词，则一般跟在其他给予义动词后介引指人的宾语，是一个复合词。如，

（24）a. 买拉个米就担来拿来拨拉_给穷人。（《语法》1868：104），
　　　　b. 钥匙交拨拉_给甚人_谁？（《沪语便商》1892：30）

例（24）a 句中"拨"为给予义动词，"拉"为与格介词，而 b 句"拨拉"则在动词"交"后做与格介词。

刘丹青（2001）认为与格介词"拨勒"的形成体现了语法化的强化，由于"勒"虚化程度高，功能负载太重，用意义更实在的"拨"来强化，"拨勒"还可用于被动结构。不过，若是"拨"强化"拉"（即"勒"），那么"拨拉"的功能似乎应该受到限制，即只能做与格介词，如例（24）b 句，而在上海话或苏州话中"拨拉"的功能并不止于此。它可以表被动、表致使、表允许等。艾约瑟（Edkins, 1868：126—7）介绍上海话被动格时列出了"拨"的四种用法，表给予义，如，"拨三两个铜钱拉伊"；表被动，"拨拉父母责备"；表致使，"拨拉伊死"；表允许，"啥人肯拨拉别人欺负呢？"在艾约瑟所举的例子中，除了表给予义的动词用"拨"之外，其他皆可用"拨拉"。可见，"拨拉"在 20 世纪中叶已经用做致使义

动词和介词。

从文献中"拨拉"的用法及分布来看，用做介词应该是词汇化的结果。在话语中直接宾语常作为已知信息在上文或语境中出现，在给予义动词"拨"构成的双及物句中，这样的直接宾语或者前置为话题，或者直接隐去，就形成了"拨拉+O"结构。如，

（25）甲：第(这)封信侬(你)要拨拉啥人(谁)？乙：拨拉木匠。（《功课》1850：第二十一课）

例（25）问句中直接宾语作为话题前置，答句中则省略。

在"拨+拉+O"中与格介词"拉"直接黏附在给予义动词"拨"后介引宾语，"拉"的独立性很弱，使整个介宾短语只能依附在动词上，体助词不能插在"拨"后面，韵律上也只能在"拨拉"之后停顿，使"拨拉"形式上更像一个双音节词，"拨拉"作为动介组合在19世纪文献中高频使用，这为"拨拉"词汇化为一个双音节的给予义动词提供了条件。

当"拨拉"与其他给予义动词共同用来表达授受行为时，就完成了从给予义动词到表到达义的与格介词的转变了。如，

（26）a. 甲：侬(你)写信要拨拉啥人？乙：拨拉邻舍拉。（《功课》1850：第二十一课）
　　　　b. 甲：侬(你)要写信拨拉啥人？乙：写信拨拉儿子。（同上）
　　　　c. 别人勿(不)肯借铜钱拨拉伊(他)。（《土话指南》1910：56）
　　　　d. 甲：侬个(你的)书借拨拉啥人？乙：借拉我朋友。（《功课》1850：第二十一课）

例（26）动词"写"为非给予义动词，普通话中"写"带上给予义介词"给"才能构成双宾句，如"*写你一封信/写给你一封信"，上海话中它与"拨拉"构成连动结构，a、b句，而c句中"借"为给予义动词，它与介引间接宾语的"拨拉"构成双及物句式，句中"拨拉"与"借"虽然是两个分离的过程，但"拨拉"已虚化为介词，介词的身份在d句中更加明确，"借拨拉"表示转移和达到是一个统一的过程，这种语

义特征反映在形式上就是"拨拉"的依附性，它只能依附于前面的给予义动词，分析为介词，这从问句和答句也可看出，问句用"借拨拉"表达，而答句则用"借拉"，可见，"拨拉"与"拉"功能是完全对等的。c、d句中的"拨拉"已重新分析为一个双音节介词，完成了语法化过程。

至于"拨拉"表致使、允让和被动等义，应该是从"拨拉"的给予义动词用法演变而来。"拨拉"以动介组合形式高频使用，词汇化为给予义动词，而给予义动词虚化为致使义、允让义动词和表被动的介词，是汉语中给予义动词语法化的共同规律。我们从《上海方言口语语法》（Edkins，1868）的描写中就可以很清楚地看到上海话"拨"或"拨拉"的演变路径。

"拨拉"在上海话中的各用法于20世纪20年代开始消退，不管是动介组合用法，还是表允让和被动的用法都在消退，而"拨"最常用，特别是20世纪下半期至今，上海话"拨拉"用做与格介词和被动标记的用法已经消失，只用"拨"来表达。"拨拉"的消退，与系统内部相竞而择一的机制有关。"拨"可表给予义动词、允让、致使和被动等，自19世纪中叶开始就较常用，进入20世纪用法更加活跃，而"拨拉"从产生就是一种次要的形式，它并没有在"拨"的基础上产生新义或新用法，而只是这个系统中的多余成员，这就决定了它在与"拨"的竞争中必然会被淘汰。所以我们认为，"拨拉"的消失是应该的，也是必然的，不会给表达带来任何不足，反而减轻了负担。

据此，我们认为，上海话中"拨"与"拉"之间的兴替应该与吴语内外的接触有关，当然也与"拨"自身的语义表达优势有关，见第五章中分析；而"拨拉"的消退则反映了系统内部的调整和择一的机制。

（二）复合词式的发展

复合词式即为例（6）所描写的类型，在一百多年的上海话中，这种双及物结构并不发达，且只有"V拨 $O_d O_i$"式，没有"V拉/拨拉 $O_d O_i$"等结构。上海话复合词式结构及其分布也反映了上海话双及物句式发展的特征。

从结构来看，19世纪即已出现"V拨 $O_d O_i$"式，见于《约翰福音》（1847）和《沪语便商》（1892），前者有3例，后者有2例，分布都较少。从一开始即只用"V拨"结构而不能是"V拉"或"V拨拉"等组合，这反映了"拨"在该结构中只是构成表给予义复合动词的语素，并不是动介组合。

　　19 世纪中叶至 20 世纪的一百六十多年中，我们从 22 本文献中统计出的这类结构只有 15 例，在同时期双及物结构中的分布率都很低。不过，从历时来看，三个时期中这类结构的分布逐渐增多，特别是 20 世纪末 21 世纪以来，使用渐增。表 7 - 2 的分布率大体可见这种趋势，20 世纪上半叶以前分布不足 4%，至 20 世纪末达到 16.4%，尽管总体上仍使用较少，但确实是呈增多趋势。

　　从这种分布来看，上海话"V 拨"构成的复合词式双宾语结构，应与普通话或官话"给"的用法存在明显差异，前者只是一种次要的结构，很不发达，而后者则是一种常见的双宾句结构。

　　至于复合词式在上海话中的发展自然离不开官话或普通话的影响了。这从 20 世纪下半叶以后它的分布率有一个大的增长可看得十分清楚，可见表 7 - 2。

（三）倒置式由复杂形式为主并逐渐消退

　　倒置式是上海话双及物结构的特色句式，在 19 世纪中叶至今的文献中皆有分布，尽管分布率较低，且在话语中多以倒置式套主谓结构使用，其独立性较弱，同时该结构中的间接宾语也只限于音节形式简短的人称代词，这些皆反映了该结构只是上海话中的一种劣势结构。

　　这种结构主要以复杂形式，即"VO$_i$O$_d$V'"出现在文本中，以给予义动词"拨"构成的倒置式最多，占 82%（40/49），也就是说，这类结构在一百多年中只是一种不具有能产性的构式，能进入该结构的动词类别和间接宾语形式皆受限。此外，指物的直接宾语实际上也受到限制，一般多为简单的数量（名）组合，而形式较为复杂的直接宾语未见于该句式中。如，

　　（27）a. 叫用人拨点物事_{东西}伊_他吃。（《课本》1907/1920）

　　　　　b. 若使要拨利钱我，我勿借者。_{您若是给利息，我就不借了。}（《土话指南》1908：26）

　　　　　c. 我失脱之_了我个_的表，情愿拨 [拾着之_了咾_{然后}还拨我个_的人] [五块洋钱]。（同上）

　　例（27）a 句"拨"做谓语，不定量修饰的名词做直接宾语，数词

若为"一"常省略,第三身代词"伊"做间接宾语,b 句直接宾语为光杆名词,只有在这些情况下,倒置式才优先使用,而 c 句"拨"带间接宾语和直接宾语,间接宾语受关系从句限定,结构较复杂,只能用普通双宾句,不用倒置式。

这种情况说明,倒置式已经消退到最后的阶段了,即只能靠"拨"这个典型的给予义动词才能成立。而这个阵地也正因为其结构上的劣势逐渐被普通双宾句代替。如,

(28) a. 拨伊_{给他}一幅画。(《功课》1850:第二十七课)

　　　b. 侬_你拨之［侬个_{你的}用人］［几块洋钱］?(《课本》1907/1920）

"拨"也大量构成普通双宾句,宾语的结构形式或音节形式上受限更少。直到今天普通双宾句基本上取代倒置式在"拨"字双宾句中的使用,倒置式只有老派见用。

倒置式在句法上的限制及其消退是与语言处理难度有关。给予义动词后带两个宾语,若直接宾语结构太长,按照霍金斯(Hawkins,1994)提出的直接成分尽早确立原则,那么在处理间接宾语上则会造成记忆上的负担,增加处理的难度,所以倒置式若要存在,则必须限制直接宾语的长度,同时间接宾语尽可能简短,以便贴近直接宾语,所以间接宾语在韵律上都黏附在前面充当直接宾语的 NP 上。当然它在吴语中消退应该还有其他的原因,下面接着讨论。

三　一百多年来上海话双及物结构的演变与句法类型的关系

一百多年来上海话双及物句式的总体格局较稳定,以介宾补语式为优势结构,同时普通双宾句和话题式双宾句皆稳定地发展,复合词式在 20 世纪下半叶逐渐增多,而相应的倒置式则在此时开始消退。一百多年中上海话双及物结构的格局及调整与其句法类型有什么关系呢?

刘丹青(2001)从跨语言及方言比较的类型学视野下考察给予类双及物结构几种句式:

     a. VO_rO_t[1]：给他书（双宾 A 式）

     b. VO_tO_r：南京话"给书他"、广州话"畀书佢"（双宾 B 式）

     c. VO_t给 O_r：送书给他（介宾补语式）、买书给他（连动式）

     d. V 给 O_rO_t：送给他书，中宁话"给给我一碗水"（复合词式）

刘丹青（2001）从结构的象似程度、跨语言或方言的分布中考察了这些句式的特点，得出汉语最优势的双及物句式是介宾补语式，它成立的句法限制最少，方言分布最广，遵循着观念距离象似性，而复合词式则同时偏离了结构象似性和线性象似性成为最劣势的句式，双宾句 A 式、复合词式也受到重成分后置原则的制约，话题前置倾向则支配着双宾 A 式，经济原则对双宾 B 式起作用。当然这些原则的作用存在先后次序。其序列为：

观念距离象似性 > 重成分后置 > 话题前置 > 经济性原则 > 观念复杂度象似性

该序列表示违背的原则越靠左，句式就越有标记性。

从支配原则和句式来看，一百多年中介宾补语式成为上海话双及物句式的基本形式或优势结构，体现了观念距离象似性原则在双及物结构中的优先支配作用；而普通双宾句（即双宾 A 式）和话题式在上海话中的稳定发展则共同反映了上海话话题优先典型的句法类型特征。

从演变来看，上海话复合词式得到发展，而倒置双宾句消退。从支配原则来看，复合词式违背的原则多，是一种劣势结构，为何在上海话中却得到了发展呢？这不仅是普通话影响的结果，也应该体现了话题优先原则在上海话双及物结构中的作用。从词序上来看，复合词式与普通双宾句是一样的，指人的间接宾语，生命度高，信息已知度高，话题性强，而上海话话题优先的特征比官话更突出，所以复合词式得到发展就不奇怪了。而体现经济性原则的倒置双宾句为何会消退呢？我们认为其中重要的原因是它违背了话题原则。倒置双宾句中指人的间接宾语作为话题性强的成分，反而在话题性弱的直接宾语之后，违背了上海话话题优先典型的句法类型特征，也正如此，它的消失也就在情理之中了。

综合一百多年来上海话双及物句式的格局和演变，我们可以发现在

---

[1] O_r即本文所用的 O_i，而 O_t则为 O_d

上海话中支配双及物句式格局的原则首先应该是观念距离象似性原则，其次就是话题原则。若单从演变来看，话题原则所起的作用更突出。无论是从普通双宾句和话题式双及物结构的稳定分布来看，还是从复合词式的发展与倒置式的消退来看，话题原则都起着重要的作用，它的作用甚至超过重成分后置原则，因为在话题式双及物结构中表物的直接宾语作为重成分常常是前移为话题，而不是后置，而双及物结构中话题原则只是上海话话题优先的句法类型特征的具体表现。也就是说，是上海话话题优先典型的句法类型特征对上海话双及物结构句式的格局和发展起着至关重要的作用。

四　19 世纪吴语中的给予义动词及与格介词

一百多年前温州话给予义动词"句"，读作 k'a^2（《入门》1893）。"句"也用在其他给予义动词后介引指人的间接宾语。如，

（29）a. 所以铜钱弗肯句_给人。（《入门》1893：175）

b. 许_那本书捉来句_给我。（同上：EXERCISE VI）

c. 我铜钱借句_给人，是把我个铜钱掴句_给别人用。（同上：EXERCISE XIII）

d. Chùng nang ts'ż – djah, oh shï-djï, kwai yung-'o k'ù Zìè-tì, iang-'ù Gi pó keh-nang-ge djüe-pìng sż – k'ù nang. 众人觇着，沃稀奇，归荣耀句上帝，因为渠把该能个权柄赐句人。_{众人看见都惊奇，就归荣耀与神，因为他将这样的权柄赐给人。}（马太9：8，1894）

例（29）中"句"为一百多年前温州话给予义动词和与格介词，a句单独做谓语，接指人宾语，指物宾语前置为话题；b句则在连动结构后项位置上带宾语；c、d句皆在给予义动词"借、归、赐"等后引介间接宾语，充当与格标记。

宁波话和台州话给予义动词和与格标记皆为"拨"，两者应同源，即给予义动词虚化为与格标记。如，

（30）宁波话：a. 葛_这个拨_给我兑。（《便览》1910：6）

b. 葛_这封信拕去拨_给先生。（同上：8）

　　　　c. 侣_你送拨_给汝_谁？（同上：16）

　　　　d. 借两个铜钱拨_给我。（同上：19）

（31）台州话：a. Ng ziah-z p'oh lôh pa ngô, ngô tu we peh Ng. 你若是趴落拜我，我都会拨你。_{你若是俯伏拜我，我就把这一切都赐给你。}（马太4：9，1880）

　　　　b. Iao ky'üoh keh k'eo-liang, kying-nying s-peh ngô-he. 要喫个口粮，今日赐拨我搭。_{日用的饮食，今日赐给我们。}（同上6：11，1880）

　　例（30）宁波话、例（31）台州话，"拨"皆可做给予义动词，后带指人的宾语，而同时它们也皆可用在其他给予义动词后介引指人宾语，在"V_[+give]拨 O_i"结构中做与格标记。苏州话、上海话"拨"的用法与宁波话、台州话一样，为给予义动词和与格标记。

　　与温州话、北部吴语给予义动词用做与格介词不同的是，金华话与格介词"得"，读 teh，在文献中"得"未见单独做给予义动词，只接在其他动词后做与格标记，不过，它还用做致使义动词和处所介词等。如，

　　（32）a. Mo-siæ ky'i feh-teh s-teh ng-da lih-for ma? 摩西岂弗是赐得你搭律法吗？_{摩西岂不是传律法给你们么？}（约翰7：19，1866）

　　　　b. 'a-da-geh tsu-tsong Yüor-koh liu-leh 'a-da keh-k'eo tsing。我搭个祖宗雅各留勒我搭箇口井。_{我们的祖宗雅各，将这井留给我们。}（约翰4：12，1866）

　　例（32）中"得"在"赐"、"留"等动词后，引介指人的间接宾语，为与格标记，a、b句读音形式稍异，说明介词"得"在语音上应经历过弱化的过程，teh 还可进一步弱读为 leh。

　　金华话与格标记"得"应由动词虚化而来，文献中"得"单独用做致使义动词。如，

　　（33）a. Hao-teh 'a-da k'eo we-pao ts'a 'a-da li-geh nyin。好得我搭去汇报差我搭来个人。_{叫我们好回覆差我们来的人。}（约翰1：2，1866）

　　　　b. Deh-i iao shiæ-Geo-c'üeh-lih, yôh-teh Yi-seh-lih nyin hyiao-teh. 特意要<u>显</u>渠出来，要<u>得</u>以色列人晓得。为要叫他显明给以色列人。（同上 1：31，1866）

例（33）a、b 句"得"后接兼语，"得"前为致使事件，"得"表示让、叫等致使义。

从 19 世纪文献来看，一百多年前的吴语给予义动词和与格标记主要有三类：一是包括苏州话、上海话、宁波话和台州话等在内的北部吴语皆用"拨"，动词用法和介词用法皆较常见；二是以金华话为代表的"得"，动词用法少见，而常用做与格标记，比"拨"功能更为活跃；三是温州话"句"可做给予义动词，但主要用做与格标记。

五 一百多年前吴语双及物句式类型

一百多年前吴语双及物句式既有类型上的一致性，同时也存在差异，而这种差异与与格介词的虚化程度似乎直接相关。

一百多年前吴语双及物句式主要有"VO$_d$与格标记 O$_i$"、"P$_{处置}$O$_d$ VO$_i$"、"T$_{话题}$VO$_i$"、"VO$_i$O$_d$"、"V 与格标记 O$_i$O$_d$"、"VO$_d$O$_i$"，从文献来看，它们在温州话、宁波话、台州话、金华话、苏州话等方言中的分布并非均等。这种不同应与吴语内部句法类型的差异有一定的关系。

1. VO$_d$与格标记 O$_i$

这类结构在各方言中皆有分布，且不限于给予义动词谓语句。如，

（34）温州话：Jǐ-nang shao-ts'i, iang-ke sí shao-shï k'à gi。谁人休妻，应该<u>写休书匄渠</u>。人若休妻，就当给她休书。（马太 5：31，1892）

宁波话：a. Ngô-go siao-nying, ngô sia keh-sing z-ken peh ng-<u>lah</u>。我个小人，我<u>写个星事干拨你拉</u>。我小子们哪，我将这些话写给你们。（约翰一书 2：1，1866）

b. Ing-we Gyi s zi-go Sing-Ling peh a-lah. 因为其赐<u>自个圣灵拨阿拉</u>。神将他的灵赐给我们。（同上 4：13，1866）

台州话：a. Ziah-z ge n le t'ao ih-ke mæn-de, we côh ih-kw 'e zih-deo peh ge。若是渠儿来讨一个馒头，会捉<u>一块石头拨渠</u>。谁有儿子求饼，反给他石头呢。（马太 7：9，1880）

b. Kyiao keh-sih kong-nying le；……<u>fæh kong-din</u>

peh ge-he. 叫格些工人来，……发铜钿拨渠搭。叫工人都来，给他们工钱。（马太20：8，1880）

　　苏州话：就俯伏拉小干面前咾拜俚，也开子宝匣咾，送礼物拨俚，就是金子，乳香，没药。（马太2：11，1879）

　　金华话：Ng ing-tông kwe yüong-wor por Jing. 你应当归荣耀拨神。你该将荣耀归给神。（约翰9：24，1866）

从例（34）来看，各方言皆可使用介宾补语式或连动式，构成"VO_d 与格标记/给予义动词 O_i"结构，温州话、宁波话、台州话、苏州话等给予义动词用做与格介词，而金华话较为特别，"por"可能就是"拨"，应该是译者受到北部吴语"拨"的影响而用的，文献中也仅见此例。而用与格介词"得"构成的介宾补语式未见一例，可见，相比其他吴方言，金华话中似乎这类格式不甚发达，而其他吴方言中这类格式是一种基本结构，比较常见。

2. $P_{处置}O_dVO_i$

指物的宾语用处置介词前置，使谓词后只剩指人的宾语。这类结构在一百多年前吴语各方言文献中较常见。如，

（35）温州话：a. Pí-la-tu ziuh fang-fû²pó sang-t 'í koa-dè k 'à gi. 彼拉多就吩咐把身体交代句渠。彼拉多就吩咐给他。（马太27：58，1894）

　　　　　　b. Shǐ-zie ź oh-nang wha shá-tih pó höé mû-ż k 'à ż – ge n-nyú, whu-shoà nyí-dà-ko zé t 'ie-zìe-ge Vû, whài pó höé mû-ż sż – k 'à djao Gi-ge nang? 虽然是恶人还晓得把好物事句自个儿女，勿说你大家在天上个父，会把好物事赐句求渠个人？（同上6：11，1894）

　　金华话：a. Tsing Ng young keh-geh shü ioh-teh 'A. 请你用格个水舀得我。请把这水赐给我。（约翰4：15，1866）

　　　　　　b. Kyü, kyiæ-djông youüng keh-geh mun-deo s-teh 'a—da. 主，经常用格个馒头赐给我搭。主阿，常将这粮赐给我们。（约翰6：34，1866）

　　台州话：Ziah hyiao-teh pa hao meh-z peh n-nô, 'o-hyüông ng-he t 'in-zông Ah-pang feh kah-nga pa hao meh-z s-peh gyiu Ge cü-ts?

若晓得把好物事拨儿囡，何况你许天上阿爸弗格外把好物事赐拨求渠主子。尚且知道拿好东西给儿女，何况你们在天上的父，岂不更把好东西给他的人么。（马太7：11，1880）

　　　宁波话：Ng-lah se-tsih z ôh-nying, ziah hyiao-teh pô hao tong-si s-peh ng-ts; ng-lah-go T'in-Vu næn-dao feh yü-kô we pô hao tong-si s-peh gyiu Gyi-go cü-kwu. Mô-t'a 7：11. 你拉虽只是恶人，若晓得把好东西赐拨儿子，你拉个天父难道弗愈加会把好东西赐拨求其个人。（《初学》1868：55）

　　虽然从文献来看，各方言确实皆不少用处置介词提宾式，不过，这类结构大多出现在《圣经》译本中，且处置介词大都读音与官话"把"相近，除了金华话处置介词"用"之外，所以我们怀疑文献中"把"字处置式应该受到了官话的影响。如温州话用"把"，而不是固有的处置介词"代"，台州话和宁波话也皆用"把"，不用由"拿"义动词虚化而来的"扤"等。

　　3. T_{话题}VO_i

指物的宾语直接前移做话题，一般限于表定指或类指，在句法上这样的 NP 与后面的谓宾结构也显得更松散，其后可有停顿。这类双及物结构在各方言中皆有分布。如，

　　（36）温州话：a. Ng-dà-ko zaih-yoù-ge k'aó-lie, keh-neh sź-k'à ng-dà-ko. 你大家日用个口粮，该日赐匂你大家。你们日用的饮食,今日赐给你大家。（马太6：11，1894）

　　　　　b. Nyí-dà-ko wha fú ming-bah moa? ah fú chì-löe keh ng-kaì ping k'à ng-ts'ie nang, yih siu-lúng ké-le la-n moa? 你大家还弗明白吗？也弗记牢该五个饼匂五千人，又收拢几俫篮儿吗？你们还不明白吗?不记得那五个饼分给五千人,又收拾了多少篮子的零碎吗?（同上24：9，1894）

　　　　宁波话：a. 我个的外套弗能够借拨给其他。（《便览》1910：73）

　　　　　b. 侬你葛这个番饼卖拨给我好弗好？答，好个的，我正打算托侬你等帮我卖。（同上：74）

　　　　　c. 阿拉我们每日应用吃食即密今日赐拨给阿拉我们。

（同上：74）

台州话：a. Keh-sih meh-z tu we kô-ts 'eo peh ng. 格些物事都会加凑拨你。这些东西都要加给你们了。（马太6：33，1880）

b. Z Ke-sæh-keh meh-z, hao peh Ke-sæh; Zông-ti-keh meh-z, hao peh Zông-ti. 是凯撒个物事，好拨凯撒，上帝个物事，好拨上帝。凯撒的物当归给凯撒，神的物当归给神。（马太22：21，1880）

金华话：a. Dor-jih' A hyiao-teh Ng kying-nyih sör gyiu Jing-go, Jing we s-teh Ng. 但是我晓得你今日所求神个，神会赐得你。我也知道，你无论向神求什么，神也必赐给你。（约翰11：22，1866）

b. Eo-nör 'A leu-teh ng-da, ziu-teh' A-zi-geh eo-nör 'A s-teh ng-da。□□我留得你搭，就得我自个□□，我赐得你搭。我留下平安给你们，我将我的平安赐给你们。（同上14：27，1866）

从例（36）来看，前置的受事皆为指物宾语，它们一般由指量名短语或光杆名词充当，表确指，从结构来看，它可以是指量名短语，可以是"所"字短语，如金华话 a 句"所求神个"，可以是受关系从句限定的名词性短语，如温州话 a 句"你大家日用个口粮"、宁波话 c 句"阿拉每日应用吃食"，结构相对自由，也表明了这类指物宾语在吴语中前置为话题应为常规形式，而并没有受到重成分后置原则的制约。一百多年前吴方言文献中这是双及物结构的一种常见形式。

4. VO$_i$O$_d$

普通双宾句在一百多年前吴方言文献中也是一种较常见的句式，不仅可用在给予义动词句中，也可用在非给予义动词句中。如，

（37）温州话：a. 渠讲他说总要我先匄渠给他几俫一些铜钱。（《入门》1893：181）

b. Yaó ih-kaì nang tà-töè Gi mang-zie, ch'iè gi ts 'ie-mà-lié nyang. 有一个人带到渠门前，欠渠千万两银。有人带了一个欠一千万银子的来。（马太18：24，1894）

宁波话：a. 请先生拨给我三千铜钱。（《便览》1910：37）

b. 伍你欠我一块番饼美元。（同上：28）

台州话：Ng-he k'eng peh ngô to-siao, ngô we peh Ge ma

peh ng-he？你许肯<u>拨我多少</u>？我会拨渠卖拨你们？_{我把他交给你们,你们愿意给我}
_{多少钱?}（马太 26：15，1880）

   苏州话：a. 耶稣叫十二个学生子来，<u>拨俚笃权柄</u>。_{耶稣叫了十}
_{二个门徒来,给他们权柄。}（马太 10：1，1879）

     b. 卖脱先生个人已经 <u>拨俚笃一个暗</u>
<u>号</u>。_{那卖耶稣的给了他们一个暗号。}（同上 26：48，1879）

 例（37）各方言给予义或非给予义动词皆可用普通双宾句，指人的间接宾语在指物的直接宾语之前，直接宾语一般由数量名短语充当，所指未定，而指人的间接宾语多为三身代词，生命度高，表已知对象，话题性强，这类双宾句在一百多年前吴语中分布自由，体现了吴语句法的话题优先特征。

 5. V 与格标记 $O_i O_d$

 该结构中与格标记紧邻给予义动词介引指人宾语，它体现了惠于和接收或到达的不可分离性。与第一类表示两个分离的过程不同。这类结构在吴语文献中的分布并不尽同。如，

 （38）温州话：a. Yi-sû chiæ Gi zaih-n-kài mang-du li，sż-k 'à gi-dà-ko djüe-pìng höe küé-ch 'üeh zi-chú。耶稣叫渠十二个门徒来，<u>赐</u>
<u>勾渠大家权柄</u>好赶出秽鬼。_{耶稣叫了十二个门徒来,给他们权柄,能赶逐污鬼。}（马太 10：
1，1894）

    b. Chí，<u>nyí koa-dè k 'à ng ng-ts 'ie nyang</u>. 主，
<u>你交代勾我五千银</u>。_{主啊,你交给我五千银子。}（同上 25：20，1894）

  台州话：Ziu ao Ge zih-nyi-ke meng-du le，s-peh ge gyün-ping hao kön-c 'ih 'ôh-t 'ôh kyü. 就讴渠十二个门徒来，<u>赐拨渠权柄</u>
好赶出蠷蚿鬼。（马太 10：1，1880）

  宁波话：Ngô yia we s-peh gyi-lah üong-yün weh-ming. Iah-'en 10：27，28. <u>我爷会赐拨其拉永远活命</u>。_{我又赐给他们永生。}（《初学》，约翰 10：27，28，1868：52）

  金华话：a. Ping-tsia ' <u>A s-teh geo-da yüin-nyüa wör-ming</u>。
并且<u>我赐得渠搭永远活命</u>。（约翰 10：28，1866）

   b. Mo-siæ ky 'i feh-teh <u>s-teh ng-da lih-for</u> ma? 摩

西乜弗是<u>赐给你搭律法</u>吗？_{摩西乜不是传律法给你们么？}（同上 7：19，1866）

这类结构在吴语温州话、台州话、宁波话等方言有少量分布，而金华话较常见，苏州话文献中我们未见到。这种差异应与与格标记的句法表现具有一致性，温州话等方言与格标记仍可自由用做给予义动词，虚化程度较低，而金华话与格标记"得"少用做动词，介词功能十分活跃，虚化程度高，这大概是它常黏附在前面动词上的主要原因，也正如此，它与给予义动词组成复合词在金华话中使用频率也稍高。

6. VO_dO_i

指人的间接宾语在指物的直接宾语之后，形成与普通双宾句词序相反的句式。在一百多年前的吴语文献中，它其实并不常见。如，

（39）温州话：Nyí-dà-ko toa-chung jǐ-nang, djah-ź gi n-tsź djao ping, fá k'à ih-löh zih-diu gi ne? Whah-ż djao ngû, <u>fá k'à ih-diæ zi gi ne</u>? 你大家当中谁人，若是渠儿子求饼，<u>反句一粒石头渠呢</u>？还是求鱼，<u>反句一条蛇渠呢</u>？（马太 6：9—10，1894）

一百多年前的吴语文献中，只找到温州话和上海话仍存在这类倒置式，温州话如例（39）成为唯一用例，而苏州话、台州话和金华话《圣经》译本中皆不用该类结构，特别是宁波话不管是《圣经》译本还是会话课本，都找不到倒置式的影子。可见，尽管这类句式特殊，但它在百年前的吴语中就是一种式微的结构，若我们认为温州话因古老而仍保留着更多吴语特征，那么宁波话等方言中不用这类结构，说明它已经消退，或已经被普通双宾句或其他双及物结构代替。

六　一百多年前吴语双及物句式的格局与句法类型

以上六类双及物句式在各方言中的分布及分布的比率，我们拟视为双及物句式的格局，该格局反映了双及物句式与方言句法类型之间的关系。我们先来看表 7-3。

表 7-3 一百多年前吴语双及物句式分布表

类型 / 方言	VO_d与格标记O_i	$P_{处置}O_d$ VO_i	$T_{话题}V$ O_i	VO_i O_d	V与格标记O_iO_d	VO_d O_i	总计
宁波话	17 (40%)	3 (7%)	10 (24%)	11 (26%)	1 (2%)	0	42
台州话	12 (41%)	6 (21%)	7 (24%)	3 (10%)	1 (3%)	0	29
金华话	1 (4.8%)	7 (33%)	5 (24%)	0	8 (38%)	0	21
温州话	17 (31%)	17 (31%)	11 (20%)	4 (7.4%)	3 (5.6%)	2 (3.7%)	54
上海话	66 (49%)	11 (8%)	18 (13%)	16 (12%)	5 (3.7%)	19 (14%)	135

注：语料为《宁波方言便览》（1910）、《宁波土话初学》（1868）、《马太传福音书》（台州土白，1880）、《约翰福音》（金华土白，1866）、《温州话入门》（1893）、《马太福音》（温州土白，1894：第1—5章），上海话语料见表 7-1 中 19 世纪双及物句式。

从表 7-3 来看，除金华话外，其他各方言均以"VO_d与格标记O_i"为双及物句式的基本结构，其次是处置结构、话题结构和普通双宾句等，而分布最少的应为复合词式、倒置式。金华话中则复合词式结构使用最多，其次是处置式和话题结构。

复合词式在金华话和其他吴方言中的分布差异应和与格标记的虚化程度可能直接相关。金华话与格标记虚化程度高，可分析为动词的后附性成分，而其他方言中与格标记来源于给予义动词，动词用法和介词用法并存，其虚化程度较低，对动词的依附性并不强，所以复合词式双及物句就不如金华话发达。

处置式和话题结构中指物的直接宾语因表示已知、确指等语用动因而前移，普通双宾句中高生命度的指人宾语位于生命度或已知度低的直接宾语前，承载已知信息的宾语不管是直接宾语还是间接宾语，皆要求前移，所以这三类双及物结构皆体现了话题化的支配。而在早期吴方言中这三类结构分布之和在双及物结构中过半，如温州话占到 58.4%，金华话为 57%，宁波话为 57%，台州话为 55%，只有上海话稍弱，仅为 33%。不管怎样，受话题化作用制约的这三类双及物式在各方言双及物结构中都是最常用的。可见，话题化原则对早期吴语双及物结构的影响之大。

倒置双宾句将生命度低或未知的指物宾语放在生命度高的指人宾语之前，这种词序很显然违背了话题化原则。我们从 6 本上海话课本中搜集 19 例，其中 12 例是倒置式套主谓式的复杂结构，可见其独立性并不强，其他吴方言文献不及上海话丰富，所能搜集到的倒置式更少，仅见温州话 2 例，金华话、台州话只有《圣经》译本，限于文献少的原因，未能发现倒置式，与这两个方言文献少不同的是，宁波话文献不仅有《圣经》译本，还有课本《宁波土话初学》（1868）、《宁波方言便览》（1910），词典《宁波方言词汇集》（1876）等文献，在这较丰富的文献中也未见一例倒置式，很难说这种结构仍残存于宁波话中，我们相信一百多年的宁波话中倒置式已消失。所以从 19 世纪文献来看，倒置式的消失在宁波话中应该是最快的，其次是台州话、金华话、温州话，再次是上海话。我们相信支配倒置式消亡的仍是话题化原则。由于吴语是一种话题优先典型的方言，这种句法类型也就决定了倒置式的消亡，相应的处置式、话题结构和普通双宾句得到发展，而倒置式消亡速度的不同也间接反映了吴语内部各方言话题优先典型的程度差异，宁波话句法话题化程度高于温州话、上海话等方言，倒置式消亡也更快更彻底。

基于一百多年前吴语双及物句式的基本格局，我们认为吴语双及物句式的演变主要受到两个因素制约，一是观念距离象似性原则（刘丹青，2001），这个原则使得吴语双及物式一直以介宾补语式为主要结构，这条原则也体现了双及物句式的基本特征，即授受双方和惠予物的转移；二是话题化原则，它制约着吴语双及物句式的发展方向，即朝着话题结构、处置结构和普通双宾句发展，而违背话题化原则的倒置式则逐渐消退，这条原则体现了吴方言的句法类型对双及物句式发展演变的制约作用。

第二节　一百多年来吴语述补结构带受事的语序类型及演变

述补结构，即谓语带上结果、趋向、处所、状态或程度以及表可能等成分构成的各类结构，充当谓语，是一类复杂谓语，而复杂谓语是古今汉语中受事前置句的基本谓语类型。据张赪、荣晶（2009）指出，随着补语和动态助词等的发展，由补语和动态助词等与动词构成的复杂谓语类受事前置句从先秦到现代汉语的比率也明显增加，这类复杂谓语类受事前置句占各类受事前置句的比率从40%升至60%。石毓智（2004：109）从历史语法角度提出动补结构的发展大大提高了受事主语[1]句的使用频率。尽管补语结构的发展与受事前置的倾向是否成正比关系，学界仍存在不同看法，但从述语结构与受事前置的关系来看，可以确定的是，述补结构做谓语是官话中受事前置句的基本类型之一。

从第二章可知，一百多年前上海话比官话受事前置倾向更强，因此，在这类述补结构充当谓语的句子中，上海话受事与谓词的词序又如何呢？相比官话，其受事前置倾向是否更明显呢？上海话受事与述补结构谓词的语序类型一百多年来到底又经历了哪些演变呢？下面将就这些问题展开讨论。

一　一百多年前上海话述补结构带受事的语序类型

19 世纪中叶至 20 世纪上半叶上海话文献中，述补结构带受事的语序类型主要有："P$_{受事}$ + VP[2]"结构、"P$_{受事}$ + VP + 伊"结构、"V + P$_{受事}$ + X"结构（X 表示各类补语[3]）和"VP + P$_{受事}$"结构等。

（一）P$_{受事}$ + VP 结构

尽管述补结构中补语的语义类型不同，但句中受事成分均居于述补结构之前。"P$_{受事}$ + VP"结构出现的句类并无限制，可分布于一般陈述句、疑问句、祈使句等中。如，

（40）a. 三只庙烧毁完者$_了$。（《语法》1868：190）

　　　b. 我个一只狗$_{我的那只狗}$侬$_你$看见歇末$_过吗$？（《课本》1907：21）

　　　c. 门口头要打扫涠沥$_干净$。（《集锦》1862：44）

（41）a. 刀叉我放拉枱子$_{在桌子}$上。（《课本》1907：18）

　　　b. 我个$_的$鞋子侬$_你$放拉$_在$哪里。（同上：28）

　　　c. 当心第$_这$个洋钱放好拉$_在$箱子里。（同上：45）

（42）a. 因为路七高八低咾，大炮烦难拖上去。（《集锦》1862：

---

①　石毓智（2004）称之为"受事主语句"，张赪、荣晶（2009）称之为"受事前置句"，记作 P$_{受事}$（A$_{施事}$）V；本书沿用张赪、荣晶（2009）的说法称之为"受事前置句"。

②　VP 在这里特指带补语的谓词结构，如吃完、放在那儿、走出去、看得完等。

③　不涉及"动词 + 状态/程度补语"类结构作谓词带受事的类型，这种类型的受事在官话和方言中都得前置，两者一致，故不讨论。

134)

  b. 第_这块地皮上个树木拢总_全要斩下来。(同上：77)

  c. 伊_他个_的箱子担去末?(《课本》1907：15)

(43) a. 第_这个学生要退脱_掉因为书读勿_不上。(同上：94)

  b. 人末,信用失勿_不得。(《会话集》1936：第 75 课)

  c. 我问医生第_这个毛病医得好否?(《课本》1907：48)

  例(40)至例(43)中"P_{受事}+VP"构成的各类受事前置句对句类并无选择性,不仅可用于是非问句,如例(40)b 句、例(42)c 句、例(43)c 句等;也用于特指问句,如例(41)b 句;而其他用例则都为肯定性陈述句,或客观叙述,如例(40)a 句、例(41)a 句、例(42)a 句或表达主观意愿,如例(40)c 句、例(41)c 句、例(42)b 句、例(43)b 句等。可见,"P_{受事}+VP"结构分布的句法环境是不受限制的,特别是在表达言者主观意愿时,受事前置结构成为说话人唯一选择的句式,是一种规约化的句法结构,无例外。再如,

  (44) a. 第_这个要担到屋里去。(《课本》1920：17)

   b. 帽子要戴拉_在头上。(同上)

   c. 楼阁咾_和地阁要担水来净一净。(《集锦》1862：40)

   d. 衣裳上个油迹咾_和斑点要净漉沥_{干净}。(《集锦》1862：42)

   e. 马缰绳要收短点。(同上：42)

   f. 地_这张布告贴起来。(《会话集》1936：第 35 课)

   g. 票子订起来。(同上)

   h. 窗子关起来。(同上)

  使用受事前置句是例(44)各句最自然也是唯一合法的表达。可以说这些受事前置结构由某种语用因素促发且已完成了语法化的过程,成为一种句法结构。

  (二)"P_{受事}+VP+伊"结构

  该结构中受事成分与代词"伊"具有同指关系,VP 结构一般由动词与结果补语充当,该结构主要见于 19 世纪中叶文献中,虽不普遍,但结构上独成一类。如,

(45) a. 第本这些书订好伊，每本要几多少钱？（《集锦》1862：102）

　　b. 一扇招牌做好伊，要几多少钱？（同上：113）

　　c. 第个这些煤勿发火，我伲我们后首勿要作成伊买这种。（同上：108）

　　d. 第这个腐肉要用各息的来消化脱掉伊。（同上：118）

　　e. 地这个甩脱扔掉伊。（《会话集》1936：第40课）

　　f. 地这个拿脱掉伊。（同上）

　　g. 马放伊到草地上去吃草。（《集锦》1862：42）

例（45）a—f 句句首位置均为受事成分，表示有定对象，而在各例动补结构后又用代词"伊"来复指；g 句以表示终结点的处所介词做补语时，前置受事"马"在动词后也用"伊"来复指。

（三）"V+$P_{受事}$+X"结构

该结构中"受事"与补语成分都位于动词右侧，其中"X"主要有四类：一是结果补语；二是处所补语；三是能性补语；四是趋向补语。这四类结构在一百多年上海话中成立的句法条件不同，但它们都使用"V+$P_{受事}$+X"结构，列入一类进行描写。如，

(46) a. 做节完个日脚，就是大节气日上。节期的末日，就是最大之日。（约翰7：37，1847）

　　b. 又拿苇头来打伊个头，吐涎唾拉伊身上，跪下去拜伊，戏弄伊完之，脱脱之伊紫色个袍。又拿一根苇子打他的头，吐唾沫在他脸上，屈膝拜他，戏弄完了，就给他脱了紫袍。（马可15：19—20，1923）

(47) a. 要点灯拉在书房里。（《课本》1920：42）

　　b. 我叫佣人放我个衣裳拉在抽屉里。（同上：49）

　　c. 总总我放廿只苹果拉在篮里，现在不过有十五只，勿不晓得啥人担脱个拿走的。（同上：51）

　　d. 我叫马夫停车拉在我个的朋友屋里。（同上：49）

　　e. 我捉之了伊那个贼咾并绑伊他拉在树上。（同上：63）

　　f. 捏牢拉在手里勿不要放伊他落拉在地上。（同上：84）

(48) a. 勿要话爷娘教训伊他勿转，勿要话亲友劝诫伊他勿转，就是菩萨也点化伊他勿转。（《语法》1868：209）

　　　　b. 若然伊(他)还勿(没)曾来，我等伊(他)勿(不)得。(《课本》1920：42)

　　　　c. 我路上撞伊(他)勿着，勿(不)晓得到哪里去哉(了)。(同上：45)

　　　　d. 猫爬到树上所以狗捉伊(他)勿着(同上：92)

　　　　e. 伊拉(他们)神气，是容我勿起。(《土话》1908：61)

　(49) a. 侬(你)勿(不)好放闲人进来。(《集锦》1862：44)

　　　　b. 伊(那个)人跌拉浜(河)里几乎沉杀，但是有一个人来拖伊(他)起来。(《课本》1920：94)

　　　　c. 伊(那个)贼常庄(常常)来偷物事(东西)，捉着之末要绑伊(他)起来。(同上：62)

　　　　d. 拼傢生(工具)拢来。(《语法》1868：175)

　　　　e. 赶兵出去。(同上)

　　　　例(46)补语"完"表结果，其中 a 句"做节"可分析为一个词汇化程度高的述宾式词，"完"指向整个述宾结构词"做节"，应不算一个真正意义的隔开式结构，b 句宾语为代词"伊"，回指前面的先行语"耶稣"，属于已知信息，非语义焦点所在，这类隔开式述补结构极少见；例(47)中补语表处所，这类结构相应的普通话形式不再允许将受事宾语与表动作终结点的处所介词短语都分布于谓语动词之后，只能采用受事前置结构或将受事状语化，即用处置介词介引句中受事成分，但一百年前的上海话中仍较常见，不过，这种用法依赖特定的句法条件，即动词和宾语一般多为单音节，特别是三身代词"伊"是最常见的受事宾语，如 e、f 句，仅个别仍由名词性短语来充当，如 b、c 句；而例(48)谓语为表否定的能性成分，若要使用"V + P$_{受事}$ + 能性补语"结构，句法条件更加严格，一般只允许由代词来充当受事宾语，在语料中，我们未见名词充当宾语的结构；若补语表趋向，受事宾语与趋向补语也位于谓词同侧，如例(49)，这类结构与官话或普通话一样，受事可紧邻动词，如 a—d 句，也可插入双音节趋向补语之间。如艾约瑟(Edkins, 1868：176)："赶出狗来、担出衣裳来、撑开船来、推开窗来"。从成立的句法条件来看，"V + P$_{受事}$ + 结果/能性补语"，最不自由，其次是"V + P$_{受事}$ + 处所介词"结构，而"V + P$_{受事}$ + 趋向"相对来说，在上海话中仍较自由。

（四）"VP＋P受事"结构

该结构中，受事成分一般以居于述补结构之后充当宾语为常。虽各类述补结构都可带受事做宾语，不过，该结构的成立在句法上并非自由的，或具有特殊的语用要求。如，

(50) a. 折脱之好几千银子。赔了好几千两银子。（《土话》1908：58）

　　 b. 我要侬你造一只海船，装得落下四百吨个。（《集锦》1862：84）

　　 c. 伊话合会凑勿满一千两银子。他说他凑了有九百五十两银子。（《土话》1908：70）

　　 d. 第个当势这种形势赚勿动啥银子。（《集锦》1862：31）

　　 e. 侬你挑得起几化多少轻重？（同上：10）

　　 f. 第这只船装得落下几化多少担脚担？（同上：67）

例（50）中宾语位置上分别为数量名短语和疑问词，它们都为句子信息焦点，也是自然焦点所在，应居于句末位置上，所以都在述补结构后做宾语。

(51) a. 打开天窗说亮话。（《语法》1868：176）

　　 b. 四川人听见之箇句说话就到里面去。四川人听完了这话，就进里间屋里去了。（《土话》1908：80）

例（51）由结果补语与动词构成的述补结构带宾语若处于连动结构中，受事一般居于宾语位置。

(52) a. 因为做错脱了事体事情，所以吃排头被批评。（《ポケット上海语》1942：167）

　　 b. 假使想勿不着法子末，那能怎么办。（同上：156）

　　 c. 人要先做成功一椿事体桩事情，难末这样可以做别样。（《课本》1920：42）

　　 d. 换好之了衣裳衣服末吃早饭。（《ポケット上海语》1942：155）

e. 看好之_了夜报_{晚报}末吃夜饭。（同上：155）

例（52）中述补结构带受事出现在表示因果、假设、条件等复句中的偏句时，受事也多居于述补结构之后的宾语位置上。

　　（53）A：昨日下昼，打着之啥个野兽?_{昨儿晚上回来的,打了些个甚么野牲口来?}
　　　　　　B：打着之点野鸡、野猫，还有野猪。_{打了些个野鸡、野猫,还打了个野猪。}
（《土话》1908：38）

例（53）B 句述补结构带受事宾语，是应 A 句中疑问焦点"啥个野兽"而成立，特定的语用要求，受事只能出现在宾语位置上。

二　述补结构带受事结构在一百多年前上海话、官话中的比较

利用《官话指南》（1900）和《土话指南》（1908）为语料，考察述语带结果、趋向、处所和可能四类补语时与受事所构成的结构类型来看，官话和土话既有共同的倾向，也存在差异。见表 7 - 4。

表 7 - 4　　　百年前官话和土话中述补结构带受事的结构类型分布

结构＼类型	处置式		受事前置式		受事宾语式	
	官话	土话	官话	土话	官话	土话
V + 结果	24（30%）	12（12%）	19（24%）	53（53%）	36（46%）	35（35%）
V + 趋向	46（63%）	18（50%）	2（3%）	11（31%）	25（34%）	7（9.6%）
V + 处所	11（92%）	10（77%）	1（8%）	3（23%）		
V + 可能			2（12%）	10（56%）	15（88%）	8（44%）

由表 7 - 4 可知以下两点：

第一，官话和土话中，受事若表确定对象，前置倾向性都比较强，特别是在带有趋向补语、处所补语等结构中，两方言中用处置介词介引比例都较高，官话用"把"来介引前置受事，上海话用介词"担"。如，

　　（54）a. 他们就把铺盖搬下来了，到了码头上雇了两辆车就起旱回来了。（官话：89）
　　　　　　b. 伊拉担铺盖搬起来，到码头上叫之两部车子打旱路转来

到屋里。(土话：73)

　　(55) a. 你先<u>把</u>这两套书搁在书橱子上去罢。(官话：60)

　　　　　b. 侬先<u>担</u>箇两套书搁拉书架里。(土话：47)

　　官话"把"字结构对应上海话"担"字结构，都用处置介词介引受事成分。在两方言中处置式的比例皆过半。

　　官话和土话中被强调的受事一般都采取前置式，如，

　　(56) a. <u>您现在带来的货</u>都卖完了么？还没都卖完了。您卖完了<u>皮货</u>，是带回银子去呀，还是贩货回去呢？(官话：22)

　　　　　b. <u>自家带来个皮货</u>，现在卖完末？勿曾完全卖脱哩。<u>皮货</u>卖完之后来，带银子转去呢还是贩货色转去？(土话：15)

　　(57) a. <u>那一伙子贼</u>始终也没拿着。(官话：69)

　　　　　b. <u>第个强盗</u>，限满者，仍旧<u>一个</u>亦勿曾捉着。(土话：55)

　　(58) a. 牙没了，<u>什么</u>都嚼不动了，炖的烂烂儿的才好哪，别弄的那么挺梆硬的不能吃，我的牙比你的强，不论什么硬的脆的都能吃，连<u>瓜子儿</u>还能磕哪。(官话：16)

　　　　　b. 牙齿落完，<u>物事</u>侪嚼勿动个者。烧来烂点末还可以。<u>硬物事</u>嚼勿动个者。我个牙齿比阁下个好，随便啥硬物事侪吃得动个。就是<u>瓜子</u>也咬得开。(土话：11)

　　例(56)至例(58)中受副词"都/侪、也/亦、连"等强调的受事都前置，这在两个方言中的表现是一致的。同样，若受事是带数量修饰的名词性短语，则一致地采取宾语形式。如，

　　(59) a. 他若是果然真凑不出<u>那五十两银子</u>来，那还倒情有可原。(官话：86)

　　　　　b. 若使伊真个担勿出<u>五十两银子</u>，倒亦罢者。　(土话：70)

　　(60) a. 我当了<u>两箱子衣服</u>才把帐换了。(官话：82)

　　　　　b. 我当脱之<u>两箱子衣裳</u>刻刻还清箇票赌账。(土话：67)

例（59）、例（60）中受事都为数量名短语，表示无定对象，都只允许在述补结构后充当宾语。

第二，官话和土话在结果补语和可能补语类上使用的结构有着较明显的分布差异，官话中谓词带结果补语时，受事充当宾语更常见些，占46%，处置式和受事前置式出现的概率接近，而土话中受事前置式过半，占53%，处置式使用偏少，受事充当宾语的比例虽占35%，不过，这些受事一般都表示不定对象，带有数量修饰成分。

官话和土话中表确指或类指的受事名词或名词性短语，土话使用前置式的概率要比官话高。如，

（61）a. 您给那个客人找回<u>那两只红皮箱</u>来了么？（官话：67）

　　　b. 阁下格末替客人<u>箇两只箱子</u>寻着否？（土话：53）

（62）a. 你们先头里也来这公馆卖过<u>东西</u>"？（官话：30）

　　　b. 荡搭公馆里，㑚前头<u>货色</u>来卖歇否？（土话：22）

（63）a. 我就打听他忌了<u>烟</u>了没有？（官话：80）

　　　b. 打听伊<u>烟</u>戒脱拉没？（土话：65）

例（56）b句中"皮货"、例（61）至例（63）中受事在土话中以采取前置式为优势结构，而官话则采取普通动宾式，这也是土话受事前置式过半的主要表现。

官话和土话在述补结构带受事的类型分布表明：土话应该是一种比官话更倾向于受事前置的方言，而这些前置的受事一般都具有特定的语义和语用属性，即表示确指的或有定的对象，承载已知信息，如例（56）b句中前置受事"皮货"，由上文可推知该名词所指为有定对象，例（61）中"箇两只箱子"，不仅从上文语境中可推知，同时指示词"箇"标记着该指量名短语所指确定，例（62）、例（63）皆属于语境提供受事名词的信息，这些前置的受事普遍都具有确指和已知的属性，符合话题属性，从官话和土话述补结构带受事句的对比可见，土话是一种比官话话题优先更典型的汉语方言。

三　一百多年来上海话述补带受事语序类型的演变特征

上海话述补结构带受事的各种类型在共时分布和句法依存条件等方面

有不同表现，这些表现是观察它们发展演变的重要线索；而它们动态的演变或发展趋势则反映了上海话句法的类型特征。

上海话述补结构带受事的类型及其演变主要有：一是"P$_{受事}$ + VP + 伊"结构，是一种较特殊的结构，这类结构以述补短语两侧出现受事为主要特征，它虽然有着先秦汉语中受事前置且用"之"复指的影子，但已进一步演变为真正的受事前置式；二是遗存着古汉语结构"V + P$_{受事}$ + 结果/处所补语/能性补语"类型，但它们使用的句法条件严格，相应的受事前置式已成为优势结构；三是"V + P$_{受事}$ + 趋向补语"与"P$_{受事}$ + V + 趋向补语"虽并存但互补分布。

（一）"P$_{受事}$ + VP + 伊"结构的演变

这类结构中同时出现受事与宾语，当宾语与前置受事同指时，多以代词"伊"来复指，如例（45）各句。

代词复指式，先秦汉语即有，而现代汉语共同语中基本消失。如，

（64）子曰："《诗》三百，一言以蔽之，曰：'思无邪'。"（《论语·为政》）

张赪、荣晶（2009）指出，先秦汉语谓语动词后附成分主要是宾语，宾语占后附成分用例总数的84%，而宾语中最多的是用代词"之"复指句首的前置受事，占带宾语的69%。这类结构极为常见，不过，现代汉语中这类复指宾语句则带有特殊的表达效果。如，

（65）像你这号的，我们党还不会留你。（《编辑部的故事》）（张赪、荣晶，2009）

现代汉语的受事前置句谓语动词一般不带复指宾语，只在表示特殊语义时才带复指宾语，这个特点在晚唐五代已经形成了，随着补语的发展，代词复指宾语的受事前置句逐渐萎缩（张赪，2004）。

虽然先秦汉语和一百多年前上海话都用三身代词复指，但两者出现的句法环境并不尽同，先秦汉语中谓词直接带复指宾语"之"，而一百多年前上海话"伊"复指式则出现在述补结构之后，在语用上两者也有明显差别：上海话受事前置句在表达祈愿语气时，更为常见，此时，出现的句

法环境也更宽松，不仅受事前置可用"伊"复指，用介词"拿"引介的前置受事也可用"伊"复指。如，

　　（66）a. 拿被铺收作脱伊_{把被铺收拾好}。（《会话集》1936：第 40 课）

　　　　　b. 拿碗盏收脱伊。（同上）

　　这种语用条件的依存说明，复指的"伊"实际上已发展为一种表义更虚化且表达特定语用色彩的成分。

　　可以说，上海话中受事前置的"伊"复指结构虽然有可能沿承了晚唐前的汉语结构，但它并没有如普通话一样，基本消失，而是有了进一步的发展，其功能发生了演变，即"伊"由表复指的代词宾语逐渐演变为一种兼表祈愿语气的助词成分。

　　（二）"V＋P_{受事}＋结果/处所/能性补语"类型的萎缩与"P_{受事}＋V＋结果/处所/能性补语"的优势

　　"V＋P_{受事}＋结果补语"即"隔开式"述补结构，这类结构在古汉语中产生于六朝而至宋元以后逐渐衰亡（蒋绍愚、曹广顺，2005：330）。早期上海话如例（46），尽管许宝华等（1988：481）等描写今上海话"动＋宾＋结果补语"结构仍见用。如"烧伊酥、敲伊碎、戳伊破、晒伊干、钉伊牢"等，但这类结构中的宾语形式限于三身代词，而名词性宾语则必须前置，用"P_{受事}＋VP"结构表达，也就是说，"V＋P_{受事}＋结果补语"在上海话中基本上已消退。

　　例（47）中宾语位于动词和处所补语之间，例（48）宾语位于动词和否定类能性补语成分之间，这两种语序类型皆源于共同语，不过，从出现的句法环境来看，它们也都成为一种式微结构。

　　表示动作的终结点或动作结束之后对象所处位置，这类处所补语自先秦至今都只出现在谓词之后，它符合时间顺序原则。如，

　　（67）a. 河内凶则移其民于河东。（《孟子·梁惠王上》）

　　　　　b. 何不树之于无何有之乡。（《庄子》）

　　　　　c. 我乃埋你死尸灵在此。（《敦煌变文集》871）

　　不过，动作对象即受事，特别是当这些受事是由不带数量修饰语的名

词或代词充当时，自元明之后一般不能再与处所补语出现在谓词右侧，必须前置，一般通过介词"把、将"来提前，这一规律非常严格（张赪，2001）。如，

(68) a. 将你撇在这里。(《杀狗劝夫》180)

b. 把我撇在郊外。(《小孙屠》176)

c. 把磕的瓜子皮都吐落在人身上。(《金瓶梅》十五)

但一百多年前上海话中我们仍依稀可见"V＋P受事＋处所补语"的结构，如例(47)，不过，这类结构中出现的谓词十分有限，多用"放置义"动词"放"构成。相应的受事前置结构得以发展，句法环境宽松。如，

(69) a. 我个的笔摆拉在写字台上。(《课本》1920：63)

b. 灯笼可以拎拉在手里，一根木头可以捐拉在肩胛上，袋末背拉在背上。(同上：80)

c. 第这个馒头担到火炕边头去烘烘。(同上：87)

d. 单被咾和被头摊好拉在床上。(同上)

例(69)受事都需前置方能成立。与现代汉语普通话受事前置可采取处置介词引介不同的是，一百多年前上海话中更常见的是直接将受事前置在句首位置上，而少用处置介词"担"或"拿"来引介。

比"V＋P受事＋处所补语"命运更危险的是"V＋P受事＋能性补语"结构，它们只能在否定性述补结构中允许代词宾语"伊"介入，这种结构是应靠着代词宾语的弱读、生命度高以及旧讯息而残存着。不过，与共同语在元代已完成了各类宾语后移（魏培泉，2004）所不同的是，百年上海话中，各类受事成分大量前移。如，

(70) a. 东洋个的杂志络和小说，看得懂否？(《会话集》1936：第52课)

b. 我个的言话，听得懂否？(同上)

c. 机器动勿不得个。(同上：第75课)

d. 人末，<u>坏事体_{事情}</u>做勿_不得。（同上）

例（70）中无论受事是名词性短语还是光杆名词都以前置为优势结构。同时，受事充当能性述补结构的宾语也于一百多年前得到发展。如，

（71）a. 远水救勿着<u>近火</u>。（《语法》1868：176）

b. 我查勿_不出<u>第个人做啥恶事</u>。（《课本》1920：77）

c. 若使伊真个担勿出<u>五十两银子</u>，教我对勿住别人。_{他若是果然真凑不出五十两银子来，那还倒情有可原。}（《土话》1908：70）

d. 侬_你看勿_不起<u>我</u>，勿_不嫌轻亵末受子_着。（《活用上海语》1924：98）

e. 侬_你那能咾_{怎么能}拨伊_{让他}打，因为我打勿_不过<u>伊_他</u>咾。（《课本》1920：62）

f. 伊_那个人攻打来，我敌勿_不住<u>伊_他</u>，拨_被伊_他打伤。（同上：87）

从例（71）来看，能性述补结构带受事，在一百多年前的上海话中正朝着"VP＋P_{受事}"的词序发展，这种发展表现出以下特点：一是带俗语性质的优先采用受事宾语式，如 a 句；二是小句作宾语，因其成分长而后置作宾语，如 b 句；三是高生命度的指人名词，因生命度高，若前置的话易于与以施事为原型的主语相混，而后移作受事宾语，如 d—f 句等。看来"V＋能性补语＋P_{受事}"的语序，在上海话中仍是一种相对不自由的结构类型。

（三）"V＋趋向补语"带受事时前置式与嵌入式的互补发展

由趋向补语构成的述补结构带受事时，上海话中不仅用受事宾语式，如例（50）、例（72），也使用受事前置式。如例（43）、例（73）。

（72）a. 绞把<u>手巾</u>来。（《增补》1939：散语二十八课）

b. 拿眼_点<u>引火柴</u>来。（同上）

c. 侬_你到大街上个_的烟纸店里去买包<u>三炮台绿锡包香烟</u>来。（同上：散语第二十九课）

d. 茶房，侬_你去拿瓶<u>啤酒</u>来，还要一瓶嗬嘲水。（同上：

问答第三课）

　　　　　e. 我去换<u>件</u>衣裳来。（同上）

（73）a. <u>衣裳</u>折起来。（《会话集》1936：第 35 课）

　　　　　b. <u>盖子</u>盖起来。（同上：第 47 课）

　　　　　c. <u>门</u>锁起来。（同上）

　　　　　d. <u>篷布</u>放下去。（同上：第 59 课）

　　　　　e. <u>信</u>寄出去末？（同上）

　　从例（72）、例（73）来看，两种语序中的受事具有不同的句法、语义和语用属性，其中受事作动词宾语时，虽可为光杆名词，但更常见的是受数量词限定的名词性短语，它表示无定对象，而前置的受事则常取光杆名词形式，表示有定对象。

　　从演变角度看，一百多年前上海话述补结构带受事语序类型较丰富，特别是"V + P_{受事} + 结果/处所/能性补语"等古汉语结构的遗存，同时，受事后置充当宾语的语序也相应得到发展；不过，值得注意的是，在各类结构中，受事充当宾语的发展并没有超出受事前置型，如能性述补结构带受事时，充当宾语的嵌入式和居后型都必须具备特定的句法条件，而受事前置成为优势结构，《中日会话集》（1936）中共 19 例能性述补带受事结构，其中 13 例为受事前置类，过 2/3 强，《ポケット上海语》（1942）中 5 例能性述补 4 例为受事前置型，高达 80%（4/5），受事前置型的能性述补结构带宾语成为上海话的一种优势结构；动词带结果补语与受事的结构中，受事前置比例也高，如《短语集锦》（1862）共 40 例带受事的，其中有 32 例为受事前置型，占 80%，而 8 例中仅 5 例为表类指或确指的名词性短语作宾语的，即类指或有定名词作受事宾语的仅占 12% 左右；《ポケット上海语》（1942）中有 31 例带受事的，有 23 例采取受事前置的，约占 74%，仅 8 例表类指或有定的名词充当受事宾语，占 26%。其他统计见表 7 - 5。受事前置型在各类述补结构中的分布都要高于其他语序类型，可见，它一直是上海话优势结构。

表 7 - 5　　　　　　　　　　述补结构带受事的类型分布

	《上海话短语集锦》（1862）		《上海话课本》（1920）		《ポケット上海语》（1942）	
	前置式	宾语式	前置式	宾语式	前置式	宾语式
V 结果	32（80%）	8（20%）	26（45%）	32（55%）	23（74%）	8（26%）
V 趋向	14（82%）	3（18%）	19（79%）	5（21%）	10（100%）	0
V 处所	7（100%）	0	18（78%）	5（22%）	1（100%）	0
V 可能	16（52%）	15（48%）	13（68%）	6（32%）	4（67%）	2（33%）

　　注：表中宾语式包括述补宾式和述宾补式两类。

四　一百多年前吴语中的"VO 在 L"结构①

　　"VO 在 L"结构是指动宾结构后接处所补语，一百多年前上海话仍使用这类结构，如例（47）。介词"在"在上海话中记作"拉"，词源为"在"，"拉"是"在"的音变，其他吴方言中写法不同，如宁波话记作"来"，标题中统一记作"在"。

　　在官话中，除数量名结构构成的"VO 在 L"结构可成立外，其他宾语皆必须前置，采取介词提宾结构"介词 + O + V + 介词 + 场所"和受事主语句"O + V + 介词 + 场所"及"V_1 + O + V_2 + 在 + 场所"等结构取代，这条"动词后宾语与介词短语不能共现的规律在元明时期就变得严格了"（张赪，2002）。

　　官话和吴方言间同一句法结构的存废之异，不仅反映了它在不同语法体系中演变速度的不同，更重要的是可以"发现类型特征之间的相关性"（刘丹青，2011）。即可以在演变中观察语言结构模式演变的关联性，揭示语言过程的制约因素，为语言研究从侧重共时语言状态向关注语言从一种状态向另一种状态演变的历时研究提供视角。下面拟以吴语中的"VO 在 L"结构的演变为切入点，探讨影响该结构演变的制约因素，有助于进一步认识汉语词序的历时演变。

　　（一）一百多年前吴语中的"VO 在 L"结构

　　一百多年前吴语上海话、宁波话、温州话、金华话、台州话等吴方言语料中皆见用"VO 在 L"结构，可分为三类，代词宾语类、光杆名词宾语类和受修饰成分限定的名词性短语做宾语类。

―――――――――

　　① 本书只讨论宾语为非数量名结构类。

1. 代词宾语类

宾语由代词充当，所代替的对象在上文或语境中十分明确，属于已知信息。这类"VO 在 L"结构见于上海话、宁波话、台州话、金华话、温州话等方言中，且相对其他两类来看，其分布最广。如，

（74）上海话：差役<u>收侬拉监里</u>。<small>差役把你下在监里。</small>（路加 12：58，1923）

宁波话：其拉呕起来话<u>钉其来十字架，钉其来十字架</u>。<small>他们喊着说："钉他十字架! 钉他十字架!"</small>（路加 23：21，《便览》1910：194）

台州话：Ky'üong-p'ô ün-kô song ng peh kwön, kwön kao peh lao-dông. ziu <u>kwæn ng ze kæn-lao</u>. 恐怕冤家送你拨官，官交拨牢东，<u>就关你在监牢</u>。<small>恐怕他把你送给审判官，审判官交付衙役，你就下在监牢了。</small>（马太 5：25，1880）

金华话：Jioh-z ng-nong yi-kwör Geo, tsing kao-su' A fông geo la-geh di-fông' A we k'eo dör-leh. 若是你侬移过渠，请告诉我<u>放渠哪个地方</u>，我会去驮勒。<small>若是你把他移了去，请告诉我你把他放在哪里，我便去取他。</small>（约翰 20：15，1866）

温州话：Chùng-nang ziuh koá, Tìng Gi zaih-ź-kò-de. 众人就讲："<u>钉其十字架里</u>。"<small>他们都说："把他钉十字架!"</small>（马太 27：22，1894）

例（74）皆来自《圣经》吴语译本，方言《圣经》译本为传教士在普通百姓中传讲福音所用，具有较高的口语性。从这些例句来看，吴语中三身代词充当宾语时仍可与处所补语在谓语同侧，且代词一般为单数形式，而对应的官话《圣经》译本（和合本，1919）（即句后的下标句），皆必须采用处置介词将代词宾语前置于谓词。

上海话、金华话等《圣经》译本中指人的专名也可构成"VO 在 L"结构。如，

（75）上海话：a. 所以伊拉<u>放耶稣拉伊块</u>。<small>他们就把耶稣安放在那里。</small>（约翰 19：42，1923）

b. 伊还加之第个恶事，就是<u>收约翰拉监里</u>。<small>又另外添了一件，就是把约翰收在监里。</small>（路加 3：20，1923）

金华话：Ping-ting yi-kying ting-teh Yæ-Su zæ jih-z-kwor jông。兵丁已经钉得耶稣在十字架上。兵丁既然将耶稣钉在十字架上。（约翰 19：23，1880）

与三身代词一样，指人专名表示的是已知信息，且属于生命度高的名词，它们在官话圣经中也只能用处置介词提前而不能再放在谓词之后，不能直接前置于动词。

2. 光杆名词宾语类

在早期吴语课本和《圣经》译本中用光杆名词做宾语构成"VO 在 L"结构与代词宾语类一样，分布较广，见于上海话、宁波话、台州话、温州话等。上海话见例（47），其他方言。如，

（76）宁波话：a. 阿拉要椅子来在廊屋里。（《便览》1910：107）

b. 挖拿茶来在廊屋里。（同上）

c. 今日要上茶叶来在栈里。（同上：131）

台州话：a. Hao-ziang ih-ke nge-beng nying，ky ʻI oh ze sô-nyi-zông。好像一个愚笨人，砌屋在沙泥上。好比一个无知的人，把房子盖在沙土上。（马太 7：26，1880）

b. Ün-kô le tsæh ba-ts ʻao ze ge mah-ha，ziu k ʻe-gao. 冤家来栽稗草在渠麦口，就去告。有仇敌来，将稗子撒在麦子里就走了。（同上 13：25，1880）

温州话：Nyí shiè lí-vaih zé tsì-da-ziè。你献礼物在祭坛上。你在祭坛上献礼物的时候。（马太 5：23，1892）

例（76）动词后的名词不带任何修饰成分，可为单音节或双音节形式。这些光杆名词表示整个类的事物或对象，在吴语中适合做话题或处置介词宾语，但却在句中充当宾语。

3. 受修饰语限定的 NP 宾语类

一百多年前吴语语料中构成"VO 在 L"结构中的宾语多为由三身代词充当领属语的 NP，以及少数结构形式稍复杂的名词性短语，这些 NP 表示确指的对象。它是三类"VO 在 L"结构中分布最少的。使用较多的主要为上海话《新约》（1923）。如，

(77) 上海话: a. 我要<u>立我个教会拉第个磐石上</u>。_{我要把我的教会建造在}
_{这磐石上。}(马太 16: 18, 1923)

b. 魔鬼已经<u>放卖脱耶稣个意思拉西门个儿子以</u>
<u>色加略个犹大心里</u>。_{魔鬼已经将卖耶稣的意思放在西门的儿子加略人犹大心里。}(约翰 13: 2,
1923)

温州话: ziù-ź höé-pí ih-kai ts'ung-ming-ge nang, <u>ch'í gi-</u>
<u>ge uh zé bö-zih ziè-chüé</u>。就是好比一个聪明个人, <u>砌渠个屋在磐石上</u>
<u>转</u>。_{好比一个聪明人,把房子盖在磐石上。}(马太 7: 24, 1892)

综上来看,百年前吴语"VO 在 L"结构的成立似乎较同时期的官话
(《圣经》和合本,1919)更为自由,宾语可为表单数的三身代词、单音
节或双音节的光杆名词,甚至少量名词性短语。

(二) 吴语"VO 在 L"结构存留的原因及消退

张赪(2001)指出,宾语的语义属性应该是导致"V + O + 介词 + 场
所"消变的重要原因,有定或代词宾语都属于复指替代成分,在话语中
存在着一个对应的先行成分,因此在语用上,是已知对象,前置的倾向自
然比无定 NP 要强烈。若是这样,那么这个特征应该对吴语的影响更为显
著才对,因为从句法类型来看,一百多年前上海话、宁波话等吴语具有比
官话话题优先更典型的句法类型特征。如此看来,代词宾语、表类指的光
杆名词宾语和表确指的 NP 所构成的"VO 在 L"结构似乎应该在吴语中
要消失得比官话更为彻底才是。

从一百多年前吴语中构成"VO 在 L"结构的三类宾语来看,最多的
是代词宾语类,其次是光杆名词类及 NP 类。也就是说,吴语中名词或
NP 类宾语比代词宾语更倾向于前置。我们以上海话为例。如,

(78) a. <u>蜡台</u>安拉_在桌子上。(《集锦》1862: 6)

b. <u>屏风</u>遮垃_在门前。(同上: 6)

c. <u>衣裳</u>勿要摆拉_在湿湿个户荡,恐怕霉料。(同上: 45)

d. <u>墨瓶</u>放拉_在书架上头。(1862: 64)

e. <u>皮</u>放拉_在硝水里仔咾脱。(同上: 114)

一百多年前上海话"V 拉 L"结构若带名词性宾语基本上以直接前置

为基本词序，尽管仍残留着少数"VO 拉 L"结构，而代词或专名宾语则仍以"VO 拉 L"结构为主。

名词性宾语前置而代词性宾语仍居动词后，违背了人类语言的普遍共性。根据格林伯格（Greenberg，1966）词序普遍性第 25 条：如果代词性宾语后置于动词，那么名词性宾语也同样后置。据蕴涵共性可知，代词宾语前置于动词的词序，既可与名词性宾语后置的词序共存，也可与名词性宾语前置的词序共存，而代词性宾语后置则只与名词性宾语后置共存，代词宾语前置为优势语序，同样，名词性宾语后置的词序相对于前置的词序是优势语序，而代词性宾语后置和名词性宾语前置皆为劣势语序，所以这样两种劣势语序共存的语言是极少甚至不可能存在的。

而在吴语"V 在 L"结构中为何名词性宾语前置倾向要超过代词性宾语呢？这种劣势语序成立的理由是什么呢？尽管它只是一种弱势结构，但它消退比官话缓慢或不彻底的原因到底是什么呢？

我们推测"VO 在 L"结构在早期吴语中的"存留"和在官话中的"弃用"应该与处置结构的发展相关。早期吴语处置式不够发达，使得"VO 在 L"结构中代词宾语不能前移，名词或名词性短语做宾语则可直接前移，而官话中处置式发达，该结构的消变也更彻底。

一百多年前吴语处置式不如同时期的官话发达。以官话课本《官话指南》（1900）和上海话课本《土话指南》（1908）作比较，可以看到：尽管吴语上海话处置式已经形成，但它在句法上不如官话语法化程度高，也不及官话常见。

句法上，早期上海话处置式"担"字句常可后接趋向动词"来"，构成"担 NP + 来 + VP"结构使用。

> （79）a. 上海话：就担伊来停脱之。（《土话》1908：45）
>   官话：就把他辞了。
>   b. 上海话：乃末抚台担伊来革脱个。（同上：55）
>   官话：这么着抚台就把他参革了。

例（79）"来"虽已虚化为连接成分，但在结构上仍残留着"担 NP"与"来 VP"之间的连动关系。"担"由拿义动词语法化为介词时，经历了"拿持义"消失的去语义化过程，由连动结构的前项重新分析为处置介词，但在结构上，实现"担"重新分析的句法环境仍残留着，去范畴化过程仍未完成，使其"形变滞后"。因此，相对于同时期官话来看，上海话处置介词"担"保留了更多动词的句法特征，也可以说其语法化程度不如官话处置介词"把"。

此外，上海话"担"字处置式也远不及早期官话"把"字句常见。官话用"把"字句，上海话则直接采用无须介词介引的受事前置结构表达。如，

（80）a. 上海话：事体办舒徐之后来，我同伊一淘到地上去看一看，就是者。（《土话》1908：24）

官话：赶咱们把事情都办完之后，我再同他到地里看一看去就得了。

b. 上海话：我劝侬烟未戒脱之罢。（同上：64）
官话：我劝你把烟忌了罢。

c. 上海话：费神先生箇封信拆开来。（同上：90）
官话：求你们把这封信拆开。

我们统计《官话指南》中"把"字处置结构59例，在《土话指南》中35例使用对应的"担"字处置式表达，还有24例用受事前置结构表达，占到近41%。可见，一百多年前上海话中受事前置结构要比官话更常用，而处置式不及官话常见。

今吴语处置式的使用也不及普通话常见，普通话中可用"把"字句来表达的，吴语不用。许宝华、陶寰（1999）指出，吴语处置宾语只能表示被处置对象，不能担任当事者的角色。普通话中"把个老王给病了"在吴语中不能采用处置句形式。可见，吴语处置式不及官话或普通话发达。

那么为何处置式的发达与否会与"VO在L"结构的存亡直接相关呢？在人类语言中核心居尾的语言往往比核心居首的语言形态更为发达。这可以从功能角度得到解释，在核心居尾的语言中格助词或标记有助于理解句中各成分的句法角色，避免产生歧义。特别是当宾语为生命度高的指人名词时，若与主语皆位于谓词左侧而没有格标记或其他形态手段表明该名词的句法角色时，它就可能与以施事性高的主语相混。而代词宾语前置

若有形态标记，表明其用做受事而非施事的语义角色，那么也不会影响理解，这就只能靠介词来提宾了，利用处置介词将受事宾语提前，使其不再插在述补结构之间。吴语处置式不发达，故未能担此重任，导致"VO 在L"结构特别是代词作宾语类的存留，而官话处置式发达，所以大大促进了代词宾语或名词宾语在"V 在 L"句中的消退。

随着吴语处置结构的发展，"VO 在 L"结构逐渐消退。如，

（81）a. 我叫佣人放我个衣裳拉抽屉里。

　　　b. 我叫我个用人拿我个衣裳放拉抽屉里。

（82）a. 我叫马夫停车拉我个朋友屋里。

　　　b. 我叫马夫拿车子停拉我个朋友屋里。

例（81）a 句、例（82）a 句在今上海话中都只能说成对应的 b 句，即由"VO 在 L"结构演变为"拿"字处置结构，使得今吴语中"VO 在 L"结构也逐渐消亡。

在吴语"VO 在 L"结构演变中名词或名词性宾语以直接前置为主，可见，吴语话题优先典型的句法特征对"VO 在 L"结构的消变确实也起到了重要的作用，那么在吴语"VO 在 L"结构消退中为何话题优先典型的句法特征对它的影响不能胜过处置式呢？若如此，那么吴语处置式即使不发达也仍可使"VO 在 L"消退，这样的话，"VO 在 L"结构在吴语中的消变也可以比官话更彻底。

我们从受事前置式和介词提宾式的结构特点可以找到相关答案。受事前置式中受事在语义上仍与 VP 中的动词构成论元关系，但在句法上，前置的受事与 VP 之间的关系可以十分松散，上海土话中可插入话题标记"末"。如，

（83）a. 对伊话，铜钱末借勿出，差使寻勿着，就好者宛。跟佢说，钱是借不出来，找事是没有，就得了吗？（《土话》1908：45）

　　　b. 箇部书末我交代俞先生拉者。那套书我交给俞掌柜的了。（同上：47）

例（83）a、b 句都前置，都使用带有停顿和标记话题功能的词

"末"，b 句受事也可出现在主语之前。受事前置即使在上海话中优先选择的句法位置是主语和动词之间做次话题，但从结构层次来看，该受事都处于整个 VP 节点之外、IP 节点之内。

那么处置介词提宾式的结构优势在哪里呢？从句法上来看，处置介词提宾结构与动词之间也可插入停顿或提顿助词，但该结构肯定是不能整体移到主语之前，它们只能充当 VP 结构的附接语。如，

（84）a. <u>担两匹马末</u>寄拉店里之。<small>把那两匹马寄放在店里了。</small>（《土话》1908：38）

　　　　b. 然后<u>担两只红皮箱子末</u>，车转来。<small>把那两个红皮箱就换回来了。</small>（同上：53）

　　　　c. 勿要管伊那能，我千万求阁下，总勿要<u>担第个事体</u>，话出去。箇件是机密事体。<small>不管怎样，我求你千万别把这件事给泄露了，这是一件机密的事情。</small>（同上：5）

例（84）上海土话中"担"字处置式之间也可插入停顿或提顿助词"末"，但"担"字处置结构是不允许移到主语之前的，它们只能充当 VP 结构的修饰语，而不能做整个句子修饰语。

用树形图可以比较直观地展示处置介词提宾式与 VP 的关系要比话题与 VP 关系更紧密。如，

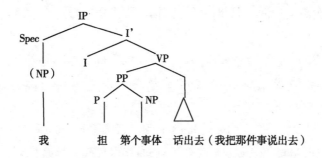

树形图中处置介词结构与 V 都属于 VP 节点，受该节点管辖，若受事前置为话题，受事则出现在 VP 节点之外。

"VO 在 L"结构中受事本为宾语，与动词同受 VP 辖制，若要前移做处置介词宾语，移动距离近；若前移为话题，则需要移动的距离远，跨越

的层级也多。所以正是这种差异决定了吴语中处置介词不发达的句法特征
对"VO 在 L"结构消退的影响比话题化倾向更大。

可见，一百多年前"VO 在 L"在吴语文献中存留是因为早期吴语处
置结构不如官话发达，随着吴语处置结构的发展，这类结构也逐渐消失。

这种跨方言句法现象的存废观察，不仅可以看到方言语法与古汉语的
渊源关系或演变的快慢，更重要的是结合语言类型共性，发现语言系统中
句法结构演变的相关性，可增强对这种存废现象的句法解释性，也可以更
好地挖掘方言语法的研究价值。

五　一百多年前吴语中的"隔开式"述补结构及存留原因

"隔开式"述补结构，是梅祖麟（1991）用来指名词性成分插在述补
结构之间形成的"动 + 名 + 结果补语"的句式。这类结构自六朝产生而
至宋元以后逐渐衰亡（蒋绍愚、曹广顺，2005：330）。一百多年前的吴
方言中这类结构仍见使用，如上海话见例（46）。下面我们将描写并分析
一百多年前吴语中"隔开式"述补结构的句法特征，并探讨它得以存留
的句法动因。

从文献来看，一百多年前吴语中这类结构见于上海话、宁波话、台州
话、金华话和温州话等吴方言中。充当结果补语的成分可以是不及物动
词、形容词和趋向动词①等，宾语多为三身代词，也有少数为单音节名
词。这类结构在各方言中的使用呈现出不平衡性。台州话、宁波话中分布
最多，其次是金华话、温州话及上海话。下面按方言点介绍。

（85）宁波话：a. Kæ-ing ky'i-læ, tang gyi ah-di Üô-pah, <u>sah-
gyi-diao</u>. 该隐起来，打其阿弟亚伯，<u>杀其掉</u>。该隐起来打他兄弟亚伯，把他杀了。
（创世纪 4：8，1876）

　　　　　b. Ng-lah hao ky'I ts'ah-diao keh-go Sing-din,
sæn-nyih kong-fu Ngô we ky'I gyi hao. 你拉好去拆掉葛个圣殿，三日
工夫我会<u>砌其好</u>。你们拆毁这殿，我三日内要再建立起来。（约翰 2：19，1853）

　　　　　c. Ziu-z fi-gying, sang-k'eo, teng bô-læ di-zông-

---

①　蒋绍愚、曹广顺（2005：336）指出：趋向补语也是结果补语的一种，可以视为是动作
的一种位移结果。不过，在吴语中它与结果补语构成的 VOC 结构有不同的发展。文中具体介绍。

go doing-dzi, tu iao <u>ling gyi-c'ih</u>。就是飞禽、牲口，等爬来地上个虫子，都要<u>领其出</u>。就是飞鸟、牲畜，和一切爬在地上的昆虫，都要带出来。（创世纪 8：17，1876）

（86）台州话：a. Yiu-sih zih-z-kô <u>ting ge s</u>, yiu-sih ze ng-he jü-we-dông pin tang ge, wæ-yiu tao-c'ü zing-li <u>kön ge tseo</u>. 有些十字架钉<u>渠死</u>，有些在你许聚会堂鞭打渠，还有逃出城里<u>赶渠走</u>。有的你们要杀害，要钉十字架;有的你们要在会堂里鞭打,从这城追迫到那城。（马太 23：34，1880）

b. Væn-pah iao pao-lao z-ke sing-ming, fæn-cün we <u>song ge gao</u>. 凡百要保牢自个性命，反转会<u>丧渠告</u>。因为凡要救自己生命的,必丧掉生命。（同上 16：25，1880）

c. Ing-yü un-tsæn teh beng, ng-he we <u>si ge nga-min kön-zing</u>. 因为碗盏搭盆，你许会<u>洗渠外面干净</u>。因为你们洗净杯盘的外面。（同上 23：25，1880）

d. Væn-pah ze di-'ô ng su kw'eng-lao keh, ze t'in-zông ah we <u>kw'eng ge lao</u>. 凡百在地下我所捆牢个，在天上也会<u>捆渠牢</u>。凡你在地上所捆绑的,在天上也要捆绑。（同上 16：19，1880）

e. <u>Ge tu I ge hao</u>。<u>渠都医渠好</u>。他就治好了他们。（同上 15：30，1880）

f. Ng ziah <u>kön ngô-he c'ih</u>, hao peh ngô-he tseo-tsing ts li-min k'e. 你若<u>赶我许出</u>，好拨我许走进猪里面去。若把我们赶出去,就打发我们进入猪群吧。（同上 8：31，1880）

g. Væn-pah m-yiu-keh, lin ge su yiu ah iao <u>deh ge k'e</u>. 凡百呒有个，连其所有也要<u>夺渠去</u>。凡没有的,连他所有的也要夺去。（同上 13：12，1880）

例（85）宁波话各句"动 + 其 + 结果补语"的结构，对应的官话《圣经》（1919）译本中皆不再使用隔开式结构表达。从补语的语义指向来看，一般指向受事宾语，如 a、b、c 句，从补语的句法性质来看，可以是不及物动词如 a 句，形容词如 b 句，趋向动词如 c 句。结构中受事宾语为代词和个别单音节名词，但进入该结构的补语仍不少。除例（85）外，再如《宁波方言字语汇解》"封信好"（close a letter）（1876：70）、"捉其倒"、"打其倒"（1876：480）、"推其落"（1876：374）、"擦其亮"

（1876：405）等。进入该结构的结果补语较丰富，但宾语受到严格句法限制。

从例（86）来看，台州话中"VOC"结构分布较多，尽管受事宾语多为代词形式，特别是第三身代词"其"，仅个别为 NP，如 c 句，不过，进入该结构的补语较多，若不考虑宾语的限制，该结构在台州话中相对来说似乎仍是较能产的。

金华话和温州话中 VOC 结构的分布比较接近。如，

（87）金华话：a. Ing-teh geo tsör jih-liang-geh ôh-sæn zæ-næ, tsi-ang-læ iao ma-Geo-diao nyin. 因得渠做十两个学生在内，将来要<u>卖渠</u><u>掉</u>人。他本是十二个门徒里的一个,后来要卖耶稣的。（约翰 1866，6：71）

b. I'A hao－geh nyin, Geo eo'A dör-dör p'u-kæ tseo-go. <u>医我好</u>个人，渠讴我驮驮铺盖走个。那使我痊愈的对我说:"拿你的褥子走吧!"（同上 1866，5：11）

c. Yüong jin tông bông tong-tong <u>kër geo-da c'üeh</u> <u>Dia</u>. 用绳当棒统统 <u>赶渠搭出殿</u>。耶稣就拿绳子做成鞭子,把牛羊都赶出殿去。（同上 1866，2：15）

（88）温州话：a. Gi-dà-ko whaì <u>ding Gi sź</u>. 渠大家会钉渠死。他们要定他死罪。（马太 20：18，1894）

b. Yaó bìng-ge, I gi höé. 有病个，<u>医渠好</u>。医治病人。（同上 10：8，1894）

c. Nyí djah k'áng, Nyí nang-kaò <u>I ng chieh-zìng</u>. 你若肯，你能够<u>医我洁净</u>。主若肯,必能叫我洁净了。（同上 8：2，1894）

从例（87）、例（88）金华话和温州话来看，这类结构在文献中分布甚少，宾语只能是代词，且能够构成该结构的结果补语并不多，显然只是一种残存的用法。

总的来看，一个世纪前吴语中虽仍用隔开式述补结构，且在各方言中的分布稍有差异。如台州话、宁波话较丰富，其次是金华话、温州话，而上海话最少见。但从成立的句法环境来看，一致性较强，即 VOC 结构中受事宾语句法条件苛刻，虽可为名词或代词，但宾语为单音节的三身代词"渠"（或"其"）出现频率最高，且不管是哪一类宾语，其音节形式简

短，不重读。这说明，VOC 结构在吴语一百多年前已是一种式微的结构。

至于吴语中 VOC 保留的原因，我们认为与"VO 在 L"结构相似，即一百多年前吴语处置结构不发达。该结构随着处置结构的发展，逐渐消退。据许宝华、汤珍珠《上海市区方言志》（1998：481）指出，"动＋宾＋趋向补语"结构，如"拆尿出、塞棉花进去、贴邮票上去、刷石灰上去"等说法的另一种更常见的格式是"拿＋宾语＋动＋趋向补语"，说成"拿棉花塞进去、拿邮票贴上去、拿石灰刷上去"，只有"拆尿出"语序固定，这种演变进一步验证了我们的设想，即处置结构的发展制约着 VOC 结构的消退。

吴语述补结构谓词句中受事前置倾向强烈，一方面使得 VOC 中代词宾语不后移，但它也不能迫使它前移，也就是说，相对于处置结构不发达这个句法特征对保留 VOC 结构的影响来看，受事前置倾向只是一个次要的力量，它对 VOC 作用不是直接的。这可以从句法上得到解释。

VOC 结构中代词宾语若受到前置倾向制约，前置为话题，那么在结构上该受事与谓词的关系更加松散，在句法上，该受事处于 VP 节点之外，较 VO 结构中宾语离动词远得多，而若用处置介词将它前置，该介词短语处于 VP 结构的附接语位置，整个介词短语仍处于 VP 节点以内，尽管它在句法上不如动宾关系紧密，但相对于受事前置来说，介词后的受事离动词更近。是这种深层的句法关系影响着受事前置倾向不能成为 VOC 演变的直接因素，而只有处置结构的发达与否对它有更密切的影响。

可见，从吴语中隔开式述补结构总体来看，它只是一种式微的句法结构，不宜作为其小句基本词序类型归类的依据，但消退却可以为观察吴语句法类型的演变提供线索。

第三节 一百多年来上海话处置式的结构及演变

一百多年来上海话处置式不仅发生了处置介词"拿"替代"担"的变迁，见第五章，同时其结构也得到发展。下面主要讨论其结构的演变。

艾约瑟（Edkins, 1868：126）《上海方言口语语法》中记录了用做工具格标记的"担"可将及物动词宾语前置。如，

(89) a. 担_把门关子。(1868：126)

　　 b. 担_把蜡烛火吹隐。(同上)

　　 c. 担_把各家人家个_的姓咾_和名头写拉_在人丁册上。(同上：198)

　　 d. 担_用刀来割。(1868：117)

　　例(89)a—c句"担"都具有提前宾语并表处置的意义，d句"担"用做工具介词。工具介词和处置介词皆来自"拿"义动词"担"的语法化。艾约瑟(Edkins，1868)观察到"担"带受事类名词短语时常出现在趋向动词"来、去"之前。如，

　　(90) a. 担_把合天底下个_的事体_{事情}来讲究_{解释}明白。(1868：198)

　　 b. 担_把马来骑到海滩去。(同上)

　　 c. 担_用竹片来打。(1868：126)

　　从例(90)来看，句中"来"虽已由表趋向虚化为表目的，但目的义也已非常弱，以致对译时可不用翻译，实际上此时句中"担"为处置介词和工具介词。但句法上仍保留"来"，是动词"担"句法特征的残留，表"拿持义"的"担"做动词时多用在连动结构中，作为连动结构前项的"担……来"发生语法化，"拿持义"消失，去语义化完成，也由连动结构的前项重新分析为工具介词和处置介词，但结构上，实现"担"重新分析的句法环境仍残留着，成为结构滞后的表现。

　　此外，处置式在一百多年前文献中分布率低，相比受事前置句和述宾句。我们以《上海话功课》(1850)为语料统计两者分布比例，见表7-6。

表7-6　　　《上海话功课》(1850)中处置结构、受事话题句和述宾结构分布表

结构类型	受事话题结构	述宾结构	处置结构
数量	111	33	2
分布比	76%	22.6%	1.3%

　　从表7-6可见，处置结构在19世纪中叶上海话中极少使用，而受事话题结构为优势结构，其次是述宾结构。如，

(91) a. 第_这封信侬_你要担到啥人场化_{地方}去？担到邻舍拉_家去。(《功课》1850：262)

b. 一_这封信俚_{你们}相帮人_{用人}肯担到我爷场化_{地方}去否？只怕肯个。(同上：263)

c. 第_这个一只篮侬_你肯拎拨拉我朋友否？肯是肯个独是呒_没工夫。(同上)

d. 奶油侬_你放拉_在啥里？(同上：334)

e. 英国人信写完末_吗？拉_在写哩。(同上：392)

(92) a. 要伊_他牵我个小团_{小孩}到伊_他块_{那儿}去。(同上：253)

b. 侬_你肯差伊到我爷墙头_{那儿}去否？可以个。(同上)

c. 侬_你领我到啥场化_{地方}去？到戏场上去。(同上：420)

d. 侬_你要卖脱第_这只马呢啥_吗？卖是要卖个，独是卖勿脱。(同上：333)

e. 侬_你肯借物事拨邻舍否？肯是肯个，独是呒啥好物事。(同上：295)

例（91）表确指的受事皆前置为话题，构成受事话题结构，这类结构十分常见，而例（92）指人代词或名词做宾语，表确指、类指的名词或名词性短语做受事时，也可充当谓词宾语，作为一种次要结构存在。

尽管课本中处置结构少用，而《约翰传福音书》（1847）中"担"字处置句要常见得多，在该译本中我们搜集到近 30 例处置句。如，

(93) a. 人要担俚赶出礼拜堂，又要担俚杀脱，倒认之服侍上帝，有功劳个拉，人要搭侬两做第事体。_{人要把你们赶出会堂，并且时候将到，凡杀你们的，就以为是侍奉神。}(1847：64)

b. 拉故搭伊拉拿伊来钉拉十字架上。_{他们就在那里把他钉在十字架上。}(1847：79)

c. 彼拉多担耶稣来拨拉犹太国人，钉拉十字架上。_{于是彼拉多将耶稣交给他们去钉十字架。}(1847：79)

d. 伊要担各样个道理教训俚，伊再担我个说话，告诉俚，记好之拉。_{他要将一切的事情指教你们，并且要叫你们想起我对你们所说的一切话。}(1847：60)

例（93）"担"常用来介引受事宾语，且该受事宾语多为指人的代词或名词，如 a、b、c 句等，也可以是抽象的言谈内容，如 d 句。而指人的受事宾语在课本类文献中一般仍以做宾语为主。因此，对比译本语料，我们相信，这类宾语前置并用处置介词介引，是上海话处置结构发展的重要方面。而演变的外因可能与官话处置结构的影响有关，在官话中 a—c 句只能用处置结构表达，不能用述宾结构。这也是该译本文献中处置结构更常用的重要原因。不过，尽管官话处置结构使上海话《圣经》译本中处置结构更常用，但在结构上仍保留了上海话处置结构的特征，如例（93）b、c 句"拿/担 + NP + 来 + VP"结构仍在使用。可见，在外因作用下，结构演变的滞后和处置结构的发展同时进行，而并非一定要等到结构演变彻底实现之后处置结构才能得到更大的发展。

从 19 世纪中叶上海话处置结构来看，处置式的发展与述宾结构的关系比与话题句的关系更密切，它使述宾结构演变为处置结构，而不是使话题结构变成处置结构。

第四节　一百多年来吴语"有"字句的演变

"有"字句是指"有"用于谓词前的句式，分布于粤、闽、客、南部吴语等南方方言中（中岛干起，1971；郑懿德，1985；李如龙，1986；施其生，1996；曹逢甫、郑萦，1995；蔡维天，2003；陈前瑞等，2010）。对"有"字句的研究主要集中于对其用法、"有"的性质及其语法化路径等方面。

而相比粤语、闽语等方言"有"字句的普遍使用来说，"有"字句在吴语内部存在区域差异，也就是说吴语"有"字句正处于演变中，因此通过考察吴语"有"字句的演变，可以为汉语方言中"有"字句的历时演变研究提供佐证和启示。

一　一百多年前吴语"有"字句

一百多年前上海话、宁波话、温州话、台州话和金华话等方言文献中都能见到"有"字句。按照谓词我们将它分为"有 + 动词（V）"、"有 + 动词短语（VP）"、"有 + 形容词或形容词短语（A/AP）"三种，其中第

一、二种分布最广，形容词谓语类分布面小。

　　1. "有+V" 句

　　这类"有"字句在 19 世纪吴语中分布最广，见于上海话、台州话、金华话、温州话和宁波话等方言，从具体结构来看，动词可以是光杆形式，也可以是动宾结构。如，

　　　　（94）上海话：a. 税单<u>有来</u>否？（《常用短语》1927：THE MER-CHANT）

　　　　　　　　　　　　b. 冰箱<u>有漏</u>，要修好。（同上：THE COOK 大司务）

　　　　（95）宁波话：你个小姨<u>有许</u>人家弗？（《便览》1910：Section XXVII）

　　　　（96）a. 宁波话：若记得你<u>有得罪</u>兄弟。（《便览》1910：马太第五章）

　　　　　　　　b. 温州话：Sìng-shǐ <u>yaó koá</u>, Nang 'oh-da fi-dà-tsz k 'öè-djah ping, ź k 'öè-djah Zíè-tì k 'ao-de ih-ts 'ieh só koá-ch 'üeh-li-ge shwò. 圣书<u>有讲</u>："人活搭非但只靠着饼。"<small>经上记着说："人活着，不是单靠食物。"</small>（马太 4：4，1892）

　　　　　　　　c. 金华话：S-teh Shin-shü-deo-geh shüa-wor tu <u>yiu in-nyia</u>, kông, 'A k 'eo-sao-li. 使得圣书头个说话都<u>有应验</u>，讲："我口烧哩。"<small>为要使经上的话应验，就说："我渴了！"</small>（约翰 19：28，1866）

　　　　　　　　d. 台州话：S-teh Cü t 'ôh sin-ts-nying su kông shih-wa <u>yiu ing-nyin</u>, z-t 'ih kông……使得主托先知人所讲说话<u>有应验</u>，是替讲：……<small>这是要应验主藉先知所说的话，说：……</small>（马太 2：15，1880）

　　例（94）上海话 a 句、例（95）宁波话"有"字出现在反复问句"V neg."中，构成"有+V neg."结构，表示"V 了没有"或"是否已经 V"的意思，如例（94）a 句可译为"来了没有?"或"是否已经来了?"，句中动词虽未带完成体标记，但为瞬间义动词或非反复出现的一次性行为，"有+Vneg."用来问行为实现的已然性；例（94）b 句上海话"有+V"也可构成陈述句用，"有漏"则表示"漏"这个动作已发生并处于延续状态中，相当于"已经发生且正在进行中"，"有"则用来肯

定该已然性动作及其延续状态。

而例（96）各句皆选自方言土白《圣经》译本。a、b 句"有 + V"结构表示的是已实现的行为，而 c、d 句则表示的是行为按照所预定的发生，虽与已然无直接关系，但这种行为的发生具有确定性，"有"用在这样的动词前，对这种确定性加以肯定。

可见，一百多年前吴语中"有 + V"结构可以出现在陈述句中，"有"用来肯定动作已发生并处于延续状态中，也可用于肯定某个具有确定性的行为，还出现在反复问句中，构成"有 + Vneg."结构，用来询问行为实现的已然与否。

2. "有 + VP"结构

这类结构中谓语动词常带结果补语、趋向补语和虚化程度更高的体标记，如完成体、经历体、持续体等。如，

（97）上海话：<u>有吃过</u>水否？（《常用短语》1927：THE MAFOO 马夫）

（98）宁波话：a. 昨日呕_叫你写，<u>有写好</u>弗？（《便览》1910：119）

　　　　　　b. 葛_这个小人豆<u>有种过</u>弗？（同上：Section XXI-II）

　　　　　　c. 关税<u>有完</u>拉么？（同上：Section XXI）

（99）台州话：a. Shü-li <u>yiu sia-lôh</u>, Nying feh tæn-tsih k'ao-djôh ky'üoh-zih we weh；……书里<u>有写落</u>："人弗单只靠着喫食会活。"_{经上记着说："人活着，不是单靠食物。"}（马太 4：4，1880）

　　　　　　b. Ing-yü shü-li <u>yiu sia-teh</u>, Ge we feng-fu Ge-keh t'in-s tsiao-ku Ng. 因为书里<u>有写得</u>："渠会吩咐渠个天使照顾你。"_{因为经上记着说："主要为你吩咐他的使者，用手托着你。"}（同上 4：6，1880）

（100）金华话：a. Ng-da lih-li-shông <u>yiu sia-lôh-lih</u> kông, Liang-geh nyin tsör tæ-kying ziu we kying-go. 你搭律法上<u>有写落来</u>讲："两个人作对证就会真个。"_{你们的律法上也记着说："两个人的见证是真的。"}（约翰 8：17，1866）

　　　　　　b. Ng-da-geh lih-for feh-teh <u>yiu sia-lôh-tih</u>, 'A-kông, Ng-da z tsör Jing ma? 你搭个律法弗是<u>有写落</u>的，我讲你搭是做神吗？_{你们的律法上岂不是写着"我曾说你们是神"吗？}（同上 10：34，1866）

（101）温州话：Shï-lieh <u>yoa t'ing-djah</u>, ziuh chang-hoa. 希律<u>有听着</u>，就恐慌。_{希律王听见了，就心里不安。}（马太 2：3，1892）

例（97）上海话、例（98）宁波话课本中"有 + VP"仍只见于反复问句"有 + VPneg."结构，句中 VP 可以是述补结构。如，"有吃过"、"有写好"，还可以是带经历体、完成体的谓词结构，如，"有种过"、"有完拉"等，显然这些结构皆是用来询问行为实现的经验性和已然性，可译为表已然的反复问结构"VP 没有"，不过，19 世纪上海话、宁波话中已然问形式并不用"没有"构成。如，

（102）上海话：a. 侬_你早饭吃过<u>蛮</u>？（《集锦》，1862：52）

　　　　　　　b. 伊_那个人去<u>过勿曾</u>去过？（同上：52）

（103）宁波话：a. 送信個_的去拉_了<u>弗</u>？（《便览》1910：102）

　　　　　　　b. 葛_这個人去过<u>呒哦</u>_没去过？（同上 1910：27）

例（102）a 句中"蛮"用做已然问否定词，钱乃荣（2003：258）指出，"蛮"是"勿曾"的合音词，"勿"取声母 [m]，"曾"取韵母 [əŋ]，合音再鼻化为 [m̃ẽ]。这种推测与 b 句中反复问形式中否定词相一致，"蛮"为"未曾"的合音可信。因此，19 世纪上海话已然体反复问句形式应该是"VP 蛮（勿曾）"结构，例（103）宁波话反复问已然体与未然体形式无明显差异，皆用否定词"弗"构成，正反问句中用"呒哦"，并无"VP 没有"的结构，可见，"有 + VP neg." 应该是构成一百多年前上海话、宁波话已然体反复问句的结构之一，其中"VP neg." 表示疑问，而"有"表示对事件或行为实现的已然性，这样就构成了已然体反复问形式。

例（99）至例（101）台州话、金华话、温州话中"有 + VP"例句皆选自《圣经》土白译本，从句类来看，主要用于肯定陈述句中，从 VP 结构来看，可以是"V + 趋向补语"、"V + 存续体标记"、"V + 结果补语"等。如，例（99）a 句"有写落"、例（100）a 句"有写落来"皆为"V + 趋向补语"，而例（99）b 句"有写得"、例（100）b 句"有写落的"为存续体结构，例（101）"有听着"为结果补语结构等。这类结构中 VP 表达的是已实现的行为动作，这些动作或有了某种结果，或完成

后结果状态在持续中，"有"可以用在这些 VP 结构前，表明其表义应该是与整个 VP 结构所具有的语义特征即实现义是一致的，虽然从表义上来说，"有"似乎成了一种羡余成分，但"有"实际上可对这些不同 VP 结构的表义进行更抽象的概括，突出这些 VP 的共同语义特征，即实现义，因此"有"仍是在 VP 前用做表实现的标记。

"有 + VP"结构与"有 + V"结构在一百多年前吴方言中的分布一致，即能用"有 + V"结构的方言，也可用"有 + VP"结构。

3. "有 + Adj"结构

这类结构中谓词可以是光杆形容词，也可以是形容词短语，还可以由形容词构成的主谓结构作谓语句。如，

（104）宁波话：a. 倷个_{你的} 两个小人_{孩子} 都 <u>有聪明</u>。（《便览》1910：Lesson XXXV）

　　　　　　　b. 货色<u>有好孬不一</u>。（同上：Section XVII）

　　　　　　　c. 我<u>有肚饥</u>。（同上：6）

　　　　　　　d. 先生弗大好过吗？答，是个，我<u>有头痛</u>。（同上：Lesson VIII）

例（104）宁波话 a 句"有"加在表性质的光杆形容词前，b—d 句中"有"则用在形容词做谓语的主谓短语前，各句中的"有"并不附加任何词汇意义，只是用来肯定状态的现实性。只是对"聪明、好孬不一、肚饥、头痛"所表示的性质或状态现实性加以肯定或确认。

（105）台州话：Yiu hao t'in-kô; ing-yü t'in <u>yiu 'ong-lo</u>. kw'eng-sing-tsao yi kông, Kying-nying yiu fong-yü; ing-yü t'in <u>yiu 'ong-lo</u> yi wu-lao. 有好天空，因为天<u>有红落</u>，眠醒朝又讲，今日有风雨，因为天<u>有红落</u>又乌咾。_{晚上天发红，你们就说："天必要晴。"早晨天发红，又发黑，你们就说："今日必有风雨。"}（马太 16：2，3，1880）

例（105）台州话"有"在形容词前用来肯定状态变化的完成，表示"红"这种状态已实现，后面可以与表实现的助词共现。

从文献来看，"有 + Adj"类结构在早期吴语中分布少于前两类。主

要见于浙江宁波话、台州话等方言，而上海话、金华话等方言中未见到。

二 一百多年来吴语"有"字句的演变类型

历经一百多年的发展，"有"字句在吴语各方言中的演变有不同表现。大体有三种情况，一是完全消失，如，上海话、金华话已不用"有"字句；二是宁波话、台州话部分消变，仅在特定句类中使用，即只用在反复问句中；三是温州话"有"字句仍很常用，为完全保留型，但在句类上也表现出优劣选择。下面主要介绍第二、三种。

1. 部分消变类

据阮桂君（2012）描写，宁波话"有"用在动词性或形容词性谓词前时，一般多用于疑问句中。如，

（106）a. 其_他有来哦？

b. 侬_你有看《红楼梦》哦？

c. 年糕有做好哦？

d. 其有得其拉阿姆到阿拉屋里落来哦？_{他跟他母亲到我们屋里来了没有？}

e. 葛只_{这个}山洞有深哦？

f. 葛_这人有好哦？

与一百多年前宁波话"有"字句相同的是动词或动词性短语构成的"有"字句主要用来构成已然体反复问句，表达"VP没有"的意思。不同之处是，一百多年前宁波话由形容词构成的"有"字句仍可出现在陈述句中，而今宁波话中只构成反复问句。也就是说，"有"在语用中性的陈述句中已不能用来表事件或状态现实性的确认了，而是成为表已然体反复问句的标记形式，所构成的结构"有VP哦"表义相当于"VP没有"；不过，这种发展并不彻底，所以"有"仍可出现在形容词谓语类反复问句中，可见"有"仍具有确认性质或状态现实性的作用。而在北部吴语溧阳社渚镇（河心乡）方言中，"有"则只能构成已然体反复问句。如，

（107）a. 你阿有_{有没有}吃中药啦？①

---

① 溧阳社渚镇方言语料由连琪同学（溧阳社渚镇人）提供。

　　　　　　b. 你阿吃_{吃不吃}中药啦?

（108）a. <u>阿有</u>_{有没有}看清爽则啦?

　　　　　　b. *阿看清爽则啦?

（109）a. <u>阿有</u>_{有没有}听过一句话啊?

　　　　　　b. *阿听过一句话啊?

（110）a. *瓣_这个人<u>阿有</u>好?

　　　　　　b. 瓣_这个人阿好?

（111）a. *瓣_这本书<u>阿有</u>好看?

　　　　　　b. 瓣_这本书阿好看?

（112）a. *你<u>阿有</u>喜欢渠?

　　　　　　b. 你阿喜欢渠?_{喜欢不喜欢他?}

（113）a. *渠<u>阿有</u>_{有没有}常常看电影?

　　　　　　b. 渠阿常常看电影?_{是不是常常看电影?}

　　溧阳社渚镇方言属于吴语太湖片毗陵小片，在本地话中"有"不能直接用在动词或形容词谓语前确认事件或状态的现实性，但可以构成"阿有"用来提问行为实现的已然性，如例（107）至例（109），若不是询问已然事件，则不能用"阿有"，只能用"阿"，如例（110）至例（113）。溧阳话反复问句还有"VP neg."类，一般只能用来表未然，与"阿 VP"可相互替换，表义没有区别，它们与表已然体的"阿有 VP"结构构成对立。这种现象并非溧阳社渚镇方言所特有。据初步调查，与溧阳相邻的高淳方言，属于吴语宣州片太高小片，"有"不能单独在陈述句中构成"有＋VP/AP"句，但也可构成"阿 VP"与"阿有 VP"的未然和已然的对立。

　　可见，"有"字句在吴语宁波话中从陈述句中已消退，仅保留在反复问句中，特别是反复问句的已然体形式成为其最后阵地，这种演变很明显是受到"有"的语法义的制约，即对事件或状态的现实性的确定，使得它在消退中很自然选择与其语义具有相宜性的已然体反复问句作为避风港，而与"有"不具有语义相宜性的句类则成为它消退的突破口，今宁波话中已基本消退，而其消退其实在一百多年前就已处于进程中了，所以"有"字陈述句在早期宁波话中已十分少见了。台州话的情况与宁波话基本一致，不展开描写。

2. 完全保留型

据游汝杰（1999，2003：206—210）、骆锤炼（1994）描写，按照谓词结构，温州话"有"字句有"有＋V"、"有＋VP"、"有＋AP"等不同类型。如，

（114） a. 上海我<u>有</u>走，北京冇走。上海我去了，北京没去。

b. 苹果你也<u>有吃</u>。苹果你也吃了。

c. 该只轮船宁波<u>有停</u>。这只轮船宁波会停。

d. <u>有想</u>眍的走归先。想睡觉的先回去。

（115） a. 鸡<u>有吃</u>虫。鸡吃了虫。

b. 我前日<u>有上</u>课。我前天上课。

c. 渠<u>有坐落</u>罢。他坐下来了。

d. 渠个脾气<u>有变好</u>起。他脾气变好了。

e. 阿妈<u>有是搭</u>读书。阿妈正在读书。

f. 门<u>有开是搭</u>。门开着。

g. 后日是元旦，学堂里<u>有放假</u>。后天是元旦，学校会放假。

（116） a. 你头发<u>有白爻</u>。你的头发白了。

b. 胡须<u>有长起</u>。胡子长了。

c. 风<u>有大起</u>。风大起来了。

例（114）"有＋V"在光杆动词前，表示不同的意义。如 a、b 句"有"表示行为的实现（游汝杰，1999，记做表过去时的"有₁"），而 c 句"有停"表示将会发生，"有"为助词（游汝杰，1999，记做"有₃"），d 句"有"对"想"这一心理活动进行肯定或确认（游汝杰，1993，记做"有₂"）。例（115）中各句谓词为动词短语，可以是述宾结构、述补结构以及谓词带进行体、持续体标记等，动词可以是行为动词、体态动词或状态动词等，"有"所表示的意义也为"有₁₋₃"。如 a 句"有吃虫"表示动作的实现；f 句"有"则对"开着"这种状态的持续表肯定或确认；g 句"有"对"放假"的即将发生加以确认。例（116）各句为形容词谓语句，形容词谓语表示的是状态变化的实现，如"白爻"中动相补语"爻"表示变化的结果，"白爻"表示"白"这个状态变化的实现，"有"在句中对这种状态变化的实现表肯定或确认。

　　"有"所搭配的谓词类型和表义的丰富性都表明，温州话"有"字句的使用仍很稳固。不过，据骆锤炼（1994）指出，温州话中"有"字句更普遍的用法是形成"有＋动词/形容词＋冇"的正反疑问句式使用，也常用来表达肯定回答，而在具体语境中，陈述句单独使用的情况不多，即使使用，也往往是作为后续句对事实起强调、申辩作用。如，

　　　　（117）A：你有接到通知也冇？你有没有接到通知？

　　　　　　　　B：有接到。

　　　　（118）A：发票你有带来也冇？发票你有没有带来？

　　　　　　　　B：有带来。

　　　　（119）A：渠有想走也有（想走）？他有没有想去？

　　　　　　　　B：有想走。

　　　　（120）A：该盘配有辣也冇？这盘菜辣不辣？

　　　　　　　　B：有辣。

　　　　（121）A：有光起也冇？有没有亮起来？

　　　　　　　　B：有，有光起。

　　例（117）至例（121）"有"构成正反问使用，肯定回答时，也可省略动词或形容词只用"有"。

　　可见，即使是在"有"字句保留得最完整的南部吴语温州话中，其使用在句类上也呈现出优劣之分，即在反复问句中使用超过陈述句，这种倾向性与宁波话"有"字句的发展呈现出相似性，据此我们或许可以推测，温州话"有"字句若有一天会消退的话，也应该是从陈述句开始，然后经历反复问已然体这个中坚环节。

　　由吴语"有"字句演变的类型差异可得出一百多年来吴语"有"字句的演变轨迹有：

　　（1）"有"字句的消退，一百多年前就已在进程中，且由北往南递降。一百多年前上海话以北的太湖片吴语中"有"字句已基本消退。如苏州话文献中已没有"有"字句的痕迹了，仅上海话残留个别用例，在近40万字的上海话文献中仅见到3例，而浙江地区吴语中"有"字句比上海话要常见得多，不过，一百多年中，浙江吴语"有"字句也处于消退中，金华话消退最快，这与它受官话影响更大有关，而宁波话、台州话

消退较金华话慢，不过，它们较偏安一隅的南部吴语温州话要快得多。可见，"有"字句在吴语中的演变是越往南走越缓慢，而越往北消退得越早越彻底。

（2）"有"字句的消退不仅在地理上呈现出递次性，同时在句类上也表现出选择性。从句类来看，首先是陈述句，其次才是反复问句。目前来看，反复问句特别是已然体形式成为"有"字句保留的重要阵地，这应该与"有"表示对事件或状态现实性的确认性有密切关系，因为事件或状态的现实性与已然性语义相宜，所以"有 + VP neg."或者"有 + VP 冇"式反复问句成为今吴语中"有"字句的主要结构。"有"字句消退中呈现出的句类选择差异既反映在已经完成消退的上海话中，也表现在正在消退的宁波话中，且在未消退的温州话中在语用上表现出类似倾向。上海话中三例"有"字句，只有一例为肯定陈述句，其他两例为反复问，这种残留着的上海话"有"字句应该是其完全消退前的最后面貌，仍是陈述句消变比反复问快；而宁波话、温州话"有"字句的使用现状更清晰地表明了反复问"有"字句比陈述句更稳固的局面。为何吴语"有"字句会优先保留在反复问句而消失在陈述句中，我们还可从标记理论得到启发。陈述句为语用中性的句类，是无标记的句类，而反复问句相对于陈述句来说，是一种有标记的句类。吴语"有"字句消退经历了从陈述句到反复问句两个阶段，即从无标记的句类中先消退，然后蔓延至有标记的句类。这种消退遵循着"无标记项先于有标记项"的类型学共性。

第五节　一百多年来吴语"VP + 副词"的词序

修饰动词的成分如副词放在动词之后，这是"顺行结构"语言（桥本万太郎，1985）的表现。一百多年前吴语中依稀可见副词后置做修饰语，且在吴语中呈现内部差异。如，

（122）a. 领口做来勿服帖，凸起来勿登样，从新<u>再</u>做<u>过</u>。（《沪语便商》散语第六章，1892）

　　　　　b. 白糖完<u>快</u>者，去买一斤来添添。（同上：散语第五章）

（123）a. 你衣裳着著一件<u>添</u>再。（《入门》1893：Exercise XI）

　　b. 等我走一搭<u>先</u>。（同上：Phrases 第 389 句）

　　c. 走<u>快</u>/<u>慢</u>！（同上：Exercise IV）

　　例（122）为上海话用例，例（123）为温州话用例。例（122）a 句中"过"并非表示经历体，而是表"重新"义，修饰动词"做"，例（122）b 句中"快"表即将义，修饰谓词"完"；例（123）a 句"添"表数量追加义，与"再"相当，用在句尾；例（123）b 句表领先义副词"先"，用在句尾对整个 VP 短语起修饰作用；例（123）c 句副词"快、慢"也用在动词后起修饰作用。可见，一个世纪前的上海话、温州话中的"动词＋副词"类的"顺行结构"皆有分布，且温州话这类后置副词较多，句法上也较自由。

　　不过，这类"顺行结构"已处于明显的消退进程中。从 19 世纪中叶至 20 世纪上半叶（1850—1942）的文献来看，上海话中由动词前后等义修饰成分共现所构成的框式结构"再 V 过"十分罕见，仅例（122）a 句为证，而只剩下"再"单独修饰动词，如例（124）a 句，副词"先"则在上海话文献中只允许在动词前起修饰作用，如例（124）b 句；仅表示即将义的"快"在动词后起修饰作用较常见，如例（125），成为上海方言"动词＋副词"类"顺行结构"的最后见证了。

　　（124）a. 侬_你起头_{开头}做来勿好，从新<u>再</u>要做。（《集锦》1862：163）

　　b. 侬_你到那里<u>先</u>来回头_{告诉}我一声。（同上：40）

　　（125）a. 甲：侬_你要起来末？乙：要起来<u>快</u>者。（《功课》1850：第三十课）

　　b. 甲：昨夜啥时候落个_的雨？乙：天亮<u>快</u>！（《松江话》1883：79）

　　c. 伊_他登拉_{呆在}上海差勿多一个月工夫，所存拉_在银行里个_的洋钱要用完<u>快</u>哉。（《练习》1910：Exercise No. 52）

　　温州话虽然比上海话后置副词使用常见，但一百多年前也开始消变，比上海话慢。如例（126）a 句等义叠置的框式结构"再……添"；而仅用动词前副词"再"修饰更为常见，如例（126）b 句；"先"也主要用在动词前了，如例（126）c句。

　　（126）a. 我<u>再</u>读一遍<u>添</u>。（《入门》1893：Phrases 第 392 句）

　　　　　b. 我永阿<u>再</u>弗走渠搭去。（同上：Exercise XXIX）

　　　　　c. 渠讲_{他说}总要我<u>先</u>句渠几佾_{给他一些}铜钱。（同上：Exercise
XXXVIII）

　　从上海话和温州话中后置副词的消变来看，我们若设想动词后副词性修饰成分为吴语原有形式，那么等义框式结构应是新旧形式叠加的结果，也是其消变进程中出现的一种特殊结构，在语言经济原则的制约和后起的新形式相竞胜出的双重作用下，这类后置副词只能做出让步，成为弱势结构或残存形式，甚至消失。

　　宁波话成为三方言中消退得最早，也较彻底。百年前宁波话中表领先义的副词"先"与表重新义的副词"再"等皆无任何后置修饰动词的用例，一律前置，如例（127）；只有表动作速度的"快"偶见后置的，如例（128）a句，仅此一例，更常见的是动词前位置，如例（128）b句。

　　（127）a. 要做好事必要<u>先</u>存好心。（《便览》1910：51）

　　　　　b. <u>先</u>用水歇一歇_撒，<u>再</u>把_用烙铁烫一烫。（同上：90）

　　　　　c. 你起头做来弗好，重新<u>再</u>要做。（同上：173）

　　（128）a. 爬起_{起来}<u>快</u>！（同上：3）

　　　　　b. <u>快</u>去看看，佁_你阿爹来拉_了弗？（同上：89）

　　从百年前吴语文献来看，后置副词在宁波话、上海话、温州话中皆有分布，从副词类别来看，温州话较多，而上海话、宁波话都只有个别副词可后置，三方言后置副词分布量虽稍有差异，但皆呈现出消退的迹象，等义的前置结构成为基本形式，在消变速度上，宁波话最快，其次是上海话，最慢的应是温州话。

第六节　结语

　　本章以动词带论元结构为对象，着重从语序类型角度探讨了与基本语序具有相关性的结构，可以得出以下四点：

（1）上海话等吴语双及物结构类型的兴衰主要体现了话题化原则的支配作用。虽然受距离象似性原则支配的"VO$_d$与格标记 O$_i$"一直是吴语一百多年来双及物句式的基本结构，但处置结构、话题结构和普通双宾句三类结构的兴起，体现了话题化对吴语双及物句式发展的支配作用；而倒置双宾句消退的主要原因则是违背了话题化。而在吴语内部，宁波话话题化程度较其他方言更高，倒置双宾句消退得更早更彻底。

（2）由述补结构充当的复杂谓语句若带受事宾语，一百多年前吴语中受事前置的倾向比官话更明显，尽管也存在 VOX 等类型。而"VO 在 L"与"VOC"结构在一百多年前的存留是因为处置式在一百多年前的吴语中很不发达。随着处置式的发展，这些 VOX 结构也逐渐消退。

（3）一百多年前文献中"有"字句见于吴语上海话、温州话、台州话、宁波话等方言，"有"可在光杆动词谓语前表实现，在 VP 和 AP 谓词前表实现或确认。一百多年来"有"字句在吴语中的演变表明，谓词前"有"的消退对句类有选择性，即首先在陈述句消退，其次是反复问句，这种选择体现了类型学中的标记理论，即"无标记项先于有标记项"。

（4）一百多年前吴语"VP + 副词"结构依稀可见，且呈现内部差异。温州话最丰富，其次是上海话，而宁波话该类结构基本上已经消失，副词只能在 VP 前做修饰语。从一百多年来的演变来看，温州话最慢，其次是上海话，而最快的是宁波话。

桥本万太郎（1979，1985）指出，吴方言在句法、词法、指示词类型等方面表现出比北方语更多而比粤语更少南部"顺行结构"的语言特征，它是一种中间类型。从句法来看，他提及的吴语"顺行结构"有：

状语后置：你走开先（温岭话）
双宾句：拨本书侬（上海话）
使役式：话伊勿过（上海话）；打伊败（绍兴话）

因此，结合本章的研究来看，我们注意到，尽管吴语一百多年前乃至现在都保留着这些"顺行结构"，但很显然一百多年来它们都是式微结构，并非为基本结构，分布频率相比基本结构要低得多，且它们都难逃消退的命运，尽管在各方言间的消退进程并不尽同。这种演变中的差异反映了吴语内部语序类型的细微区别。如"VP + 副词"词序在宁波话消退最早最彻底，而"副词＋VP"与 OV 语序具有相关性，可见，宁波话可能是比上海话、温州话等吴语 OV 倾向更明显的方言。

　　而与"顺行结构"的消退相对的是，"逆行结构"在一百多年前就是吴语中的基本或优势结构，且一百多年来"逆行结构"得到进一步发展。而支配"逆行结构"如普通双宾句、"受事＋VX"等结构发展的内在因素就是话题化原则。

第八章

一百多年来吴语差比句类型及演变

差比句词序类型（基准、比较标记、比较结果的词序）是当代语言类型学中与基本语序类型具有相关性的重要参项之一。格林伯格（Green-berg，1963/1966）语言普遍性第 22 条：在形容词比较结构中，如果唯一的或可能交替的语序之一是"基准—标记—形容词"的话，那么这语言是后置词语言（即 OV 语言）。如果唯一的语序是"形容词—标记—基准"，那么这种语言除了偶然出现的情况外，绝大多数是前置词语言（即 VO 语言）；德赖尔（Dryer，1992）考察基准、比较标记和形容词（比较结果）三者的词序在 625 种语言中的分布得出：OV 语言倾向于"基准—比较标记"和"基准—形容词"的词序，而 VO 则倾向于"比较标记—基准"和"形容词—基准"的词序。

汉语差比句的共时类型、历时演变及地域分布等研究已有颇多成果（赵金铭，2002a，b；李蓝，2003）。郭必之、张双庆（2005）结合早期粤方言文献探讨了香港粤语差比句"过"字句和"比"字句的相互竞争和交替机制，"比"字句在香港粤语中只是循着"过字句"四个表达能力较弱的缺口进入的，为观察官话或普通话"比"字句在汉语方言中的扩散做出重要贡献。而"比"字句与"过"字句分别属于"逆行结构"和"顺行结构"（桥本万太郎，1985），前者以"比较主体—标记—比较基准—形容词"为词序，后者词序为"比较主体—形容词—标记—比较基准"。刘丹青（2003）指出，"比"字差比句的一大特点是比较主体和属性主体可以分离，这是汉语话题优先的整体类型特点对差比句结构的影响。汉语小句中有主语和话题，它们皆在谓词前，因此汉语可以让属性主体和比较主体分别占据这两个位置。可见，考察方言差比句类型及其词序的演变是观察方言词序类型演变的线索之一。

本章将考察一百多年来吴语差比句的类型及演变，为探讨吴语句法类型的演变提供线索。

文献所见 19 世纪吴语差比句类型若以标记为依据主要有"比"字句、"于"字句、"如"字句、"还是"句以及无标记类等。其中"比"字句分布最广，也是最常见的结构；"于"字句用于台州、金华方言《圣经》译本中；"如"字句见于温州话《圣经》译本；"还是"句见于宁波话课本及今浙江东部地区吴语中。下面分别介绍。

第一节　"比"字差比句及其句法特征

"比"字句是以"比"为标记的差比句，词序为"比较主体—标记—比较基准—比较参项"。它广泛分布于 19 世纪吴语苏州话、上海话、台州话、金华话、宁波话和温州话，且是各方言中最基本的差比句。而早期吴语中"比"字句在结构上有自己的特色，如虚化程度高的不定量词常与形容词类比较参项共现等。

一　"比"字句

（1）苏州话：a. 拉我后首来个人，有力量比我还大，就是俚个鞋子，我也勿配拿个。但那在我以后来的,能力比我更大,我就是给他提鞋也不配。（马太 3：11，1889）

b. 若然右眼睛叫倷犯罪，挖出来甩脱，身体当中失脱一样，比子通身甩拉地狱里还好。若是你的右眼叫你跌倒,就剜出来丢掉,宁可失去百体中的一体,不叫全身丢在地狱里。（同上 5：29，1879）

（2）上海话：a. 甲：只怕倷你比伊他出去得晏晚点。乙：我比伊他早。（《功课》1850：第三十课）

b. 倷你第个小囝这个小孩比之箇那个大点否？大点。（同上：第十六课）

c. 第这件事体事情比伊那件事体事情又加更加要紧。（《集锦》1862：SECTION XXIII）

d. 中国养仔男比养仔女更加快活。（同上：SECTION XXXVII）

（3）台州话：a. Sing-ming ky' I feh-z pi ky' üoh-zih wæ kyüdjong, sing-t 'I ky 'I feh-z <u>pi</u> I-zông <u>wæ</u> iao-kying? 生命岂弗是比喫食还贵重，身体岂弗是<u>比</u>衣裳<u>还</u>要珍?_{生命不胜于饮食吗?身体不胜于衣裳吗?}（马太 6：25，1880）

    b. Su-to-mô teh Ngo-mo-læh-keh ying-væh<u>pi</u> keh zing-li ky 'ing. 索多玛搭蛾摩拉应罚个比格城里轻。_{索多玛所受的,比你还容易受呢!}（同上 11：15，1880）

  （4）金华话：Ng <u>pi</u> geo <u>wa</u> dör-seh ma? 你比渠还大些吗?_{难道你比他还大么?}（约翰 4：12，1866）

  （5）宁波话：中国字<u>比</u>外国字难写。Chinese characters are more difficult to write than foreign. Cong-koh z <u>pi</u> nga-koh z nœn sia. （《便览》1910）

  （6）温州话：该_这个屋宕_{房屋}<u>比</u>许_那个屋宕好多。（《入门》1893：38）

从例（1）至例（6）来看，苏州话、上海话、台州话、金华话、宁波话、温州话中皆以"比"字句为差比句的基本类型。词序上皆为"比较主体—比—比较基准—比较参项"，也就是说，从词序类型来看，早期吴语差比句的语序是一种典型的"逆行结构"。

二 "比"字差比句的句法特征

例（1）、例（2）"比"或"比子"差比句常在比较参项上加上副词"还"、"更加"等，或者充当比较参项的形容词常带上表不定量的"点"，不过，从表义来看，出现在这种"比"字句中的"点"并不仅仅是表不定量，说明比较结果，如例（2）上海话 a 句，说话人甲并非要强调听话人乙"比伊出去得"晚一点，而只是在说"侬_你比伊_他出去得晏_晚"，所以听话人乙只就"早"或"晏_晚"做出答复，而无须回答"晏_晚"多少，可见，这里的"点"并非补充说明比较的结果，而是一个表义更虚的成分，从句法组合来看，19 世纪上海话中"比/比子……Adj 点"结构在文本中的分布频率是最高的，即"点"与比较参项共现的频率高，如《上海话功课》（1850）中"比/比子……Adj 点"结构47 例，而光杆形容词充当比较参项的为 37 例（其中 20 例为选择问或是否问，肯定陈述句仅 17 例），且多出现在对比句，或者表肯定或认同

的答句中。如，

　　　　（7）上海话：a. 侬你游水比伲个小团我们的小孩好点否？游水末我比伊他好，唏嚩西话法语末伊他比我好。（《功课》1850：第二十九课）
　　　　　　　　　　b. 伲我们兄弟话唏嚩西说话说法语是比侬你好点否？是比我好。（同上）

　　例（7）a句中答句为带有对比焦点的话题句，b句中答句采取强调或肯定形式做出认同回答，在这些语境中，句式本身已经包含着对比或比较的含义，所以采用光杆形容词做比较参项，表义也已十分明确。也就是说，在具有对比或认同等语用色彩的语境中，只用光杆形容词做比较参项，而不用"Adj点"。这说明虽然"Adj点"组合形式出现频率较高，但句法上仍不具有强制性。此外，比较参项后若带有具体的数量补语或比较参项为动词短语时就不能添加"点"。如，

　　　　（8）上海话：a. 甲：侬你到花园里去是比我多两回否？乙：是多两回。（《功课》1850：第二十九课）
　　　　　　　　　　b. 伊他比之侬你有铜钱。（同上：第三十课）

　　当比较参项为形容词带上具体数量补语如例（8）a句"多两回"，或者为动词短语时，如b句"有铜钱"，都不使用"点"。
　　可见，比较参项后的"点"虽然有了某种程度的虚化，但并没有发展为一种句法标记，这也导致它的逐渐脱落，不过，"Adj点"中"点"的消失，并不是说上海话"比"字句中比较参项可以以形容词光杆形式出现。见表8－1。

表8－1　　　　　　　上海话"比"字句中比较参项类型分布表

年份	光杆 Adj	Adj 点	副词 + Adj	来得 + Adj	VP	Adj + 数量补语	总计
1850	37（35.6%）	47（45%）	0	0	12（11.5%）	8（7.7%）	104
1862	15（55.6%）	5（18.5%）	4（14.8%）	1（3.7%）	1（3.7%）	1（3.7%）	27

续表

年份	光杆 Adj	Adj 点	副词 + Adj	来得 + Adj	VP	Adj + 数量补语	总计
1883	4（22%）	3（16.7%）	3（16.7%）	5（27.8%）	0	3（16.7%）	18
1910	7（18%）	6（15.8%）	15（39.5%）	2（5.2%）	3（7.9%）	5（13%）	38
1923	8（27.6%）	0	10（34.5%）	7（24%）	0	4（13.8%）	29
1936	4（40%）	0	4（40%）	0	0	2（20%）	10
1942	20（51%）	0	19（48.7%）	0	0	0	39

从表 8-1 来看，上海话"比"字句中"Adj 点"结构自 19 世纪后半期开始逐渐少用，而使用类型逐渐增多的是受"还、更加、再"等副词修饰的结构和"来得"结构。如，

（9）上海话：a. 伊_他读个_的书比侬_你又<u>来得</u>交关。（《松江话》1883：SIXIEM LEÇON）

b. 大概女教友，<u>比</u>男教友总<u>来得</u>热心。（同上：LEÇON XXVII）

c. 听见话_{听说}捉牛豆，<u>比</u>之种豆子<u>来得</u>稳当。（同上：LEÇON XXVIII）

d. 种瓜好起来，<u>比</u>之种花咾_和稻<u>来得</u>好。（同上：LEÇON XXXVI）

19 世纪温州话"比"字句中"Adj 俫"结构比上海话中"Adj 点"的句法表现更突出。如，

（10）温州话：a. 渠_他字眼<u>比</u>我识<u>多俫</u>_些个。（《入门》1893：EXERCISE V）

b. 干该_这呒有_{没有}良心个_的事干_{事情}，难免犯法个，做良民百姓弗<u>比</u>犯着王法<u>好俫</u>_些个吗？（同上：157）

c. Sæ-ming ch'i-fú-ź pí k'aó-lie chù-djoá-le? sang-t'í ch'í-fú-ź pí i-zie chù-djoá-le moa? 生命岂弗是<u>比</u>口粮贵<u>重俫</u>？身体岂弗是<u>比</u>衣裳贵<u>重俫</u>吗？_{生命不胜于饮食吗，身体不胜于衣裳吗？}（马太 6：25，1892）

以上不论是课本还是《圣经》译本"比"字句中比较参项均与表不定量的"俫"共现,这些句子中的"俫"不表较实在的量,并不增加数量意义,"比"字句都只是表达两对比项中主体在某个方面胜出基准而已。温州话中"比"字句中"Adj 俫"共现的强制性要超过上海话"Adj 点"。如,

(11)温州话:a. Hoe-pi ih-löh ka-ts 'e choá; choà k 'oa di-de-ge z-'ao, shi-z pi di-zie koh-yie-ge choá wha sai-le-ge。好比一粒芥菜种,种阆地里个时候,虽是<u>比</u>地上各样个种还琐<u>俫</u>个。_{好像一粒芥菜种,种在地里的时候,虽比地上的百种都小。}(马可4:31,1902)

　　　　　　　　b. 金<u>比</u>银重<u>俫</u>_点,铁<u>比</u>银轻<u>俫</u>_点。 (《入门》1893:EXERCISE XIII)

例(11)a句"比地上各样个种还琐俫"的意思是"比地上的百种都小",表程度差比的"还"与表不定量的"俫"分别在形容词充当的比较参项前后,"还"往往带有把事情往重里说的意思,而"俫"则在形容词后表示稍微的意思,从表达来看,两者似乎有些矛盾,但它们却可同时与比较参项共现,这说明,"俫"的虚化程度高,所以不妨碍它与"还"共现。而这种"副词+比较参项+不定量词"结构在19世纪上海话中较少见到。从例(11)b句使用的语境来看,在三者对比中两两对比时都须用"俫"。

从分布来看, "Adj 俫"在温州话"比"字句中出现的频率更高,《温州话入门》(1893)、《马太福音》(1—7章,1892)、《马可福音》(1—5章,1902)这三本文献中共14例形容词做比较参项的"比"字句,全都使用了"Adj 俫"结构,没有一例是使用光杆形容词做比较参项的。可见,温州话"比"字句中"Adj 俫"在句法上的强制性应该要胜过上海话"Adj 点"。

不过,温州话"比"字句也可不用"俫"。如例(6)、例(12)。

(12)温州话:Dà-ź Hé-'ù pí ng 'aó-li-ge, nang-kò dù ź ng。但是许位<u>比</u>我后来个,能干大如我。_{但那在我以后来的,能力比我更大。}(马太3:11,1892)

从例（6）来看，当要强调比较参项后的程度补语时，如"好多"意思是"好得多"、"好很多"，例（12）比较参项则为动词短语"后来以后来"，这些句子不能用"俫"。

可见，虽然温州话"比"字句中"俫"虚化程度很高，也表现出一定的句法强制性，但它仍不能分析为比较参项的标记成分，因为它仍只出现在部分比较参项后。

从例（4）来看，金华话"些"也可用在形容词性的比较参项之后，表义较虚，可与副词"还"共现，不过，也只限于形容词比较参项。如，

（13）金华话：a. Kw'a' A tao mia-ka sia pi' A lôh-k'eo ky'i. 快我到面界先比我落去起。我正去的时候，就有别人比我先下去。（约翰5：7，1866）

b. Liang-geh nyin da-kwor liu tseo；keh-bia-geh ôh-sæn pi Pe-teh liu-teh kw'a, sia tao veng-hyiang. 两个人大快溜走，格别个学生比彼得溜得快，先到坟茔。两个人同跑，那门徒比彼得跑得还快，先到了坟墓。（同上20：4，1866）

例（13）a、b 句比较参项均为动词短语，也都不允许加"些"。

宁波话"比"字句的结构特征与上海话比较接近，形容词性比较参项后可带"点"，但20世纪初《宁波方言便览》（1910）中用"Adj 点"结构不及温州话那么频繁。如，

（14）宁波话：a. 其他女人个的气力比其他大。（《便览》1910：Lesson IV）

b. 塘头个这里的田稻比阿拉我们葛头那儿个的迟点。（同上：Lesson XXXII）

从该课本统计来看，使用光杆形容词充当比较参项的有14 例，而用"Adj 点"结构的只有5 例。看来20 世纪初的宁波话"比"字句中形容词性参项对"点"在句法上的强制性比温州话更弱，甚至比上海话更自由。

文献所见台州话"比"字句中形容词性比较参项在句法上一般不带不定量词。如例（3），不过，比较参项前的副词"还"、"更加"等使用

频率较高,《马太福音》共20例"比"字句中, 有13例使用了表程度的副词修饰比较参项, 而只有3例使用了光杆形容词做比较参项, 其他4例为动词性比较参项, 如此看来, 台州话形容词性比较参项也不常以光杆形式出现, 仍需用修饰性的成分, 如程度副词; 这种句法表现与苏州话文献中"比"字句结构表现基本一致。苏州话也多用程度副词修饰比较参项, 如例 (1) a、b句。

三　小结

"比"字句是19世纪吴语上海话、苏州话、温州话、金华话、台州话、宁波话等方言最基本的差比句, 各方言"比"字句词序一致, 对比较参项的句法要求也有一致性, 如光杆形容词充当比较参项少, 而使用由不定量词虚化而来的成分黏附在形容词比较参项之后, 或使用表程度的副词在形容词性比较参项之前起限定作用或连接作用 (刘丹青, 2003), 不过, 使用这些辅助性的句法成分的强制性应存在吴方言内部差异。其中温州话多使用"俫", 台州话、苏州话等多使用在前的程度副词, 宁波话、上海话等则"点"的句法强制性逐渐消弱, 逐渐少用, 在前的程度副词与比较参项共现率越来越高。

此外, 与"比"字句词序一样的差比句, 也有个别方言偶见用其他介词做标记的。主要有上海话"傍"或"傍仔"。如,

(15) 上海话:a. 鱼价傍_比前两日大仔点。(《集锦》1862:SECTION XXXV)

b. 木头傍仔_比前底头个价钱要大一大半拉。(同上:SECTION XXXIII)

自19世纪中叶以来的文献仅见到这两例, 不过, 这类"傍"字句可能是更早历史时期在吴语区使用的差比句, 而传教士准确地记录下了这种在当时已经进入消亡阶段的差比句。据徐越 (2001) 记载, 同属于苏沪嘉小片的浙江嘉善方言仍在用"傍"字差比句。例如, 小红傍小李漂亮 (小红比小李漂亮)。这让我们相信, 19世纪以前的松江府话即上海话应该也是使用过"傍"字差比句的, 不过, 它无法抵挡官话"比"字句的强大影响, 最后在19世纪中叶几乎完全被替代。

第二节 "于"字差比句

"于"字句词序为"比较主体—比较参项—于—比较基准",与"比"字句、"还是"句词序不同,属于"顺行结构"。这类差比句主要见于台州话、金华话、宁波话《圣经》译本中,从句法上来看,一般只限于由单音节形容词充当比较参项。如,

(16)台州话:a. Dæn-z ze ngô 'eo-deo le-keh Cü-ts, Ge-keh neng-kön <u>do-jü</u> ngô。但是在我后头来个主子,渠个能干<u>大于我</u>。_{但那在我以后来的,能力比我更大。}(马太 3:11,1880)

b. E-kying pang-m <u>hao-jü</u> Ngô, feh-k 'o tso Ngô meng-du; e-sih n-nô <u>hao-jü</u> Ngô, feh-k 'o tso Ngô meng-du. 爱敬父母<u>好于我</u>,弗可做我门徒,爱惜儿囡<u>好于我</u>,弗可做我门徒。_{爱父母过于爱我的,不配做我的门徒;爱儿女过于爱我的,不配做我的门徒。}(同上 10:37,1880)

(17)金华话:a. Jioh-z ih-geh nyin we-teh zi-geh beng-yiu ky 'i-diao zi-geh sin-min, mi-yiu æ-sih <u>dör-yü</u> keh-geh. 若是一个人为得自个朋友弃掉自个性命,未有爱惜<u>大于</u>格个。_{人为朋友舍命,人的爱心没有比这个大的。}(约翰 15:13,1866)

b. Keh ziu-teh' A sör kông-go, Yiu ih-geh nyin eo-yü' A li-go, pi' A wa tseng-kwe-seh, ing-teh sia-yü' A yiu-go. 格就得我所讲个,有一个人后于我来个,比我还珍贵些,因得<u>先于我</u>有个。_{这就是我曾说,有一位在我以后来,反成了在我以前的,因他本来在我以前。}(同上 1:30,1866)

(18)宁波话:a. Ng tsiang-læ wa-yiu <u>do-jü</u> keh-go z-ken we k 'en-kyin-gyi. 你将来还有<u>大于葛个事干会</u>看见其。_{你将要看见比这更大的事。}(约翰 1:50,1853)

b. Ziu-z, 'Eo-jü ngô læ wa tseng-jü ngô-go, lin ka Gyi a-ta ngô tu ky 'in-hao. 就是,<u>后于我来还重于我</u>个,连解其鞋带我都□好。_{就是那在我以后来的,我给他解鞋带也不配。}(同上 1:27,1853)

从文献来看,使用最多的单音节形容词为"大"、"多"等,其他形

容词则少用"于"字句，一般只用"比"字句。"于"字句在句法搭配上是极不自由的，也可以说，个别性质形容词做比较参项与"于"的组合，似乎可以看作词汇成分。但它又不像官话中"过于"一样，表程度或数量超过一定的限度，可用做某一句法成分，如可修饰双音节形容词、动词等，如，"错了就错了，不要过于责备对方"。而"大于"、"多于"中形容词仍用做比较参项，该结构表示的是一种语法范畴，所以仍不宜看作词汇化结构，仍是句法手段。不过，这种"于"字句主要分布在《圣经》译本中，虽然方言《圣经》译本为宣教而必须做到具有很强的口语性，但传教士和辅助他们翻译的当地读书人都通晓书面语，或多或少都会受到书面语的影响，而台州、金华、宁波等方言《圣经》译本中的"于"字句应该是模仿书面语而留下的。

第三节　"如"字差比句[①]

"如字句"是以"如"或"似"为比较标记的差比句，词序与"于"字句一样，比较主体和比较基准分别分布于比较参项左右侧。这种差比句主要见于温州话《圣经》译本中。如，

(19) 温州话：a. Dù-ź Hé-'ù pí ng 'aó-li-ge, nang-kò dù ź ng. 但是许位比我后来个，能干大如我。但那在我以后来的,能力比我更大。（马太 3：11，1892）

b. Djah yaó tu ź keh-? eh ź joa zai-oh toa-chung li-ge. 若有多如该倈是从罪恶当中来个。若再多说,就是出于那恶者。（同上 5：37，1892）

c. Djah-ż ta-mang ts 'ing ź shung-dí-ge üe, yaó ga-nyie höé-ź bieh-nang ne? 若是单问请自兄弟个安，有何乜好如别人呢？你们若单请你弟兄的安,比人有什么长处呢？（同上 5：47，1892）

d. Nyí-dà-ko-ge kung-ń, djah fú kù-ż duh-shï-

① 承蒙游汝杰先生告知，温州话"如、似、是"为同音字，所以该类差比句也可能是"似"或"是"字差比句，本书拟记作"如"字句。

nang, tà Foh-lì-sè nang-ge kung-ń, nyí-dà-ko tò-tò fú nang-kaò tsaó-tsàng t'ie-kwaih. 你大家个公义，若弗过如读书人，搭法利赛人个公义，你大家断断弗能够走进天国。你们的义若不胜于文士和法利赛人的义,断不能进天国。（同上5：20，1892）

从例（19）a 句来看，"能干大如我比我大"，"能干"为属性主体，比较主体应为"许位"，承上文省略，"我"为比较基准。从句法搭配来看，"如"字句一般只限于单音节性质形容词或动词充当比较参项的句子，如 a—c 句为形容词做比较参项，d 句为动词做比较参项，尽管在句法组合上似乎受到比较参项音节形式限制，但它在早期温州话《圣经》译本中出现的频率并不低。以《马太福音》（1—7 节）为例，差比句共 7 例，其中"如"字句 4 例，而"比"字句 3 例，前者使用频率超过后者，可见与台州、金华、宁波等方言"于"字句不同的是，"如"字句应仍是 19 世纪温州话中一种较为常用的差比句，尽管"比"字句也已经盛行开了。

古代汉语中"于"字差比句、"如/似"字差比句、"比"字差比句等出现在不同时期，按照太田辰夫（1958）、贝罗贝（1989）的研究，"于"字句是从古代一直盛行到唐代、宋元时期，随着"于"字差比句使用的萎缩，以前用于表平比的"如/似"字句则发展为差比句，特别是元代"如/似"字句在句法上也更加自由，可以在比较基准之后带上表数量的补语。如，

今年衰似去年些。（刘克庄词）

试着春衫羞自看，窄似年时一半。（赵长卿词）

此外，一些进入"如/似字句"的形容词或动词演变出新的意义，表示"比……好"的意思。如，

说家法过如司马。（错立身）

这一所强如那一茅庐。（博望烧屯，元刊杂剧三十种）

"比"字句也发展成为宋元时期最常用的差比式，这种差比句的比较参项可以是动词短语、形容词或形容词短语等，表达功能更强，明以后，

它的使用频率开始超过"于"字句和"如/似字句",清以后,则基本上取代了古汉语差比句。

从19世纪吴方言中"于"字句、"如/似字句"、"比"字句的使用现状来看,"比"字句已是各方言最基本的差比句式,"于"字句应是一种借自书面语的差比句,使用极其有限,"如/似"字句在一百多年前温州话中仍较常见,不过,它在句法上远不如"比"字句自由,它一般仅限于最典型的"比较主体—比较参项—如—比较基准"结构,比较基准之后不能带数量补语,也不能用形容词短语或动词短语充当比较参项等。

与官话古今差比句类型经历了兴衰更替一样,吴语一百多年来也经历了差比句类型的演变。"比"字句句法结构进行了调整,如用不定量词虚化而来的形容词性比较参项标记成分脱落,而以副词修饰比较参项的结构增加;"于"字句在一百多年前只是借自书面语形式的结构,如同古汉语中"形容词+过"仍用于今书面语中一样,温州话虽然在一百多年前保留了宋元时期古差比句结构"如/似"字句,但它也只是一种劣势差比句,今已被"比"字句取代。

第四节　"还是"差比句

"还是"差比句的词序为"比较基准—还是—比较主体—比较参项",与"比"字句在词序上相同的是,比较项都在比较参项的左侧,不同的是,比较主体与比较基准的位置正好相反,比较主体与比较参项相邻,而比较基准则前置于句首。在古今汉语差比句类型中,这种结构十分特别。而这类差比句在文献中仅见于宁波话和上海话,上海话"还是"差比句只见于上海话课本《中日会话集》(1936),其他文献中皆未见用,今上海话不用。而宁波话不仅见于一百多年前文献,今宁波话仍广泛使用"还是"差比句。所以本书拟以宁波话"还是"差比句为整理和调查对象,展开相关讨论。

戴昭铭(1999)指出,天台话中差比句"是"字句及其语序类型特征在现代汉语方言中显得十分特别。如,"小王是小李长",句中"小李"是比较主体,而"小王"是比较基准,由形容词"长"所表示的比较结果在语义上指向"小李",所以该句的意思是"小李比小王长"。这种

"是"字比较句在词序类型上与普通话具有明显差异。对于它的类型特征，赵金铭（2002）从比较结果的语义指向角度，指出它与藏缅语族语言差比句的相似性，认为"是"很可能类似于汉藏语系一些亲属语言中表示比较的格标记。对此李蓝（2003）持不同看法，他利用庆元、武义等吴语语料以及绩溪、休宁等徽语语料，认为天台话中"是"字差比句中"是"并非是一个真正的比较标记，而是一个连接两个比较项的连接词，这种结构是由分句式泛比句或完整的差比句删并而来的，它是汉语差比句在特定方言区的新发展，不是前上古汉语时期比较格标记的遗存。若如此，那么这类差比句又兴起于何时呢？它在今吴方言中的使用是否可如"比"字句一样自由呢？它在句法上到底具有什么特征呢？至今仍未有学者对此有过详细描述。下面拟以宁波话"还是"差比句为例，做初步讨论。调查合作人有：郑幸，女，31 岁，宁波市江东区人；盛询珣，女，23 岁，浙江省富阳市新登镇人；陈健，男，23 岁，象山县西周镇陈隘村人。

一　文献所见"还是"差比句

19 世纪至 20 世纪初叶传教士编写宁波话课本如《宁波土话初学》（1868）、《宁波方言便览》（1910）中可见到"还是"差比句。如，

（20）Peh-ko wa-z gyi hao。别家还是其好_{他比别人好。}（《初学》1868：24）

（21）昨日还是吉密_{今天}热。（《便览》1910：9）

例（20）"别家"为比较基准，而第三身代词"其"为比较主体，比较参项"好"指向"其"。例（21）比较主体不是"昨日"，而是"吉密_{今天}"，"昨日"为比较基准，比较参项"热"离比较主体更近，语义指向与之相邻的比较主体。从结构上来看，这种"还是"类差比句与天台话"是"类差比句表现一致，仅比较标记（暂称为比较标记）上稍有不同，宁波话用"还是"，天台话只用"是"。

从宁波话文献来看，"还是"类差比句应早在一个多世纪前就存在于宁波方言中，虽然在文献中它的使用远不及"比"字句常见。以《宁波方言便览》（1910）为例，该书共计 282 页，总字数近十万字（只记汉

字，不包括罗马字和英语），书中"比"字差比句多达28处，而"还是"差比句只有3处，可见，一百多年前，宁波话中"比"字句的使用胜过"还是"差比句。不过，这种差比句仍然活跃于今宁波话，和用来表差比关系的"比"字句一样常用，甚至有时候更自然、更地道，尽管在某些句法语义条件下，"比"字句已经开始胜出。下面具体描写宁波市区话中"还是"差比句。

二　"还是"差比句的句法特征

宁波市区话中"还是"差比句与"比"字句一样常用，不过，"还是"构成的差比句词序不同于"比"字句，结构为"比较基准—还是—比较主体—比较参项"。实际使用中，这种差比句比分句式泛比句更常用，与"比"字差比句一样常用。如，

(22) a. 昨日还是吉密热 _{今天比昨天热}。
　　　b. 搭昨日比，还是吉密热 _{和昨天比，还是今天热}。
　　　c. 吉密比昨日热 _{今天比昨天热}。

例（22）b句中，有两个语义的焦点，分别是"昨日"和"热"，若要突出比较基准时，才用b句，否则一般用a句或c句表差比，而例（22）a、c句表义完全一致，在日常交际中都很常用。

从韵律上来看，"还是"类差比句中句首的比较基准后允许停顿，构成"比较基准，还是—比较主体—比较参项"，如例（23）a句，但"还是"后不能停顿，如b句，也不允许移位。如c句。

(23) a. 昨日，还是吉密热。
　　　b. *① 昨日还是，吉密热。
　　　c. *还是吉密热昨日。

从句法上来看，作为句首的比较基准若无语境可推知的话，不能省略。只有当比较基准为说话人，则以省略为常。如，

---

①　*："不成立"的意思。下同。

　　（24）a.（我）<u>还是</u>其怕老子。_{他比我更怕老鼠。}

　　　　　b. 打球（我）<u>还是</u>其好勒多_{他打球比我好得多。}

　　例（24）中比较基准为第一人称"我"，在话语中可推知且无须强调比较客体，所以常以省略基准为最自然的表述，其他情况下一般不能省略，即要求比较项都出现。这种句法表现与现代汉语普通话中引进所选择项的"还是"应该是不同的。如，

　　（25）a. 我看<u>还是</u>去颐和园吧，十三陵太远。

　　　　　b. <u>还是</u>你来吧，我在家等你。

　　　　　c. <u>还是</u>用前一种方案的好。（吕叔湘，1999：255）

　　吕先生（1999）指出："还是"为副词，表示经过比较、考虑，有所选择，常用在动词或主语前，如例（25）a、b 句，或者构成"还是+动/小句+好"结构，表示经过比较，这样较为可取。从表义来看，例（25）中"还是"虽然引出所选择项或可取项，但并不构成两个对象的比较，也没有形成特定的比较结构，它只是作为副词修饰动词或小句，而宁波话"还是"后虽也为引进的比较项，但它同时也要求另一比较项与之共现，且构成一种特定的结构，它成为表示特定语义关系范畴的句法结构，是专门用来表示两个对象在某个属性上的程度差异。

　　宁波话"还是"差比句还可在"还是"前添加各类副词进行修饰。如，

　　（26）a. 昨日当然/肯定/是<u>还是</u>吉密热。

　　　　　b. 我看书也<u>还是</u>其多。_{他看书也比我多。}

　　　　　c. 没钞票总<u>还是</u>有钞票好。_{有钱总比没钱好。}

　　例（26）a 句表肯定的副词"当然"、"肯定"、"是"等都可用在"还是"前，b 句表类同义副词"也"也可用在"还是"前，c 句表强调副词"总"可用在"还是"前，这些副词在句中都得重读。

　　不过，它不能受否定副词"弗_不"或"呒_没"修饰。如，

（27）＊昨日弗_不/吰_没<u>还是</u>吉密热。<small>今天不比/没比昨天热。</small>

也可以说，宁波话"还是"类差比句没有否定形式，若要表达否定的比较，只能用"A 弗_不比 B……"或"A 吰_没B……"结构表达。如，

（28）a. 吉密弗_不比昨日热。<small>今天不比昨天热。</small>

　　　b. 吉密吰_没昨日热。<small>今天没有昨天热。</small>

"还是"差比句不仅可构成表差比关系的主句，也可出现在部分从句中。如，

（29）a. 其觉得老师<u>还是</u>自家好。<small>他以为自己比老师好。</small>

　　　b. 小王晓得小钱<u>还是</u>小张欢喜小芳。<small>小王很明白小张比小钱爱小芳。</small>

　　　c. 我读书<u>还是</u>其好是真个。<small>他学习比我好是事实。</small>

例（29）a、b 句中"还是"差比句皆充当宾语从句，而 c 句则用做主语从句，不过，当嵌入的句法层次更深或句子结构复杂时，"还是"句使用的自然度降低，而倾向于使用"比"字句。如，

（30）a. ＊你看见昨日来个我<u>还是</u>其高点个女孩勒？<small>你看见昨天来的那个</small>
<small>比我高点的女孩了吗？</small>

　　　b. 你看见昨日来个比我高点个女孩勒？

"还是"比较句一般也只能构成差比句，而不能用来表异比、等比、极比和疑比等关系。如，

（31）a. ＊我个意思<u>还是</u>其个弗一样。<small>他的意思和我的不一样。</small>

　　　b. ＊我个意思<u>还是</u>其个一样。<small>他的意思和我的一样。</small>

　　　c. ＊啥人<u>还是</u>其好。<small>他比谁都善良。</small>

　　　d. ＊其英语<u>还是</u>你学勒咋话？<small>你英语学得比他怎么样？</small>

例（31）a 句为表异比关系，b 句为等比，都不能用"还是"，只能

用介词"搭和"构成比较句，而 c 句尽管有比较基准，但它为表泛指的疑问代词，整个句子表达的是极比义，也不能用"还是"表比较，只能用"比"字句；d 句比较参项为疑问词，也不能用"还是"构成比较句。

当比较项为同形的数量结构，整个结构表示同一事物在延续的前后不同时间的比较时，也不能用"还是"表达比较关系。如，

> （32）a. ＊其一日还是一日瘦。
>
> 　　　a' 其一天比一天瘦。_{他一天比一天瘦。}
>
> 　　　b. ＊屋里一年还是一年好。
>
> 　　　b' 屋里一年比一年好。_{家里一年比一年好。}

例（32）a、b 句中"还是"比较句是不能成立的，而只能用"比"字句，如 a'、b' 句。

可见，宁波话"还是"差比句在句法上虽然比较自由，但仍不如"比"字句使用得广泛，它一般只限于差比句，而其他比较关系都不能用"还是"句来表达。

三 "还是"差比句的结构类型

尽管"还是"差比句的使用受到句子长度或嵌入程度等影响，但它仍是宁波话中较常用的差比结构。下面我们按照比较对象、比较参项等的不同加以描写。

（一）比较主体、比较基准为名词或名词性短语

汉语差比句结构中属性主体和比较主体往往可以分离（刘丹青，2003），宁波话中也如此，属性主体可以紧邻比较参项，也可紧跟比较基准，或者可前置于句首。如，

> （33）a. 旧年还是今年个收成好。_{今年比旧年收成好。}
>
> 　　　b. 旧年生意还是今年好。_{今年生意比旧年好。}
>
> 　　　c. 思想品德小张还是小李好交关。_{思想品德小李要比小张好交关。}

例（33）a、b 句中比较主体和比较基准分别是今年和旧年，a 句属性主体"收成"，紧邻比较参项，b 句为"生意"，紧邻比较基准，c 句则

居于句首，不过，它总是在比较参项的左侧，而且与比较参项构成直接的句法关系，即主谓关系，但它与比较主体、比较基准的相对灵活的位置关系，应说明：比较主体、比较基准在宁波话差比句中与比较参项并非论元和核心的关系，句法语义关系松散，是话题成分。

名词或名词性短语可充当比较主体和比较基准，一般不受长度影响，较简短的代词形式也可以，音节形式较长的重成分也可以。如，

（34）做生活我还是其勤力，吃饭其还是我多。_{干活他比我勤快，吃饭我比他多。}

（35）宁波中学个短跑冠军还是小王快点。_{小王比宁波中学个短跑冠军快一些。}

例（34）比较基准和比较主体均为三身代词，音节形式简短，而例（35）比较基准为较重的成分，使用"还是"差比句也很自然。

当表示全量义的名词性短语充当比较基准时，也可以使用"还是"构成差比句。如，

（36）所有人做生活还是小王好。_{小王干活比所有人都好。}

以上可见，宁波话"还是"差比句的比较主体和比较基准若为名词性短语，句法上仍是较自由的，不受音节长度或语义类别的限制。

（二）比较主体、比较基准为动词性短语

"还是"类差比句中比较主体和比较基准也可由动词性短语充当。如，

（37）a. 呒书读总还是有书读好。_{有书读总比没书读好。}

　　　 b. 中国生女还是生儿子更加快活。_{中国生男比生女更加快活。}

　　　 c. 其吃面包还是吃饭多。_{他吃米饭比吃面包多。}

（38）立勒吃还是坐勒吃好。_{坐着吃比站着吃好。}

（39）日勒做生活还是夜到做生活着力。_{晚上做事情比白天做事情要累。}

（40）你出去做生活还是我出去做生活好。_{我出去干活比你出去干活好。}

例（37）a、b、c 句中比较基准和比较主体均为述宾短语，例（38）、例（39）则为状中式动词短语，例（40）主谓短语充当比较项，

可见不同结构类型的动词性短语都可进入"还是"差比结构，对动词性短语的音节形式也没有特别要求，可长可短。

（三）比较参项为动词性短语

"还是"差比句中比较参项常由形容词或形容词短语构成，如例（37）中 a 句"好"、b 句"更加快活"等，兹不展开。此外，各类动词性短语也常充当比较参项，在句中做谓语，如状中式动词短语、各类述补结构等。

1. 状中式动词性短语

状中式动词性短语可以是状语修饰光杆动词，也可以是状语修饰述宾结构。如，

（41）外国字<u>还是</u>中国字难写。中国字比外国字难写。

（42）我<u>还是</u>其更加怕老子。他比我更怕老鼠。

（43）大人<u>还是</u>小人更加弗欢喜吃菜。小孩子比成年人更不喜欢吃菜。

2. 比较参项为述补结构

充当比较参项的述补结构可以是动词带程度补语、可能补语、数量补语、状态补语等。如，

（44）a. 葛件衣裳<u>还是</u>葛件衣裳卖勒贵。这件衣服比那件衣服卖得贵。

　　　b. 别人做事<u>还是</u>其看勒远。他做事比别人看得远。

　　　c. 其<u>还是</u>我走路走勒多。我比他走路走得多。

（45）a. 拉北方，番薯<u>还是</u>苹果卖勒出。在北方苹果比番薯更好卖。

　　　b. 洗衣粉<u>还是</u>肥皂泽勒清爽。肥皂比洗衣粉洗得干净。

（46）其拉姆妈<u>还是</u>其生勒好看。她比她妈妈长得好看。

（47）a. 我<u>还是</u>其晚进校三年。他比我晚进校三年。

　　　b. 其<u>还是</u>我高一只头。我比他高一个头。

　　　c. 我<u>还是</u>其大五岁。他比我大五岁。

　　　d. *从上海到宁波去<u>还是</u>到广州去要远千把公里。从上海到广州比到宁波要远近千公里。

以上例句来看，"还是"构成差比结构在述补结构比较参项句中，句

法上比较自由，如例（44）各句谓语为述语带程度补语，表示达到某个
更高的程度，例（45）为可能补语，表示更能够实现某种结果，而例
（46）"生勒好看"则表示某种状态，例（47）当述语若带数量补语也较
自由，不仅动词可带数量补语，如 a 句，形容词也可带数量补语，如 b、
c 句，不过，当比较项为介词短语如 d 句，被调查人感觉一般不用"还
是"，只用"比"字句，这大概与这些句子不常使用直接有关，据被调查
人语感，越是成分简单的句子或常用在口语中的表述，使用"还是"差
比句也越自然，而类似 d 句的表述较复杂，即使是用"比"字句也显得
较文雅。不过，文雅或书面语体较强并不一定完全排斥"还是"差比
句。如，

（48）a. 江西省个 GDP <u>还是</u>上海要增长勒快。_{上海GDP比江西省要增长得快。}
　　　b. 日本个国力<u>还是</u>中国个强盛。_{中国国力比日本还要强盛。}

　　例（48）a、b 句中谓语或整句所表述的内容都偏向书面语体，也皆
可以使用"还是"表差比，相对来说，例（47）d 句应该是句子长度直
接影响到自然度的降低。

　　从以上描写可见，宁波话"还是"可用来构成各类差比句，表示两
事物或对象在属性、程度、数量或状态等方面的差异关系。

四　"还是"差比句的来源补议

　　李蓝（2003）指出，天台、武义、庆元、兰溪、东阳、遂昌等方言
中"比较基准 + 是/还是/还 + 比较主体 + 比较参项"类差比句是由两个
分句构成的泛比句删并而成。在分句式泛比句格式比如"和……比起来，
还是……"中经历了"和""比起来"的删除，从而实现分句合并。对此
推测，我们的调查也进一步加以证实。

　　据我们初步调查，除宁波话以外，象山话、富阳话、绍兴话、慈溪
话、东阳话、义乌话、缙云话等方言都在使用"还是"差比句，在各方
言中使用情况与宁波话基本一致，同时，这些方言中也都使用分句式泛比
句，根据各调查合作人的语感，尽管分句式泛比句仍具有突出比较基准的
语用色彩，但并不明显，也多可删并成"还是"差比句来说。如，

（49）宁波话：a.（搭）我（比），<u>还是</u>你勤力多嘞。_{比起我来，还是你辛勤得多。}

　　　　　　　b.（搭）江西个经济（比），<u>还是</u>上海个发展快勒多。和江西个经济比，上海个经济发展快得多。

（50）象山话：a.（同）我（比），<u>还是</u>你用功勒多。

　　　　　　　b.（同）江西个经济（比），<u>还是</u>上海个经济发展要快勒多。

（51）富阳话：a.（搭）俉（比起来），<u>还是</u>你勤力勒多。

　　　　　　　b.（搭）江西个经济（比起来），<u>还是</u>上海个发展快勒多。

　　据象山话调查合作人反映，"同……比，还是……"式比较句式是一种比"还是"差比句更常用的结构，不能用"还是"来实现的差比关系往往是用"同……比，还是……"结构表达。如，

（52）a. ＊你<u>还是</u>其少吃一碗饭。

　　　b. 同你比，<u>还是</u>其少吃一碗饭。

（53）a. ＊啥人<u>还是</u>其都善良。_{他比谁都善良。}

　　　b. 同别人比，<u>还是</u>其善良。_{和别人比，还是他善良。}

　　由例（52）、例（53）可见，象山话中"同……比，还是……"结构的泛比句与古今官话中分句式泛比句一样，十分活跃，这种结构既可以用在需要突出比较对象时，则比较对象即"同"引介的宾语重读，如例（52）b 句；若无此语用要求，则无须重读，如例（53）b 句；比较基准泛指任何人，并非具体所指，也不需要重读。正如此，象山话分句式泛比句的使用十分常见。当这种结构的特殊语用要求淡化之后，为区别有特殊语用色彩的完整的比较结构，省略删并就成为可能了，删并之后剩下的比较对象或 NP，与其后表示比较关系的"还是"分句整合为一体，这样，具有两比较项且用来表达它们在某个属性上的差异的结构就形成了。

　　这样看来，"还是"差比句应是吴语中形成的一种新句式，而它的地域分布也可以进一步说明，它是一种后起的句式，而不是吴语中一种古老的差比句结构。使用"还是"差比句的方言主要限于浙江中东部区域，而最南端的瓯江地区无论是一百多年前的文献还是今方言中都不使用，而

瓯江片吴语往往是学界认为保留吴语古老特征最多的方言，一百多年前的温州话文献中差比句类型也印证了这点。如例（19）温州话中"大如我_{比我大}"，这类差比句常用于温州话《圣经》土白译本中。它是宋元时期较常用的差比句，从一百多年前西方传教士编写的吴语苏州、上海、宁波、台州、金华、温州等方言文献来看，只有温州话保留了这种差比句，也可以说，浙江南部瓯江片吴语差比句应是更早的类型。不过，同时期文献中温州话未见"还是"差比句。

综上所述，我们也相信今吴语宁波等方言中"还是"差比句应该是分句式泛比句发展而来，经过删略"搭/同……比"，保留比较基准，并与"还是"引进的所选择项合并，经重新分析之后，成为一种专门用来表两对象在某个属性方面差异的结构，它是浙江地区吴语中的一种新兴的差比结构，尽管随着近代以来官话特别是普通话的影响，"比"字句的使用正在各方言中胜出。

五 小结

宁波话"还是"差比句应于一百多年前就开始使用了，今宁波话中它仍是较常用的差比句，可较自由地表达两事物或对象在某个属性或程度、数量或状态等的差异，这种差比句极可能是分句式泛比句删并整合形成的，它是浙江地区吴语中的一种后起的差比句，类似宁波话"还是"差比句的结构主要分布于浙江中东部地区，而南部瓯江地区未见，其分布区域也再次说明它是该区域内方言比较句式自身发展的结果。

第五节 无标记差比句

这类差比句中比较主体和比较基准一般同形，它带有特定的构式义：即表示同一事物在延续的前后不同时间或其他方面的比较，比较两项往往由数量结构充当。如，

（54）上海话：<u>一日好一日</u>。_{一天比一天好。}（《松江话》1883：LEÇON XVIII）

（55）宁波话：以后葛_这个道理<u>一日兴旺一日</u>。（《便览》1910：

Section XXVIII）

（56）温州话：许_那个山里殿底转个_的屋宕，<u>一层高一层</u>。（《入门》1893：161）

例（54）、例（55）上海话和宁波话表示某个属性主体随着时间的推移越来越好，而例（56）温州话则是对"屋宕"高度进行比较。这类无标记的差比句也仍活跃于吴语各方言中。如，

（57）上海话：小毛头<u>一日大一日</u>。_{婴儿一天比一天大。}（钱乃荣《上海话 900 句》，2004）

据冯春田（2000：661）研究，这类差比句大约形成于宋代。如，

况限田之法虽举于今，明年便淡似今年，后年又淡似明年，<u>一年淡一年</u>，便寝矣。（《朱子语类》第 2530 页）（转引自冯春田 2000：661）

不过，今宁波话等吴方言中已经不能使用这种无标记差比句了，只能代之以"比"字句。如，

（58）宁波话：a. *其一日瘦一日。　　a' 其一天比一天瘦。
　　　　　　　b. *屋里一年好一年。　b' 屋里一年比一年好。
（59）富阳话：a. *伊一日瘦一日。　　a' 伊一日比一日瘦。
　　　　　　　b. *家里一年好一年。　b' 家里一年比一年好。
（60）象山话：a. *其一日瘦一日。　　a' 其一天比一天瘦。
　　　　　　　b. *屋里一年好一年。　b' 屋里一年比一年好。

例（58）至例（60）可见，浙江中部和东部地区吴方言中表某一事物或对象在前后相继的时间上所发生的变化只能用"比"字句了，而不能使用无标记的差比句了。

不过，"比较主体—比较参项—比较基准—数量补语"结构的无标记差比句分布仍广，且句法上也不限于"比较基准"为音节形式简短的代词。如，

　　　(61) 上海话：a. 我小侬_你四个号头。（钱乃荣《上海话 900 句》，2004）

　　　　　　　　b. 伊_他高阿哥一只头。

　　　　　　　　c. 伊_他个_的鞋子小我一号。

　　　　　　　　d. 伊_他大我五岁。

　　　(62) 宁波话：a. 其_他高我一只头。

　　　　　　　　b. 我还高其_他阿哥一只头。

　　　　　　　　c. 其_他大我五岁。

　　　　　　　　d. 我个_的鞋小你一号。

　　　(63) 富阳话：a. 倌_你个_的鞋子小你一号。

　　　　　　　　b. 进学校，伊_他迟倌三年。

　　　　　　　　c. 倌_你还是伊_他大五岁。

　　　　　　　　d. 倌_你还高伊_他阿哥一个头。

第六节　结语

　　从 19 世纪中叶以来的吴语文献来看，一百多年前吴语差比句的类型较今吴语更为丰富，有"比"字句、"于"字句、"如"字句、"还是"字句以及无标记类；不过，不同类型在吴语文献及今吴语中的分布和使用并不平衡。"比"字句是最基本的结构，无论是 19 世纪还是今吴语中，它都是优势差比句。同时，"比"字句在句法结构上也表现出更多的特征。

　　在浙江地区兴起的"还是"差比句，一百多年前虽然只见于宁波话和上海话文献，且上海话文献，只有《中日会话集》（1936：第 81 课）中提到"乙还是甲……"与"甲比（之）乙……"皆表差比。如，

　　　(64) a. 用水汀<u>还是</u>用电气便当。_{用电气比用水汀方便。}

　　　　　b. 烧炭<u>还是</u>烧煤省得多。_{烧煤比烧炭省得多。}

　　　　　c. 走水路<u>还是</u>走旱路爽气。_{走旱路比走水路爽快。}

　　　　　d. 坐车子<u>还是</u>坐轿子舒服。_{坐轿子比坐车子舒服。}

　　全书只有这四句是用"还是"构成的差比句，其他皆用"比（之）"差比句。其他近 40 本上海话文献中都未发现"还是"差比句。我们猜测，作者丁卓收录的是宁波籍上海人的上海话用语。因为 19 世纪下半叶至 20 世纪上半叶，宁波移民大量进入上海，这对上海话的形成产生了重要的影响。而丁卓所记录的上海话"还是"差比句很可能是借自宁波话的，不过，这种方言接触并未如人称代词"阿拉"那样被广泛接受，所以它没有被保存下来。至于未扩散的原因，从语言系统内部来看，可能与上海话固有差比句"比"字句的强势抵挡相关，至于其外部原因，应该更为复杂，在此不做推测。

　　"还是"差比句在今浙江吴语中分布广泛，虽然句法自由度仍比不上"比"字句，但它仍是一种常见的差比句式。

　　至于"于"字差比句和"如"字差比句，在今吴语中已经消亡。

　　各类差比句的兴衰反映了自 19 世纪中叶以来吴语差比句对词序的选择倾向。"比"字句词序为"基准—比较结果（形容词）"，而"还是"差比句既使用"基准—比较结果"，也使用"基准—比较标记"的词序，更符合德赖尔（Dryer, 1992）所得出的"OV& 基准—比较标记""OV& 基准—形容词"的普遍性，因此，若从吴语差比句的词序类型和世界语言的普遍性来看，可以说，吴语普遍使用"比"字差比句可能与其 OV 语序倾向或发展不无关系，而浙江地区"还是"差比句的发展则更显明了这种倾向性，也反映了浙江地区特别是浙东地区的吴语可能具有更强的 OV 发展倾向。

　　也正是这种 OV 倾向，使得"于"字差比句、"如"字差比句以及无标记类的特殊差比句逐渐消退，尽管它们消退的速度不尽相同。前两者在一百多年中已消退，而无标记类的领域也正在被"比"字差比句侵占，如宁波话、富阳话等浙江中部和东部地区吴方言中表某一事物或对象在前后相继的时间上所发生的变化只能用"比"字句，不能使用无标记形式了。

　　总之，一百多年前吴语差比句的类型的演变，应该是吴语语序类型演变的反映，尽管这种演变比较微小，但仍足以让我们清晰地看到吴语句法的特征及其发展趋势。

第九章

结　语

　　历时类型学重视语言结构模式演变进程中的稳定性、变异性和关联性，揭示语言演变过程中的制约因素等。从近代西儒吴语文献来看，19世纪中叶以来吴语句法结构既具有很强的稳定性，即基本结构类型的稳定，同时我们仍依稀可见其演变的痕迹，即在基本格局的支配下相关句法结构处于变异和调整中，而这种变异往往受到基本结构类型的制约或引导，因此在演变或调整中可以看到该过程中句法结构间的关联性。

　　话题是汉语语法研究中的重要课题。自赵元任（Chao，1868）提出以话题—说明代替主语—谓语分析汉语句子结构的观点之后，李讷和汤普森（Li & Thompson，1976）明确提出话题为具有语言类型学意义的重要参数，此后就汉语话题的结构和功能（Tsao，1977，1987；徐烈炯、刘丹青，1998）、汉语话题的性质（Shi，2000；石毓智，2001；徐杰，2003）、汉语话题句法化的历时进程及成因（程丽霞，2006）、汉语话题的显赫性和扩展力（刘丹青，2012）、生成汉语话题句的神经机制（杨亦鸣、刘涛，2013）等不同角度进行了深入研究，因此汉语话题研究的成果已经十分丰富。这些成果侧重于共时的汉语话题及其扩展力的研究，而对汉语话题的历时研究仍较薄弱，虽也涉及汉语话题句法化的历时考察，但对于汉语话题特征在汉语句法系统中的作用仍缺乏历时关照，这不符合话题优先为汉语句法结构的类型特征的要求。因为当代语言类型学注重句法结构之间的蕴涵关系，而共时的类型共性对语言的普遍限制在语言演变中同样起作用。

　　下面我们将着眼于基本结构类型及其稳定性、相关句法结构的变异性及变异的方向等进行讨论。

第一节　一百多年前吴语小句语序的话题优先特征

　　一百多年前的吴语上海话、宁波话、温州话等方言课本中，更普遍可见的是由受事充当话题的句型，构成"NP$_{受事}$（话题）＋VP（说明）"的句子。这种句子的分布不受句类的限制，见于陈述句（肯定、否定）、疑问句、祈使句等，从语境来看，使用受事话题句不仅是最合适的表达，有时也是唯一合法的表达形式。第二章第一节通过上海土白与官话对比可以看到上海话受事前置句比同时期的官话更为发达，而这些受事前置句大多为话题句，因此一百多年前上海话是比同时期官话话题优先更典型的汉语方言；第二章第二节描写了宁波话各类前置的 NP 句，这些 NP 前置的受事句大多为话题句。因此，从受事前置句的分布及高频使用可以看出吴语在一百多年前就属于话题优先典型的汉语方言。下面我们再按照句类讨论早期吴语受事话题句的分布及话题化特征，并讨论吴语内部话题化程度的差异。

一　陈述句中的受事话题结构

　　陈述句可分为肯定和否定两大类，受事话题结构在这两类陈述句中皆有较高分布。

　　（一）肯定陈述句中的受事话题结构

　　宁波话、温州话、上海话和台州话等方言课本或《圣经》土白译本中，受事话题结构皆很常见。如，

　　　　（1）宁波话：a. 葛_这个道理我前头听过兑。（《便览》1910：Section XXIII）

　　　　　　　　　　b. 一_这百部书都印好兑。（同上）

　　　　　　　　　　c. 衣裳澀_洗好兑。（同上）

　　　　　　　　　　d. 律法皇帝已经定当兑。（同上）

　　　　　　　　　　e. 葛_这档生意铜钱可以稳赚。　（同上：Section XVI）

　　　　（2）温州话：a. 火烛烧起。（《入门》1893：EXERCISE VIII）

b. 该_这個碗里个_的水倒是_在镬里。(同上)

c. 渠_他衣裳脱爻_掉翻是搭_{躺这里}里。(同上:EXERCISE XI)

d. Dà-ż nyí töé-köè-ge z-ʻaò, iang-ke tsaó-tsàng ż-ge nai-ka-de kʻì, mang kwa-da-chüè, ziuh töè-köè nyí zé ò-chung-ge Vû. 但是你祷告个时候,应该走进自个内间里去,门关搭住,就祷告你在暗中个父。_{你祷告的时候,要进你的内屋,关上门,祷告你在暗中的父。}(马太6:6,1892)

(3)上海话:a. 侬_你看,第_这个窗帘侬_你弄坏者。

b. 若然第_这件案子能够破脱_掉末,我要大大里_地赏赐俉_{你们}。(《课本》1923:LESSON No. 21)

(4)台州话:a. Tseo-ku cü-ts deo yiao-yiao, tsao-siao Ge, z-t ʻih kông. 走过主子头摇摇,嘲笑渠,是替讲。_{从那里经过的人讥诮他,摇着头,说。}(马太27:39,1880)

b. Yia-su siu long-c ʻih-le, môh-môh. 耶稣手拢出来,摸摸。_{耶稣伸手摸他。}(同上8:3,1880)

c. Ma Yia-su keh Yiu-da, môngdjôh Ge ze ding-gao, ziu ao-hwe. 卖耶稣个犹大,望着渠罪定告,就懊悔。_{卖耶稣的犹大看见耶稣已经定了罪,就后悔。}(同上27:3,1880)

d. Yiu-da nying-ts tön ze sing-din-li. 犹大银子□在圣殿里。_{犹大就把那银钱丢在殿里。}(同上27:5,1880)

e. Sing-s ts ʻông hao, ge-he tseo-c ʻih tao Kæh-læn sæn k ʻe. 圣诗唱好,渠许走出到橄榄山去。_{他们唱了诗,就出来往橄榄山去。}(同上26:30,1880)

f. Ko-ts kw ʻa joh z-ʻeo, ts ʻa ge-keh nu-boh tao cong-din-nying su-ze le siu yün-li-keh ko-ts. 果子快收时候,差渠个奴仆到种田人所在来收园里个果子。_{收果子的时候近了,就打发仆人到园户那里去收果子。}(同上21:34,1880)

g. YIA-SU shih-wa kông-hao, keh do-pæn nying tu hyi-gyi Ge-keh kao-hyüing. 耶稣说话讲好,格大班人都稀奇渠个教训。_{耶稣讲完了这些话,众人都稀奇他的教训。}(同上7:28,1880)

h. Ge lih-k ʻeh môngt ʻon-gao, keng Ge k ʻe. 渠立刻网□告,跟渠去。_{他们就立刻舍了网,跟从了他。}(同上4:20,1880)

例 (1) 至例 (4) 可见,一百多年前吴语宁波话、温州话等方言中,不管是指量名结构的 NP,还是光杆名词,不管是普通名词还是指人名词,都前置于述语,表确指对象,或表类指,皆属于已知信息,符合话题的特征,为受事论元充当话题,从述语的句法特征来看,这些肯定陈述句大都为述补结构。

从吴语内部来看,宁波话、台州话中受事话题结构比上海话、温州话使用更常见,特征也更显著。第一,我们通过同内容的《圣经》土白译本的对比来看,如例 (4) 台州话 a—h 句,皆采用受事前置的话题结构,而在上海话土白译本 (1923,马太福音) 中,除 d 句使用了"拿"字处置介词将受事状语化之外,皆采用了 VO 结构,温州话土白译本 (1894,马太福音) 中除 a 句用"头摇"和 b 句用处置式外,其他都用 VO 结构。第二,台州话肯定陈述句中受事前置的话题结构既普遍见于主句中,也出现在从句中,如 f 句,而上海话、温州话等方言文献中极少见到从句中使用受事话题结构的。第三,从话题有定标记的程度来看,台州话普遍可见的是光杆名词直接充当受事话题,无须确指标记,如指示词或指量短语修饰,而上海话、温州话等文献中虽然光杆名词也常做受事话题,但指量名结构的使用要比台州话更多,如台州话 g 句用光杆名词"说话"做话题,而温州话译本中则说成"keh-leh shwo"(该俫说话),用指量名结构来对译。

(二) 否定陈述句中的受事话题结构

吴语各方言否定陈述句也常采用受事话题结构来表达。上海话否定副词"勿"、"勿曾"与动词"呒没"构成否定句,若带受事成分,也都优先充当话题,有时这些话题用"末"标记出来。如,

(5) 上海话:a. 馒头我勿不担。(《功课》1850:第二课)

          b. 榔头末勿不担,担之了钉来。(同上:第九课)

          c. 背心伊呒没他没有。(同上:第六课)

          d. 洋钱末呒没个者没有了,铜钱有两千拉哩有两千呢。(同上:第十二课)

          e. 现在东西勿未曾偷着,倒返而反而吃之了素个布丁,终要求先生救救我一条命。(《课本》1923:LESSON No. 74)

          f. (甲) 我酒勿不大会吃个,吃杯麦茶罢。(《增

补》1919/1939：问答第二课）

g.（主）格末所以侬你看，屋里向齷齪来，窗上个的玻璃也勿不揩擦，蓬尘灰尘也勿不揎，地板也勿不拖，像甚样式呢？（同上：问答第廿三课）

宁波话"呒哟"表示"没有"的意思，作否定动词，"弗"为否定副词，表示"不"的意思，它们构成的否定陈述句也都用受事话题句来表达。如，

（6）宁波话：a. 阿拉茶呒哟我们茶没了。（《便览》1910：Section II）

b. 葛这一桶水，揢弗提不起来。 （同上：Lesson XXXI）

温州话"未"构成表已然的否定句，"弗"用来否定未然或习惯性动作，"唔冇"用做否定动词和副词，也都用受事话题句。如，

（7）温州话：a. 许那本书识得个的字还未数。（《入门》1893：231）

b. 渠佢铜钱弗舍得用。（同上：164）
c. 驴儿有是有，骡唔冇没有。 （同上：EXERCISE IV）

台州话否定词"m-yiu（呒有）"、"feh（弗）"构成的否定陈述句也优先使用受事话题结构。如，

（8）台州话：a. Sæh-tu-ke nying, ziu-z kông weh-cün-le-kön z m-yiu。撒都该人，就是讲活转来干事呒有。撒都该人常说没有复活的事。（马太22：23，1880）

b. Tseng-djong-keh meh-z feh iao peh keo; ng-keh tsing-cü ah feh iao tön ze ts min-zin. 珍重个物事弗要拨狗，你个珍珠也弗要□在猪面前。不要把圣物给狗,也不要把你们的珍珠丢在猪前。（同上7：6，1880）

从例（8）来看，官话《圣经》译本用 VO 结构或处置式，而台州话则用话题结构。

二 疑问句中的受事话题结构

按照疑问句的类型，我们分别介绍一百多年前吴语疑问句类中的受事话题结构。

（一）特殊疑问句中的话题结构

特殊疑问句中由疑问词所提问的部分为焦点信息，而其他部分为已知信息，因此句中与述语中谓词构成受事关系的名词也可以充当话题。如，

（9）上海话：a. 袜侬_你要买几双？（《功课》1850：第十八课）

b. 第_这封信侬_你要拨拉_{给谁}啥人？拨拉木匠。（同上：第二十一课）

c. 手侬_你为啥净来勿干净？水少哕。（同上：第三十课）

（10）温州话：a. 桌里许_那个蜡烛谁人担去爻罢_{拿走了}？是我担去句_{拿去给}厨房老司。（《入门》1893：EXERCISE VII）

b. 许侬物事_{那些东西}用何乜_{什么}包起呢？用毡条包起。（同上：EXERCISE XVI）

（11）宁波话：a. 挑力钱每担拨其_{给他}多少？（《便览》1910：Section XVII）

b. 一_这本书要僫_{什么}時候做好？（同上：Section XXVIII）

（12）台州话：Feh iao yü sing-ming zeo-meng, zah-m hao ky 'üoh, zah-m hao hæh: ah feh iao yü sing-t 'I zeo-meng, zah-m hao tsi-ah. 勿要为生命愁闷，什么好吃，什么好喝，也弗要为身体愁闷，什么好穿。_{不要为生命忧虑吃什么，喝什么；为身体忧虑穿什么。}（马太 6：25，1880）

例（9）至例（12）可见，在特殊疑问词构成的疑问句中，受事可以前置为话题，尽管特殊疑问句中受事话题结构远不如陈述句中的出现频率，但这些结构也十分自然。特别是例（12）台州话中表虚指的疑问词本身也可以前置于谓词。

（二）反复问句中的话题结构

吴语反复问句主要类型有 VP-neg. 和 VP-neg. -VP，这些句型中受事前置做话题具有很强的倾向。如，

　　（13）上海话：a. A：馒头侬_你担拉否？B：担哩。（《功课》1850：第一课）

　　　　　　　　b. A：铜钱侬_你还有得多否？B：勿多个者。（同上：第十二课）

　　　　　　　　c. 我个_的镜子水手担呢勿担？勿担。（同上：第六课）

　　（14）宁波话：a. 蚊虫英国有弗？（《便览》1910：Section VII）

　　　　　　　　b. 葛個_{这个小孩}小人豆_{牛痘}有种过弗？（同上：Section XXIII）

　　　　　　　　c. 你天亮饭_{早餐}吃过弗？（同上）

　　　　　　　　d. 葛种介個_{这种样子的}货色_{东西}你拉地方_{你们这里}有弗有？（同上：Section XX）

　　　　　　　　e. 糙米饭先生吃弗吃？Do you eat dry rice？（同上：Lesson XXII）

　　（15）温州话：a. 你灯点起罢未？（《入门》1893：EXERCISE IX）

　　　　　　　　b. 你饭喫罢未？（同上：229）

　　　　　　　　c. 该_这个字你识弗识？（同上：EXERCISE V）

　　　　　　　　d. 渠土话懂弗懂？（《入门》1893：EXERCISE VI）

　　　　　　　　e. 你铜钱银肯多少帮我否？（《入门》1893：124）

　　（16）台州话：a. Keh z-kön, ng-he siang-sing Ngô neng-keo-tso feh? 格事干，你许相信我能够做弗？_{你们信我能做这事吗？}（马太9：28，1880）

　　　　　　　　b. Ng-keh Sin-sang nying-ting-shü do-c'ih feh do-c'ih? 你个先生人丁税驮出弗驮出？_{你们的先生不纳丁税吗？}（马太福音17：

24，1880）

　　反复问句中受事话题结构十分常见，这是因为这类问句的焦点信息在表疑问的谓词上，而谓词中受事表已知信息，并非焦点信息，为了更突出承载焦点信息的谓词本身，所以 VP 结构中表已知信息的受事在话题优先典型的吴方言中更习惯于前置做话题。反复问句中受事话题结构的分布还可参见第三章第一节五。

三　祈使句中的受事话题结构

　　祈使句是表示说话人的主观意愿或要求、命令等语气的句类。这类句子在一百多年前的吴语各方言中也倾向于使用受事前置的话题结构。句中由动作动词构成的 VP 结构还常受情态助词"要"或其他加强命令语气的助词修饰。如，

　　（17）上海话：a. <u>馒头</u>要侬_你切开来。（《功课》1850：第十七课）

　　　　　　　　　b. <u>羊肉</u>要侬_你割脱一颜。（同上）

　　　　　　　　　c. <u>第这只袋</u>要侬_你背一背。（同上：第十九课）

　　　　　　　　　d. <u>第这颜羊肉</u>脱我_{给我}割脱_掉之。（同上：第十七课）

　　（18）宁波话：a. <u>东西</u>量量看。（《便览》1910：Section XV）

　　　　　　　　　b. <u>碗</u>要溽_洗拉_得干净。（同上：Section IX）

　　　　　　　　　c. <u>地毯上灰尘</u>担点掉_{弹掉}。（同上：Section VIII）

　　（19）温州话：a. <u>你个_的辫儿</u>着梳起打起。（《入门》1893：EXERCISE XVII）

　　　　　　　　　b. <u>主意</u>定起。（同上：EXERCISE XXII）

　　　　　　　　　c. <u>衣裳</u>脱落。（同上：EXERCISE XI）

　　　　　　　　　d. 该日_{今天}天色冷，你<u>衣裳</u>着著_穿一件添。（同上：EXERCISE XII）

　　（20）台州话：a. <u>Ng-keh tao</u> siu-tsing tao-k'ôh-li: væn-pah do tao tsôh-keh iao bi tao tsôh-s. <u>你个刀</u>收进刀壳里，万百驮刀踩个要被刀踩死。_{收刀入鞘吧！凡动刀的，必死在刀下。}（马太 26：52，1880）

b. Ng z-keh <u>kong-din</u> do-k ' e. 你自个工钿驮去。拿你的走吧！（同上 20：14，1880）

c. Tseng-djong-keh meh-z feh iao peh keo; ng-keh <u>tsing-cü</u> ah feh iao tön ze ts min-zin. <u>珍重个物事</u>弗要拨狗，<u>你个珍珠</u>也弗要□在猪面前。不要把圣物给狗，也不要把你们的珍珠丢在猪前。（同上 7：6，1880）

在文献中，各方言祈使句中的受事一般为已知对象，而言者希望听者对该对象执行或实施某个行为，因此该行为动作本身及所要达到的预期目标成为言者所关注的焦点，常置于句子的自然焦点位置上，受事前置为话题。各方言祈使句以受事前置的话题结构为基本类型和优势结构。

可见，一百多年前吴语中前置受事充当话题并不受句类限制，是各方言小句的优势结构类型。

第二节　一百多年前吴语小句语序的 OV 倾向

上海话比起普通话来"（S+）受事+VP"结构的分布更广泛、更自然，譬如普通话常用的见面问候语"你吃了（饭）吗"，上海话最自然的说法是"侬饭吃好哦?"钱乃荣（1997，2008）、徐烈炯、刘丹青（1998：214—224）先后描写此类结构在上海话中的分布情况，并对其中的受事成分进行定性讨论。钱乃荣（1997）将这类结构描写为 SOV（即宾语前置型），不过，仍指出这类句中"O"与"NPS"句中的"NP"（即被提顿助词标记为话题）也许可以被认定是几乎同等的成分，但并未提出更明确的依据[①]；而徐烈炯、刘丹青（1998）认为这类结构中的受事成分属于次话题，并从语义、语用等不同角度探讨了受事成分的话题属性。根据大量的文本文献语料，我们认同"受事+VP"结构确实是上海话等吴语中话题优先典型的重要表现，不过，VP 前的受事在吴语中是否皆能归入话题，需要从受事所表具体的语义和语用特征来看。

---

① 不过，目前钱乃荣先生的看法有所改变，他认为绝大多数的 SOV 并非"STV"（见 2008，2009）；刘丹青（1998）指出，上海话中受事话题过 1/3 强；据钱乃荣（2009）描写，上海话中仅递系式、判断句等不能采取受事在 VP 之前的结构外，其他皆可以采取受事在前的结构。

　　一般认为话题表示确定对象，为言谈双方皆已知的对象。如，受指量短语修饰的 NP 充当的受事话题，如例（1）a、b 句宁波话"葛个道理"、"一百部书"等表示有定对象，在英语中可用指示词 this/that 或定冠词 the 等来对译。以类指名词出现的前置受事也具有有定性，如例（1）c、d 句宁波话中"衣裳"、"律法"等虽以单句形式出现，不能通过上下文来推断它们的确指性，但可以确定的是，它们是言谈双方共享背景中的已知对象，也是受事充当话题，即以整个类来区别其他类，以表确指性。

　　而前置的受事在一百多年前的吴语中仍存在表未确指对象的。这些句子中前置的 NP 有的是以光杆名词出现，也有的以数量短语形式出现。如第二章第二节四宁波话中数量短语类受事前置，表示不定指的对象，显然不符合话题表确指的语义属性，它们应分析为前置的宾语更为合适。再如，

　　（21）温州话：a. <u>布袋</u>捉去，把米担来。Take a bag and fetch the rice.（《入门》1893：EXERCISE XVII）

　　　　　　　　b. <u>贼</u>捉牢就杀。When a robber is caught, he is beheaded.（同上：EXERCISE XVIII）

　　（22）上海话：a. <u>两匹布</u>侬辫拉？（《功课》1850）

　　　　　　　　b. <u>一只狗</u>要买呸？Do you want to buy a dog?（《课本》1907：15）

　　因此，按照受事的语义和语用属性，我们认为前置的受事 NP 存在话题化程度的差异，话题化程度越高，即语义和语用属性越符合话题特征，则为典型的话题成分；而相反，越不符合话题特征，则宾语特征更突出，应分析为宾语。从前置受事的句法表现来看，有定性标记越显著的应为话题，如受指示词或指量短语修饰的 NP，而受不定指的数量结构限定的 NP 则为宾语，而无定指标记的光杆名词，则处于这两者之间，其句法性质，也存在两种可能，既可能为话题，也可能为宾语，需要联系上下文或更大的语境进行判断。

　　若将前置受事名词分为表确指的"指量（+N）"、光杆 N 和"数量（+N）"三类，那么根据它们的句法语义属性，其充当话题和宾语的倾向如下。

前置受事的语义、句法特征和句法性质

定指←——————————————————————→不定指

指量（＋N）　　　　　　　　　光杆 N　　　　　　　　数量＋N

话题←——————————————————————→宾语

　　当然前置的受事 NP 除了这三种典型的类型之外，还有受人称代词、形容词及其他各类修饰语限定的名词性短语，如第二章第二节三宁波话各例，根据语言象似性原则，这些 NP 所指的有定性都要高于光杆 N，较光杆 N 更倾向于充当受事话题。

　　根据早期文献中前置受事 NP 充当宾语的情况，可以确定的是，一百多年前，吴语宁波话、上海话、温州话和台州话等方言中有些光杆 N 充当的前置受事，在句中作宾语，构成 OV 句，同时也有少数数量 NP 类受事被前置，构成典型的 OV 句。

　　至于为何在一百多年前吴语中会出现 OV 语序，与话题优先典型的句法类型有密切关系。从本章第一节、第二章第一节上海话和第二章第二节宁波话中受事前置的分布可见，一百多年前吴语中因话题化高的要求，表有定的 NP 不论在哪种句类中都倾向于前置为话题，这表明受事前置型的 TV 结构是优势结构，也是基本结构。作为一种基本结构，它自然具有类推作用，这种类推作用表现在前置受事 NP 对话题语用语义属性的突破，即 NP 可以从指有定对象扩散到不定对象，使"受事＋VP"结构具有更强的表达功能。我们推测，这个扩散的过程应沿着话题化特征从强到弱或者宾语化特征从弱到强的链条展开。在这个链条上，一些话题特征和宾语特征皆有可能或倾向不明确的受事名词成为突破口，这就是光杆名词，它们无显性的标记来表明其语义和句法属性，因此也极容易以模糊的身份进入"受事＋VP"结构，当具体的语境无法提供该光杆名词表确指或共享对象时，它们就表现出更多的宾语特征，可以分析为 OV 结构，这也是为什么光杆 N 在早期吴语中充当前置受事最多的原因。而当话题化的制约对"受事＋VP"结构中受事的作用更小时，则受事可由数量名短语来充当，构成典型的 OV 结构。

　　结合该形成的可能过程和一百多年前吴语 OV 结构的类型及各自表现来看，可以说，吴语 OV 结构仍处于发展中，主要依据是数量名短语做受事时，OV 结构仍远不及 VO 结构。

　　除了这类典型的受事在吴语中有 OV 倾向之外,处所词做宾语的词序在吴语中倾向于以 OV 结构表达。如第二章第一节三上海话和第二章第二节六宁波话中处所宾语皆前置,这些前置的处所成分常常是句子的信息焦点所在,也与趋向动词构成句子的自然焦点,属于 OV 结构。

　　因此,我们认为早期吴语为话题优先典型的汉语方言,而这种典型性不仅仅表现在 TV 结构特别是受事充当话题的高频分布上,还表现在 TV 结构的强势类推作用上,正是 TV 结构的类推导致了 OV 结构的萌芽。且对比钱乃荣(1997)、刘丹青(2001,2003)等研究成果,不难发现,一百多年来,吴语各方言基本语序类型仍是话题优先典型和具有 OV 语序倾向的汉语方言,基本语序类型并未发生重大调整。

第三节　与话题优先特征具有相关性的句法结构之演变

　　话题优先典型特征作为一百多年前吴语句法的基本特征,它对句法结构的影响并不仅仅表现在话题句特别是受事话题句的分布频率高,还表现在一百多年来,它对吴语句法结构演变的制约作用上。刘丹青(2012)指出,汉语"比"字差比句和话题句高度同构,这是因为"比"字差比句是话题结构作为显赫范畴扩展的产物。该研究着眼于共时平面差比结构与话题句之间的同构关系,得出话题结构的扩展作用。而我们下面要讨论的是,吴语相关句法结构在发展演变中所体现的话题特征,也可以说,话题特征与这些句法结构的历时发展有相关性。

一　话题特征与吴语双及物结构的类型及演变

　　一百多年前吴语双及物句式的类型丰富,主要有(1)"VO_d 与格标记 O_i";(2)"$P_{处置}O_dVO_i$";(3)"$T_{话题}VO_i$";(4)"VO_iO_d";(5)"V 与格标记 O_iO_d";(6)"VO_dO_i"等,具体见第七章第一节五。从它们在各方言中的分布来看,除类型(1)在各方言中很常见外,类型(2)至类型(5)也较常见,而这些类型皆与话题特征有着直接或间接的关系。类型(3)中指物的直接宾语前置为话题,很显然是受话题特征的支配,而类型(4)、类型(5)从词序上来看,指人的间接宾语在直接宾语前,且间接宾语所指对象有定,表现出话题特征的句法语义特征。因此,采取间接宾语在前的词序是话题特征作用的结果。类型（2）虽从文献来看，似乎受到了官话的影响，但外因需要通过内因起作用，处置介词将直接宾语提前，而这些被介词介引的直接宾语只能是有定对象，该语义特征符合话题的典型特征，因此类型（2）同样受到话题特征的支配。

而上海话等地吴语双及物结构类型（6）处于消退中。从类型（6）的结构和语义特征来看，表不定的直接宾语前置，而表有定的间接宾语居后，很显然在句法和语义属性上都违背了话题特征，即表有定的间接宾语应该前移。这也就解释了为何类型（6）会在今吴语各方言中消退，因为它违背了话题优先典型的句法类型特征，而在宁波话中消亡更早，这也反映了宁波话话题优先特征应该较上海话、温州话等吴语更为典型，且对句法的支配作用也更强。

二 话题特征与处置式的发展

处置式在19世纪吴语中并不发达，主要表现在两个方面：一是分布率低，以《上海话功课》（1850）为例，在带有受事的谓词结构中，只有2例用"担"字处置式来构成，仅占1.3%，而首先采用TV结构，其次，采用VO结构。具体见表7-6。二是处置式仍带有连动结构的特征，虚化程度并不高。19世纪中叶上海话处置式常以"担/拿+NP+来+VP"结构出现。

不过，一百多年中吴语处置式得到发展，而这种发展并不是将受事话题句转变为处置式，而是将述宾结构转化成了处置式。以上海话为例，20世纪上半叶课本中的处置式相比19世纪中叶要常见得多。如，

（23）上海话：a. 有一只内河个_的小火轮行过咾，激起浪头来拿_把第_这只小船冲翻之_了。（《课本》1923：LESSON No. 60）

b. 拉_在第_这个时候，第_这两个佣人就趁此机会拿_把伊拉_{他们}捉牢之咾，送到官府地方去。（同上：LESSON No. 21）

c. 必过伊个_{他的}头有点蓬松，伊个_{他的}嘴里衔一粒大珍珠咾，第_这粒珍珠个_的直径大约有一寸多，后首拨_被掘坟个_的小工拿_把珍珠从嘴里挖之_了出来。（同上：LESSON No. 25）

d. 吃西瓜顶算省，吃完之_了拿_把西瓜皮盐之_{腌了}当粥菜，西瓜子抄熟之_了当小吃。（同上：LESSON No. 1）

　　　　　　　　　　e. 我虽然勿懂化学，但是听见人家话说碎玻璃再可以放拉在炉里烧咾然后做东西个的，实盖这样想起来我伲我们应该拿把碎玻璃聚拢来放拉在一处，一末，可以免脱摔散拉在地上触伤苦恼人个的脚，二末，再可以拿把碎玻璃卖拨拉给玻璃店里咾并赚几个铜钱。（同上：LESSON No. 8）

　　　　　　　　　　f. 伊她连忙拿₁把珍珠放拉在伊个她的身边之咾，度方步走出去者了，嘴里话说"多谢，多谢"，难末然后第这个伙计就跑上去拉住伊他，第这个女人就拿₂把伊那个伙计打两记耳光，后来第这片店里个的东家晓得事体事情勿不对者了，就出来讨饶咾并认错，第这个女人才肯拿₃把珍珠拿出来，伊他并且话，㑚你们勿不肯卖，可以话说勿不实，为啥要实盖这样吭没有规矩咾并眐盯人呢，我现在打侬你就是要教训。（同上：LESSON No. 12）

　　例（23）皆选自《上海话课本》（1923），"拿"为处置介词，在文献中的分布要较《功课》（1850）多得多，可见，20 世纪上半叶上海话处置式摆脱"贫乏"状态，逐渐多起来。

　　处置式在吴语中逐渐多起来，这种发展仍反映了话题优先典型的句法特征的要求。

　　朱德熙（1985）指出，"把"字结构与受事主语句关系密切。曹逢甫（Tsao，1979）则从篇章角度明确提出："介词 + NP"中 NP 具有话题特征，可看作次话题。如，

　　（24）a. 把壁炉生了火。（处置结构）
　　　　　　b. 壁炉（吧，）生了火。（受事主语句或话题句）（Tsao，1979）

　　例（24）a 句与 b 句"壁炉"都是有定对象，它不是动词"生"的受事论元，而只为"生火"提供了处所，具有话题特征；b 句是典型的话题句，停顿词"吧"黏附在"壁炉"上，有标记话题的功能，话题后的内容是表述的中心，是说明部分，a 句则用"把"介引"壁炉"，信息焦点也在"把壁炉"之后，两句在语义语用上的一致性说明介词"把"也具有介引话题的功能。因此，处置式的广泛使用体现的是汉语话题优先的

类型特征。处置介词除了表达处置或致使义外，还兼有介引话题的功能。

20世纪上半叶以来吴语上海、温州、宁波等方言处置式得到发展，实际上是因为处置式也是实现受事话题化的重要句法手段之一。如例（23）a—f句中处置介词后的NP在上文已谈及，是旧信息，它们是说明的对象，充当话题；"拿"表处置很常见，一段话中，随着话题推进，多次使用"拿"来引进新话题。如f句"拿$_1$"、"拿$_2$"分别引进新话题"珍珠"和"伊个伙计"，"拿$_3$"则激活有话语间隔的话题"珍珠"，并将话语不断推进。

而且从第七章第二节四、五，我们还可以看到，一百多年前吴语中的"VO在L"结构和"隔开式"述补结构的消退与"拿NP + VP"处置式的发展有密切关系。也就是说，"VO在L"结构和"隔开式"述补结构消变为"拿"字处置式，由此可见，"拿"字处置式的发展使得吴语中述宾结构的类型更少了。

综合以上，我们相信，处置式的发展也是为适应吴语话题优先典型的句法类型特征。

三 话题特征与吴语差比句的演变

一百多年前吴语差比句类型有（1）"比"字句；（2）"于"字句；（3）"如"字句；（4）"还是"句；以及（5）无标记类等。其中类型（1）分布最广，使用最常见，应是一百多年来吴语中差比句的基本句式；"于"字句使用于台州、金华方言《圣经》译本中，极可能是受汉语书面语的影响而残留在方言土白译本中，自然口语中已经消失；"如"字句见于温州话《圣经》译本，今温州话中也少用；而"还是"句虽然一百多年前的宁波话课本少用，但仍可以看到它已经是一种成熟的差比句结构了，而今宁波话及浙江东部地区吴语中常用这类差比句。

一百多年来吴语差比句的演变同样体现了话题优先的句法类型的要求。与话题结构或其句法语义特征具有一致性的差比句能够稳固地使用于各方言中，且新的差比句得到发展，而违背话题结构特征的差比句则消退。

刘丹青（2012）指出，汉语"比"字差比句是一种话题结构，是用话题结构的句法形式来表达差比句的内容，因此其比较主体、基准等方面都享受话题结构的自由度，同时也遵循话题结构的一些生成规则，其结构受到话题特有的句法限制，体现了差比句和话题结构的高度同构性。而共同语中"于"字句话题结构属性弱，所以在汉语话题结构的影响下，它被"比"字差比句所取代。可见，就共同语不同类型差比句的兴衰来看，话题结构对差比句具有跨范畴的"扩张力"。而就吴语一百多年来差比句的兴衰来看，体现了话题结构对差比句的影响。"比"字差比句一百多年来一直是吴语各方言中最常用的差比句，这是因为"比"字差比句具有话题结构的句法语义属性；同样，"还是"差比句也因为吻合话题结构的特征而得到发展。它与"比"字差比句一样，属性主体和比较主体可以分离，且比较基准、属性主体和比较主体只能出现在比较参项左侧（即话题域内），不能出现在比较参项（谓语核心）的右侧，具体见第八章第四节中相关分析，体现了话题—说明的句法语义特征。不过，与"比"字差比句不同的是，"还是"差比句中比较基准在比较标记"还是"之前出现，更符合 OV 语言的特征。按照格林伯格（Greenberg，1966）提出的 UG22：在形容词比较结构中，如果唯一的或可能交替的语序之一是"基准—标记—形容词"的话，那么这语言是后置词语言（即 OV 语言）。德赖尔（Dryer，1992）所得出的"OV& 基准—比较标记"、"OV& 基准—形容词"的普遍性，显然，"还是"差比句的词序符合 OV 语言的普遍性。

　　而从"还是"差比句与话题结构在句法语义特征上的一致性来看，可以说，是话题化特征导致吴语宁波话等方言与 OV 语序具有相关性的差比句的形成。当属性主体从比较主体、比较基准中分离出来。如，

　　　　（25）a. 我房子比你大。
　　　　　　　b. 你还是我房子大。

　　例（25）属性主体"房子"与比较参项"大"具有语义上的选择关系，而基准"你"并不是形容词"大"的必有论元，它与形容词语义关联松散；从语用角度来看，比较主体和基准皆为有定的已知信息，与比较结果"形容词"所承载的未知信息，构成话题—说明的关系。而作为话题的比较基准，在宁波话"还是"差比句的形成过程中，起初是由介词"搭……比"来介引的，见第八章第四节四，而介词的话语功能就是介引相关的对象，可见，"还是"差比句中基准与比较参项之间实际上是以相

关性为基本关系，而相关性正是话题—说明之间的典型属性，而随着分句式泛比格式"搭＋比较基准＋比（起来），还是……"中"搭……比起来"删除之后，比较基准与比较参项间的相关性作为基本属性得以保留，这样就形成了"比较基准—比较标记—形容词"与 OV 语序语言具有相关性的差比句了。

四　话题特征与一百多年来关系小句—核心名词的稳定发展

采用关系从句前置于中心名词，在 VO 语言中是十分罕见的，不过，在 OV 语言中则是一种优势词序。德赖尔（Dryer，1992，1999）先后用625 种和 940 种语言验证语序和谐性时指出 VO 语言采用关系从句前置于中心名词的只有汉语一个语组（普通话及其方言）。而从第四章第二节来看，一百多年来吴语关系从句与核心名词的词序一直是以 RelN 为优势词序，虽然从标记来看，有不同的结构类型。尽管我们很难说 RelN 词序的关系从句是因为与 OV 词序具有和谐性而稳定发展，但从 RelN 在一百多年吴语中优先充当的句法功能来看，与话题化不无关系。RelN 在一百多年吴语中基本句法功能是充当话题，即使是轻型关系从句的 RelN 也优先充当话题，充当宾语的 RelN 则受到词长的限制，一般在 2—4 个词。而RelN 优先充当话题，大大降低了核心名词与谓词之间的处理难度，有助于提高句子的处理效率。同时，RelN 优先充当话题也反映了 RelN 与 TV词序之间的关系。因为以 TV 为基本词序的吴语中，采用 RelN 词序很显然要比 NRel 更便于处理。例如，

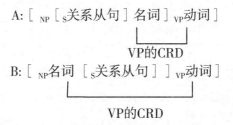

A: [_{NP} [_{S}关系从句] 名词] _{VP}动词]
　　　　　　　　　　VP的CRD
B: [_{NP}名词 [_{S}关系从句]] _{VP}动词]
　　　　　　　　　VP的CRD

A 采取的是核心名词在关系从句后的词序，B 则用核心名词在前的词序，从 A 到 B 很显然处理难度大大增加。可见，若 RelN 和 NRel 皆可话题化，显然 RelN 词序在 TV 词序的吴语中更具有处理优势。因此，我们相信吴语一百多年来一直稳定地使用 RelN 词序，虽然不能确定与 OV 词序之间的和谐性，但可以确认的是，它与吴语话题优先典型的词序有关。

第四节　与 OV 语序具有相关性的句法结构之演变

19 世纪中叶以来吴语小句具有 OV 语序倾向，特别是宁波话、台州话等方言受事前置倾向强，不仅光杆名词类受事前置，表示无定对象的数量名结构类受事也要求前置，形成典型的 OV 结构，尽管这种以数量名为宾语的 OV 句相对于 VO 句来说，仍不是基本结构。不过，吴语中与 OV 语序具有相关性的句法参项却于一百多年间稳定地活跃在吴语的句法体系中。

一百多年前吴语后置词类型丰富，特别是处所后置词十分发达。苏州、上海、台州、金华、宁波、温州等方言中不仅使用由表处所义 NP 演变来的双音节形式的处所后置词，如各方言"地方"添加在命名性处所词后标记该处所词的句法性质，同时各方言还存在异源处所后置词，如温州话"旁搭"、宁波话"坞崒"等，除了这些双音节外，各方言中也使用虚化程度更高的单音节处所后置词。如上海话"荡/拉/搭"、金华话"安"、"那"、宁波话"圻"、温州话"搭"等。具体见第五章第二节。

处所后置词活跃也是现代吴语的一大特点，比如温州话"拉 [la⁰]"可以在代词或指人名词后。如，兰水笔是我．拉（钢笔在我这儿），票走老王．拉（票子到老王那儿拿），句中"拉"读轻声，表示所黏附的名词或代词的处所性，与处所词有别（游汝杰，2003）。温州话中的"拉"即为一百多年前的"搭"，只是读音发生了演变。其他各方言也都沿袭了一百多年前的处所后置词，刘丹青（2003）介绍了今吴语苏州话、上海话和宁波话等方言处所后置词。可见，处所后置词的类型及句法功能一百多年来一直十分稳定，它们可以在各类 NP 之后将该 NP 转化为处所，并表明其处所题元的句法性质，即使有些方言中处所后置词有兴衰更替的现象，但不影响整体的句法标记功能。

德赖尔（Dryer，1992）指出，OV 语言与后置词之间的相关性具有语言普遍性。而吴语一百多年来处所后置词及其他各类后置词在类型和句法功能上相对稳定地发展，与其 OV 语序类型的倾向具有一致性。

第五节 与 VO 语序具有相关性的句法结构之演变

桥本万太郎（1985）指出，包括吴语在内的南方方言中"VP + 副词"词序和时体助词"有 + VP"等是"顺行结构"语言的特征。虽"时体助词 + VP"的词序是否与基本语序相关，学界仍有不同看法（Dryer，1992），但动词—方式副词与 VO 语序的和谐性确实具有世界语言普遍性。而这些与 VO 语序具有相关性的句法结构一百多年来在吴语中走向消退。

一 一百多年来"VP + 副词"的消退

从第七章第五节可知，一百多年前吴语上海话、温州话课本中都存在动词后副词修饰语的类型，如上海话"再 VP 过"中"过"表重新义修饰 VP，"VP 快"中"快"表"即将义"修饰 VP，不过，前者实际上是以同义的框式结构起修饰作用，它也正是"VP 过"转变为"再 VP"的过渡形式而已，"过"表重新义已失去了单独修饰"VP"的功能，而文献中"再 VP 过"出现的频率极低，在数十本上海话文献中，也仅偶见，这说明，即使是这类过渡形式，也只是残留而已，它在一百多年前就已经被"再 VP"结构取代。只有"VP 快"结构仍使用较普遍，但也已经与"快 VP"的对等形式并用了。温州话动词后副词修饰语主要有"添、先、快、慢"等，消变的速度要慢于上海话，不过，温州话在一百多年前也出现了"再 VP 添"、"再 VP"、"先 VP"等对等结构了，可以说，"VP 添/先"等被"再/先 VP"替代的演变过程已经开始了，只是该过程仍未完成，这也说明，副词后置修饰的类型已不是一种优势的词序类型了。宁波话相比上海话和温州话来说，副词后置修饰的词序消退得更早、更彻底，一百多年前就已经看不到它们的踪迹了，只有"副词 + VP"的词序了。

若按照 VO 与"VP + 副词"具有和谐性的语言共性，不难看出"VP + 副词"的消退可以反映吴语一百多年来其 VO 语序特征处在消退中，而相应的与 OV 语序具有和谐性的句法参项得到发展。

二　一百多年来吴语"有＋VP"句的消变

从第七章第四节可知，一百多年前吴语"有＋VP"可见于上海话、宁波话、台州话、金华话和温州话等吴语中。"有"在动词前可以表完成或实现，也可以在性状形容词前表确认。不过，分布表明，其消退于一百多年前已开始了，越往北越显著。如苏州话文献中未见"有＋VP"句，上海话中也十分罕见，在近 40 万字的上海话文献中仅见到 3 例，可见，它只是一种残留形式，而浙江地区吴语中要常见得多。不过，一百多年来，浙江地区吴语中"有＋VP"也正在消退中。宁波话"有＋VP"句一般只用在反复问句中，而肯定陈述句和肯定回答都已不用，只用"V＋体助词"来表达，温州话虽然陈述句中仍使用"有＋VP"句，但骆锤炼（1994）指出，"有"字句更普遍的用法是形成"有＋动词/形容词＋冇"的正反疑问句式使用，也常用来表达肯定回答，而在具体语境中，陈述句单独使用的情况不多，即使用，也往往是作为后续句对事实起强调、申辩作用。可见，即使是在温州话中，"有＋VP"在无特殊语用色彩的语境中成立的可能性大大缩小。而"有"字句在吴语中的消退体现了标记理论的要求，即这种消退遵循着"无标记项到有标记项"的规律。而这种规律性的表现也证明了吴语"有＋VP"句处于有序的消退。

第六节　语言接触与一百多年来吴语句法类型的演变

在一百多年来的吴语句法类型演变中，也依稀可以看到语言接触的力量。影响源既有强势的官话或普通话，也有来自吴语内部强势的共同特征，实现影响的方式即为接触。

强势的官话或普通话对吴语句法类型演变的影响主要反映在北部吴语中。例如，上海话选择问句以句尾标记为基本类型演变为"还是"类标记为主，上海话整合度低的各类状语从句在一百多年前也以句尾标记为常，属于后置型标记，而在官话的长期影响下，逐渐演变为连词型，即采用前置型标记，分别参见第三章第三节和第四章第三节，而相应的南部吴语温州话的演变所受的影响要小得多。尽管看来官话对北部吴语相关句法类型的演变确实起到了重要的作用，但仍可以确定的是，这种接触对吴语基本句法类型的影响并不大。就上海话的受事话题句来看，一百多年来演变甚微，仍维持着话题优先典型的基本类型特征，尽管 OV 句似乎受到了官话的影响；浙江吴语的 TV 优势和 OV 倾向更加明显，并没有受到强势官话的影响。

吴语内部强势的共同特征也是吴语相关语法现象发生演变的重要因素。这种共同特征对单个方言的影响是借助于方言接触来实现的。例如，上海话处置介词"担"被"拿"取代、处所后置词"地方"、"搭"取代"户荡"、"荡"，都可以看到在世纪之交随着移民大量进入上海后苏州话对上海话的影响。上海话给予义动词源类的与事标记"拨"取代了位移义类与事标记"拉"，与宁波话对上海话的影响有关。当然这种变迁主要发生在功能词的兴替上，对句法类型本身并无影响。且方言内部影响的力度是有限的，不及强势的官话或普通话。如"阿"字疑问句进入上海话反复问系统，从一百多年"阿"字疑问句在文献中类型和分布来看，它一直未成为基本类型，相反却被逐渐排挤出去，仅仅残留在一些最常见的搭配中，如"阿是"、"阿有"等。

这两种影响源虽然皆通过接触起作用，但官话或普通话一般通过正式的文教系统进入吴方言，而吴语共同特征则通过城市移民进入，具体方式不同，影响力也不同。前者虽然在一百多年中并未动摇吴语句法的基本类型，但它正在改变那些与基本语序类型具有相关性的句法参项的类型，若长此以往，可以预测的是，它将迟早要影响到吴语的基本句法类型；而借助移民方式进行的吴语内部语言接触，一方面，它不会影响吴语单个方言点的句法类型；另一方面，其影响的有效期往往随着单个方言系统的稳定而结束。游汝杰（2004）从移民背景角度讨论了上海话的形成，将上海话发展史分为四个历史时期，分别为 19 世纪后半期至 20 世纪 20 年代、老上海话（20 世纪 20—40 年代）、现代上海话（20 世纪 50—80 年代）、当代上海话（20 世纪 90 年代以后），在第一、二时期移民大量进入上海，方言内部差异大，尚未形成稳定的内部一致的音系，第三时期趋于稳定。而从我们的研究来看，苏州话、宁波话对上海话的影响主要发生在第二时期，甚至更早，也就是说，在上海话趋于稳定之前，是苏州话、宁波话对它的影响期。因此，较之吴方言内部的接触来说，借着文教系统进入吴方言的官话或普通话对其句法类型的影响力和影响面要大得多。

第七节　结语

通过以上的讨论，我们认为，一百多年前吴语为一种话题优先典型且具有 OV 语序倾向的汉语方言。而话题优先典型特征与 OV 语序之间存在密切的关系，即是话题优先典型的特征促使吴语 OV 语序类型的萌芽及相关结构的发展。

话题优先典型突出表现在一百多年前吴语各类受事 NP 强烈的前置倾向上。这些 NP 大都表确指的对象，或者为言谈双方共享背景中的已知对象，但并不止于此。进入 TV 结构的光杆 N，有时候也可以表不定指，而数量名短语进入该结构，使得 TV 结构发展为典型的 OV 结构。表不定指的光杆名词和数量名能够进入该结构，是因为 TV 作为句型有很强的类推力或扩散力，使得 T 突破话题的语义、语用限制，从而形成真正的宾语。尽管 OV 语序并不强烈，但由此可见，TV 结构在一百多年前吴语句法中的优势。

话题优先典型的特征也影响到吴语双及物结构类型的发展、处置结构的发展、差比句的演变以及 RelN 词序类型的稳定等，可见，话题优先典型作为一百多年前吴语句法的基本特征，它制约着相关句法结构的发展。

而与 OV 语序具有相关性的句法结构，如后置词，一百多年来也一直较稳定地存在于吴语中，与 VO 语序具有相关性的句法结构，如 "VP + 副词"、"有 + VP" 结构等在一百多年前就开始消退。可见，吴语句法结构的演变与基本句法类型特征具有相关性。

语言接触虽然对北部吴语如上海话相关句法结构的演变确实起到重要作用，但从整体来看，在一百多年中它对吴语句法类型的演变所起作用仍是次要的，而吴语基本句法类型特征是制约其相关句法结构发展的关键因素。

常用代号

Adj 形容词

AP 形容词短语

DEM 指示词 demonstrative

I 屈折成分 inflection

IP 屈折短语 inflection prase

L 处所成分

N 名词

NP 名词短语

NA/AN "名词 + 形容词" 的语序/"形容词 + 名词" 的语序

NG/ GN "名词 + 领属语" 的语序/"领属语 + 名词" 的语序

O 宾语

O_i 间接宾语

O_d 直接宾语

P 介词 (adposition，包括前置词、后置词及框式介词)

Pre 前置词

Prep 前置词短语

Posp 后置词短语

PP 介词短语

PRES 现在时

Rel 关系小句

RelN 受关系小句限定的名词性短语

S 主语/句子

SVO 主语 + 谓语 + 宾语

Spec 定语

T 话题 topic

TC 话题结构

TV "话题 + 说明" 的语序

V 动词

VP 动词短语

VO/OV "动词 + 宾语" 的语序/ "宾语 + 动词" 的语序

VC 述补结构

西儒吴方言文献目录

1. 上海话

Anonymous. *T'ou-wo Tse-ne*, *Boussole du langage mandrin*, *traduit et romanisee en dialecte de Changhai*. Shanghai：Tou-sè-wè（《土话指南》）上海土山湾慈母堂 1908 年版。

Bourgeois, Albert, *Grammaire du Dialecte de Changhai*. Imprimerie de Tou-sè-wè1941 年版。

Charles ho George Foe . *Shanghai dialect in 4 weeks with map of shanghai*. Chi Ming Book Co. LTD, Shanghai, China. （简称"四周"）1940 年版。

Crofoot, J. W. & Rawlinson, F. *Conversational Exercises in the Shanghai Dialect*（《沪语开路》）上海：美华书馆 1915 年版。

Davis, D. H. *Shanghai Dialect Exercises in Romanised and Character*, *with Key to Pronunciation and English Index*. （简称"练习"）徐家汇土山湾印书馆 1910 年版。

Edkins, Joseph. *A Grammar of Colloquial Chinese*, *as exhibited in the Shanghai Dialect*. Shanghai：Presbyterian Mission Press （《上海方言口语语法》，简称"语法"）1868 年版。

Jefferys, W. H. *Hospital Dialogue in Shanghai Thoobak*. Shanghai：American Presbyterian Mission Press （《医用对话》上海土白）1906 年版。

Jenkins, Benjamin, *Lessons in the Shanghai dialect*. Private Library of John Fryer, University of California, Berkeley , California （《上海话功课》，简称"功课"）1850 年版。

Macgowan, John. *Collection of Phrases in the Shanghai Dialect systematically Arranged*. Shanghai：American Presbyterian Mission Press （《上海方言短

语集锦》）（简称"集锦"）1862 年版。

MacIntosh, Gilbert. *Useful Phrases in the Shanghai Dialect*, *with Index-Vocabulary and other helps*（seventh edition）Shanghai：American Presbyterian Mission Press（《上海话常用短语》）（简称"短语"）1927 年版。

Medhurst, Walter H.《约翰传福音书》（简称"约翰"），江苏省松江府上海县墨海书馆 1847 年版。

Morrison, G. E. *Leçon ou exercices de langue chinoise. Dialecte de Song-ki-ang.* Zi-ka-wei：Imprimerie de la Mission Catholique, l'orphelinat de T'ou-sè-wè.（《松江话课本》简称"松江话"）1883 年版。

M. T. Yates, D. D. *First Lessons in Chinese.* Shanghai：American Presbyterian Mission Press（《中西译语妙法》）1899 年版。

Parker, R. A. *Lessons in the Shanghai Dialect*, *in Romanized and Character with Key to Pronunciation.* Shanghai：the Shanghai Municipal Council.（广协书局总发行所）（《上海话课本》简称"课本"）1923 年版。

Pott, F. L. Hawks. *Lessons in the Shanghai Dialect.* Shanghai：Presbyterian Mission Press（简称《课本》）1920 年版。

Summer, James, *The Gospel of Saint John in the Chinese Language*, According to the Dialect of Shanghai, Expressed in the Roman Alphabetic Character. With an Explanatory introduction and Vocabulary.（London：Professor of the Chinese Language in King's College.）1853.

丁卓：《中日会话集》（简称《会话集》），上海三通书局 1936 年版。

金堂文雄：《纺织工场技术用上海语》，东京文求堂 1925 年版。

影山巍：《详注现代上海语》，东京文求堂 1936 年版。

大川与朔：《活用上海语》，上海至诚堂书店 1924 年版。

龟山正夫：《鹦笑楼语录》，上海北四川路内山书店（简称"鹦笑"）1934 年版。

黄在江：《ポケット上海語》，上海现代出版社 1942 年版。

王廷珏：《增补实用上海语》，上海小林荣居（简称"增补"）1939 年版。

御幡雅文：《沪语便商》，上海日本堂 1892 年版。

王廷珏：《实用上海语》，上海小林荣居 1919 年版。

美国圣经会印发《新约全书》（上海土白），1923 年版。

《耶稣言行传》（1—4 卷），上海美华书馆 1887—1894 年版。

《使徒言行传》，上海美华书馆 1890 年版。

2. 宁波话

British and foreign bible society, *Gyiu Iah Shü Nying-po T'u-wô*（旧约书，宁波土话，罗马字）大英本国等外国圣书会印个，1876 年版。

Möllendorff, Paul GeorgVon, *Ningpo Colloquial Handbook*（《宁波方言便览》）（简称"便览"），Shanghai：American Presbyterian Mission Press 1910 年版。

Rankin, Henry van Vleck, *Nying-po t'u-wô ts'u-'ôh*（《宁波土话初学》）（简称"初学"），Zông-Hae Me-Wô Shü-Kwuning 1868 年版。

Morrison, William. T. An Anglo-Chinese Vocabulary of the Ningbo Dialect.（《宁波方言字语汇解》），上海美华书馆 1876 年版。

Rankin, A. Russell William, Henry, van Yleck and others. *Mo-t'æ djün foh-ing shü*（马太传福音书，罗马字）（简称"马太"）1853 年版。

Rankin, A. Russell William, Henry, van Yleck and others. *Ah-lah kyiu-cü Yiæ-su-go Sing-yi-tsiao Shü：Iah-'en Djün Foh-ing Shü*（约翰传福音书，罗马字）（简称"约翰"）1853 年版。

3. 温州话

Montgomery, P. H. S. *Introduction to the Wenchow Dialect*. Shanghai：Kelly and Walsh（《温州话入门》）（简称"入门"）1893 年版。

Soothill, Willam. E. *The four gospel and acts*, in Wenchow *Mó-T'à Fuh-Iang Shï*. British &foreign Bible society printed at the china inland mission press Wenchow（《马太福音》）（简称"马太"）1894 年版。

Soothill, William. E. *Mo-k'o Fuh-Iang Shi*（The Gospel of Mark in Wenchow Colloquial）. The China Inland Mission Press 1902 年版。

Soothill, William. E. *Ng-dá-ko cháo-chi Yi-su Chi-tuh-ge Sang iah süng shi：fa üe-tsiu-ge t ü'-'oï*（温州土白，罗马字）. Da-iang Sing-shi Whai Iang *The Gospel of Matthew in Wenchow Colloquial*. The British and Foreign Bible Society.（《马太福音》）（简称"马太"）1892 年版。

4. 金华话

American Baptist Missionary Union. *A frist-reader of the Kinhwa Dialect with the Mandarin in Parallel columns* Shao-Hing：Printed at the Barber Baptist Mission Press. 1898 年版。

Jenkins，Horace, *A-da Kyiu-cü Yæ-su-geh Sin-yi Kyiao Shü*（金华土白，罗马字）. American Bible Society. *IAH-' ÆN DJÜA FOH-ING SHÜ.* ING VA KYÜA SHÜ OH. JÔNG-HAE. （金华土白《约翰福音》）（简称"约翰"）1866 年版。

5. 台州话

Rudland，William. D. *Mô-t'a djün foh-ing shü. T ' E-TSIU T ' U-WA.* （《马太传福音书》罗马字）T 'E-TSIU FU：NEN-DI WE ING-SHÜ-VÔNG ING-KEH. 台州：大英本国和外国圣书会（台州土话《马太福音书》）（简称"马太"）1880 年版。

Rudland，William. D. *Ngô-he kyiu-cü Yia-su Kyi-toh-keh Sing-Iah Shü. T 'E-TSIU T 'U-WA*（罗马字）. 台州：大英本国和外国圣书会 Di-nyi-t' ao ing. Da-ing peng-koh teh nga-koh Sing-shü we ing. 1897 年版。

6. 苏州话

上海大美国圣经会：《新约全书》（苏州土白），上海大美国圣经会 1922 年版。

戴维思：《新约全书略注》（第一卷）（马太福音），上海美华书馆（简称"马太"）1879 年版。

宫田一郎编：《新约全书》（苏白—官话词语对照例解），大东文化大学中国语大辞典编纂室 1983 年版。

官话文献

吴启泰、郑永邦：《官话指南》，上海美华书馆 1900 年版。
官话和合本《圣经》，1919 年版。

参考文献

著作

Bybee, Joan L, Perkins, Revere D. & Pagliuca. William, *the Evolution of Grammar*: *Tense*, *Aspect*, *and Modality in the Languages of the World.* Chicago: University of Chicago Press 1994.

Carlson, G. *Reference to Kinds in English.* Ph. D. Dissertation. University of Massachusetts. 1977.

Yuen Ren, Chao. *A Grammar of Spoken Chinese.* Cambridge: Harvard University Press 1968.

Croft, William. *Typology and Universals* (《语言类型学与普遍语法特征》第二版)，外语教学与研究出版社、剑桥大学出版社 2009 年版。

Gelderen van, Elly. *The Rise of Functional Categories*, John Benjamins, Amsterdam1993.

Givón, Talmy. *Historical Syntax and Synchronic Morphology*: *an Archaeologist's Field Trip.* Chicago Linguistic society7: 394 – 415, 1971.

Hawkins, John A. *Word Order Universals*, New York: Academic Press 1983.

Hawkins, John A. *A Performance Theory of Order and Constituency.* Cambridge University Press 1994.

Heine, Bernd & Tania Kuteva. *World Lexicon of Grammaticalization.* (《语法化的世界词库》)，世界图书出版公司 2007 年版。

Heine, Bernd. *Possession*: *Cognitive Sources, Forces, and Grammaticalization.* Cambridge: Cambridge University Press 1997.

Hawkins, John A. *A Performance Theory of Order and Constituency* (《语序

和成分结构的操作理论》），北京大学出版社、剑桥大学出版社 2006 年版。

Kiss，Katalin. *Discourse Configurational Languages*，Oxford University Press，Oxford 1995.

Lehmann，Winfred P. ed. *Syntactic Typology*，Austin：University of Texas Press 1978.

Charles N，Li & Thompson. Sandra A. *Mandarin Chinese*：*A Functional Reference Grammar*. Berkeley：University of California Press 1981.

Lightfoot，W. David. *Principles of Diachronic Syntax*. （《历时句法学的原则》），世界图书出版公司、剑桥大学出版社 2010 年版。

Whaley，Lindsay J. *Introduction to Typology-the Unity and Diversity of Language* （《类型学导论——语言的共性和差异》）Sage Publications，INC 世界图书出版社 2009 年版。

Lord，Carol Diane. *Historical Change in Serial Verb Constructions*. （Typological Studies in Language，26.）Amsterdam and Philadelphia：John Benjamins，1993.

Jae Jung，Song. *Linguistic Typology Morphology and Syntax*，北京大学出版社 2008 年版。

Shou-hsin，Teng. *A Semantic Study of Transitivity Relations in Chinese*. Berkeley and Los Angeles：University of California Press. 1975.

Feng-Fu，Tsao. *Sentence and Clause Structure in Chinese*：*A Functional Perspective* . Taipei：Student Book Co. 1990.

Feng-Fu，Tsao. *A Functional Study of Topic in Chinese*：*The First Step towards Discourse Analysis*. Taibei：Student Book Co. 1979.

艾约瑟：《上海方言口语语法》，钱乃荣、田佳佳译，外语教学与研究出版社 2011 年版。

伯纳德·科姆里：《语言共性和语言类型》，沈家煊译，华夏出版社 1989 年版。

曹逢甫：《主题在汉语中的功能研究：迈向语段分析的第一步》，谢天蔚译，语文出版社 1979/1995 年版。

曹逢甫：《汉语的句子与子句结构》，王静译，北京语言大学出版社 2005 年版。

曹志耘:《金华方言词典》,江苏教育出版社 1996 年版。

曹广顺、遇笑容:《中古汉语语法研究》,巴蜀书社 2006 年版。

陈泽平:《19 世纪以来的福州方言——传教士福州土白文献之语言学研究》,福建人民出版社 2010 年版。

陈颖:《汉语传信范畴研究》,中国社会科学出版社 2009 年版。

戴昭铭:《天台方言研究》,中华书局 2006 年版。

董秀芳:《词汇化:汉语双音词的衍生和发展》,四川民族出版社 2002 年版。

邓思颖:《汉语方言语法的参数理论》,北京大学出版社 2003 年版。

邓思颖:《形式汉语句法学》,上海教育出版社 2010 年版。

冯春田:《近代汉语语法问题研究》,山东教育出版社 2000 年版。

高名凯:《汉语语法论》,上海开明书店 1948 年版。

宫田一郎、石汝杰主编:《明清吴语词典》,上海辞书出版社 2005 年版。

韩邦庆:《海上花列传》,人民文学出版社 1894/1982 年版。

蒋绍愚、曹广顺主编:《近代汉语语法史研究综述》,商务印书馆 2005 年版。

李小凡:《苏州方言语法研究》,北京大学出版社 1998 年版。

刘丹青:《语序类型学与介词理论》,商务印书馆 2003 年版。

刘丹青编著:《语法调查研究手册》,上海教育出版社 2008 年版。

吕叔湘、江蓝生:《近代汉语指示词》,学林出版社 1985 年版。

吕叔湘:《中国文法要略上卷》,《吕叔湘文集》(第 1 卷),商务印书馆 1990 年版。

吕叔湘:《现代汉语八百词》(增订本),商务印书馆 1999 年版。

钱乃荣:《当代吴语研究》,上海教育出版社 1992 年版。

钱乃荣:《上海话语法》,上海人民出版社 1997 年版。

钱乃荣:《北部吴语研究》,上海大学出版社 2002 年版。

钱乃荣:《上海语言发展史》,上海教育出版社 2003 年版。

钱乃荣:《西方传教士上海方言著作研究》,上海大学出版社 2014 年版。

钱乃荣:《上海话 900 句》,上海浦东电子出版社 2014 年版。

钱乃荣:《跟我学上海话》,上海教育出版社 2002 年版。

桥本万太郎：《语言地理类型学》，余志鸿译，世界图书出版公司1985/2008年版。

阮桂君：《宁波方言语法研究》，华中师范大学出版社2009年版。

阮咏梅：《温岭方言研究》，中国社会科学出版社2013年版。

石汝杰：《明清吴语和现代方言研究》，上海辞书出版社2006年版。

石毓智、李讷：《汉语语法化的历程——形态句法发展的动因和机制》，北京大学出版社2004年版。

邵敬敏、周娟等：《汉语方言疑问范畴比较研究》，暨南大学出版社2010年版。

太田辰夫：《中国语历史文法》，北京大学出版社1987年版。

汤志祥：《实用上海话》，上海教育出版社2000年版。

王力：《汉语史稿》，中华书局1980年版。

王洪钟：《海门方言语法专题研究》，安徽师范大学出版社2011年版。

王洪钟：《海门方言研究》，中华书局2011年版。

香坂顺一：《白话语汇研究》，中华书局1997年版。

邢福义：《汉语复句研究》，商务印书馆2003年版。

许宝华、宫田一郎：《汉语方言大词典》，中华书局1999年版。

许宝华、汤珍珠主编：《上海市区方言志》，上海教育出版社1988年版。

徐烈炯、刘丹青：《话题的结构与功能》，上海教育出版社1998年版。

徐烈炯、邵敬敏：《上海方言语法研究》，华东师范大学出版社1998年版。

徐通锵：《历史语言学》，商务印书馆1991年版。

徐越：《吴语嘉善方言研究》，黄山书社2001年版。

游汝杰：《西洋传教士汉语方言学著作书目考述》，黑龙江教育出版社2002年版。

游汝杰：《游汝杰自选集》，安徽教育出版社2003年版。

游汝杰、杨乾明：《温州方言词典》，江苏教育出版社1998年版。

杨敬宇：《清末粤方言语法及其发展研究》，广东人民出版社2010年版。

赵元任：《现代吴语的研究》，科学出版社 1956 年版。

赵元任：《中国话的文法》，丁邦新译，香港中文大学出版社 1980年版。

张伯江、方梅：《汉语功能语法研究》，江西教育出版社 1996 年版。

张敏：《认知语言学与汉语名词短语》，中国社会科学出版社 1998年版。

张赪：《汉语介词词组词序的历史演变》，北京语言文化大学出版社2002 年版。

张赪：《汉语语序的历史发展》，北京语言大学出版社 2010 年版。

张惠英：《崇明方言研究》，中国社会科学出版社 2010 年版。

郑张尚芳：《温州方言志》，中华书局 2008 年版。

朱德熙：《语法答问》，商务印书馆 1985 年版。

朱德熙：《语法讲义》，商务印书馆 1985 年版。

庄初升、黄婷婷：《19 世纪香港新界的客家方言》，广东人民出版社2014 年版。

论文

Dryer, Matthew S. "Order of Adposition and Noun Phrase". In: *WALS*, 2005: 346 – 349.

Dryer, Matthew S. "Greenbergian Word Order Correlations" *Language*. Vol. 68, Num. 1: 43 – 80. 1992.

Dryer, Matthew S. "Discourse-Governed Word Order and Word Order Typology", *Belgian Journal of Linguistics* 4: 69 – 90. 1989.

Dryer, Matthew S. "the Greenbergian Word Order Correlations" *Language* 68. 81 – 138, 1992.

Dryer, Matthew S. "Syntactic Typology Ⅱ: Approaches and Surveys", from *Handbook of Syntax*, Vol. 2 (de Grayter). In Press. J. Jacobs. ed, 1995.

Dryer, Matthew S. "Frequency and Pragmatically Unmarked Word Order", In *Word Order in Discourse*, edited by Mickey Noonan and Pamela Downing, pp. 105 – 135. John Benjamins 1995.

Dryer, Matthew S. "Word Order" in *Clause Structure*, Language Typology and Syntactic Description, Vol. 1, edited by Timothy Shopen. Cambridge U-niversity Press 2006.

Dryer, Matthew S. "Why Statistical Universals are Better than Absolute Universals". CLS33: papers from the panels, ed. Kora Singer, Randall Egg-art and Gregory Anderson, 123 – 45. Chicago Linguistic Society. 1997.

Dryer, Matthew S. "on the Six-Way Word Order Typology". *Studies in Language* 21: 69 – 103, 1997.

Ernst, Thomas & Chengchi, Wang "Object Preposing in Mandarin Chinese", *Journal of East Asian Linguistics* 4: 235 – 260 , 1995.

Frazier, Lyn. "Syntactic Complexity. " In Dowty et al (eds), *Natural Language Parsing: Psychological, Computational and Theoretical Perspectives.* Cambridge University Press. 1985.

Givón, Talmy. "Serial Verbs and Syntactic Change", Niger-Congo. In Li 1975.

Givón, Talmy. " Syntax: A Functional-Typological Introduction ", Vol. 1. Amsterdam and Philadelphia: John Benjamins. 1984.

Greenberg, Joseph. H. "Some Universals of Grammar with Particular Reference to the Order of Meaningful Elements", *Universals of Language*, ed. by Joseph Greenberg, 73 – 113. Cambridge, MA: MIT Press. 1963/1966.

Greenberg, Joseph H. "Diachrony, Synchrony, and Language Universals. " Greenberg, Ferguson, and Moravcsik Vol. 1, 61 – 92, 1978.

Hawkins, John A. "A Parsing Theory of Word Order Universals", *Linguistic inquiry* 21: 2, 223 – 262, 1990.

Hawkins, John A. "Heads, Parsing and Word Order Universals", In Corbett, Greville, and Nigel Vincent (eds.), *Heads in Grammatical Theory.* Cambridge University Press. 1992.

Hilary, Chappell. "Variation in the Grammaticalization of Complementizers from Verba Dicendi in Sinitic Languages", *Linguistic Typology* 12: 45 – 98, 2008.

Haiman, John. "Conditionals are topics". *Language* 54, 564 – 589. 1978.

Keenan, Edward L. & Comrie, Bernard. "Noun Phrase Accessibility and

Universal Grammar". *Linguistic Inquiry* 8. 1: 63 – 100. 1977.

Lehmann, Winfred P. "A Structural Principle of Language and its Implications", *Language*, Vol. 49, No. 1: 47 – 66. 1973.

Charles N, Li and Thompson, Sandra A. " An Explanation of Word Order Change from SVO to SOV", *Foundations of Language* (12): 1974: 201 – 214.

Charles N. , Li & Thompson, Sandra A. "Subject and Topic: A New Typology of Language", in C. Li, (ed), *Subject and Topic*, New York: Academic Press. 1976. 中译本《主语与主题: 一种新的语言类型学》, 李谷城摘译, 《国外语言学》1984 年第 2 期。

Hopper, Paul J. ; Thompson, Sandra A. "Transitivity in Grammar and Discourse", *Language*, Vol. 56, No. 2. pp. 251 – 299. 1980.

Dingxu, Shi. "Topic and Topic-Comment Constructions in Mandarin Chinese", *Language*, 76. 2: 383 – 408. 2000.

Chao-fen, Sun & Givón, Talmy. "On the so-called SOV Word Order in Mandarin Chinese: A Quantified Text Study and its Implications", *Language* 61 (2): 1985: 329 –351。中译本《论汉语普通话的所谓 "主宾动" 词序——语篇定量研究及其意义》, 载于戴浩一、薛凤生主编《功能主义与汉语语法》, 北京语言学院出版社 1994 年版。

James H-Y, Tai. "On Two Functions of Place Adverbials in Mandarin", *Journal of Chinese Linguistics* 3. 2/3: 154 – 179, 1973.

James H-Y, Tai. "Chinese as an SOV Language. " Papers from the Ninth Regional Meeting of the Chicago Linguistics Society, 659 – 671. Chicago: Chicago Linguistics Society. 1973.

Traugott, E. C. "On the Rise of Epistemic Meanings in English: an Example of Subjectification in Semantic Change". *Language*, 65, 31 – 55, 1989.

Traugott, E. C. "Subjectification in Grammaticalization". In D. Stein and S. Wright (Eds.), *Subjectivity and Subjectification in Language.* (pp. 31 – 54). Cambridge: Cambridge University Press. 1995.

Feng-Fu, Tsao. "A Topic-Comment Approach to the ba Construction. " *Journal of Chinese Linguistics* 15. 1 – 54. 1987.

Yuko Yanagida. "Word Order and Clause Structure in Early Old Japanese". *Journal of East Asian Linguistics* 15：37 – 67，Springer，2006.

Anne，Yue. "Materials for the Diachronic Study of the Yue Dialects". In Shi Feng, Shen Zhongwei（Eds.），《乐在其中——王士元教授七十华诞庆祝文集》，pp. 246 –271. Nankai：Nankai University. 2004。

Vennemann，Theo. "Explanation in Syntax. In Syntax and Semantics"，vol. 2，ed. John Kimball. New York：Academic Press 1973.

Vennemann，Theo. "Topics，Subjects and Word Order：from SXV via TVX". In J. M. Anderson and C. Jones，eds.，*Historical Linguistics* vol. 1，pp. 339 – 376. Amsterdam：North Holland Publishing Co. 1974.

Liejiong，Xu & Langendoen. D. T. "Topic Structures in Chinese"，*Language*，61：1 –27. 1985.

贝罗贝：《早期"把"字句的一些问题》，《语文研究》1989 第 1 期。

贝罗贝、李明：《语义演变理论与语义演变和句法演变研究》，沈阳、冯胜利主编：《当代语言学理论和汉语研究》，商务印书馆 2008 年版。

曹逢甫、郑萦：《谈闽南语"有"的五种用法及其间的关系》，《中国语文研究》1995 年第 11 期。

蔡维天：《台湾普通话和方言中的"有"》，戴昭铭主编：《汉语方言语法研究和探索》，黑龙江人民出版社 2003 年版。

曹志耘：《金华汤溪方言的体》，张双庆主编：《动词的体》，香港中文大学中国文化研究所吴多泰中国语文研究中心 1996 年版。

曹志耘：《金华汤溪方言的动词谓语句》，李如龙、张双庆主编：《动词谓语句》，暨南大学出版社 1997 年版。

曹志耘：《金华方言的句法特点》，《中国语文》1988 年第 4 期。

陈平：《释汉语中与名词性成分相关的四组概念》，《中国语文》1987 年第 2 期。

陈平：《汉语双项名词句与话题——陈述结构》，《中国语文》2004 年第 6 期。

陈前瑞、王继红：《南方方言"有"字句的多功能分析》，《语言教学与研究》2010 年第 4 期。

陈淑环、陈小枫：《试论惠州话的"有"字句》，《中国语文研究》2006 年第 1 期。

陈玉洁：《量名结构与量词的定语标记功能》，《中国语文》2007 年第 6 期。

陈泽平：《福州方言动词的体和貌》，张双庆主编：《动词的体》，香港中文大学中国文化研究所吴多泰中国语文研究中心 1996 年版。

陈泽平：《福州方言动词谓语句》，张双庆、李如龙主编：《动词谓语句》，暨南大学出版社 1997 年版。

陈泽平：《19 世纪的福州音系》，《中国语文》2002 年第 3 期。

陈泽平：《19 世纪传教士研究福州方言的几种文献资料》，《福建师范大学学报》（哲学社会科学版）2003 年第 2 期。

巢宗祺：《苏州方言中"勒笃"等的构成》，《方言》1986 年第 4 期。

储泽祥：《现代汉语的命名性处所词》，《中国语文》1997 年第 5 期。

储泽祥、谢晓明：《汉语语法化研究中应重视的若干问题》，《世界汉语教学》2002 年第 2 期。

程丽霞：《左偏置结构频率统计与话题结构的显现》，《外语教学与研究》2006 年第 2 期。

大河内案宪：《量词的个体化功能》，《汉语学习》1988 年第 6 期。

戴昭铭：《天台话的几种语法现象》，《方言》1999 年第 4 期。

戴昭铭：《历史音变和吴方言人称代词复数形式的来历》，《中国语文》2000 年第 3 期。

戴昭铭：《弱化、促化、虚化和语法化——吴方言中一种重要的演变现象》，《汉语学报》2004 年第 2 期。

董秀芳：《汉语的句法演变与词汇化》，《中国语文》2009 年第 5 期。

董秀芳：《话题标记来源补议》，《古汉语研究》2012 年第 3 期。

邓思颖：《汉语方言受事话题句类型的参数分析》，《语言科学》2006 年第 6 期。

范继淹：《无定 NP 主语句》，《中国语文》1985 年第 5 期。

方梅：《汉语口语后置关系从句研究》，中国社会科学院语言研究所《中国语文》编辑部编：《庆祝〈中国语文〉创刊 50 周年学术论文集》，商务印书馆 2004 年版。

方梅：《认证义谓宾动词的虚化——从谓宾动词到语用标记》，《中国语文》2005 年第 6 期。

方梅：《北京话里"说"的语法化——从言说动词到从句标记》，《中国方言学报》2006 年第 1 期。

方婷：《金华土白〈约翰福音〉（1866）、〈马可福音〉（1898）研究》，硕士学位论文，复旦大学，2002 年。

龚千炎：《现代汉语里的受事主语句》，《中国语文》1980 年第 5 期。

谷峰：《从言说义动词到语气词——说上古汉语"云"的语法化》，《中国语文》2007 年第 3 期。

郭必之、张双庆：《香港粤语两种差比句的交替》，《中国语文》2005 年第 3 期。

胡明扬：《相当于普通话"在那里"的"辣海/勒海"等的语法化及其他》，《吴语研究》（第二届国际吴方言学术研讨会论文集），上海教育出版社 2003 年版。

胡明扬：《上海话一百年来的若干变化》，《中国语文》1978 年第 3 期。

江蓝生：《后置词"行"考辨》，《语文研究》1998 年第 1 期。

江蓝生：《汉语使役与被动兼用探源》，见《近代汉语探源》，商务印书馆 1999 年版。

江蓝生：《时间词"时"和"後"的语法化》，《中国语文》2002 年第 4 期。

江蓝生：《"VP 的好"句式的两个来源——兼谈结构的语法化》，《中国语文》2005 年第 5 期。

江蓝生：《汉语连——介词的来源及其语法化的路径和类型》，《中国语文》2012 年第 4 期。

蒋绍愚：《"给"字句、"被"字句表被动的来源——兼谈语法化、类推和功能扩展》，北京大学中文系《语言学论丛》第二十六辑，商务印书馆 2002 年版。

李泰洙：《〈老乞大〉四种版本从句句尾助词研究》，《中国语文》2000 年第 1 期。

李晋霞、刘云：《从"如果"与"如果说"的差异看"说"的传信义》，《语言科学》2003 年第 3 期。

李晋霞、刘云：《复句类型的演变》，《汉语学习》2007 年第 2 期。

李蓝：《现代汉语方言差比句的语序类型》，《方言》2003 年第 3 期。

李玲玲：《绍兴话"来 X"复合词》，《杭州师范大学学报》（社会科学版）2009 年第 2 期。

李如龙：《闽南语的"有"和"无"》，《福建师范大学学报》1986 年第 2 期。

李思明：《从变文、元杂剧、〈水浒〉、〈红楼梦〉看选择问句的发展》，《语言研究》1983 年第 2 期。

李小凡：《苏州话"勒海"和绍兴话"来东"的语法化问题》，游汝杰等主编：《吴语研究》（第七辑），上海教育出版社 2014 年版。

李崇兴：《〈元曲选〉宾白中的介词"和""与""替"》，《中国语文》1994 年第 2 期。

林华勇、马喆：《廉江方言言说义动词"讲"的语法化》，《中国语文》2007 年第 2 期。

林素娥：《早期吴语的句法类型特征——见于西方传教士上海话、宁波话、温州话课本》，《中国语文研究》2010 年第 1 期。

林素娥：《上海方言的"（S）P＋VP"结构》，《汉藏语学报》2011年总第 5 期。

林素娥：《百年前上海话的几个句法特征——基于〈官话指南〉和〈土话指南〉的对比考察》，《吴语研究》，上海教育出版社 2011 年版。

林素娥、徐美红：《从近代西人文献看上海话"阿"字疑问句的消退》，《语文研究》2012 年第 4 期。

林素娥：《从近代西人文献看百年前吴语中四种"顺行结构"》，《方言》2013 年第 1 期。

林素娥、郑幸：《宁波话"还是"差比句》，《方言》2014 年第 1 期。

林素娥：《从近代西人文献看 19 世纪中叶上海话的几个句法特征》，《吴语研究》，上海教育出版社 2014 年版。

林素娥：《从近代西人文献看 19 世纪中叶以来吴语"有"字句的演变》，《中国语学研究·开篇》第 33 卷，日本好文出版 2014 年版。

林素娥：《19 世纪以来吴语反复问句类型的演变》，《语言研究集刊》（第十三辑），上海教育出版社 2014 年版。

刘丹青：《东南方言的体貌标记》，张双庆主编：《动词的体》，香港中文大学中国文化研究所吴多泰中国语文研究中心 1996 年版。

刘丹青：《苏州方言的体范畴系统与半虚化体标记》，胡明扬主编：《汉语方言体貌论文集》，江苏教育出版社 1996 年版。

刘丹青、徐烈炯：《焦点与背景、话题及汉语"连"字句》，《中国语文》1998 年第 4 期。

刘丹青：《语法化中的更新、强化与叠加》，《语言研究》2001 年第 2 期。

刘丹青：《汉语方言的语序类型比较》，《现代中国语研究》（日本）2001 年第 2 期。

刘丹青：《吴语的句法类型特点》，《方言》2001 年第 4 期。

刘丹青：《汉语给予类双及物结构的类型学考察》，《中国语文》2001 年第 5 期。

刘丹青：《汉语类指成分的语义属性和句法属性》，《中国语文》2002 年第 5 期。

刘丹青：《苏州话"勒 X"复合词》，《吴语研究》，上海教育出版社 2003 年版。

刘丹青：《论元分裂式话题结构初探》，徐烈炯、刘丹青主编：《话题与焦点新论》，上海教育出版社 2003 年版。

刘丹青：《语法化中的共性与个性，单向性与双向性——以北部吴语的同义多功能虚词"搭"和"帮"为例》，吴福祥、洪波主编：《语法化与语法研究》（一），商务印书馆 2003 年版。

刘丹青：《汉语里的一个内容宾语标句词》，《中国语文》编辑部：《庆祝〈中国语文〉创刊 50 周年学术论文集》，商务印书馆 2004 年版。

刘丹青：《方所题元的若干类型学参项》，《中国语文研究》2004 年总第 9 期。

刘丹青：《汉语关系从句标记类型初探》，《中国语文》2005 年第 1 期。

刘丹青：《语言类型学与汉语研究》，见《语言学前沿与汉语研究》，上海教育出版社 2005 年版。

刘丹青：《普通话语法中的东南因子及其类型后果》，《汉藏语学报》2010 年第 4 期。

刘丹青：《汉语史语法类型特点在现代方言中的存废》，《语言教学与研究》2011 年第 4 期。

刘丹青主编：《名词性短语的类型学研究》，商务印书馆 2012 年版。

刘丹青：《汉语差比句和话题结构的同构性：显赫范畴的扩张力一

例》，《语言研究》2012 年第 4 期。

　　刘坚、曹广顺、吴福祥：《论诱发汉语词汇语法化的若干因素》，《中国语文》1995 年第 3 期。

　　刘勋宁：《〈祖堂集〉反复问句的一项考察》，《现代汉语研究》，北京语言文化大学出版社 1998 年版。

　　刘春宁：《浅议浙江台州方言"得"的用法》，《台州学院学报》2008 年第 4 期。

　　陆丙甫：《语序优势及其认知解释》，《当代语言学》2005 年第 1、2 期。

　　陆丙甫、徐阳春：《汉语疑问词前移的语用限制——从"疑问焦点"谈起》，《语言科学》2003 年第 6 期。

　　罗仁地（Randy J. LaPolla）：《语用关系与汉语的词序》，詹卫东译，Dory Poa（潘露莉）校，《语言学论丛》（第 30 辑），商务印书馆 2005 年版。

　　罗福腾：《山东方言里的反复问句》，《方言》1996 年第 3 期。

　　骆锤炼：《瓯语的"有"字句》，《温州师范学院学报》1994 年第 2 期。

　　吕叔湘：《释〈景德传灯录〉中在、著二助词》，《华西协和大学中国文化研究集刊》第一卷第三期；收入吕叔湘《汉语语法论文集》（增订本），商务印书馆 1984 年版。

　　吕叔湘：《通过对比研究语法》，《语言教学与研究》1992 年第 2 期。

　　陆俭明：《现代汉语里的疑问语气词》，《中国语文》1984 年第 5 期。

　　马贝加、蔡嵘：《温州方言存在动词"是"的来源》，《方言》2006 年第 3 期。

　　马贝加、陈伊娜：《瓯语介词"代"的功能及其来源》，《汉语学报》2006 年第 3 期。

　　马清华：《并列连词的语法化轨迹及其普遍性》，《民族语文》2003 年第 1 期。

　　马诗帆、杨月英：《广东话话题化的处理动机》，徐烈炯、刘丹青主编：《话题与焦点新论》，上海教育出版社 2003 年版。

　　梅祖麟：《唐代、宋代共同语的语法和现代方言的语法》，《梅祖麟语言学论文集》，商务印书馆 2000 年版。

梅祖麟：《从汉代的"动、杀"、"动、死"来看动补结构的发展——兼论中古时期起词的施受关系的中立化》，《语言学论丛》第 16 辑，商务印书馆 1991 年版。

梅祖麟：《现代汉语选择问句法的来源》，《梅祖麟语言学论文集》，商务印书馆 2000 年版。

潘悟云：《吴语的语法、词汇特征》，《温州师专学报》1986 年第 3 期。

潘悟云：《温州方言的体和貌》，张双庆主编：《动词的体》，香港中文大学中国文化研究所吴多泰中国语文研究中心 1996 年版。

潘悟云：《温州方言的动词谓语句》，李如龙、张双庆主编：《动词谓语句》，暨南大学出版社 1997 年版。

潘悟云、陶寰：《吴语的指代词》，李如龙、张双庆主编：《代词》，暨南大学出版社 1999 年版。

平田昌司、伍巍：《休宁方言的体》，张双庆主编：《动词的体》，香港中文大学中国文化研究所吴多泰中国语文研究中心 1996 年版。

平田昌司：《休宁方言动词谓语句》，张双庆、李如龙主编：《动词谓语句》，暨南大学出版社 1997 年版。

平悦铃：《上海话中"辣~"格式的语法功能》，《语文研究》1997 年第 3 期。

钱萌：《宁波方言的语法》，硕士学位论文，上海大学，2007 年。

钱乃荣：《吴语中的"来"和"来"字结构》，《上海大学学报》（社会科学版）1997 年第 3 期。

钱乃荣：《吴语中的 NPS 句和 SOV 句》，《语言研究》1997 年第 2 期。

钱乃荣：《吴语中的"个"和"介"》，《语言研究》1998 年第 2 期。

钱乃荣：《苏州方言动词"勒浪"的语法化》，《中国语言学报》2003 年第 11 期。

钱乃荣：《一个语法层次演变的实例——上海方言 160 年中现在完成时态的消失过程》，《中国语文》2004 年第 3 期。

钱乃荣：《SOV 完成体句和 SVO 完成体句在吴语中的接触结果》，《中国语文》2011 年第 1 期。

钱乃荣：《从语序类型看上海方言》，《吴语研究》（第六辑），上海教育出版社 2011 年版。

钱志安：《粤语间接宾语标记的发展和相关语法现象》，《语言学论丛》（第四十二期），商务印书馆 2010 年版。

桥本万太郎：《现代吴语的类型学》，《方言》1979 年第 3 期。

屈承熹：《汉语的词序及其变迁》，《语言研究》1984 年第 1 期。

阮桂君：《宁波方言的"有"字句》，《吴语研究》（第六辑），上海教育出版社 2012 年版。

沈家煊：《"语法化"研究综观》，《外语教学与研究》1994 年第 4 期。

沈家煊：《类型学中的标记模式》，《外语教学与研究》1997 年第 1 期。

沈家煊：《在字句和给字句》，《中国语文》1999 年第 2 期。

沈家煊：《复句三域"行、知、言"》，《中国语文》2003 年第 3 期。

沈家煊：《语法研究的目标——预测还是解释?》，《中国语文》2004 年第 6 期。

沈家煊：《关于词法类型和句法类型》，《民族语文》2006 年第 6 期。

施其生：《汕头方言的反复问句》，《中国语文》1990 年第 3 期。

施其生：《汕头方言的体》，张双庆主编：《动词的体》，香港中文大学中国文化研究所吴多泰中国语文研究中心 1996 年版。

施其生：《论"有"字句》，《语言研究》1996 年第 1 期。

施其生：《〈汕头话读本〉所见潮州方言中性问句》，《方言》2009 年第 2 期。

石汝杰、刘丹青：《苏州方言量词的定指用法及其变调》，《语言研究》1985 年第 1 期。

石汝杰：《明清小说和吴语的历史语法》，《语言研究》1995 年第 2 期。

石汝杰：《苏州方言的体》，张双庆主编：《动词的体》，香港中文大学中国文化研究所吴多泰中国语文研究中心 1996 年版。

石汝杰：《吴语"来"（在）类词形式和用法的历史演变》，《语言研究集刊》（第四辑），上海辞书出版社 2007 年版。

石毓智：《汉语的主语与话题之辨》，《语言研究》2001 年第 2 期。

石毓智：《量词、指示代词和结构助词的关系》，《方言》2002 年第 2 期。

盛益民：《绍兴柯桥话多功能虚词"作"的语义研究——兼论吴语太湖片受益者标记来源的三种类型》，《语言科学》2010 年第 2 期。

盛益民：《汉语方言的"处所成分—指示词"演化圈——兼从语言类型学的视角看指示词的词汇更新》，复旦大学学术演讲稿，2014 年。

孙锡信：《语气词"呢""哩"考源补述》，《湖北大学学报》（哲学社会科学版）1992 年第 6 期。

陶寰：《绍兴方言的体》，张双庆主编：《动词的体》，香港中文大学中国文化研究所吴多泰中国语文研究中心 1996 年版。

唐承贤：《标记理论探析》，《外语研究》2003 年第 4 期。

汤珍珠、陈忠敏、吴新贤：《〈宁波方言词典〉引论》，《方言》1996 年第 1 期。

汤珍珠、陈忠敏、吴新贤：《宁波方言词典》，江苏教育出版社 1997 年版。

完权：《〈汉语句法的类型转变〉述评》，《当代语言学》2010 年第 3 期。

王福堂：《绍兴方言中表处所的助词"东＊"、"带＊"、"亨＊"》，《语言学论丛》第 21 辑，商务印书馆 1998 年版。

王健：《汉语方言中的两种动态范畴》，《方言》2005 年第 3 期。

汪维辉：《汉语"说类词"的历时演变与共时分布》，《中国语文》2003 年第 4 期。

汪平：《苏州方言的话题结构》，《语言研究》2004 年第 4 期。

魏培泉：《近代汉语能性动补结构中宾语的位置》，LANGUAGE AND LINGUISTICS5.3：663—704，2004。

吴福祥：《汉语伴随介词语法化的类型学研究——兼论 SVO 型语言中伴随介词的两种演化模式》，《中国语文》2003 年第 3 期。

吴福祥：《近年来语法化研究的进展》，《外语教学与研究》2004 年第 1 期。

吴福祥：《汉语语法化演变的几个类型学特征》，《中国语文》2005 年第 6 期。

吴福祥：《汉语历史语法研究的目标》，《古汉语研究》2005 年第 2 期。

吴福祥：《从"得"义动词到补语标记——东南亚语言的一种语法化区域》，《中国语文》2009 年第 3 期。

吴福祥：《汉语方言里与趋向动词相关的几种语法化模式》，《方言》2010 年第 2 期。

吴福祥、张定:《语义图模型:语言类型学的新视角》,《当代语言学》2011 年第 4 期。

伍巍、陈卫强:《一百年来广州话反复问句演变过程初探》,《语言研究》2008 年第 3 期。

邢福义:《"有没有 VP"疑问句式》,《华中师范大学学报》(哲学社会科学版)1990 年第 1 期。

邢福义:《"起去"的语法化与相关问题》,《方言》2003 年第 3 期。

肖治野、沈家煊:《"了$_2$"的行、知、言三域》,《中国语文》2009 年第 6 期。

小川环树:《苏州方言的指示代词》,《方言》1981 年第 4 期。

许宝华、陶寰:《吴语的处置句》,伍云姬主编:《汉语方言共时与历时语法研讨会论文集》,暨南大学出版社 1999 年版。

徐杰:《主语成分、"话题"特征及相应语言类型》,《语言科学》2003 年第 1 期。

徐烈炯:《汉语是话语概念结构化语言吗?》,《中国语文》2002 年第 5 期。

徐烈炯 (Xu Liejiong):《信息焦点的表达方式》,*Lingua*,第 114 期,227—299,Elsevier Press,又载《指称、语序和语义解释——徐烈炯语言学论文选译》,商务印书馆 2009 年版。

徐通锵:《宁波方言的"鸭"[ɛ]类词和"儿化"的残迹》,《中国语文》1985 年第 3 期。

徐通锵:《对比和汉语语法研究的方法论》,《语言研究》2001 年第 4 期。

游汝杰:《温州方言的语法特点及其历史渊源》,《复旦学报》(社会科学版)1980 年增刊语言学专辑。

游汝杰:《论台语量词在汉语南方方言中的底层遗存》,《民族语文》1982 年第 2 期。

游汝杰:《吴语里的反复问句》,《中国语文》1993 年第 2 期。

游汝杰:《杭州方言动词体的表达法》,张双庆主编:《动词的体》,香港中文大学中国文化研究所吴多泰中国语文研究中心 1996 年版。

游汝杰:《西洋传教士著作所见上海话的塞音韵尾》,《中国语文》1998 年第 1 期。

游汝杰：《温州方言的"有字句"和过去时标志》，伍云姬编：《汉语方言共时与历时语法研究讨论文集》，暨南大学出版社 1999 年版。

游汝杰：《方言接触和上海话的形成》，邹嘉彦、游汝杰主编：《语言接触论文集》，上海教育出版社 2004 年版。

游汝杰：《19 世纪中期上海话的后置处所词》，《语言研究集刊》，上海教育出版社 2006 年版。

游汝杰：《传教士著作所见温州话的选择问句》，未刊稿。

余霭芹：《汉语南方方言语法的比较研究》，中央研究院《历史语言研究所集刊》第 59 本第一册。

余霭芹：《粤语研究的当前课题》，*Journal of Chinese Linguistics*，1995 年第 1 期。

余霭芹：《粤语方言的历史研究——读〈麦仕治广州俗话《书经解义》〉》，《中国语文》2000 年第 6 期。

余志鸿：《〈蒙古秘史〉总译本的时体标记和特殊句式》，邹嘉彦、游汝杰主编：《语言接触论集》，上海教育出版社 2004 年版。

余志鸿：《上海方言的后置词与类型学意义》，《吴语研究》，上海教育出版社 2005 年版。

于红岩：《浅析"拿"字处置式》，《语文研究》2001 年第 3 期。

于江：《近代汉语"和"类虚词考察》，《中国语文》1996 年第 6 期。

袁毓林：《话题化及相关的语法过程》，《中国语文》1996 年第 4 期。

袁毓林：《汉语话题的语法地位和语法化程度——基于真实自然口语的共时和历时考量》，《语言学论丛》（第 25 辑），商务印书馆 2002 年版。

袁毓林：《汉语结构类型的普遍语法观照——评徐烈炯、刘丹青〈话题的结构与功能〉》，《当代语言学》2003 年第 1 期。

杨亦鸣、刘涛：《汉语话题句中语迹的神经机制研究》，《中国社会科学》2013 年第 6 期。

植田均：《近代汉语中介词"和、同、替"的特殊用法》，《安庆师范学院学报》1989 年第 3 期。

赵金铭：《差比句语义指向类型比较研究》，《中国语文》2002 年第 5 期。

赵金铭：《汉语差比句的南北差异及其历史嬗变》，《语言研究》2002 年第 3 期。

赵元任：《北京、苏州、常州语助词的研究》，《清华学报》1926 年第 3 期。

张伯江：《认识观的语法表现》，《国外语言学》1997 年第 2 期。

张敏：《汉语方言反复问句的类型学研究：共时分布及其历史蕴含》，博士学位论文，北京大学，1990 年。

张敏：《空间地图和语义地图上的"常"与"变"：以汉语被动、使役、处置、工具、受益者等关系标记为例》，中国社会科学院语言研究所演讲稿，2008 年 1 月 10 日。

张敏：《汉语方言处置式标记的类型学地位及其他》，北京大学汉语语言学研究中心演讲稿，2008 年 1 月 8 日。

张敏：《"语义地图模型"：原理、操作及在汉语多功能语法形式研究中的运用》，《语言学论丛》（第 42 辑），商务印书馆 2010 年版。

张双庆、庄初升：《从巴色会出版物看一百多年前新界客家话的否定词和否定句》，《语言研究》2001 年第 4 期。

张赪：《现代汉语介词词组"在 L"与动词宾语的词序规律的形成》，《中国语文》2001 年第 2 期。

张赪、荣晶：《汉语受事前置句结构的演变及对比研究》，《语言教学与研究》2008 年第 4 期。

张赪、荣晶：《受事前置句中前置受事的语义属性表达的历史演变》，《语文研究》2009 年第 4 期。

张琼：《宁波话动结式谓语句中主谓间的前置受事》，硕士学位论文，上海师范大学，2007 年。

郑伟：《吴语早期文献所见的"等"字句》，《中国语文研究》2007 年第 2 期。

郑懿德：《福州方言的"有"字句》，《方言》1985 年第 4 期。

郑张尚芳：《温州话中相当"着""了"的动态接尾助词及其他》，胡明扬主编：《汉语方言体貌论文集》，江苏教育出版社 1996 年版。

中岛干起：《福建語における"有"、"無"の語法範疇について》，《アジア. アフリカ言語文化研究》1971 年第 4 期。

朱德熙：《与动词"给"相关的句法问题》，《方言》1979 年第 2 期。

朱德熙：《汉语方言里的两种反复问句》，《中国语文》1985 年第 1 期。

朱德熙：《"V-Neg-VO"与"VO-Neg-V"两种反复问句在汉语方言里

的分布》,《中国语文》1991 年第 5 期。

庄初升、刘镇发:《巴色会传教士与客家方言研究》,《韶关学院学报》(社会科学版) 2002 年第 4 期。

庄初升:《一百多年前新界客家方言的体标记"开"和"里"》,《暨南学报》(哲学社会科学版) 2007 年第 3 期。

庄初升:《清末民初西洋人编写的客家方言文献》,《语言研究》2010 年第 1 期。